Boike Rehbein, Gernot Saalmann,
Hermann Schwengel (Hg.)

Pierre Bourdieus Theorie des Sozialen

W0090293

Boike Rehbein, Gernot Saalmann,
Hermann Schwengel (Hg.)

Pierre Bourdieus
Theorie des Sozialen

Probleme und Perspektiven

UVK Verlagsgesellschaft mbH

Gedruckt mit freundlicher Unterstützung
der Wissenschaftlichen Gesellschaft in Freiburg.

Bibliografische Information der Deutschen Bibliothek
Die Deutsche Bibliothek verzeichnet diese Publikation
in der Deutschen Nationalbibliografie;
detaillierte bibliografische Daten sind im Internet über
<http://dnb.ddb.de> abrufbar.

ISBN 3-89669-3-89669-734-X

UVK Verlagsgesellschaft mbH
Schützenstr. 24 · D-78462 Konstanz
Tel. 07531-9053-0 · Fax 07531-9053-98
www.uvk.de

INHALT

Boike Rehbein, Gernot Saalmann, Hermann Schwengel

Einleitung

Pierre Bourdieu hat Zeit seines Lebens dazu aufgefordert, die Welt und die gesellschaftliche Wirklichkeit immer neu mit anderen Augen sehen zu lernen – ganz abgesehen davon, dass er einigen von uns erst die Augen geöffnet hat. Die Beiträge im vorliegenden Sammelband suchen seinem Blick auf die soziale Welt zu folgen. Deshalb setzen sie sich auch kritisch mit seinem Werk auseinander und präsentieren zugleich Variationen des Blicks.

Der Sammelband soll dazu beitragen, die deutsche Diskussion über Pierre Bourdieu etwas aus den dominierenden Kontexten von akademischer Rezeption und politisch motivierter Bewertung zu lösen, um den Blick auf eine ganz andere Strömung im Umgang mit Bourdieu zu lenken: die weiterführende Arbeit an seinem Ansatz. Seit Jahrzehnten wird in den unterschiedlichsten Gebieten auf der Grundlage seines Forschungsprogramms wissenschaftlich gearbeitet. Der Austausch zwischen den einzelnen Disziplinen und die allgemeine Würdigung ihrer Beiträge zur Weiterentwicklung von Bourdieus Ansatz sind dabei bislang unzureichend gewesen. Die Ironie des Schicksals mag verantwortlich sein, dass sich das gerade nach dem Tode Bourdieus ändert. So ist jüngst nicht nur eine weitere konzise Einführung in sein Denken erschienen (Papilloud 2003), sondern auch ein Sammelband, in dem seine Theorie auf ihre Brauchbarkeit in verschiedenen Teilfeldern der soziologischen Forschung hin analysiert wird (Ebrecht/ Hillebrandt 2002). In weiteren Publikationen wird die Theorie zur Fortentwicklung kultursoziologischer Fragestellungen benutzt (Gebesmair 2001; Diaz-Bone 2002). Auch in den Untersuchungen zur sozialen Ungleichheit und der politischen Soziologie spielt Bourdieus Sozialtheorie nach wie vor eine wichtige Rolle (Weiß/ Koppetsch/ Scharenberg/ Schmidtke 2001; Bittlingmeyer/ Kastner/ Rademacher 2002). Hinzuweisen ist weiterhin auf zwei Publikationen, die Bourdieus theoretischen Ansatz in den Kontext soziologischer Theoriebildung stellen und damit ähnliche Intentionen verfolgen wie der vorliegende Sammelband (Crossley 2001; Rustemeyer 2001).

Mit Bourdieus Ansatz ist nicht nur sein System von Begriffen gemeint, sondern auch seine Konzeption einer »eingreifenden Wissenschaft« (siehe hierzu das schöne Buch von Egon Leitner 2000). Mit seiner Forderung, zur Wissenschaft gehöre auch die Selbstreflexion, verbindet sich sowohl eine kritische Haltung gegenüber der eigenen Arbeit wie auch eine Sensibilisierung für die eigene Position in der Gesellschaft. Wissenschaft hat gesellschaftliche Voraussetzungen und Folgen. Und vor allem in den Geistes- und Sozialwissenschaften stellt sich die Wirklichkeit der jeweiligen sozialen Position entsprechend anders dar.

Der rigorose Anspruch, die Verstrickung der Wissenschaft in die Gesellschaft zu reflektieren, hat schon immer zur besonderen Relevanz von Bourdieus Arbeiten beigetragen. Dafür bieten die in dem Band versammelten Beiträge vielfältige Belege. Sie gehen zum großen Teil zurück auf eine Tagung in Freiburg, auf der im Oktober 2002 die Perspektiven von Bourdieus Werk diskutiert wurden. Einige Fragen an sein Werk erwiesen sich als ebenso unbeantwortet wie dringend. An der Diskussion, die durch die Tagung eröffnet wurde, beteiligten sich im Anschluss weitere AutorInnen, deren Beiträge in den vorliegenden Band aufgenommen wurden.

I. Leitende Fragestellungen

Pierre Bourdieu hat im Verlauf mehrerer Jahrzehnte und an Hand verschiedener Gegenstände ein eigenes soziologisches Begriffssystem entwickelt. Es schließt mit mindestens drei methodologischen Voraussetzungen an bis dahin meist für unvereinbar gehaltene Klassiker der Soziologie an: Mit Durkheim will Bourdieu radikal mit der »natürlichen Einstellung« brechen. Mit Weber soll das zugänglich gemacht werden, was die Menschen wirklich tun, denken und wahrnehmen – und nicht nur das, was sie zu tun vorgeben oder was der Wissenschaftler ihnen in Erkenntnishaltung zuschreibt. Mit Marx schließlich soll die Gesellschaft als ein Kampf um sozial unterschiedlich verteilte Ressourcen aufgefasst werden, die verschiedene Handlungsmöglichkeiten eröffnen. Mit der Herausbildung seiner Begriffe hat Bourdieu in Algerien begonnen, zu einer Zeit, in der viele Elemente der traditionalen Gesellschaft durch westliche Strukturen verdrängt wurden. Später hat er sie auf die moderne Gesellschaft Frankreichs übertragen. Die Einsichten, die Bourdieu bezüglich beider Gesellschaften gewonnen hat, sind zweifellos bestechend und eröffnen neue Horizonte. Sie haben zahlreiche ForscherIn-

nen inspiriert, die mit diesem Begriffsapparat eine Vielheit von Phänomenen erschließen konnten. Dennoch sind bei der näheren Auseinandersetzung mit Bourdieus Ansatz einige Schwierigkeiten zu Tage getreten. So lassen sich im Wesentlichen drei konzeptionelle Unzulänglich-
keiten benennen, die konkretere Fragen aufwerfen:

1. Bourdieu liefert großenteils Momentaufnahmen, es bleibt unklar, auf
welche Weise historische Prozesse zugänglich werden, obwohl er ihnen
einen hohen Stellenwert zuschreibt. Wie gelingt es einer Theorie, die
vornehmlich die gesellschaftliche Reproduktion erklärt, Prozesse des gesellschaftlichen Wandels zu erfassen? Inwiefern muss man den Blick auf
die Geschichte erweitern? Ist es ausreichend, die strukturelle Bestimmtheit der Akteure durch habituelle Dispositionen und Positionen in Feldern aufzudecken?

2. Der Bereich der Subjektivität wird auf die beobachtbaren Habitus reduziert. Benötigt eine Theorie, die das Handeln von Akteuren im Alltag
beschreiben will, neben dem Begriff des Habitus nicht auch einen theoretischen Begriff eines Handlungssubjekts? Kann man dessen Kreativität
mit Bourdieu theoretisch wirklich erfassen? Wird nicht das subjektive
Erleben der Akteure ausgeblendet? (siehe hierzu auch Krais/ Gebauer
2002).

3. Kultur wird im Wesentlichen unter dem Aspekt des Kampfes um
Ressourcen analysiert. Kann man eine Theorie der kulturellen Praxis
entwerfen, die ohne einen theoretischen Begriff von Kultur auskommt?
Lassen sich alle Formen des Handelns als Kampf deuten? Und wie werden aus dieser Perspektive grundlegende Handlungsmuster sichtbar, die
vor Strategien und Kämpfen anzusiedeln sind?

Nun ist es keineswegs so, dass Bourdieu nichts zu diesen Fragen gesagt hätte, aber sie standen außerhalb seines Interesses. Die folgenden
Beiträge beschäftigen sich auf unterschiedliche Weise mit den offenen
Fragen. Die ersten Aufsätze konzentrieren sich auf biographische und
geistesgeschichtliche Aspekte von Bourdieus Werk und führen so in seinen Ansatz, aber auch in die Problemlage des Sammelbands ein. Die
nachfolgenden Beiträge gliedern sich zwanglos in drei Gruppen, die jeweils um einen der drei Kernbegriffe von Bourdieus Ansatz kreisen:
Feld, Habitus und eingreifende Wissenschaft.

II. Die Beiträge im Einzelnen

Der von *Loïc Wacquant* verfasste Nachruf vermittelt einen Überblick über den Werdegang und das Werk von Pierre Bourdieu, während *Franz Schultheis* Bourdieus oft vernachlässigten Einstieg in die Soziologie nachzeichnet, der die Weichen für sein gesamtes späteres Schaffen gestellt hat. Die erschütternden Erfahrungen in Algerien führten Bourdieu weg von der Philosophie zur Soziologie und zur Auseinandersetzung mit dem vorherrschenden modernisierungstheoretischen Ökonomismus. Gleichzeitig hat Bourdieu die Fremderfahrung produktiv zur Steigerung der Selbstreflexivität genutzt. Die Forschungen in seiner Heimatregion (dem Béarn) sind für die Genese seiner Theorie genauso wichtig wie jene bei den Kabylen. Damit dürfte sich der Vorwurf eines Orientalismus bei Bourdieu (Reed-Danahay 1995) sehr relativieren.

Gernot Saalmann beleuchtet die Entstehungszeit des theoretischen Ansatzes von Bourdieu genauer, um aufzuzeigen, wie sehr die Position Bourdieus durch abgrenzende Positionierung von Anderen auf dem Feld der Soziologie bestimmt ist und inwiefern dies zur Erklärung der weißen Flecken in der Theoriekonstruktion beitragen kann.

Der zweite Beitrag von *Loïc Wacquant* situiert Bourdieu in der französischen Geistesgeschichte des 20. Jahrhunderts, wobei besonders die philosophischen Wurzeln von Bourdieu betont werden. Detailliert nachgezeichnet wird das Verhältnis zwischen Bourdieu und dem Philosophen Gilles Deleuze von *Henning Teschke*. Ausgehend von ihrer jeweiligen Stellungnahme zu Blaise Pascal fragt Teschke, welche Auswirkungen die Negation von Transzendenz auf das Denken hat.

Boike Rehbein wendet den Blick mit Bourdieu auf die Phänomene, zugleich aber auch auf Bourdieus Begriffe selbst. Mit deren Hilfe untersucht er die Auswirkungen der Globalisierung auf eine Gesellschaft der »Dritten Welt«. Dabei zeigt sich einerseits, dass die Begriffe auch in Bezug auf eine Region und eine Problematik, für die sie gar nicht entwickelt wurden, ihre aufschließende Wirkung nicht verfehlen. Andererseits aber entdeckt Rehbein einen Widerstreit zwischen statischen und dynamischen Tendenzen in Bourdieus Ansatz, den er mit Hilfe des Feldbegriffs auflöst.

Der Beitrag von *Joseph Jurt* macht deutlich, dass Bourdieu mit seinem Feldbegriff sowohl eine synchrone als auch diachrone Perspektive auf die Kunst eröffnet hat. Inwiefern die formale Gestaltung von Kunstwerken sozial bestimmt ist, lässt sich aufklären, sofern man Strukturhomologien zur Gesellschaft aufzeigt. Das leistet der Begriff des Feldes. Da Bourdieu zugleich die Genese der Felder thematisiert hat, standen auch historische Prozesse im Mittelpunkt seines Interesses. Jurt zeigt am Beispiel von Zola, wie sich aus dem literarischen Feld als weiterer Teilraum das intellektuelle Feld ausgegliedert hat, in dem Engagement und Kritik eine überragende Rolle spielen. Allerdings finden sich diese nach Ansicht Bourdieus in ihrer Reinform im Feld der Wissenschaft, da es ihrem Wesen entspricht, Verborgenes, Unerkanntes oder Unbewusstes zu enthüllen.

Mit dem Feld der Wissenschaft befasst sich der Beitrag von *Gerhard Fröhlich*. Er stellt Bourdieus These in Frage, dass auf diesem Feld Kritik faktisch eine herausragende Rolle spielt, und schreibt ihr eine eher normative Funktion zu. Bourdieus Feldbegriff eröffnet zwar eine fruchtbare Perspektive auf den wissenschaftlichen Betrieb, in seinen Schriften zur Wissenschaft aber stellt sich Bourdieu die Praxis zu einheitlich und idealförmig vor. Das erläutert Fröhlich an verschiedenen Beispielen.

Der Beitrag von *Hubert Knoblauch* zeigt auf, wie nahe die Sozialphänomenologie dem Konzept des Habitus bei Bourdieu kommt. Knoblauch legt dar, inwiefern die sozialphänomenologische Beschreibung von Typisierungen die Herausbildung des Habitus aufklären kann. Mit dem Begriff der Habitualisierung wird es möglich, die subjektive Entwicklung des Habitus zu erfassen. Das könnte auch zur Klärung der Frage beitragen, wie Subjekte die soziale Ordnung verändern können.

Im Anschluss an Ulrich Oevermann weist *Hans-Josef Wagner* auf einige Mängel in der Theoriekonstruktion Bourdieus hin. Diese resultieren zum Teil daraus, dass sich Bourdieu hauptsächlich für die Konstitution von Interessen und Herrschaft interessiert, nicht für die von Sozialität. Sie muss schon vorhanden sein, damit Strategien möglich sind. Logisch betrachtet liegt auch die Sinnstrukturiertheit sozialer Praxis vor dem objektiven Sinn und den Strategien der Praxis. Bourdieus Theorie der Praxis konzentriert sich auf historisch Spezifisches und vergisst die gattungskonstitutive Dialektik von Universaliät und Historizität, die für ein Verständnis von Kultur und Sozialität berücksichtigt werden muss. So spielen objektive Relationen auf der universellen Ebene eine ganz andere Rolle als auf der historisch spezifischen. Wagner fragt weiterhin, ob nicht eine Krise für die Konstitution und Erklärung von »Subjektivität« genauso wichtig ist wie das routinehafte Handeln aus dem Habitus.

Christoph Wulf unterscheidet vier Ansätze zur Erforschung des Rituals, von denen einer Bourdieu zugerechnet werden kann. Sodann hebt er verschiedene Formen des Rituals gegeneinander ab, um eine von ihnen, das Einsetzungsritual, aus der Bourdieuschen Perspektive einer genaueren Analyse zu unterziehen. In diesem Ritual werden dem Eingesetzten auf gleichsam magische Weise Eigenschaften zugesprochen, die er weder erworben noch bewiesen hat. Mit Bourdieu ist das Ritual als soziale Praxis zu untersuchen. Dabei wird deutlich, dass es sich nicht auf eine Regel, auf Sprache, auf die Intentionen der Beteiligten oder eine Inszenierung reduzieren lässt. Sondern es ist wegen seiner Leibgebundenheit als mehrdeutig und vor allem als performativ aufzufassen. Wulf wendet sich Bourdieus Begriffsrahmen zu, indem er die Bedeutung des Rituals für die Erzeugung des Habitus herausstellt. Bourdieu hat zwar vorausgesetzt, dass der Habitus durch Wiederholung und Mimesis entsteht, darüber aber nichts Näheres gesagt. Hierzu trägt Wulf eine Reihe wichtiger Aspekte bei.

Der Forschungsbericht von *Gunter Gebauer* stellt die Anhänger zweier Sportarten vor, die klare Distinktionen vornehmen, obwohl sie der selben 'Klassenlage' zugehören. Gebauer beschreibt, wie sich der Habitus durch Entwerfen eines neuen Selbstverhältnisses verändert, bei dem eine Änderung des Geschmacks eine große Rolle spielt. In Anlehnung an Kant führt Gebauer als Ergänzung zum habitualisierten Geschmack die in »praktischer Reflexivität« vollzogenen Geschmacksurteile ein. Dabei werden Spielräume innerhalb der vom Habitus gegebenen Möglichkeiten genutzt, um eine Modifikation des Selbstentwurfs zu erlangen.

Wolfgang Settekorn beschäftigt sich mit der Frage, welche soziale Rolle das Sport-Ereignis spielt. Zunächst erläutert er, dass der Begriff des Ereignisses (événement) eine soziale Kategorie ist. Sportlichen Ereignissen wird in der Gesellschaft der Charakter einer dramatischen Aufführung verliehen, die jedoch nicht als bewusste Inszenierung, sondern als soziale Praxis aufgefasst werden muss. In dieser Praxis werden mehrere soziale Differenzierungen getroffen bzw. zementiert – zunächst zwischen den ZuschauerInnen und den AkteurInnen, sodann zwischen verschiedenen Gruppen innerhalb des (zahlenden) Publikums, aber auch zwischen verschiedenen Klassen von Aufführungen. Die Darstellung des Sports untersucht Settekorn am Beispiel des Fußballs. Er unterscheidet dazu drei Räume von Darstellungen: den der Handlung, den symbolischen und den mentalen. Die darauf aufbauende Untersuchung widmet sich dem Phänomen des Starkults als einer modernen Legendenbildung und dem des Markenkults als »Adkorporation«. Besonderes Schwergewicht legt Settekorn auf die Verknüpfung von Wirtschaft und symbolischer Macht bei ihrer praktischen Anleitung des Alltagslebens. Zum Abschluss bettet er seine Überlegungen in den Kontext der Globalisierung ein.

Auf der Grundlage von Bourdieus Ansatz unterwirft *Steffani Engler* die Kategorie des Geschlechts einer Revision. Mit Bourdieu erscheint das Geschlecht nicht wie eine (beispielsweise biologische) Substanz, sondern als ein sozialer Tatbestand, und zwar als eine Relation, die mit leibhaftigen AkteurInnen in einer sozialen Praxis verknüpft ist. Das bedeutet, dass dem Geschlecht je nach sozialer Lage und gesellschaftlicher Entwicklung eine andere Relevanz, Funktion und Bedeutung zukommen kann. Analytisch ist das Geschlecht in erster Linie im Habitus zu verorten, dem nach Engler zentralen Begriff Bourdieus. Dieser macht kenntlich, dass die Prinzipien des Denkens, Handelns und Wahrnehmens (also der Subjektivität) gesellschaftliche sind, aber durch eigenes Handeln erworben und (neu) konstruiert werden. Vor diesem Hintergrund besteht das Geschlechterverhältnis als eines von männlicher Herrschaft dadurch fort, dass es zugleich im Habitus erworben und – auf der Basis des Erworbenen und ihm entsprechend – durch ihn konstruiert wird. Auch die beherrschten Frauen nehmen die Wirklichkeit in den Kategorien der herrschenden Männer wahr und sichern so den Fortbestand ihrer Herrschaft.

Rolf-Dieter Hepp skizziert im Anschluss an Bourdieu einen von der gewohnten Perspektive abweichenden Blick auf prekäre Lebenslagen, insbesondere auf die Arbeitslosigkeit. Ist die immer noch herrschende Sichtweise vom Schichtmodell der Gesellschaft geprägt, in dem Arbeitslose unten oder außen anzusiedeln sind, so wird sie den gesellschaftlichen Verhältnissen schon seit Jahrzehnten nicht mehr gerecht. Sie kann zum einen die feinen Differenzen zwischen den unterschiedlichen Gruppen Marginalisierter nicht fassen, zum anderen das Faktum nicht in den Blick bekommen, dass Arbeitslosigkeit zu einer Bedrohung geworden ist, die bis in das Zentrum der Gesellschaft reicht. Hepp erörtert nicht nur, wie die damit verknüpften Verschiebungen in der Sozialstruktur, in den Lebensläufen und in der Subjektivität mit Bourdieus Ansatz sichtbar gemacht werden können, sondern er wirft auch die Frage auf, inwiefern sich durch diese Verschiebungen der Horizont der gesamten Gesellschaft und damit auch der soziologischen Analyse wandelt.

Kristina Schulz berichtet über ein »work in progress«, dessen Ziel die Untersuchung sozialer Verhältnisse in Deutschland nach dem Vorbild des von Bourdieu herausgegebenen Werkes *La misère du monde* (1993a; 1997b) ist. Schulz führt zunächst in die Problemstellung und Methodik des französischen Werkes ein, dessen besondere Stärke es ist, die Menschen selbst zum Sprechen zu bringen, und zwar in soziologisch aufschlussreicher Weise. In zwei weiteren Schritten erläutert Schulz dann den Ansatz der deutschen Studie und die Schwierigkeiten, die sich aus der Übertragung der französischen Problemstellung und Methodik ergeben. Während die ersten Beiträge Bourdieus Lebensgeschichte und seine Position im wissenschaftlichen Feld betrachten, richtet *Hermann Schwengel* im abschließenden Essay den Blick in die nahe Zukunft. Bourdieu habe als einer der ersten Intellektuellen unserer Zeit soziologisch die Grenzen des Nationalstaats überschritten, aber weder in der Wissenschaft noch im praktischen Eingriff wirklich schon die volle Reichweite der Globalisierung begreifen können, die heute den Rahmen intellektuellen Denkens und Handelns bilden müsse. Gerade weil Bourdieu gewissermaßen auf der Grenze zweier politischer und geistiger Epochen anzusiedeln sei – diesseits und jenseits der Globalisierung –, vermutet Schwengel, sein soziologisches Instrumentarium werde auch in der nahen Zukunft seinen Wert beweisen.

Besonderer Dank gilt dem Dekanat der Philosophischen Fakultät der Universität Freiburg und dem Frankreichzentrum der Universität Freiburg für die finanzielle Unterstützung der Durchführung der Tagung, sowie der Wissenschaftlichen Gesellschaft in Freiburg für die Förderung der Drucklegung des Tagungsbandes.

Zur Zitierweise

Die Werke Bourdieus werden nach der im Anhang befindlichen Liste und den dort vergebenen Jahreszahlkürzeln zitiert. In sie wurden mit wenigen Ausnahmen alle in den einzelnen Aufsätzen zitierten Schriften Bourdieus aufgenommen (andere Ausgaben oder Übersetzungen einzelner Titel lassen sich mit der verdienstvollen Internetdatenbank Hyper-Bourdieu leicht recherchieren). Lediglich das Gesamtverzeichnis der Literatur zu Algerien wurde der Übersicht halber bei dem Aufsatz von Franz Schultheis belassen. Am Ende jedes einzelnen Aufsatzes findet sich somit nur die darin zitierte Literatur anderer Autoren.

Literatur

Bittlingmeyer, Uwe H./ Jens Kastner/ Claudia Rademacher (Hrsg.), 2002: Theorie als Kampf? Zur politischen Soziologie Pierre Bourdieus. Leverkusen.

Crossley, Nick, 2001: The Social Body. Habit, Identity and Desire. London.

Diaz-Bone, Rainer, 2002: Kulturwelt, Diskurs und Lebensstil. Eine diskurstheoretische Erweiterung der bourdieuschen Distinktionstheorie. Leverkusen.

Gebesmair, Andreas, 2001: Grundzüge einer Soziologie des Musikgeschmacks. Wiesbaden.

Ebrecht, Jörg/ Frank Hillebrandt (Hrsg.), 2002: Bourdieus Theorie der Praxis. Erklärungskraft – Anwendung – Perspektiven. Wiesbaden.

Krais, Beate/ Gunter Gebauer, 2002: Habitus. Bielefeld.

Leitner, Egon Christian, 2000: Bourdieus eingreifende Wissenschaft. Wien.

Papilloud, Christian, 2003: Bourdieu lesen. Einführung in eine Soziologie des Unterschieds. Mit einem Nachwort von Loïc Wacquant. Bielefeld.

Reed-Danahay, Deborah, 1995: The Kabyle and the French: Occidentalism in Bourdieu's Theory of Practice. In: James G. Garrier (Hrsg.), Occidentalism. Images of the West. Oxford, S. 61-84.

Rustemeyer, Dirk, 2001: Sinnformen. Konstellationen von Sinn, Subjekt, Zeit und Moral. Hamburg.

Weiß, Anja/ Cornelia Koppetsch/ Albert Scharenberg/ Oliver Schmidtke (Hrsg.), 2001: Klasse und Klassifikation. Die symbolische Dimension sozialer Ungleichheit. Wiesbaden.

Loïc Wacquant

Der »totale Anthropologe«

Über die Werke und das Vermächtnis Pierre Bourdieus[1]

Mit dem Tod von Pierre Bourdieu, der am 23. Januar 2002 in Paris an Lungenkrebs starb, verlor die Welt ihren vielleicht fruchtbarsten, innovativsten und einflussreichsten Anthropologen des 20. Jahrhunderts. In jedem Fall war er seit Emile Durkheim der Erste, dem es gelang, Anthropologie und Soziologie zu einer wirklichen Einheit zu verschmelzen. Und er hat einen analytischen Rahmen geschaffen, der die Vorzüge des europäischen Theoretizismus mit denen des angelsächsischen Empirismus verbindet und nicht nur die Sozial- und Kulturwissenschaften durchdrungen, sondern auch die Öffentlichkeit erfasst hat.

Bourdieus 40 Bücher und mehr als 400 Artikel und Aufsätze sind in zwei Dutzend Sprachen übersetzt wurden. Sie zählen heute zur Basisliteratur in so verschiedenen Bereichen wie der Ethnologie Algeriens und Frankreichs, der Soziologie der Ausbildung, der Kunst, des Geschmacks, der Klassen, des Geschlechts, der Intellektuellen, der Sprache, der Religion, Philosophie, der Wissenschaft und der Politik. Seine Untersuchungen über die Wirtschaft und den Staat sind nicht ohne Wirkung geblieben. Andere seiner Werke haben in die Ästhetik und die Geschichtswissenschaft eingegriffen, einen Dialog mit Künstlern und Schriftstellern eröffnet, Neues zur Erkenntnistheorie der Sozialwissenschaften und zur »negativen Philosophie« beigetragen und sind mit dem Journalismus sowie dem Neoliberalismus ins Gericht gegangen. Seine erstaunliche Produktivität und sein enzyklopädisches Wissen wurden ergänzt durch seine Fähigkeit, aus dem gesamten Fundus intellektueller Traditionen zu schöpfen, von der historischen Erkenntnistheorie Bachelards und Canguilhems über die Durkheimschule und die Phänomenologie bis hin zum jungen Marx, zu Max Weber, zur amerikanischen Kulturanthropologie und zur Sprachphilosophie im Anschluss an Witt-

---

[1] Zuerst erschienen in »American Anthropologist« 105/2003, S. 301-303. Übersetzt von B. Rehbein.

genstein. Dabei verfolgte er ein einziges Projekt: die tödliche Dichotomie zwischen Subjektivismus und Objektivismus, zwischen sozialer Physik und sozialer Semiotik, zu überwinden, um eine einheitliche, materialistische *Wissenschaft der menschlichen Praxis und symbolischen Macht* hervorzubringen, die durch ihre Entdeckungen die Akteure der Geschichte in die Lage versetzen sollte, von ihrer eigenen Geschichte Besitz zu ergreifen. Bourdieus Projekt richtete sich nicht zuletzt an die Intellektuellen, die von Berufs wegen Klarheit wünschen, aber sich selbst gegenüber oft blind bleiben.

Pierre Bourdieu wurde am 1. August 1930 im südwestfranzösischen Dorf Denguin am Fuß der Pyrenäen geboren. Er war das einzige Kind eines Bauern, der später Briefträger wurde. Bourdieu wuchs in einem abgelegenen Gebiet unter den Kindern von Bauern und Handwerkern auf. Frühe schulische Erfolge brachten ihm ein staatliches Stipendium zum Besuch der Schule in Pau und der Hochschule in Paris ein. Im Alter von 22 Jahren erreichte er den Gipfel des französischen Bildungswesens, als er (wie vor ihm Durkheim, Sartre, Merleau-Ponty und Foucault) an der *Ecole normale supérieure* in der Rue d'Ulm die *agrégation* in Philosophie meisterte. Danach weigerte er sich, das sakrosankte akademische Ritual eines *doctorat d'Etat* zu durchlaufen. Sein Vorhaben, die Geschichte der Wissenschaften mit der Phänomenologie und der Biologie zu verknüpfen, fand ein abruptes Ende, als er im kolonialen Algerien, wo er seinen Militärdienst ableisten musste, mit den sozialen Umwälzungen und dem menschlichen Leiden des Befreiungskrieges konfrontiert wurde. In Algerien wechselte Bourdieu von der Philosophie zur Ethnologie und damit zur Soziologie über. Hier lernte er das Handwerk des Sozialwissenschaftlers *in actu* und begann seine vier Jahrzehnte umspannende, unermüdliche Untersuchung der mannigfaltigen Formen und Mechanismen sozialer und symbolischer Herrschaft. In der algerischen Feuertaufe schmiedete er seinen bahnbrechenden Ansatz, die »heißesten politischen Fragen« mit den »kältesten Instrumenten der Wissenschaft« anzugehen, wie er oft sagte. Dass sich Bourdieu zugleich der Wissenschaft und der Verantwortung des Staatsbürgers verschrieb, dass er die *Autonomie* der Vernunft forderte, damit sie in den *Dienst* des Menschen gestellt werden könne, ist die Grundlage seines gesamten intellektuellen Lebens und seines Werdegangs, wie sein erstes posthumes Buch, *Interventionen 1961–2001* (franz. 2002c; deutsch 2003), zeigt.

Die weitreichenden Erhebungen und die oft gefährliche Feldforschung, die Bourdieu zwischen 1958 und 1964 unter den Berbern und Arabern in Algerien durchführte, schlugen sich nicht nur in klassischen ethnologischen Texten wie *Ehre und Ehrgefühl* (1965; in 1976), *Die*

Verwandtschaft als Vorstellung und Wille (mit A. Sayad, 1972; in 1976) und *Der Dämon der Analogie* (in 1987b) nieder, sondern sie bildeten auch die wissenschaftliche Grundlage seiner späteren Arbeiten. Schon in *Travail et travailleurs en Algérie* (1963), in dem die Entstehung von Lohnarbeit und Arbeitslosigkeit unter den in die Stadt geflohenen algerischen Bauern nachgezeichnet wird, verbindet sich ausgefeilte Statistik mit detaillierter Ethnographie, um die gesellschaftlichen Bedingungen der Entstehung eines rationalisierten ökonomischen Handelns und die Wurzeln einer subjektiven Divergenz zwischen Proletariat und Subproletariat aufzudecken. *Le déracinement* (mit A. Sayad, 1964) arbeitet die gesellschaftlich bedingte Übereinstimmung und Entkoppelung von subjektiven Erwartungen und objektiven Chancen heraus. Dabei erweist sich die französische Umsiedlungspolitik als zerstörerisch für die ländlichen Gemeinschaften, aber auch selbst als »eine pathologische Reaktion auf die tödliche Krise des Kolonialsystems«. Diese Analysen werden in *Algérie soixante* (1977; 2000c) fortgeführt, wo die historische Dialektik wirtschaftlicher und zeitlicher Stukturen in der Transformation der traditionalen Gesellschaft Algeriens und der Entstehung eines revolutionären Nationalismus aufgezeigt werden. *Das Haus oder die verkehrte Welt* (1970; in 1976) ist ein exemplarischer Text strukturalistischer Anthropologie. Gerade zum Zeitpunkt seiner Veröffentlichung brach Bourdieu jedoch endgültig mit Claude Lévi-Strauss, indem er Zeit, Macht und den gesellschaftlich geprägten Leib zu den Angelpunkten einer Theorie der Praxis machte, deren Kern das dynamische Zusammenspiel von Habitus, Kapital und Feld bildet.

Bourdieu entwickelte einen genetischen Strukturalismus, der anerkennt, dass Individuen die Welt gesellschaftlich konstruieren, ihre Instrumente kognitiver Konstruktion aber selbst von der Welt konstruiert sind, genauer gesagt, durch das Aufeinandertreffen von Geschichte, wie sie in Leibern inkorporiert ist, mit Geschichte, wie sie in Institutionen verdinglicht ist. Diese Sozialpraxeologie erfordert einen doppelten Bruch: erstens mit Alltagsbegriffen, die in subjektivistischen Ansätzen aufgenommen werden, und zweitens mit der intellektualistischen Kurzsichtigkeit des strukturalistischen Objektivismus, der vergisst, dass die subjektiven Repräsentationen elementare Bestandteile der objektiven Wirklichkeit sind, und die Praxis als eine mechanische Anwendung unbewusster Systemzwänge darstellt. Der Übergang von der Regel zur Strategie, von der Algebra ahistorischer mentaler Modelle zur Gymnastik verkörperter Schemata, die durch die Geschichte eingeprägt und von Akteuren mit unterschiedlichen Arten von Libido angewendet werden, zeigt sich im *Entwurf einer Theorie der Praxis* (1972; 1976) an, wird in *Sozialer Sinn* (1980; 1987b) ausgearbeitet und in den *Meditationen* (1997; 2001f) vertieft und ergänzt. Die *Meditationen* sind Bourdieus umfassendste Darstellung seines theoretischen Paradigmas und seiner philosophischen Anthropologie. Ihre Wurzeln sind ein historischer Rationalismus, eine relationale und agonistische Konzeption des Handelns und die Verwobenheit von Fehleinschätzung und symbolischer Gewalt.

Bourdieu erfuhr internationale Anerkennung zuerst als »Reproduktionstheoretiker« mit seinen innovativen Untersuchungen (*Die Illusion der Chancengleichheit* (1964; 1971) und *La reproduction* (1970; teilw. 1973), beide mit Jean-Claude Passeron) zur Rolle der Schule bei der Aufrechterhaltung sozialer Ungleichheit durch das kulturelle Kapital, das durch das Schulsystem ungleich verteilt wird, und mit seinen Monographien über die Fotografie (1965a) und das Museum (1966). Anthropologen dagegen ordneten ihn sogleich als »Praxistheoretiker« ein. Die Theorie der Praxis wird vielleicht am besten durch *Die feinen Unterschiede* (1979; 1982 c) und die Aufsätze zur soziologischen Pragmatik in *Was heißt sprechen?* (1982; 1990a) verdeutlicht. Im erstgenannten Werk wird Kants Rätsel des Geschmacks soziologisch aufgelöst durch eine neue Sicht auf den sozialen Raum und die Kämpfe um Klassifikation, durch die symbolische Trennungen zu realen werden und Gruppen geschaffen werden. Leider haben die Anthropologen nicht immer die grundlegende Einheit und den aufs Ganze gerichteten Blick von Bourdieus Werk erkannt. Diese wurzeln in seiner Vorstellung von der epistemischen Einheit aller Sozialwissenschaften, die auch den *Actes de la recherche en sciences sociales* zu Grunde liegt, der transdisziplinären Zeitschrift, die Bourdieu 1975 gründete und bis in die letzten Wochen seines Lebens mit größter Sorgfalt leitete. Seine ethnologischen und soziologischen Schriften bilden sowohl begrifflich wie thematisch ein unteilbares wissenschaftliches Ganzes, das als solches beurteilt werden muss und aus Bourdieu den Inbegriff des »totalen Anthropologen« macht – in dem Sinne, in dem er Sartre als den »totalen Intellektuellen« bezeichnete. Sein Buch *La noblesse d'Etat* (1989; 1991b) beispielsweise ist eine Anthropologie der magischen Funktionsweise des modernen Staates als einer Institution, die das »Monopol über den legitimen Gebrauch symbolischer Gewalt« innehat. Hier wird Bourdieus frühe Analyse der Ehre und der Formen der Herrschaft weitergeführt. *Die Regeln der Kunst* (1992a; 1999) holen drei Aspekte der Ästhetik in die Geschichte zurück, den ästhetischen Blick, den Mikrokosmos der Literatur und die Kategorien der Untersuchung von Kunstwerken. Bourdieus frühere Studien über die Genese wirtschaftlicher und kultureller Dispositionen scheinen hier auf, werden jedoch weiterentwickelt. In *Das Elend der Welt* (1992;

1997b) werden neue Formen »gesellschaftlichen Leidens« im Frankreich des ausgehenden 20. Jahrhunderts beredt gemacht, nicht ohne Hoffnung auf staatsbürgerliche Aufklärung und politisches Handeln. Ganz ähnlich war schon Bourdieus *Sociologie d'Algérie* (1958) mehr als 30 Jahre zuvor motiviert gewesen. Das spätere Werk verfügt jedoch über eine begriffliche Geschmeidigkeit und eine Verfeinerung der Methodologie, so dass es durchaus als Vorbild für eine engagierte, vielschichtige Anthropologie »komplexer Gesellschaften« dienen kann. Das Vor- und das Nachwort zu *Homo academicus* (1984; 1988c) bilden zusammen vielleicht das kühnste Beispiel von anthropologischer Selbstanalyse, das je geschrieben wurde.

Vor diesem Hintergrund passt ins Bild, dass das letzte von Bourdieu in den Druck gegebene Buch eine Ethnografie seines Heimatdorfes ist. *Le Bal des célibataires* (2002a) bestätigt die unauflösliche Einheit der soziologischen und ethnologischen Strömungen in seinem Werk. Darin analysiert er Geschlechterbeziehungen, Heiratsstrategien und wirtschaftlichen Wandel, um die »verbotene Reproduktion« der geschlossenen Bauerngesellschaft seiner Jugend herauszuarbeiten. Das Buch versammelt drei Texte, die zuerst 1962, 1972 und 1989 veröffentlicht wurden und gemeinsam eine Art Bildungsroman darstellen. In ihm sehen wir die Entwicklung von Bourdieus Denken und seines theoretischen Modells: die kontrollierte Verwandlung »persönlicher Erfahrungen« in »wissenschaftliche Experimente«, seine charakteristische Konzeption von Theorie als praktischem Werkzeug zur kontrollierten Erzeugung empirischer Objekte, die herausragende Rolle, die er dem Leib als Ausdruck gesellschaftlicher Kräfte zuschrieb, und den zentralen Stellenwert, den er symbolischen Beziehungen beim Kampf um die Erzeugung der gesellschaftlichen Wirklichkeit zuschrieb. Schließlich verdeutlicht *Le Bal des célibataires* sein Konzept der Reflexivität als unerlässlichem Bestandteil der wissenschaftlichen Praxis, die nicht zur narzisstischen Nabelschau, sondern ganz im Gegenteil zur »Objektivierung des Subjekts der Objektivierung« dienen soll.

Nachdem er in den frühen sechziger Jahren an die Universität Algier, an die *Sorbonne* und an die Universität Lille berufen worden war, wurde Bourdieu 1964 *Directeur des études* an der *Ecole des hautes études en sciences sociales* in Paris und hatte von 1981 an den Stuhl für Soziologie am Collège de France inne. Von hier aus leitete er die kollektive Forschung und Publikationstätigkeit des *Centre de sociologie européenne*. Im Laufe der Jahre erhielt er in Europa und Amerika zahlreiche wissenschaftliche Ehrungen, deren letzte die Huxley Medal vom *Royal Anthropological Institute* war. Im letzten Jahrzehnt seines Lebens erlangte er beträchtlichen

Ruhm über die akademischen Kreise hinaus – wo immer er sprach, sei es bei wissenschaftlichen Tagungen, sei es auf Gewerkschaftsveranstaltungen, strömten große Menschenmengen zusammen, um ihn zu sehen. Und im politischen Feld wurde er sehr einflussreich – Pariser Gelehrte, die ihn für seinen mangelnden Respekt vor Journalisten tadelten, sprachen von *la gauche bourdieusienne*. Schließlich wurde ein preisgekrönter Dokumentarfilm über ihn gedreht, und die Leute erkannten und grüßten ihn auf der Straße. All das lenkte ihn nie von der Aufgabe ab, der er sich verschrieben hatte: die Wissenschaft von der Gesellschaft voranzutreiben. Daran glaubte er umso mehr, je mehr sie in wissenschaftlichen Kreisen aus der Mode kam. Bourdieu hatte nichts für die »Medienintellektuellen« übrig, die keine eigene Forschung leisten. Ebenso jedoch lehnte er die Verzagtheit von Wissenschaftlern ab, die sich in den sicheren Hafen ihrer Gelehrsamkeit zurückziehen, während die Gesellschaft um sie herum in Aufruhr ist und die Institutionen sozialer Gerechtigkeit durch die neoliberale Revolution aufgelöst werden. In die öffentliche Diskussion, die durch die neue weltweite Vulgata von »Globalisierung«, »Postmoderne« und »Multikulturalismus« grob verzerrt ist, griff er ein, indem er sich immer deutlicher in Gruppen engagierte, die für die Arbeitslosen, die Migranten »ohne Papiere«, die Obdachlosen und alle anderen symbolisch Ausgestoßenen eintraten. Unermüdlich trug er zur Schaffung einer einheitlichen, europaweiten sozialen Bewegung bei, die fähig sein könnte, dem Moloch der Marktorthodoxie Widerstand zu leisten.

Bourdieus Werk hat die Sozial- und Geisteswissenschaften verändert, indem es ihnen einen einheitlichen theoretischen Kern und einen neuen methodologischen Ansatz liefert, aber auch indem es sie mit den wichtigen gesellschaftspolitischen Fragen unserer Zeit verknüpft. Daraus erklärt sich, dass sein plötzlicher Tod eine Flut von Nachrufen von politischen Führungspersönlichkeiten, Gewerkschaftern, linken Aktivisten, Wissenschaftlern und Künstlern aus Europa und zahllosen Trauerbotschaften aus der ganzen Welt auslöste. So groß sein Werk und dessen Einfluss auch sein mögen, diejenigen, die ihn persönlich kannten, werden den Menschen am meisten im Gedächtnis behalten und vermissen – seine Schüchternheit und seine Großzügigkeit, seine Brüderlichkeit und seine persönliche Integrität, seine Offenheit und seine Aufmerksamkeit für alle um ihn herum ohne Ansehen von Titel und Rang, seine unerschöpfliche Neugier in Bezug auf alles Gesellschaftliche und sein schelmisches Lachen. Pierre Bourdieu lässt seine Frau Marie-Claire, ihre gemeinsamen drei Söhne – den Ökonomen Jérome, den Philosophen und Schriftsteller Emmanuel und den Physiker Laurent – und sieben Enkel zurück. Aber auch Tausende von Wissenschaftlern und unzählige Menschen, die über den ganzen Erdball verteilt sind und durch Bourdieus Denken und Werk verändert wurden, auf eine Weise, die sie erst noch vollständig ergründen müssen.

Franz Schultheis

Algerien 1960 – ein soziologisches Laboratorium

Ursprung und Prägung der Bourdieuschen Theorie der Praxis[1]

Pierre Bourdieus Soziologie wurde spätestens seit deren »Durchbruch« mit dem Werk *Die feinen Unterschiede* (1982c) zum Gegenstand eines nicht abbrechenden Stroms an Rezeptionen und Deutungen. In unzähligen Variationen des gleichen Themas beschäftigte man sich mit seinen zentralen theoretischen Konzepten wie Habitus, Kapital, Feld oder Illusio oder analysierte die ihnen zu Grunde liegenden erkenntnistheoretischen Prämissen, legte theorievergleichende Perspektiven an, situierte sein Werk im Feld der zeitgenössischen Sozialwissenschaften oder im Kontext der großen Theorietraditionen und im Koordinatensystem der klassischen Paradigmata. Wenig Interesse wurde dabei der Früh- bzw. Entstehungsphase seiner Soziologie zuteil, was umso mehr erstaunt, als man gemäß einer nahe liegenden reflexiven Wendung des für sie richtungweisenden genetischen Strukturalismus diesem *statu nascendi* eines sozialwissenschaftlichen Habitus eine Schlüsselstellung hätte beimessen müssen. Verstehen heißt rekonstruieren, heißt, den interessierenden Zusammenhang in seinem historischen So-und-nicht-anders-Gewordensein zu rekonstruieren: so ein von Bourdieu seit seinen Anfängen als Soziologe immer aufs Neue beanspruchter und aktualisierter Grundgedanke der Weberschen Erkenntnistheorie und Methodenlehre. In diesem Sinne unternimmt der vorliegende Beitrag den Versuch, die Besonderheit des Bourdieuschen Blicks und Zugriffs auf die gesellschaftliche Welt von

---

[1] Der Beitrag stützt sich sowohl auf die am Ende dieses Aufsatzes präsentierten Schriften Bourdieus im Zusammenhang mit seinen algerischen Feldforschungen, als auch auf die Aufzeichnungen mehrstündiger Gespräche mit Pierre Bourdieu über diese Anfänge seiner Soziologie, welche zum Teil anlässlich der erstmaligen Präsentation seiner ethnographischen Photographie aus dieser Zeit in einer Ausstellung beim Institut du monde Arabe im Januar 2003 veröffentlicht wurden (s. Bourdieu, »Images d'Algérie. Une affinité élective«. In: *Actes-Sud* (Arles) 2003). Die Abbildungen im Beitrag stammen aus dieser Ausstellung (siehe Abbildungsnachweis am Ende des Bandes).

den ersten Schritten her, vom Experimentieren in einem soziologischen Laboratorium wie er selbst das Algerien der antikolonialistischen Befreiungskriege nannte, aufzurollen. Hierbei muss man sich des Risikos der von Bourdieu immer wieder, zuletzt in seinem *Soziologischen Selbstversuch* (2002b), kritisch sezierten biographischen Illusion bewusst sein und bleiben: Es geht nicht darum, das im Laufe der folgenden vier Jahrzehnte intensiver Forschungstätigkeit und Theoriearbeit Geleistete geradlinig und mechanistisch aus einer Art Keimzelle heraus abzuleiten, sondern allein um das Anliegen einige der Möglichkeitsbedingungen einer außergewöhnlichen soziologischen Theorie und Praxis im Kontext ihres außergewöhnlichen Entstehungszusammenhanges zu verorten und deren Wahlverwandtschaften aufzuzeigen. Hierbei soll so gut wie möglich plausibel nachvollziehbar gemacht werden wie sehr sich die Reflexivität der Bourdieuschen Soziologie des in ihrem algerischen Laboratorium auf Schritt und Tritt erfahrenen und reflektierten gesellschaftlichen Bruchs verdankt. Aus diesen Lehrjahren unter dramatischen Umständen lassen sich die Besonderheiten der soziologischen Arbeit Bourdieus nicht einfach ableiten, vielmehr sollte man diesen sozio-historischen Entstehungskontext seiner Soziologie als eine Art Treibhaus ansehen, in welchem ein frischer Abgänger der Pariser Elite-Hochschule *Ecole normale supérieure* unter der Erfahrung von Krise, Anomie und Bruch eine Konversion vom Philosophen zum Soziologen erfährt, angesichts des von der französischen Kolonialmacht verursachten gesellschaftlichen Elends sehr hautnah das Elend der Philosophie erfährt und dauerhafte Konsequenzen daraus zieht: nach der algerischen Erfahrung wird ihm Theorie nur noch als Theorie der Praxis denkbar sein.

Wie nachfolgend versucht wird aufzuzeigen, handelt es sich bei den ersten, weitgehend autodidaktischen soziologischen Gehversuchen Bourdieus und den aus ihnen resultierenden Studien zur kabylischen Gesellschaft um eine Art »Kristallisationskern« seiner später schrittweise ausformulierten komplexen Theorie der gesellschaftlichen Welt, um den herum sich in den nachfolgenden Jahren und Jahrzehnten Schicht um Schicht neue Variationen der hier schon vorhandenen, wenn auch noch nicht voll entfalteten, sozialwissenschaftlichen Themen ablagern sollten. Da der Kern des Bourdieuschen Ansatzes hier noch unmittelbar, sozusagen in seinen elementaren Formen, zum Vorschein kommt, wird auch dessen Koordinatensystem, wie unter einem Brennglas leichter erkennbar und die tragenden Pfeiler seines Theoriegebäudes heben sich deutlich ab.

Was häufig in der Rezeption der Bourdieuschen Theorie übersehen bzw. vernachlässigt wird, ist, dass dieses Frühwerk schon die unverwechselbare Handschrift Bourdieus trägt und die bis zu seinem Tod grundlegenden soziologischen Erkenntnisinteressen und tonangebenden Forschungsfragen bereits hier offen zu Tage treten. Wesentliche theoretische Instrumente und Konzepte wie das des Habitus sind in Bourdieus Rückblick »sehr unmittelbar aus der Erfahrung meiner ersten ethnographischen Forschungen in Algerien hervorgegangen…«. Auch finden sich hier die Ursprünge des unorthodoxen Umgangs, den Bourdieu mit den klassischen Teilungen der wissenschaftlichen Arbeit nach vermeintlich in der Natur der Dinge angelegten unterschiedlichen Methoden pflegte: »Von Beginn an war in meiner Forschungspraxis die Opposition quantitativ-qualitativ hinfällig: hier gehen ethnographische und statistische Methoden Hand in Hand…«

Die immer wieder hervorgehobene besondere Kohärenz des Bourdieuschen Werkes ergibt sich wahrscheinlich aus dem Umstand, dass schon der junge Bourdieu über eine komplette Theorie der Sozialwelt verfügte, mag sie auch noch sehr implizit und wenig elaboriert gewesen sein, und dass sich um diese herum sehr frühzeitig ein komplexes und ambitioniertes Forschungsprogramm von bewundernswerter Konsequenz entwickelt hat. Dies erlaubte es ihm, seine im Hinblick auf die bearbeiteten empirischen Felder und Gegenstände so vielfältigen und facettenreichen Forschungen als einen von einem klaren Vorhaben geordneten und gelenkten kumulativen Erkenntnisprozess in Form einer spiralförmigen Bewegung voranzutreiben.

Auch die zentralen Fragestellungen der Bourdieuschen Soziologie sind in diesem frühen Stadium bereits präsent: er fragt nach den historischen Möglichkeitsbedingungen einer anti-ökonomistischen Ökonomie und damit umgekehrt nach denen des modernen Kapitalismus, nach den unterschwelligen Regeln des Tauschs und den hierbei zur Geltung kommenden »totalen sozialen Tatsachen« (Mauss), dem Verhältnis von Zeitstrukturen und Rationalität, den symbolischen Ordnungen der Gesellschaft, Herrschaftsbeziehungen zwischen den Geschlechtern, Generationen und sozialen Klassen, oder nach den soziohistorischen Möglichkeitsbedingungen der für universell gehaltenen Rechenhaftigkeit des *homo oeconomicus*, Fragen also, die auch in seinen explizit politischen Schriften der späten Schaffensphase erkenntnisleitend sein werden. Wichtiger noch: Bourdieus Gebrauch der Wissenschaft, sein soziologischer »Habitus«, tritt in diesen frühen Arbeiten schon unverwechselbar zu Tage: hierzu zählen sein Misstrauen gegenüber der »reinen« Philosophie, selbst wenn es um scheinbar »existenzielle« philosophische Fragen geht, eine fundamentale erkenntnistheoretische Wachsamkeit und Selbstreflexivität, die systematische Verwendung eines kühlen Szientismus als Instrument der Distanzierung in Situationen starker persönlicher Betroffenheit bei einer zugleich durch und durch politischen Auffassung sozialwissenschaftlicher Arbeit in der Tradition der europäischen Aufklärung und dem Bekenntnis zur öffentlichen Einmischung. Aber interessieren wir uns doch zunächst einmal für die spezifische biographische Flugbahn die Bourdieu nach Algerien verschlug und den dramatischen Zustand, in dem sich dieses Land damals befand.

I. Initiationsreise in die Soziologie

In den späten 50er Jahren wurde der Wehrpflichtige Pierre Bourdieu in das von den Befreiungskämpfen gegen die französischen Kolonialherrn gezeichnete Algerien verschickt, fünf Jahre danach kehrte er als 'gestandener' Ethnologe nach Paris zurück. Dazwischen liegen mehrere Jahre intensivster Feldforschung, teilnehmender Beobachtungen, umfassender statistischer Erhebungen und zahlloser Tiefeninterviews und Expertenbefragungen unter oft schwierigen, ja dramatischen Bedingungen. Mit der französischen Kolonisation erlebt Algerien, bis dahin geprägt durch eine vorkapitalistische Wirtschaftsweise und -ethik, eine dramatische Umgestaltung: brutale Durchsetzung zutiefst fremder ökonomischer Prinzipien, rapider Verfall der traditionellen landwirtschaftlichen Produktionsweise, Entstehung eines neuen Subproletariats, ökonomische Prekarisierung und gesellschaftliche Entwurzelung als Los breiter Bevölkerungsschichten. Dem soziologischen Beobachter eröffnet sich hier ein breites Feld der Beobachtung und Analyse der Folgewirkungen eines forcierten sozialen Wandels, welcher Konzepte wie Entfremdung oder Anomie in geradezu idealtypischer Ausprägung manifest werden ließ und grundlegende soziologische Fragen aufwarf: Was wird aus einer Gesellschaft, wenn sie sich einer neuen ökonomischen Verkehrsweise und Handlungslogik ausgesetzt sieht, die im Widerspruch zu sämtlichen, seit Generationen gültigen sozialen Spielregeln (Bruder-Ethik, Reziprozität der Gabe etc.) steht? Inwieweit beschränkt der traditionelle ökonomische Habitus die Handlungsspielräume der sozialen Akteure und in welchem Maß strukturiert er Vorstellbares und Unvorstellbares, begrenzt er das Feld des Möglichen? Welche Formen des Leidens und Elends gehen mit diesem Zustand sozialer Entwurzelung und Anomie einher?[2]

Bourdieu erlebt angesichts dieser Ausnahmesituation eine nicht minder außergewöhnliche biografische Konversion: der brillante Abgänger der *Ecole normale supérieure*, prädestiniert für eine Hochschulkarriere als Philosoph, erlebt eine Metamorphose zum Soziologen und Ethnologen qua stetiger Radikalisierung der eigenen intellektuellen und politischen Ansprüche und einem pausenlosen, weitgehend autodidaktischen Experimentieren mit allen zur Verfügung stehenden Methoden und Mitteln der quantitativen und qualitativen Sozialforschung: »Ich wollte angesichts der dramatischen Situation in Algerien etwas tun, wollte mich nützlich machen und entschloss mich deshalb, eine Untersuchung über die algerische Gesellschaft in Angriff zu nehmen, um den Menschen zuhause ein wenig besser verständlich zu machen, was in diesem Land geschah. Ich wollte bezeugen, was sich da vor meinen Augen abspielte.«

Vielleicht handelt es sich hier um einen sehr persönlichen Ausweg aus dem Dilemma der kolonialen Konstellation, aus der »Ursünde des Intellektuellen aus dem Lande der Kolonialherren«. Die Teilhabe an der kollektiven Schuld arbeitet er ab, indem er, mit Marx gesprochen, die

---

[2] Siehe in diesem Zusammenhang auch Bourdieu 2000c.

Waffen der Kritik zur Kritik der Waffen nutzt und seine wissenschaftliche Kompetenz in den Dienst einer Sicht algerischer Verhältnisse stellt, die den gängigen rassistischen Stereotypen, die sich die kolonialen Modernisierer von den »Entwicklungsländern« machen, zuwiderläuft. Es ging ihm darum, die symbolische Gewalt im Blick des Kolonialherrn, geradezu paradigmatisch für den herrschaftssoziologischen Ansatz Bourdieus und seine Theorie symbolischer Gewalt, sichtbar zu machen, wenn dieser seine eingefleischten moralischen, ästhetischen oder ökonomischen Kategorien des Denkens und Handelns zum universellen Maßstab macht und dabei das »Andere« oder »Fremde« schlicht in Kategorien von Unterentwicklung und Mangel repräsentiert. Die Einsicht in eine andere, unserer modernen Auffassung völlig konträren Sicht von Arbeit, Anstrengung, Nutzen, Gewinn, bei der alle wirtschaftlichen Aktivitäten sozial eingebunden sind und nicht auf die Formel »Geschäft ist Geschäft« reduziert werden und wo sich Geld noch nicht vom Mittel zum Selbstzweck entwickelt hat, musste sich Bourdieu selbst mühsam gegen die vermeintlichen Evidenzen der eingefleischten Kategorien des Denkens und Handelns erkämpfen. Seine Sicherung der Spuren einer untergehenden Welt verfolgt dabei von Beginn an eine Strategie der Rehabilitation des Alltäglichen.

Die theoretischen und methodologischen, vor allem aber auch forschungspraktischen Grundlagen hierfür verschafft sich dieser Abgänger einer französischen Elitehochschule auf weitgehend autodidaktische Weise. Er lässt sich Bücher aus Frankreich kommen, hört von Max Weber, bestellt dessen *Protestantische Ethik*, übersetzt selbst einige Kapitel daraus, arbeitet an der Technik der Fragebogen-Erhebung, sammelt und interpretiert Sprichwörter, analysiert Haushalts- und Zeitbudgets, schießt über dreitausend Photos, die er dann seinen ethnologischen Aufzeichnungen als Illustrationen beifügt, etc.

Bourdieu war damals auf dem besten Wege, die klassische Laufbahn des *Normalien* einzuschlagen, hatte nach seinem Staatsexamen, der so genannten *Agrégation*, den steinigen Weg über eine Anstellung in einem Provinzgymnasium als Sprungbrett zur Universität eingeschlagen und bereits mit einem philosophischen Promotionsvorhaben zum Thema »Die Zeitstrukturen des Gefühlslebens« den Grundstein für eine Zukunft als *homo academicus* gelegt.

Nun gerät er buchstäblich auf Abwege. Der Abstand zum Pariser Intellektuellen-Milieu, in dem er sich ohnehin nie besonders heimisch fühlte, bedeutete eine große Befreiung von einer Vielzahl an Zwängen und Tabus: »In Algerien war mir das alles plötzlich völlig egal«. Bourdieu wendet sich mit Leib und Seele der Ethnologie zu, ohne dass ihm dabei der alles überschattende Übervater Lévi-Strauss ständig über die Schultern hätte schauen können. Gegenüber den bisher gehegten philosophischen Interessen sind die nun begonnenen Untersuchungen rund um eine Ethnologie der Praxis, profan, geradezu banal, und dennoch bieten sie ihm Gelegenheit, seine kopernikanische Wende des Philosophierens zu vollziehen: die Praxis selbst wird zum Prüfstein der Theorie und er beginnt philosophische Fragen so zu stellen, dass sie sich empirisch verifizieren lassen.

II. Wege zur Soziologie

Schon während seiner Militärzeit nutzte Bourdieu seine Zeit, um mit einer Materialsammlung für ein Buchprojekt zu beginnen. Zunächst hatte er nur im Sinn, eine Art soziologische Länderstudie zu schreiben, welche dann tatsächlich schon im Jahre 1958 unter dem Titel *Sociologie de l'Algérie* in der populären und auflagenstarken enzyklopädischen Reihe »Que sais-je?« erscheinen sollte. Doch damit gab sich Bourdieu bald nicht mehr zufrieden. Er hatte in Algier verschiedene Mitarbeiter der dortigen Vertretung des INSEE, des Statistischen Amtes Frankreichs, kennen gelernt und mit ihnen die Arbeit an einer breit angelegten statistischen und soziologischen Analyse der Situation der Arbeiterschaft in Algerien in Angriff genommen: »Einerseits ging es uns darum, mit den ideologischen Berührungsängsten unserer Disziplinen zu brechen und vor allem auch den Fetischismus der Statistik zu bekämpfen, die den Forscher allzu oft in Versuchung führt, sich dem anheim zu stellen, was Leibniz die ‚blinde Evidenz‘ der Zahlen und Symbole nannte. Umgekehrt besehen war für uns die Statistik mehr als nur ein Instrument der Verifizierung soziologischer Hypothesen, nämlich auch ein wichtiger Schutz vor den Fallen des Intuitionismus und allzu schneller Induktionen. Eine Zusammenarbeit mit dem Statistiker ist für den Soziologen schon unter normalen Umständen notwendig und wertvoll, gänzlich unverzichtbar aber ist sie, wenn er es unternimmt, eine Gesellschaft im Umbruch zu analysieren. Hier wird die ethnographische Methode durch eine komplexe und sich ständig wandelnde, alle Anzeichen der Inkohärenz behaftete Wirklichkeit, entwaffnet. Anders herum besehen erlaubt aber auch nur eine Kenntnis der traditionellen kulturellen Modelle den Sinn bestimmter statistisch erfassbarer Verhaltensweisen zu verstehen, denn diese beziehen sich sogar dann noch auf diese alten Modelle, wenn sie diese hinter sich lassen«.

Gemeinsam mit den Kollegen vom INSEE unternimmt Bourdieu also eine repräsentative Erhebung zur Erwerbssituation in Algerien und lässt sich zusätzlich eine Unterstichprobe von 200 Haushalten ziehen, die er selbst als Grundlage seiner eigenen Untersuchungen benutzt. Er verfügt also über die repräsentativen Daten der Gesamtstichprobe und konnte die eigenen Ergebnisse in diesem Rahmen systematisch verorten. Schon die nach standardisierten Fragen vorgehende erwerbsstatistische Erhebung brachte sehr interessante Einblicke in die unterschiedlichen kulturellen Repräsentationen von Arbeit. Man fragte »Wie viele Stunden haben sie gestern gearbeitet? Wie viele Tage während der letzten Woche?

Wie viele Wochen im vergangenen Monat?« Und schließlich: »Was ist Ihr Beruf?«

Die Befragten aus dem Süden Algeriens, der deutlich weniger von den Auswirkungen des Kolonialismus und in geringerem Maße von der Auswanderung betroffen war als der Norden, gaben markant seltener an, sie seien »arbeitslos« als die Befragten in den nördlichen Regionen, selbst wenn sie genau die gleiche Zahl an Stunden gearbeitet hatten: »Das stellte für mich die Idee der Arbeit selbst in Frage. Beide Gruppen hatten eine andere Auffassung von Arbeit. Im Süden herrscht ein traditionelles Verständnis vor. Derjenige, der von sich sagt, er arbeitet, ist frühzeitig aufgestanden, hat seinen Söhnen Arbeit zugeteilt, seiner Frau ebenfalls und ist dann losgezogen, um mit seinen Freunden im Café oder an der Straßenecke zu diskutieren. Bei den Kabylen jedoch arbeitet nur derjenige, der Geld heimbringt, das hat unsere Befragung eindeutig belegt. Auf diesem Wege gelangte ich an sehr grundlegende soziologische Fragen wie 'Was heißt Arbeiten?', 'Was ist Freizeit?'. Immer musste ich mir angesichts der gesammelten und zu Tabellen verarbeiteten Daten sagen: 'Diese Besonderheiten interpretiere ich doch nicht selbst da rein! Es muss da etwas geben, was nicht in der Tabelle drin ist und dennoch alles strukturiert.' Ich stellte hier angesichts dieser empirischen Gegenstände Fragen im Stile der Philosophie, obwohl ich doch mit beiden Beinen auf dem festen Boden der Praxis stand. Und manchmal sagte ich mir: 'Da hast Du es! Du bist immer noch ein Philosoph'. Aber diese Fragen mussten nun einmal gestellt werden und rückblickend hatte ich Recht!«

Schon hier zeigten sich also die Stärken und Grenzen der statistischen Methoden und Instrumente deutlich: das Wesentliche fand sich eben nicht in den Tabellen selbst und musste vom Forscher mit Hypothesen eingekreist werden, die er allein auf dem Wege eines verstehenden, qualitativen Zuganges entwickeln konnte. Die statistischen Erhebungen mit standardisierten Fragebögen standen aber nicht isoliert da, sondern wurden von einer ganzen Batterie weiterer, meist qualitativer Forschungsmethoden ergänzt und umrahmt, die Bourdieu weitgehend autodidaktisch nach dem Prinzip eines intuitiven learning by doing entwickelte: »Ich bin einfach ins kalte Wasser gesprungen, so wie man Kinder ins Wasser stößt, damit sie schwimmen lernen. Ich arbeitete gleichzeitig an tausenderlei Fragen und Themen von der Gabe, über den Kredit bis hin zu Verwandtschaftsbeziehungen und hatte irgendwie schon das Gefühl, auf dem rechten Wege zu sein, ohne dass ich aber genauer hätte sagen können, worin meine Methode denn eigentlich konkret bestand...« Vielleicht verdankt sich die Bourdieusche Theorie des

Habitus ganz maßgeblich der Konfrontation zwischen zwei sehr unterschiedlichen Lebenswelten, welche die jeweiligen Wahlverwandtschaften zwischen Denk- und Verhaltensweisen und objektiven gesellschaftlichen und ökonomischen Strukturen besonders plastisch vor Augen führten. Das Konzept des Habitus musste gerade angesichts der tiefgreifenden Krise einer Gesellschaft eine ganz besondere theoretische Schärfe und Prägnanz gewinnen, deren Mitglieder sich materiell und symbolisch der Verfügung über ihre Existenz und als kulturell Entwurzelte sich jedweder Orientierungspunkte für die Entwicklung auch nur annähernd kohärenter Strategien beraubt sahen.

III. »Nicht den Philosophen spielen!«

Bourdieus Festklammern an einer kühlen szientistischen Grundhaltung in diesen Zeiten tiefster gesellschaftlicher Umbrüche und vieler leidvoller Erfahrungen (Verlust eines seiner besten Freunde, der von der OAS erschossen wurde, die Ohnmacht gegenüber der extremen materiellen Not, das Gefühl einer tiefen Kollektivschuld gegenüber der mit offener Gewalt unterdrückten arabischen Bevölkerung etc.) diente allerdings nicht nur als Selbstschutz, sondern vor allem auch als Vorbeugung gegenüber der für einen *Normalien* ja nicht geringzuschätzenden Gefahr »den Philosoph zu spielen«. Pierre Bourdieu kommt im Gespräch über seine Zeit in Algerien mehrfach auf diese Sorge zu sprechen, nur nicht dem Gestus des Philosophen auf den Leim zu gehen, nur nicht den Philosophen rauszukehren. Auch wenn dies mit einer sozialen Bescheidenheit, Mitgift einer bescheidenen Herkunft, zusammenhängen mag, ist dennoch hervorzuheben, dass gerade die schwierigen Lehrjahre in Algerien ihn wohl vor dieser Gefahr gefeit haben: »Ich habe meine Arbeiten unter kriegsähnlichen Bedingungen durchführen müssen, das gibt ihnen zwangsläufig einen ernsten Charakter.« In dieser Ausnahmesituation erwarb er sich wohl ein gutes Stück jener Selbstreflexivität und Wachsamkeit, die seine wissenschaftliche Haltung so sehr auszeichnen: »Ich hatte schon früh eine sehr realistische Grundhaltung. Ich machte mir nichts vor und wusste eigentlich schon sehr viel über die soziale Welt, ohne es wirklich zu wissen. Und doch war ich nicht pessimistisch. Ich wollte arbeiten, mich nützlich machen.«

Bourdieu fand so in der algerischen Ausnahmesituation die gesellschaftlichen Möglichkeitsbedingungen einer grundlegenden Konversion vor: hatte die Ausbildung an der *Ecole normale supérieure* ihn geradezu dafür prädestiniert, mit Leib und Seele »den Philosophen zu spielen«, so wird diese ihm scheinbar vorbestimmte Flugbahn nun durch die Konfrontation mit einer revoltierenden sozialen Wirklichkeit abgelenkt.

»Gegenüber dem traditionellen Philosophieren über Gott und die Welt hatte ich das Glück, quasi-metaphysische Probleme und existenzielle Fragen auf sehr dramatische Weise im Konkreten gestellt zu sehen. Daraus erwuchs mir dann eine philosophische Anthropologie, aber im guten Sinne des Wortes, d. h. nicht als irgendeine vage Spekulation, sondern als Reflexion angesichts dramatischer menschlicher Lebensumstände, die mich tief erschütterten.« Die »quasi-metaphysische Fragen«, die sich Bourdieu, wie bereits erwähnt, im Rahmen seiner ethnologischen Feldforschungen stellte, klangen bewusst naiv: »Was ist ein Kredit?, Was heißt Sparen? Was Thesaurieren? Was ist der Unterschied zwi-

schen Thesaurieren und Akkumulation? Was heißt Rücklagen bilden?«
– alles zentrale Fragen der Ökonomie. Und was heißt das alles in Bezug
auf unsere Einschätzung des wirtschaftlichen Verhaltens des algerischen
Bauern. Einerseits stellt man fest, dass dieser Reserven für eine Zeit-
spanne von fünf Jahren schafft und andererseits sagt man von ihm, er sei
unfähig, vorauszuschauen und zu planen. Genau an diesem Punkt wird
die »ökonomische Anthropologie« durch und durch politisch und bleibt
es zeitlebens. Bourdieus Frage nach den elementaren Formen des ökonomischen Lebens in dem noch tief in traditionellen Gesellschaftsmu-
stern verwurzelten Algerien ist von Beginn an eine scharfe erkenntnistheoretische Waffe der Kritik des modernen Kapitalismus, der seine
spezifischen soziohistorischen Möglichkeitsbedingungen hinter dem
Schleier vermeintlich universeller Prinzipien der Rationalität versteckt.
»Es ging mir darum, der Vorstellung einer vor-logischen Denk- und
Handlungsweise zu widersprechen und in diesem Motiv kam auch mein
philosophisches Interesse in Bezug auf ein besseres Verständnis von
'Zeit' zur Geltung. Ich glaube nicht, dass ich hier schlicht meine philosophischen Interessen dem ethnologischen Gegenstand überstülpte,
sondern bin davon überzeugt, dass die Zeitdimension von zentraler Bedeutung ist und sich hier ein grundlegend anderes Verhältnis zur Zukunft identifizieren lässt.« Mit seiner These von den ökonomischen Bedingungen des Zugangs zur Rationalität geht Bourdieu direkt gegen das
rassistisch gefärbte Stereotyp von einer schier nicht modernisierbaren
bzw. zivilisierbaren algerischen Bevölkerung an. Die üblichen Vorurteile
gegenüber der vermeintlichen Unfähigkeit dieser Menschen, in »geordneten Verhältnissen« zu leben (mangelnde Hygiene in den Wohnungen,
fehlende ökonomische Planung, geringe Arbeitsmotivation, Unzuverläs-
sigkeit etc.) waren ein vorzügliches Mittel zur Legitimierung der kolonialen Konstellation, ähnlich wie die heutigen Theorien von der so genannten »Kultur der Armut« die Existenz sozialer Ausschließung unter
Rückgriff auf quasi-genetische Reproduktionsmuster erklären und legitimieren. So materialistisch die Bourdieusche These von der Priorität
der materiellen Lebens- und Arbeitsbedingungen daher zunächst auch
scheinen mochte, so sehr ist sie doch eine gerade die symbolischen Herrschaftsbeziehungen entlarvende und kritisierende Sichtweise mit eman-
zipatorischer Stoßrichtung, gesteht sie doch einer beherrschten Gruppe
eine ökonomische und gesellschaftliche Praxis mit Eigenlogik und Ei-
gensinn zu. Hierbei kam Bourdieu seine Herkunft aus einfachen Verhältnissen in der tiefen französischen Provinz zur Hilfe: er verfügte während seiner Feldforschungen nicht zuletzt über seine hier zugleich fremden wie auch verwandten ›eingeborenen‹ Wissensbestände: »Meine

soziologischen Arbeiten über Algerien waren für mich Gelegenheit zu einer Anamnese. Ich bediente mich immer wieder meiner Primärerfahrungen aus der Heimat und stellte häufig Bezüge zu den Bauern aus dem Béarn her. So sagte ich mir etwa in dieser oder jener Gesprächssituation: ›Wenn Dir das jetzt ein Bauer daheim aufzutischen versuchte, dann könnte ich das nicht glauben. Das sind genau die Dinge, die man glaubt einem Fremden erzählen zu müssen, Standardantworten für Auswärtige.‹ Ja, ich bediente mich dieser Bezüge zum Béarn ganz bewusst systematisch und hatte daher oft sogar den algerischen Begleitern einiges voraus, hatte die bessere Intuition für Widersprüchlichkeiten und sagte ihnen manches Mal: ›Da stimmt doch was nicht...!‹.« Im übrigen war es keineswegs Zufall, dass Bourdieu gleich im Anschluss an seine algerischen Feldforschungen einen längeren Forschungsaufenthalt in seiner Heimat einlegte und seinen algerischen Freund und Mitarbeiter Abdelmalek Sayad mitnahm, um »spiegelverkehrt« die Forschungssituation in Algerien neu aufzulegen. Er bediente sich demnach zunächst seiner Primärerfahrungen aus der heimatlichen Alltagswelt als Hintergrund für seine algerischen Feldforschungen und dieser wiederum als Kontrastfolie für seine Studien über das Béarn: »Es ging um eine Sozioanalyse, selbst wenn mir das zu Beginn nur halb bewusst war, eine, bei er ich die Differenz zwischen meinen eigenen autochthonen Erfahrungen hier und meinen Fremderfahrungen dort herausarbeiten wollte.« Wie auch immer: der Abstecher über das Béarn erleichterte keineswegs Bourdieus Rückkehr ins intellektuelle Pariser Milieu.

IV. Nicht freischwebend, aber ungebunden: ein Ethnologe in der Metropole

Mit Unterstützung Raymond Arons kehrt Bourdieu definitiv nach Frankreich zurück um eine Assistentenstelle an der Universität Lille (1960/61) zu übernehmen, unterrichtet dort von 1961 bis 1964 in der Rolle eines *Maître de Conférence* und geht dann an die *Ecole des hautes études en sciences sociales,* wo er an dem von Raymond Aron gegründeten *Centre de sociologie européenne* tätig wird. Hier beginnt eine vier Jahrzehnte andauernde Karriere als Forscher, die nach und nach eine unglaublich breite Palette an Forschungsgebieten und -fragen umfassen wird. Immer bleibt jedoch die im Rahmen der algerischen Feldforschungen durch eine, wie man in Anlehnung an Weber sagen könnte, mühsame »Arbeit am eigenen wissenschaftlichen Habitus« erworbene radikale Reflexivität und kritische Distanz am Werke, aber auch ein gutes Stück produktiver Fremdheit gegenüber der heimischen Alltagswelt und deren vermeintlichen Evidenzen und Plausibilitäten: »Als ich nach Paris zurückkehrte, fühlte ich mich furchtbar alt, wie auf einen Schlag. Auch war ich allem so fremd geworden, dass ich überall aneckte und Porzellan zerschlug. Sobald ich nur einen Arm anhob, krachte es. Das war so mein Gefühl bei meiner Rückkehr.« Dieses Gefühl verließ ihn in Wirklichkeit zeitlebens nie wieder, denn Pierre Bourdieu kehrte nie heim in die Welt des Pariser Homo Academicus, bzw. wurde in ihr nie heimisch. Das Gefühl der Fremdheit aber wusste er konstruktiv und reflexiv zu wenden, wie uns sein Werk von beeindruckender theoretischer Geschlossenheit und empirischer Untermauerung vor Augen führt.

Literatur

1958: Sociologie de l'Algérie. Paris

1959: Le choc des civilisations. In : Le sous-développement en Algérie. Algier, Secrétariat social, S. 52-64.

1960: Guerre et mutation sociale en Algérie. In : Études méditerranéennes 7/1960, printemps, S. 25-37.

1962: De la guerre révolutionnaire à la révolution. In : F. Perroux (Hrsg.), L'Algérie de demain. Paris 1962, S. 5-13. (Deutsch jetzt in Bourdieu 2003, S. 31-39)

1962: La hantise du chômage chez l'ouvrier algérien. Prolétariat et système colonial. In : Sociologie du travail 4/1962, S. 313-331.

1962: Les sous-prolétaires algériens. In : Les Temps Modernes, Nr. 199, S. 1030-1051.

1963: Travail et travailleurs en Algérie. Paris-La Haye (mit A. Darbel, J.P. Rivet, C. Seibel).

1963: La société traditionnelle. Attitude à l'égard du temps et conduite économique. In : Sociologie du travail 5/1963, S. 24-44.

1964: Le déracinement, la crise de l'agriculture traditionnelle en Algérie. Paris (mit A. Sayad).

1976: Entwurf einer Theorie der Praxis auf der ethnologischen Grundlage der kabylischen Gesellschaft. Frankfurt/Main. (Zuerst 1972)

1980: Le sens pratique. Paris. (Deutsch 1987b)

1997: Dialog über die mündliche Dichtung der Kabylei. Ein Gespräch mit Mouloud Mammeri. In: L. Pinto/ F. Schultheis (Hrsg.), Streifzüge durch das literarische Feld. Konstanz, S. 339-381.

2000: Die zwei Gesichter der Arbeit. Interdependenzen von Zeit- und Wirtschaftsstrukturen am Beispiel einer Ethnologie der algerischen Übergangsgesellschaft. Konstanz. (Zuerst 1977)

2003: Images d' Algérie. Une affinité élective (coordonné par Franz Schultheis et Christine Frisinghelli) Arles.

Gernot Saalmann

Die Positionierung von Bourdieu im soziologischen Feld

Mit diesem Text soll unter anderem noch einmal der Rahmen umrissen werden, innerhalb dessen die Themen des Sammelbandes stehen. Es soll deutlich werden, warum die Organisatoren der Tagung in Freiburg die drei Themenschwerpunkte »Geschichte«, »Kultur« und »Subjekt« ausgewählt hatten und was ihre eingehendere Behandlung versprach. In erster Linie jedoch soll gezeigt werden, dass die Art und Weise, auf die Pierre Bourdieu sich selbst auf dem Feld der Sozialwissenschaften positioniert hat, für die blinden Flecken seiner Theorie verantwortlich zu machen ist. Dass theoriestrategische Entscheidungen die Analysekraft einer Theorie wesentlich beeinflussen, ist keine aufregend neue These. Überraschend ist allerdings, wie gut sich dieser Sachverhalt mit der Theorie von Bourdieu selbst erklären lässt. Sie ermöglicht eine Antwort auf die »grundlegende Frage nach jenem Theorie-Raum, innerhalb dessen sich ein Autor bewußt wie unbewußt situiert« (Bourdieu 1986: 159).

Nach Bourdieus Theorie bestimmt der Habitus einer Person und ihre Ausstattung mit den verschiedenen Kapitalsorten ihre mögliche Position in einem Feld. Der Habitus *disponiert* zwar zu gewissen Handlungen, aber die momentane Position hängt immer davon ab, für welche konkrete Strategie sich ein Akteur ›entscheidet‹, wie er sich also aktiv *positioniert*. Das Ausmaß, in dem dies von den anderen Akteuren im Feld angenommen wird, bestimmt die Menge an symbolischem Kapital (Anerkennung), die jemand erringen kann (Bourdieu 1998c: 150f, 171, 173). Abgesehen von diesen Positionierungskämpfen in den Feldern können die einzelnen Akteure auch durch eine Betrachtung von außerhalb oder im Rückblick positioniert werden. Hierbei können Punkte und Zusammenhänge deutlich oder deutlicher werden, die ein Akteur selbst nicht betonen konnte oder wollte. Ich möchte im Folgenden eine solche wissenschaftssoziologische Betrachtung skizzieren, indem ich drei verschiedene Etappen der Karriere von Bourdieu etwas genauer beleuchte. Damit folge ich seinem Aufruf, die Objektivierung zu objektivieren.

I. Der große Unterschied

Marx hat für sich reklamiert, die idealistische Philosophie Hegels »umgestülpt«, quasi vom Kopf auf die Füße gestellt zu haben. Ähnliches könnte man im Rückblick auf die Wissenschaftsgeschichte über die idealistische Philosophie Kants, genauer ihre drei Hauptwerke sagen. Bezüglich aller drei *Kritiken* ist ein Aufweis realer Bestimmungsfaktoren an die Stelle der transzendentalen Argumentation getreten. Drei Beispiele sollen kurz Erwähnung finden, wobei das erste im Kontext der französischen Soziologie natürlich besonders wichtig ist. Durkheim war, wie Simmel und Weber auch, sehr stark von Kant und neokantianischen Strömungen beeinflusst. Er hat unter expliziter Berufung auf Kant die Erkenntnistheorie und die Moralphilosophie soziologisiert. Später vollzog Wittgenstein im Bereich der Erkenntnistheorie eine Abkehr von der Bewusstseinsphilosophie und die Umstellung zuerst auf die abstrakte Sprache und Logik (*Tractatus*), dann das *konkrete* Sprechen (*Philosophische Untersuchungen*). Apel und Habermas schlossen daran an und legten eine Neubegründung der Ethik und der normativen Sozialtheorie vor, wobei sie allerdings das *abstrakte* Sprechen als Basis ihrer Argumentation wählten. In diesen drei wichtigen Neuansätzen standen somit die *Kritik der reinen Vernunft* und die *Kritik der praktischen Vernunft* im Zentrum des Interesses. Bei allen spielte der Bezug auf die Praxis eine große Rolle und alle etablierten neben dem Bereich des Bewussten einen genauso wichtigen des Unbewussten: die nur symbolisch erfasste Abhängigkeit von der Gesellschaft, die pragmatischen Funktionen der Sprache und die idealen Unterstellungen als Grundlage jeglicher Kommunikation.

Bourdieu ist mit diesen Versuchen der Umwendung kantianischer Fragestellungen wohlvertraut und bezieht sich auch direkt auf sie: »Im Grunde genommen habe ich nichts anderes gemacht, als die auf Marx zurückgehende Idee Durkheims ernst zu nehmen, dass die logischen Klassen soziale Klassen sind« (Bourdieu 1975/2003: 99). Was bei Durkheim »logischer und moralischer Konformismus« hieß, bezeichnet Bourdieu als »präreflexive Übereinkunft über den Sinn der Welt« (*common sense*), die er durch die »präreflexive Übereinstimmung« von inkorporierten kognitiven Strukturen und objektiven Strukturen der Welt erklärt. Im positiven Sinne ist das der »praktische Sinn« oder der »Sinn für das Spiel«, im negativen die *doxa* oder die *illusio* (Bourdieu 1998c: 116ff, 144). Durkheim hatte sehr kantianisch die Klassifikationsformen noch als soziales Apriori gedacht, weshalb er vor dem Problem stand, ihre allgemeine Gültigkeit zu erklären. Seine Lösung in der sehr ›scholastischen‹ Totemismusanalyse von 1912 konnte kaum befriedigen. Für

Bourdieu hingegen sind die Klassifikationsformen nicht mehr *a priori*, vor der Erfahrung und diese ermöglichend, sondern in der und durch die Erfahrung erst erworben. Sie werden *in praxi* inkorporiert (Bourdieu 1982c: 729). Allerdings wird dieser wichtige Vorgang von Bourdieu nicht näher aufgeschlüsselt. In weiteren Umschreibungen klingt dagegen das Denken des späten Durkheim unmittelbar an: »Gegen die herkömmliche Vorstellung, die Soziologie und Kollektiv assoziiert, ist daran zu erinnern, daß das Kollektiv in *jedem Individuum* niedergelegt ist, in Form dauerhafter Dispositionen, so den mentalen Strukturen.« (Bourdieu 1993b: 29) Durkheim hatte im Zuge seiner Religions- und Wissenssoziologie auch erste Formulierungen zu einer Theorie der Sozialisation entwickelt. Er sprach davon, dass der Mensch aus zwei Teilen bestehe (»Der Mensch ist doppelt«, Durkheim [1912] 1981: 37), einem biologischen und einem sozialen, dass aber andererseits »die Gesellschaft nur in und durch die Individuen« existiere (Durkheim 1981: 468). Vergleiche wiederum Bourdieu: »Soziologie muss zur Kenntnis nehmen, dass menschliche Wesen zugleich biologische Individuen und soziale Akteure sind [...] (Bourdieu 1991c: 26).

Wittgenstein war für Bourdieu ein »Retter in intellektueller Not« (Bourdieu 1986: 150) und besonders hilfreich bei der Abkehr vom Strukturalismus. Der Rekurs auf die Praxis des Sprechens und Handelns taugt genauso zur Überwindung des abstrakten Systems logischer Relationen im Strukturalismus wie zur Überwindung des logischen Aussagensystems im Logischen Positivismus.

Der Bezug Bourdieus auf Habermas ist eher negativ. Dessen Versuch der Rettung des Universellen ist ihm suspekt. Es bedürfe »keiner mit Hilfe einer Neuauflage der transzendentalen Illusion bewerkstelligten Ansiedlung der universalen Strukturen der Vernunft nunmehr in der Sprache statt im Bewußtsein« (Bourdieu 1998c: 217), »keiner metaphysischen Hypothese (auch keiner, die wie bei Habermas als empirischer Befund verkleidet ist), um sagen zu können, daß die Vernunft geschichtliche Grundlagen hat und daß ein Fortschritt der Vernunft, wie gering auch immer, überhaupt nur möglich ist, weil es Interessen gibt, die sich auf die Verallgemeinerung richten [...]« (Bourdieu 1998c: 155).

Auch Bourdieu versucht sich in der Reformulierung einer Fragestellung Kants und auch er betont die beiden Aspekte der Praxis und des Unbewussten, als er eine Abwendung von der idealistischen Ästhetik vollzieht und eine »soziale Kritik der Urteilskraft« vorlegt. So lautet der wörtlich übersetzte Untertitel von *La distinction* (1979/1982c) und auch der erste Teil des Werkes: »gesellschaftliche Kritik des Geschmacksurteils«. Die deutsche Übersetzung des Untertitels mit »Kritik der gesellschaftlichen Urteilskraft« macht natürlich auch Sinn im Hinblick auf die im Buch abgehandelten Thesen, aber sie verdeckt ein wenig den kritischen Widerspruch Bourdieus gegen Kant. So ist dieser Bezug in der Rezeption des Werkes etwas untergegangen, obwohl er durch Bourdieus fast gleichzeitig erscheinendes Buch *Le sens pratique* (1980a/1987b) noch betont worden ist. Es kann durchaus erhellend sein, diese Positionierung Bourdieus gegen Kant etwas genauer zu beleuchten. Welcher Sinn verbirgt sich hinter dieser Positionierung?

Nach Bourdieus Theorie selbst liegt eine Antwort besonders nahe: ein erwarteter Statusgewinn. Gegen den Ende der 70er Jahre herrschenden Trend der »Dekonstruktion« stellt Bourdieu die Konstruktion seiner großen Theorie, noch dazu mit direktem Bezug auf ein kanonisches Werk der Philosophiegeschichte. Ein überaus effektvoller Auftritt auf dem »Markt«, der noch unterstützt wird durch eine direkte Auseinandersetzung mit Jacques Derridas Kommentar zu Kants Ästhetik (Derrida 1978). Bourdieu betont, dass »Derrida sich dem philosophischen Spiel nicht entzieht« (Bourdieu 1982c: 775) und diese »philosophische Objektivierung der Wahrheit des philosophischen Diskurses« nur zu einer »halben« Objektivierung führen kann (1982c: 778). Eine »philosophisch distinguierte Lektüre der *Kritik der Urteilskraft* [kann nicht] jenes gesellschaftliche Distinktionsverhältnis entschleiern, das diesem zu Recht als *das* Symbol philosophischer Distinktion anerkannten Werk zu Grunde liegt« (1982c: 783). Daraus folgt, dass allein eine soziologische Objektivierung zu wirklichem Wissen führt, und hier auch nur die auf der Theorie von Bourdieu basierende: »Die Objektivierung gelingt nur dann vollständig, wenn sie den Ort der Objektivierung, diesen nicht gesehenen Gesichtspunkt, diesen blinden Fleck einer jeden Theorie, nämlich das intellektuelle Feld und seine Interessenkonflikte, in dem sich manchmal, dank eines notwendigen Zufalls, das Interesse für die Wahrheit einstellt, zur objektiven Darstellung bringt [...]« (1982c: 798). Die nahe liegende und wichtige Frage, was hier »Wahrheit« meinen kann und wie es einer Person/ Bourdieu gelingen können sollte, sie zu sehen, soll vorerst zurück gestellt werden (s. u. Abschnitt III). Immerhin spricht Bourdieu im allerletzten Satz des Buches etwas bescheidener von den »vorläufigen wissenschaftlichen Aussagensystemen, die sowohl stimmig in sich und mit den Fakten kompatibel zu sein versuchen«, die sich »nur um den Preis einer langen und schwierigen Arbeit hervorbringen [lassen], die zudem jeder hastigen Lektüre verschlossen bleibt, welche im vorläufigen Abschluss einer langen Serie von Totalisierungsschritten nur Wiederholungen allseits bekannter Thesen, Einsichten oder Fakten sehen kann, weil sie das Wesentliche übersieht: Die Struktur der Relationen zwischen den Aussagen« (1982c: 799).

Hier scheint ein weiterer Grund angedeutet, warum Bourdieu diese Art des Auftretens und der Präsentation seines Hauptwerkes gewählt hat: Mit seinen allein verfassten Werken war er bislang auf eher geringe Resonanz gestoßen, und die unzähligen Arbeiten in Kooperation mit Anderen waren nur für die jeweiligen Fachspezialisten interessant. Bourdieu berichtet im Rückblick auf seine Beschäftigung mit der Ethnologie Algeriens: »Tatsächlich blieb mein Buch *Sociologie de l'Algérie* ohne Wirkung – außer dass es wenig später ins Englische übersetzt wurde. Es war die schlechte Strategie eines outsiders.« (Bourdieu 1986: 147) Bezüglich solcher Publikationsstrategien sei weiterhin daran erinnert, dass 1971 unter dem Titel *Die Illusion der Chancengleichheit* auf Deutsch Teile aus zwei verschiedenen Originalpublikationen zusammengestellt erschienen sind. Der erste Teil des auseinandergerissenen Werkes *La reproduction* (1970a), der in *Grundlagen einer Theorie der symbolischen Gewalt* 1973 ins Deutsche übersetzt wurde, hat in seiner 'tractatus-haften' Manier die Rezeption durch die Leser allerdings nicht gerade erleichtert. Der erste Versuch Bourdieus einer systematischen Darstellung seiner Theorie im *Entwurf einer Theorie der Praxis* von 1972 (erweitert deutsch 1976) ist zu sehr als ethnologisches Werk und im Zusammenhang mit der strukturalistischen Tradition wahrgenommen worden, als dass er hätte breit rezipiert werden können. Bourdieu unterzog sich also der »langen und schwierigen Arbeit«, die bereits 1963 und 1967 in Frankreich erhobenen Materialien bis 1979 so aufzubereiten, dass sie für einen möglichst großen Rezipientenkreis attraktiv wurden. Wie wir alle mitverfolgen konnten, hat die von Bourdieu so präsentierte Theorie zu einem Umdenken vor allem in der Sozialstrukturforschung geführt, wobei seine Begriffe allerdings oftmals zu weit aus dem ursprünglichen Zusammenhang gerückt worden sind. Das ist wohl die Kehrseite einer größeren Popularität. Die große Wirkung der *Feinen Unterschiede* ist auch dadurch zu erklären, dass Bourdieu es sehr gut verstanden hat, in der Medienöffentlichkeit aufzutreten. Neben die akademische Anerkennung im universitären Feld trat deshalb sein öffentlicher Ruhm, der dazu geführt hat, dass er trotz seines schwierigen Stils auch als Autor gefeiert wurde (siehe das dreipolige Modell bei Kauppi 1996: 136).

Ich möchte kurz zurückkommen auf die Anklänge an Kants Philosophie und gerne zugestehen, dass es auch einen theorie-immanenten, 'sachlichen' Grund für diese gibt. Er liegt natürlich in der großen Bedeutung des Geschmacks für die Analyse der Mechanismen der sozialen

Distinktion. Die soziologische Theorie hat zu zeigen, dass die Grundlagen der Distinktion, nämlich der Geschmack und die Fähigkeit zu Geschmacksurteilen nicht etwas Natürliches sind, sondern sozial bestimmt, ja, dass es gerade mit dieser Ideologie der Natürlichkeit den Herrschenden gelingt, ihren Geschmack als den allgemeinen durchzusetzen. Bourdieu spricht deshalb von »ästhetischer Soziodizee« und entlarvt Kant »fern jeder bewussten Verschleierungsabsicht« (Bourdieu 1982c: 773) als einen ihrer Propagandisten: »Nichts am Inhalt dieser typisch professoralen Ästhetik konnte die Anerkennung ihres universellen Charakters durch ihre einzigen gewohnheitsmäßigen Leser verhindern – eben die Philosophielehrer und -professoren, denen noch immer, da durch die Jagd auf Historismus und Soziologismus allzusehr in Anspruch genommen, die historische und soziale *Koinzidenz* entgeht, die in diesem wie in vielen anderen Fällen ihrer Illusion von Universalität zu Grunde liegt.« (1982c: 771; ähnlich 1998c: 213) Aber Bourdieu macht auch deutlich, dass er sich von »naiv reduktionistischen« Auslegungen des Textes distanzieren will, die den »Text auf das darin verschleierte und verklärte gesellschaftliche Verhältnis reduzieren« (1982c: 773). Gegen solche gleichsam verschwörungstheoretische (und daher noch im bewusstseinsphilosophischen Paradigma befangene) Ansätze stellt er seine Theorie. Erst mit ihr kann die Abwendung von Kant vollzogen werden: »Der Habitus erfüllt eine Funktion, die in einer anderen Philosophie dem transzendentalen Bewusstsein überlassen wird: Er ist ein sozialisierter Körper, ein strukturierter Körper, ein Körper, der sich die immanenten Strukturen einer Welt oder eines bestimmten Sektors dieser Welt, eines Feldes, einverleibt hat und die Wahrnehmung dieser Welt und auch das Handeln in dieser Welt strukturiert.« (Bourdieu 1998c: 145) Bourdieu kann zeigen, dass und wie der Geschmack mit dem Habitus zusammenhängt, den jeder im Verlauf seiner Sozialisation und sozialen Laufbahn inkorporiert hat. Die sozialen Klassifikationen und Distinktionen reproduzieren so permanent die Gesellschaftsordnung. In diesem Zusammenhang zwischen Praxis und Reproduktion liegt auch der Grund, warum Bourdieu nahezu gleichzeitig sein Werk über den sozialen Sinn veröffentlicht hat, das im ersten Buch (und jetzt wieder wörtlich übersetzt) eine »Kritik der praktischen Vernunft« liefert (und erst in zweiter Linie eine »Kritik der theoretischen Vernunft« ist, wie der deutsche Untertitel lautet).

Divertissement: Was Kant gesagt hat

Kant behandelte in seinen drei Kritiken die Bedingungen der Möglichkeit von Erfahrung, von sittlichem Handeln und von Bewertungen. Dazu fragte er 1781 »Wie sind synthetische Urteile a priori möglich?«, 1788 »Wie sind moralische Urteile möglich?« und 1790 »Wie sind ästhetische und teleologische Urteile möglich?«. Ästhetische Urteile betreffen die subjektive Zweckmäßigkeit der Form, während teleologische Urteile die objektive Zweckmäßigkeit betreffen. Die Form kann wiederum in zweierlei Hinsicht beurteilt werden: einmal als das Angenehme, einmal als das Schöne. In ersterem drückt sich ein subjektives Interesse des Genusses aus, welches den »Sinnengeschmack« zeigt, letzteres ist Gegenstand eines allgemeinen, objektiven Wohlgefallens, das sich ob der vollständigen und leichten Kategorisierbarkeit einstellt und das einen »Reflexionsgeschmack« anzeigt. Was jenseits der Kategorien des Verstandes steht fällt unter das Erhabene. Es fügt sich den drei in der transzendentalen Dialektik abgeleiten Ideen der Vernunft und den notwendigen Postulaten der praktischen Vernunft – Freiheit, Unsterblichkeit und Gott.

Die Rede von der leichten Kategorisierbarkeit durch den Verstand ist in der transzendentalen Analyse natürlich auf ein allgemeines Subjekt bezogen. Sobald man sie jedoch auf empirische Subjekte bezöge, könnte man sich einer soziologischen Analyse annähern. Ob etwas leicht kategorisierbar ist (und als schön beurteilt wird), hinge dann von sozial unterschiedlich verteilten Fähigkeiten ab. Nur allgemein und objektiv wäre das Schöne dann nicht mehr, obwohl es mit diesem Anspruch versehen werden könnte. Dazu müsste um die Macht gerungen werden, die eigenen Beurteilungsmaßstäbe durchzusetzen. Der Schritt von Kant zu Bourdieus Analysen ist also nicht so groß. Allerdings wird die als universal postulierte Trennung des Sinnengeschmacks und des Reflexionsgeschmacks auf eine soziale Position hin relativiert. Der große Unterschied liegt vielmehr darin, dass Kant in seinen drei Kritiken einzeln reflektiert, was in der Logik der Praxis miteinander verbunden ist, die jedoch kaum bewusst sondern größtenteils habituell vollzogen wird.

Wer sich in der Nähe eines Theoriegiganten, wie er Kant zweifellos ist, positioniert, muss selbst auf dem Gebiet der Theorie etwas zu bieten haben. Ein sehr kurzer Rückblick auf die Entstehung und Konstruktion von Bourdieus Theorie mag verdeutlichen, was dies im Falle von Bourdieu ist.

II. Kämpfer auf dem Feld der Soziologie

Wie Bourdieu selbst ausgeführt hat, war er anfangs stark geprägt durch den Strukturalismus von Claude Lévi-Strauss (Vorwort zu 1987b). In seiner kleinen *Soziologie Algeriens* aus dem Jahre 1958 ist davon noch kaum etwas zu bemerken. Bourdieu hat nach eigenen Angaben erst 1960 Lévi-Strauss gehört (Bourdieu 1986: 146). In einigen Aufsätzen, die kurze Zeit später erschienen sind, ist dieser Einfluss direkt zu sehen. Als Bourdieu sie verfasst hat, war er schon Forschungsassistent bei Raymond Aron. Vor Lévi-Strauss hatte Bourdieu Max Weber rezipiert (Bourdieu 1987b: 37, 1998c: 121, 2000d: 111f) und Webers Denken dürfte von ganz entscheidendem Einfluss für die Entwicklung des Gedankens einer allgemeinen Ökonomie der Praxis gewesen sein. Eine der Fragen, die Bourdieu in Algerien besonders interessierten, ist direkt von Weber abgeleitet. Er wollte »die Bedingungen verstehen, unter denen Menschen, die in einer vorkapitalistischen Welt herangewachsen sind, einen ›kapitalistischen‹ Wirtschaftshabitus ausbilden« (Bourdieu 1986: 149). Deshalb spricht er vom *esprit précapitaliste*, den er mit einem Zitat Webers (aus der Protestantischen Ethik, Tübingen 1978, S. 44) umreißt: »Der Mensch will nicht Geld und mehr Geld verdienen, sondern einfach leben, so wie er zu leben gewohnt ist und soviel erwerben, wie dazu erforderlich ist.« (Bourdieu 1958: 91; s. a. 2003: 43) Rückblickend beschreibt er weiter, inwiefern Webers Religionssoziologie leitend war: »Max Weber [dehnt] die ökonomische Analyse (in ihrer allgemeinen Bedeutung) auf Bereiche aus, von denen sich die Ökonomie gemeinhin zurückzieht, wie die Religion. So definiert er mit einer wundervollen Formel die Kirche als Inhaberin des Monopols auf Manipulation der Heilsgüter. Er fordert zu einem radikalen Materialismus auf, der nach – im weitesten Sinn – ökonomischen Determinanten in den Bereichen sucht, in denen die Ideologie der 'Interesselosigkeit', der 'Uneigennützigkeit' herrscht, wie der Kunst oder der Religion.« (Bourdieu 1993b: 24; siehe auch Bourdieu 1980b: 37; 1998c: 121) Auch Martin Schmeiser sieht in seiner noch immer unübertroffenen Einführung in Bourdieus Denken die Bedeutung von Weber als gleich wichtig an wie die Auseinandersetzung Bourdieus mit Lévi-Strauss (Schmeiser 1986: 167).

Neben der umfangreichen empirischen Forschungsarbeit zur Kultur- und Bildungssoziologie, die Bourdieu mit seinen Mitarbeitern durchgeführt hat, begann er, seine eigene Theorie zu entwickeln. Ihre ersten Formulierungen fand sie in zwei Aufsätzen (Bourdieu 1966a und 1967), wobei der Titel des letzteren sprechend zum Ausdruck bringt, worauf es Bourdieu in den folgenden fünf Jahren bis zur Niederschrift des *Ent-*

wurfs einer Theorie der Praxis (1972/1976) ankam. Die Formulierung *Der Habitus als Vermittlung zwischen Struktur und Praxis* macht deutlich, dass Bourdieu es sich zum Ziel gesetzt hatte, eine mittlere theoretische Position zwischen dem objektivistischen Strukturalismus und Marxismus einerseits sowie dem subjektivistischen Existenzialismus und der Phänomenologie andererseits zu konstruieren. Im Frankreich der 60er Jahre standen grob vereinfacht zwei dominierende Geistesströmungen nebeneinander: der eher an alte philosophische Denkmuster, aber auch den Strukturalismus anknüpfende, fortschrittsoptimistische Marxismus und die gegen die philosophische Tradition und auch schon gegen den Strukturalismus gerichtete postmoderne Dekonstruktion. Diese vor allem von Derrida, Lacan und Foucault repräsentierte Richtung mit ihrer Apotheose des Unbewussten dominierte nach der Enttäuschung der 68er-Hoffnungen die intellektuelle Szene (s. die polemische Analyse von Ferry/ Renaut 1987: 21f). Bourdieu versuchte in gewisser Weise beide zu verbinden, indem er an einer marxistisch inspirierten kritischen Gesellschaftstheorie festhielt, gleichzeitig aber die Macht des Unbewussten anerkannte.[1] Die Kritik erhält vor allem gerade deshalb einen Sinn, weil menschliches Streben so sehr durch unbewusst bleibende Anteile bestimmt ist. Hier sind starke Berührungspunkte zur Kritischen Theorie zu sehen, wenngleich sie von Bourdieu kaum weiter beachtet wurden, da ihn »der aristokratische Gestus der Globalkritik, die alle Merkmale der *Großen Theorie* bewahrte, […] nervös gemacht« hat (Bourdieu 1986: 153). Zudem ist in der Frankfurter Schule das Unbewusste im Anschluss an Freud zu subjektivistisch gedacht, um für Bourdieu interessant zu sein.

Das bisher Ausgeführte macht deutlich, dass es eine Verkürzung bedeutet, Bourdieu lediglich als strukturalistisch aktualisierten Durkheimianer (Kauppi 1996: 52) oder als Marxisten zu begreifen (Ferry/ Renaut 1989: 160f). Er ist aber auch nicht einfach nur ein »Weberscher Soziologe« (Ferry/ Renaut 1989: 170), sondern er hat die Fragestellungen der drei Klassiker der Soziologie miteinander verbunden und mit neueren Methoden zu beantworten versucht.

Bei der Ausarbeitung seiner Theorie *positionierte* sich Bourdieu immer wieder, indem er sich von anderen soziologischen Denkrichtungen ab-

---

[1] Bourdieu will hierbei nicht zwischen theoretischen Gegensätzen *vermitteln*, sondern diese *aufheben* (im dreifachen Wortsinne von ersetzen, aufbewahren und höherheben). Vermittlung ist also dialektisch zu begreifen und nicht alltagssprachlich. Durch diese Gedankenoperation entsteht etwas Neues und man kann Bourdieus Theorie schwerlich als »vornehme Variante des vulgären Marxismus« titulieren (Ferry/ Renaut 1987: 175).

grenzte. Hierbei ist Bourdieu zu analysieren wie jeder andere Spieler auf einem Feld auch: Jeder klärt seine eigene Position, indem er/sie die Position der Anderen festschreibt und sich in Relation dazu setzt. Gewissermaßen wird die Dynamik des Feldes still gestellt und etwas substanzialisiert, das nur in Relationen existiert. Das muss bei einer wissenschaftssoziologischen Betrachtung natürlich beachtet werden.

Einige von Bourdieus Bezeichnungen und Referenzautoren aufgreifend, kann man seine Positionierung vereinfacht und schematisch folgendermaßen darstellen:

Subjektivismus (Sartre)	Objektivismus (Lévi-Strauss)
Finalismus (Ökonomie)	Mechanismus (Marxismus)
Spontaneität	Determinismus
Sozialphänomenologie	Sozialphysik
Handlungstheorie (Weber)	Normtheorie (Durkheim)
Bewusstsein	Unbewusste Regeln und Strukturen
Individuelle Akteure	Individuelle Akteure, die Objekte
als Subjekte	sind

Bourdieu:
Indiv. Akteure, die
keine Subjekte sind

Von eminenter Bedeutung ist nun, von welchen Begriffen, theoretischen Konzepten und Denkrichtungen der Soziologie sich Bourdieu abgrenzt hat und welche Folgen dies für seine eigene Theorie hatte. Die berechtigte Kritik an einigen Theorieelementen und Ansätzen führte Bourdieu oft dazu, diese Elemente selbst gar nicht mehr zu verwenden und weiter zu entwickeln.

Obgleich Bourdieu den Strukturalismus von Lévi-Strauss kritisiert, bleibt er doch Strukturalist (das zeigt sich auch im Vokabular, z. B. »Homologie«, »strukturale Variante«, Bourdieu 1987b. 113). Allerdings dynamisiert er die Strukturen und vertritt einen »Genetischen Strukturalismus« (Bourdieu 1986: 152; konstruktiver Strukturalismus 1992a: 135), während der Strukturalismus von Lévi-Strauss geradezu ein »antigenetischer Idealismus« ist (Bourdieu 1982c: 729). Nur so kann man »symbolische Systeme zugleich in ihrer Funktion, ihrer Struktur und ihrer Genese verstehen« (Bourdieu 1998c: 121). Leider hat sich Bourdieu nicht intensiver mit Lucien Goldmann und Jean Piaget auseinandergesetzt, die ebenfalls Versionen dieser Form des Strukturalismus entwickelt haben. In einer Formulierung kommt er dem Denken von Piaget besonders nahe (Bourdieu 1993b: 129), was zeigt, dass man mit Piagets Konzeption der Assimilation und Akkumulation der Denkschemata die kreative Veränderung des Habitus besser fassen könnte.

In den zentralen Begriffen seiner Theorie versucht Bourdieu die Zeit zu berücksichtigen, so dass sich »Gesellschaft« geradezu in soziale Prozesse auflöst und »Struktur« fast gleichbedeutend mit »*Geschichte*« wird (Bourdieu 1976: 182; 1993c: 73). Dies gelingt durch die systematische Beachtung des Doppelaspektes von Strukturen, die genauso strukturiert sind, wie sie auch strukturierend wirken. Diesem Punkt hat bekanntermaßen Anthony Giddens zur gleichen Zeit seine Aufmerksamkeit geschenkt, aber auch hier unterbleibt ein weiterführender Austausch.

Bourdieu benennt immer wieder drei Punkte, an denen die Theorie von Lévi-Strauss von überragendem Einfluss auf ihn war: 1. Er hat die »Wissenschaft vom Menschen geadelt« (Bourdieu 1986: 145). 2. Mit ihr kann man verborgene Kohärenzen aufdecken (Bourdieu 1998c: 119, s. a. 2003: 35f). 3. Was als Kluft zwischen Mentalitäten erscheint, ist in Wirklichkeit der Unterschied zwischen dem theoretischen und dem praktischen Zugang zur Welt (Bourdieu 1987b: 32; 1993b: 31; 1998c: 209; 2003: 46), der »logischen Logik« und der »universell vorlogischen Logik der Praxis« (Bourdieu 1987b: 40f).

Besonders vehement ist die Abkehr Bourdieus von allen subjektivistischen Richtungen, die ein bewusstes Handlungssubjekt in den Mittelpunkt der soziologischen Analyse stellen (siehe die Diskussion von Sartre in Bourdieu 1987b: 79ff). Das führt dazu, dass Bourdieu den Begriff des *Subjekts* als *theoretischen* Begriff nicht mehr verwendet (zu verwenden wagt), höchstens und ausnahmsweise als *beschreibenden*. Das ist ihm möglich, weil er mit dem von Erwin Panofsky übernommenen (Bourdieu 1986: 152), in der scholastischen Philosophie bedeutsam gewesenen Begriff des »Habitus« einen Ersatz als Theoriebaustein gefunden hat (Bourdieu 1985: 61f). In der antiken und scholastischen Tradition vermittelt der zunächst als Gewohnheit verstandene Habitus zwischen Vernunft und Gefühl, dem rationalen und dem irrationalen Anteil der menschlichen Seele und macht so eine ethische Lebensführung möglich. Daher ergab sich die Bedeutungserweiterung des Konzeptes hin zum Ethos (siehe Nickl 2001; Bourdieu 1993b: 126f; 1986: 151; sowie die Hinweise auf den Gebrauch des Begriffs Habitus bei verschiedenen Autoren von Schmeiser 1986: 187, Anm. 18).

Nach Bourdieu schlägt sich als Habitus die individuelle und kollektive Geschichte im Organismus als System von »Wahrnehmungs-, Denk- und Handlungsschemata« nieder (Bourdieu 1987b: 101). Er generiert Sichtweisen und Handlungsoptionen, dauerhafte Dispositionen, die die Praxis strukturieren und so die bestehenden Strukturen weitgehend reproduzieren. Aus dem Habitus ergibt sich so ein »praktischer Sinn« für das in der jeweiligen Situation herkömmlich angemessene Handeln: »Sozusagen als leibliche Absicht auf die Welt [...] leitet der praktische Sinn ›Entscheidungen‹, die zwar nicht überlegt, doch durchaus systematisch, und zwar nicht zweckgerichtet sind, aber rückblickend durchaus zweckmäßig erscheinen« (Bourdieu 1987b: 122). Bourdieu spricht auch von »intentionsloser Intentionalität« (Bourdieu 1989d: 397; s. a. 1998c: 146) um deutlich zu machen, dass den Akteuren unklar bleiben kann, warum sie dieses oder jenes anstreben oder begehren. Auf diese Weise lassen sich Handlungen erklären, ohne dazu handelnde Subjekte konzipieren zu müssen (Bourdieu 1998c: 8). Gleichzeitig kann man das Strategische vieler sozialer Handlungen betonen, ohne bewusste Kalkulationen zu unterstellen. Bourdieu geht hier ja so weit, dass er das gesamte soziale Geschehen als »symbolische Ökonomie« konzeptionalisiert (Bourdieu 1998c: 163; 1993b: 33). Um die absurden Utilitarismus- oder Ökonomismusvorwürfe ein für allemal aus der Welt zu schaffen, die daraufhin gemacht worden sind, sollte man hier vielleicht in Zukunft von »Oikonomie« sprechen, um sie von der Ökonomie im engeren Sinne deutlich zu unterscheiden. Gleichwohl bleibt kritisch festzuhalten, dass Bourdieu keine neuen Begriffe für diese allgemeine Oikonomie entwickelt hat, sondern sich durchgängig der Begriffe der Ökonomie im engeren Sinne bedient und sie lediglich auf weitere Zusammenhänge übertragen hat. Allerdings ist für eine Abkehr vom Ökonomismus nicht (nur) das begriffliche Instrumentarium ausschlaggebend: »Mit dem Ökonomismus zu brechen, um die Gesamtheit der möglichen Ökonomien beschreiben zu können, heißt sich der Alternative zwischen dem engen ökonomisch gesehen rein materiellen Interesse und der *Uneigennützigkeit* entziehen und sich die Möglichkeit verschaffen, dem Prinzip des hinreichenden Grundes zu genügen. Dieses besagt, daß es keine Handlung ohne Daseinsgrund, d. h. ohne Interesse gibt, oder, wenn man so will, ohne *Einsatz in ein Spiel* und ohne Festlegung, illusio, commitment.« (Bourdieu 1987b: 95, Anm. 1)

Interessanterweise dient der Habitusbegriff noch als Theorieelement an Stelle (hierzu: 1987b: 99, Anm. 1) eines weiteren in der Tradition sehr wichtigen Begriffes: der *Kultur*. Noch 1962 sprach Bourdieu von »gesellschaftlichen und kulturellen Strukturen« und begriff Zivilisation/

Kultur wie viele Ethnologen der damaligen Zeit als »ein System von Verhaltensmodellen« (Bourdieu 2003: 38 u. 32). In *Sozialer Sinn* ist (sehr strukturalistisch) von der »Homologie der Gegensätze zwischen Sprache und Sprechen sowie zwischen Kultur und Verhalten« die Rede (Bourdieu 1987b: 57, Anm. 1). Ähnlich hieß es im *Entwurf einer Theorie der Praxis*, der »Habitus einer Klasse« sei zu vergleichen mit einer »›Kultur‹ im Sinne einer in einer homogenen Gruppe erworbenen kulturellen Kompetenz« (Bourdieu 1976: 181). Etwas weiter im Text spricht Bourdieu von der »*Einverleibung* von Kultur«, der Kultur »im Sinne des englischen *cultivation*« (1976: 199, kursiv im Original; ähnlich 2003: 112). Hier wird also die gleiche Formulierung gebraucht, wie bei der Beschreibung des Habitusbegriffs. Deshalb spielt auch der Kulturbegriff als *theoretischer* Begriff keine Rolle bei Bourdieu, wenngleich er Kultur soziologisch untersucht. Auf der ersten Seite der *Feinen Unterschiede* betont Bourdieu zwar, dass »›Kultur‹ im eingeschränkten und normativen Sinn von ›Bildung‹ dem globaleren ethnologischen Begriff von ›Kultur‹ eingefügt« werden sollte (Bourdieu 1982c: 17), das hat aber vorwiegend methodische Konsequenzen, kaum theoretische. Bourdieu untersucht den Anteil von Kultur bei der Strukturierung des sozialen Raumes. Kultur wird dabei als symbolische Dimension der alltäglichen Praxis begriffen, wenngleich sie nicht wie in anderen Theorien als Kommunikation analysiert wird, sondern als Wechselspiel von Institutionalisierung und Inkorporierung. Die Praxis ist der Ort einer Dialektik »[...] von objektiven und einverleibten Ergebnissen der historischen Praxis, von Struktur und Habitusformen« (Bourdieu 1987b: 98). Hier sind starke Berührungspunkte zu Simmels dialektischer Enkulturationstheorie und ihren Konzepten der »objektiven« und »subjektiven« Kultur zu sehen (dazu Saalmann 2000: 167f), obwohl sich bei Bourdieu die Enkulturation nicht nur auf die Psyche, sondern genauso auf den Körper bezieht. Dennoch ist Bourdieus Theorie verkürzt um den Begriff der Kultur, was verantwortlich ist für Mängel ihrer Analysekraft. Dass Kultur/ kulturelles Kapital inkorporiert, objektiviert und institutionalisiert werden kann, ist mit Sicherheit eine wichtige Beobachtung, dennoch wird damit noch zu wenig gesagt über die materielle Kultur. Zu Zeiten, in denen sich der Mensch immer mehr in artifizielle Lebenswelten einspinnt, muss dies eine größere Rolle in einer anthropologischen Theorie spielen.

Man kann somit festhalten, dass in der Theorie von Bourdieu Geschichte, Subjekt und Kultur als *Theorieelemente* keine Rolle spielen, sondern nur als *Gegenstände der Theorie*. Wie sonst nur Wenige berücksichtigt Bourdieu Zeitlichkeit und Zeitbewusstsein (Bourdieu 1987b:

116; sowie Schwingel 1995: 49). Es finden sich wohl auch einzelne Überlegungen zu geschichtlichen Prozessen (Bourdieu 1958: 105f), aber eine systematische Erklärung geschichtlicher Veränderungen ist nicht angelegt. Das hängt vielleicht auch mit der etwas zu starken Abwendung von den konkreten Akteuren zusammen. Der Habitus wurde zwar von Bourdieu in Abgrenzung vom Strukturalismus unter anderem deshalb eingeführt, um die *Kreativität der Akteure* stärker zu betonen (Bourdieu 1985a: 61f), man kann aber wohl kaum bestreiten, dass der Begriff in dieser Hinsicht subjekttheoretischen Ansätzen weit unterlegen ist. »Wer« im Akteur setzt sich gegen die Vorstrukturierungen des Habitus und der Felder durch? Wenn man an die Psychologie, aber auch die Hirnforschung denkt, ist klar, dass man für eine Antwort ein äußerst vielschichtiges Modell des Handlungssubjekts benötigt (in dem der Habitus natürlich eine wichtige Stelle einnimmt). Gerade im Zusammenhang mit dem subjektiven Sinn der Akteure wird noch ein weiteres Problem der Theorie von Bourdieu deutlich: Das theoretische Modell des sozialen Raumes als symbolischer Raum fällt nicht zusammen mit den Vorstellungen des physikalischen Raumes und des Handlungsraumes, die die Akteure haben. Natürlich ist es richtig, dass der physische Raum immer schon angeeigneter Raum ist, also eine soziale Konstruktion (Bourdieu 1991c: 28). Dennoch reicht es für eine vollständige Theorie der Praxis nicht aus, nur den sozialen Raum zu analysieren und die (sozial konstruierten) Vorstellungen vom physikalischen Raum zu ignorieren, die Bestandteil des »vortheoretischen Erschlossenseins der Welt in der Teilnehmerperspektive« sind (Gamm 1994: 295). Es ist vielleicht dieser Mangel, der Bourdieu dazu geführt hat, in den letzten Jahren weniger vom gesamten sozialen Raum zu sprechen (Bourdieu 1982c: 33: »Gesamtfeld der sozialen Positionen«; 1998c: 49), als vielmehr verschiedene soziale Felder zu untersuchen. Das könnte auch Ausdruck der Tatsache sein, dass die Praxis nicht im sozialen Raum stattfindet, sondern auf/in den verschiedenen Feldern. Sie sind die historisch konstituierten Spielräume, die Spiel- und Kampffelder zugleich sind.

III. Auf allen Feldern unterwegs

Es ist schon sehr eindrucksvoll, mit welcher Vielzahl an Feldern sich Bourdieu genauer beschäftigt hat: dem literarischen, religiösen, schulischen, wissenschaftlichen, akademischen, philosophischen, intellektuellen, künstlerischen, politischen, juristischen, dem der Produktion und schließlich dem Feld der Macht. Betrachtet man diese Aufzählung, stellen sich zwei Fragen: Wie viele Felder gibt es? Wer definiert die Grenzen wirklich – die Akteure oder der Wissenschaftler? Diese Frage ist selbstverständlich nicht substanzialistisch misszuverstehen, sondern als Frage nach den Grenzziehungsprozessen. Akteure müssen ein Gespür dafür haben, auf welchem Feld sie sich gerade bewegen. Wenn man hier nicht in einen Mystizismus verfallen will, muss man benennen, woran objektiv sich dieses Gespür 'festmacht'. Außerdem wird an diesem Punkt das Grundproblem des Wechsels zur wissenschaftlichen Perspektive sichtbar: Sagte man, die Akteure selbst definierten die Grenzen der Felder, müsste man eigentlich im Rahmen ihrer Alltagsbegriffe verbleiben (wie es Peter Winch 1958 irrtümlicher Weise vorgeschlagen hatte). Nimmt man jedoch konsequent eine Beobachterperspektive ein, müssten die externen Kriterien zur Abgrenzung der Felder angegeben werden. Hier kann nicht beantwortet werden, warum Bourdieu dies außer Acht gelassen hat. Vielmehr soll die These vertreten werden, Bourdieu habe sich vor allem deshalb mit einer solchen Vielzahl von Teilbereichen der »Gesellschaft« beschäftigt, weil er vor allem Eines immer wieder zeigen wollte und mit seiner Theorie auch besonders gut zeigen konnte: wie die Logik der Praxis dazu führt, dass sich die Verhältnisse fortsetzen, weil selbst diejenigen, die meinen sich anders zu verhalten, noch den Gesetzen des jeweiligen Feldes gehorchen, solange sie es als relevantes Feld akzeptieren, auf dem es sich lohnt mitzuspielen und Einsätze zu machen (Bourdieu 1987b: 122; 1993b: 109; 2001f: 19f). Die Akteure verfügen wohl über einen praktischen Sinn, sind jedoch gegenüber ihrer eigenen Praxis erkenntnistheoretisch blind. Hier drängt sich die Frage auf, ob dann nicht Anstöße zur Veränderung letztendlich immer von außerhalb des Feldes kommen müssen und ob vielleicht besonders der Soziologe prädestiniert sei, sie zu geben, indem er seine Einsichten über das Feld vermittelt. Wie wir mit Sympathie verfolgt haben, hat sich Bourdieu selbst wohl so verstanden: »Ein unerkanntes Gesetz ist wie Natur, ist Schicksal [...]; ein erkanntes Gesetz erscheint als Möglichkeit von Freiheit. [Denn] sobald das Gesetz formuliert ist, kann es zu einem Gegenstand von Auseinandersetzungen werden« (Bourdieu 1993b: 44 und 45). Das enthebt aber nicht der Fragen, wie man sich vom Spiel im intellektuellen oder akademischen Feld distanzieren kann, um Einsicht in objektive Zusammenhänge auf anderen Feldern zu gewinnen. Die Notwendigkeit, ein externer Beobachter zu sein, setzt die Haltung der Objektivierung fort, und wird diese nicht noch gesteigert, wenn man auch diese Objektivierung noch objektiviert? (ähnl. Gamm 1994: 292). Ergebnis ist letztlich immer eine *Theorie*, auch wenn es eine Theorie der

Praxis ist (Gamm 1994: 271, Anm. 1). Unklar bleibt auch, wie ein Beitrag zur größeren Reflexivität der Praxis auf einem Feld nach Bourdieus
Theorie eigentlich denkbar ist. Was bewegt die Spieler dazu, einen Beitrag überhaupt anzunehmen, der doch offensichtlich keinen legitimen
Einsatz darstellt? Hier wäre eine präzisere theoretische Formulierung dazu angebracht, dass die Akteure immer auf mehreren Feldern kompe-
tente Spieler sind. Verfügen sie insofern auch über mehrere Habitus
oder treffen sich auf einem Feld Akteure, die von ihrem »Grundhabitus«
her unterschiedlich sind (Position im sozialen Raum), dann aber noch
einen »Feldhabitus« dazu erwerben, sofern sie die Spielregeln erlernen
und anerkennen? Dennoch wäre ihr Handeln und ihre Position auf dem
Feld auch von den Dispositionen des »Grundhabitus« mitbestimmt.
Wodurch ergibt sich eine biographische Einheit, letztlich: wie wird
Identität konstruiert? Auch dies ist jedoch ein Begriff, den Bourdieu
scheute wie der Teufel das Weihwasser. Die Beiträge von Hubert
Knoblauch, Hans-Josef Wagner und Gunter Gebauer in diesem Band
zeigen, dass es problemlos und gewinnbringend möglich wäre, Bourdieus Theorie zur Sozialphänomenologie und Sozialpsychologie hin zu
öffnen.

Bourdieu gab gegen allzu einfache (weil einseitige) Modelle sinnvolle
Anregungen, wie man noch mehr Gesichtspunkte bei der Analyse
menschlichen Lebens berücksichtigen kann. Das hat zur größeren Komplexität seines Modells beigetragen, aber auch zu größerer Unübersicht-
lichkeit und teilweise mangelnder Präzision.

Als Fazit kann deshalb festgehalten werden, dass wir in Zukunft wohl
mit großem Gewinn *mit* der Theorie von Bourdieu arbeiten werden, allerdings nicht, ohne auch *an* dieser Theorie selbst zu arbeiten.

Literatur

Durkheim, Emile, 1981: Die elementaren Formen des religiösen Lebens (1912).
Frankfurt/Main.
Ferry, Luc/ Alain Renaut, 1987: Antihumanistisches Denken. Gegen die französi-
schen Meisterphilosophen. München.
Gamm, Gerhard, 1994: Flucht aus der Kategorie. Die Positivierung des Unbe-
stimmten als Ausgang der Moderne. Frankfurt/Main.
Kauppi, Niilo, 1996: French Intellectual Nobility. Institutional and Symbolic
Transformations in the Post-Sartrian Era. Albany.

Nickl, Peter, 2001: Ordnung der Gefühle. Studien zum Begriff des *habitus*. Hamburg.

Saalmann, Gernot, 2000: Der Stellenwert von Kultur in den großen soziologischen Theorieentwürfen. In: S. Fröhlich (Hrsg.): Kultur – ein interdisziplinäres Kolloquium zur Begrifflichkeit. Hallle, S. 165-77.

Schmeiser, Martin, 1986: Pierre Bourdieu – Von der Sozio-Ethnologie Algeriens zur Ethno-Soziologie der französischen Gegenwartsgesellschaft. Eine bio-bibliographische Einführung. In: Ästhetik und Kommunikation, Heft 61/62, 16/1986, S. 167-83.

Loïc Wacquant

Zwischen Soziologie und Philosophie

Bourdieus Wurzeln[1]

Die Lektüre der *Meditationen* (2001f) sollte ein für allemal mit dem Vorurteil aufräumen, Pierre Bourdieus Denken leite sich eigentlich von Karl Marx her und sei aus diesem Grund schon vor der Schwelle des neuen Jahrtausends veraltet gewesen. Dieses Gerücht hält sich noch 20 Jahre nach der Hochphase des Antimarxismus, die den Todeskampf des so genannten strukturalistischen Marxismus in Europa begleitete.[2] Die Meditationen dürften deutlich machen, dass die anthropologischen Wurzeln der Theorie der Praxis, der Erkenntnis und der Macht, die der Autor von *Sozialer Sinn* (1987b) erarbeitet hat, in der Philosophie zu suchen sind. Und es handelte sich dabei nicht um irgendeine Philosophie, sondern um Strömungen, die aus verschiedenen Gründen auf beiden Seiten des Atlantiks marginalisiert wurden.

Auf der europäischen Seite übte die »Philosophie des Begriffs«, die mit den Namen Gaston Bachelard, Georges Canguilhem, Jean Cavaillès und Alexandre Koyré verknüpft ist, auf die Entwicklung von Bourdieus Denken einen großen Einfluss aus. Diese Strömung wurde an den französischen Universitäten durch die »Subjektphilosophie« verdrängt, deren einflussreichster Vertreter der Existenzialismus Jean-Paul Sartres war. Noch heute wird die »Philosophie des Begriffs« von angelsächsischen Philosophen und Kommentatoren der so genannten Kontinentalphilo-

---

[1] Zuerst erschienen in *Sosiologisk tidsckrift* (Oslo) 6/1998, S. 37-44. Übersetzt von B. Rehbein.

[2] Ein ziemlich aktuelles Beispiel dafür ist die Polemik des Herausgebers der Tageszeitung *Le Monde*, Edwy Plénel, gegen Serge Halimi und Pierre Bourdieu in *Le Monde diplomatique* (Nr. 527, Februar 1998, S. 26). Da Plénel keine schlagenden Argumente gegen die harte Kritik Halimis an den journalistischen Praktiken fand, die er in seinem Buch *Les nouveaux chiens de garde* (Paris 1997) veröffentlicht hatte, wandte er sich gegen Bourdieu, der angeblich hinter Halimis Buch stehen sollte. Wie ein Zauberer, der über keine magischen Mittel mehr verfügt und daher ein altes ausrangiertes Amulett hervorkramt, beschuldigte er Bourdieu als verspäteten Marxisten.

sophie kaum wahrgenommen.[3] Wenn man in der Nachkriegszeit für den »technischen Materialismus« eintrat, stellte man sich gleichzeitig dem moralistischen Idealismus und Moralismus der »Generation der drei H« (Hegel, Husserl, Heidegger) und damit der herrschenden Strömung des damaligen philosophischen Feldes entgegen.[4]

Viele falsche Interpretationen von Bourdieus Denken beruhen auf der Unkenntnis der philosophischen Tradition, aus der es hervorging. Die Unkenntnis ist vor allem in angelsächsischen Ländern verbreitet, wo die Trennung zwischen Sozialwissenschaften und Philosophie an den Universitäten besonders rigide und der Einfluss der analytischen Philosophie und des instrumentalistischen Positivismus besonders groß ist. Das Buch *Soziologie als Beruf* (1991a) jedoch, in dem Bourdieu die epistemologischen Grundlagen seines Programms skizziert, greift ganz explizit auf den »angewandten« und »regionalen« Rationalismus Bachelards zurück.[5] Es ist im Übrigen bekannt, dass Bourdieus intellektueller Werdegang dem Michel Foucaults sehr ähnlich war, indem er nach dem Philosophiestudium unter der persönlichen Anleitung Georges Canguilhems in Toulouse Untersuchungen über die Geschichte der Wissenschaften und der Medizin durchführte. Dieser Werdegang wurde jedoch durch den doppelten Schock der Erfahrungen in Algerien aus der Bahn geworfen: Der angehende Philosoph wurde mit der grausamen Wirklichkeit des Kolonialkriegs und mit der strukturalistischen Revolution konfrontiert, die Durkheims Entwurf einer totalen Wissenschaft des Sozialen die intellektuelle Würde wiedergab.[6] Schließlich hat Bourdieu bei jeder Gelegenheit betont, wieviel er der »historischen Erkenntnistheorie« verdankte, zu deren Entwicklung er vor allem durch die Aufdeckung der sozialen Bedingungen der Entstehung und Funktionsweise des wissenschaftlichen Feldes beigetragen hat.

Im Bereich der angelsächsischen Philosophie hat Bourdieus Denken eine erwiesene Nähe zu den Sprachtheorien Ludwig Wittgensteins und John Austins, aber auch mit dem Pragmatismus von William James und John Dewey sowie dem »Irrealismus« Nelson Goodmans, also mit

[3] Weder Bachelard noch Canguilhem taucht irgendwo im *Continental Philosophy Reader* auf, der von Richard Kearney und Mara Rainwater herausgegeben wurde (New York 1996).

[4] Vincent Descombes, *Das Selbe und das Andere*, Frankfurt/Main 1981; Anna Boschetti, *Sartre et »Les Temps modernes«*, Paris 1986.

[5] Siehe hierzu Donald Broady, *Sociologi och epistemology. Om Pierre Bourdieus forfattarskap och den historiska epistemologin*, Stockholm 1990.

[6] Siehe Loïc Wacquant: »Pierre Bourdieu«. In: Rob Stones (Hrsg.), *Key Contemporary Thinkers*, London 1998.

Strömungen, die in den USA nicht die einflussreichsten waren, wenngleich der Pragmatismus seit einigen Jahren eine spektakuläre Renaissance erfährt.[7] Die Nähe Bourdieus zu diesen philosophischen Richtungen beruht in erster Linie auf ihrer *antiintellektualistischen Konzeption des Handelns und der Erkenntnis*, also auf der Möglichkeit, die praktische Logik mit dem praktischen Verhalten zur sozialen Welt in Zusammenhang zu bringen, ohne sie zu verfälschen. Von Bedeutung ist auch die herausragende Rolle, die sie der alltäglichen kognitiven Aktivität als Matrix des Sinnes und damit der gesellschaftlichen Wirklichkeit zuschreiben. Denn Bourdieu zufolge sind die sozialen Beziehungen zugleich (materiale) Kräfteverhältnisse und (symbolische) sinnhafte Beziehungen.

Zweifellos aus diesen Gründen hat Bourdieu auch so früh Interesse an der Ethnomethodologie gezeigt, die in den Vereinigten Staaten aus der unverhofften Verbindung von Husserls Phänomenologie mit der interpretativen Methode Max Webers erwuchs. Bourdieu zählte zu den ersten intensiven Lesern Schütz', Garfinkels und Cicourels in Europa, auch wenn er keine Gelegenheit versäumte, auf die schweren theoretischen und politischen Mängel des »sozialen Marginalismus« hinzuweisen, zu dem die phänomenologische Sichtweise ihm zufolge unausweichlich führt.[8]

In Wahrheit reicht es, die universitäre und intellektuelle Laufbahn Bourdieus in groben Zügen nachzuzeichnen, um zu erkennen, dass seine heimlichen Lehrer in den Rängen der Philosophie der Erkenntnis und des Handelns zu suchen sind – nicht aber in denen eines Marxismus, der allzu oft auf seine politische Dimension reduziert wird und dessen »Vulgata [...] die Gehirne mehr als einer Generation umnebelte und verfinsterte«.[9] Überdies sollte daran erinnert werden, dass ein organi-

---

[7] Vgl. Giovanna Borradori, *The American Philosopher*, Chicago 1994 (1991); Russell B. Goodman (Hrsg.), *Pragmatism: A Contemporary Reader*, New York 1995.

[8] Siehe z. B. den Vortrag auf einer Tagung an der University of California in San Diego, der in *Rede und Antwort* (1992b) abgedruckt ist, und das Vorwort zu *La noblesse d'Etat* (1989a). Die Kritik findet sich in den *Meditationen* (2001f) in zugespitzter Form.

[9] Bourdieu 2001f: 16. Bourdieu verurteilte vor allem den terroristischen Gebrauch und den philosophischen (oder theoretizistischen) Missbrauch von Marx durch die »strukturalistische« Generation, ganz besonders die paradoxe Enthistorisierung einer vornehmlich geschichtlichen Philosophie (siehe hierzu »Der Wichtigkeitsdiskurs. Einige soziologische Betrachtungen über 'Einige kritische Bemerkungen zu *Das Kapital lesen*'«. In: Bourdieu 1990: 146–168). Ein fruchtbarer Dialog zwischen zeitgenössischen Marxisten und der Theorie Bourdieus ist unter

sches Verhältnis zwischen Philosophie und Sozialwissenschaft, das auf einer mehr oder weniger offenen eifersüchtigen Nähe und Rivalität beruht, *seit ihren Anfängen* zu den *charakteristischen Merkmalen der französischen Schule der Soziologie* gehört. Um den Gegensatz schematisch und übertrieben zu verdeutlichen, kann man sagen, dass die amerikanische Soziologie durch ihre Verbindungen zur protestantischen Philanthropie, die deutsche Soziologie zur Geschichte und die britische Soziologie durch ihren Widerstand gegen die sozialwissenschaftliche Anthropologie bestimmt ist. (Das Bestehen eines fruchtbareren Dialogs zwischen Philosophie und Soziologie in den skandinavischen Ländern ist sicher mit verantwortlich dafür, dass Bourdieus Denken dort insgesamt weniger fremd und fremdartig ist als in den angelsächsischen Ländern.[10])

Bei Comte steht die Verbindung von Soziologie und Philosophie im Zentrum der Erkenntnistheorie, die der Drei-Stadien-Lehre zu Grunde liegt und beim Übergang vom »metaphysischen« zum »positiven« Stadium des Denkens eine entscheidende Rolle spielt.[11] Dem Verhältnis zur Philosophie kommt auch in Emile Durkheims Werk ein zentraler Stellenwert zu, sowohl für seine Entwicklung als auch für seinen Inhalt. Seine Jugendwerke waren stark von der deutschen Moralphilosophie beeinflusst (von den ersten Artikeln, die er in Deutschland verfasste, bis zu *Die gesellschaftliche Arbeitsteilung*), sein Hauptwerk, *Die elementaren Formen des religiösen Lebens,* sollte den unfruchtbaren Widerstreit zwischen Humes Empirismus und Kants Rationalismus soziologisch, also gesellschaftlich und empirisch, auflösen. Die soziologische Methode bestimmte Durkheim durch den Gegensatz zum »spekulativen« Ansatz der Philosophen. Und er wiederholte ständig seinen Wunsch, dass die Soziologie endlich »die philosophische Phase hinter sich lässt, um sich endlich unter den Wissenschaften einzureihen«.[12] Es wäre sicher nicht illegitim, auch das gesamte Werk von Claude Lévi-Strauss (insbesondere seine *Mythologica*) als ein Unternehmen zu lesen, das den Kantianismus in eine vergleichende Soziologie aufzulösen sucht.

---

dem Titel »Autour de Pierre Bourdieu« in der Zeitschrift *Actuel Marx* (Nr. 20, Oktober 1996) abgedruckt.

[10] Siehe z. B. Dag Osterberg, »Bourdieu's Doctrine of Habitus and the Socio-Cultural Fields«. In: Osterberg: *Metasociology: An Inquiry into the Origins and Validity of Social Thought,* Oslo 1988, S. 173–180.

[11] Siehe Johan Heilbron, »Auguste Comte and Historical Epistemology: A Reply to Dick Pels«. In: *History of the Human Sciences,* 9/1996, S. 153–159.

[12] Emile Durkheim, *Journal philosophique,* Paris 1968, 36.

Das Verhältnis zwischen Philosophie und Soziologie wurde in Frankreich nach dem Krieg besonders heftig diskutiert. Sartres Ehrgeiz, eine totale Philosophie zu entwickeln, die außer der Philosophie im engeren Sinn auch Literatur und Politik umfassen sollte, traf mit äußerster Schärfe auf Durkheims Ansatz, der durch Lévi-Strauss' Strukturalismus modernisiert worden war. Dieser Konflikt stellte für eine ganze Generation von Wissenschaftlern die große Alternative dar, vor deren Hintergrund Identitäten und Gedankenwege entstanden und aufgelöst wurden.[13] Sie (über-)bestimmte die gesamte wissenschaftliche Laufbahn Pierre Bourdieus.

Bei Bourdieu wird das Verhältnis zwischen Philosophie und Soziologie vernebelt durch den professionellen Bruch, der durch den Übergang von einem Feld zum anderen verursacht wird, also durch seinen Austritt aus dem erlauchten Kreis der Philosophen und die Annahme der 'plebejischen' Identität eines Soziologen in den frühen sechziger Jahren – im Gegensatz beispielsweise zu Foucault.[14] Dieser Wechsel des »Berufs« bedeutet die unwiderrufliche Aufgabe der sozialen und intellektuellen Stellung des Philosophen, das heißt der doppelten »hochmütigen Distanz«, zum einen gegenüber der »gewöhnlichen Welt«, zum anderen »gegenüber den Sozialwissenschaften, diesen um einen unwürdigen, trivialen Gegenstand bemühten Pariawissenschaften«, einer Distanz, die den »scholastischen Blick« definiert und bis zur Karikatur vom Philosophieprofessor Heidegger verkörpert wird (2001f: 37 ff).

Das Verhältnis zur Philosophie spielte auch in Bourdieus Forschungen eine große Rolle. Er wollte es zugleich verdecken und enthüllen, indem er wiederholt die Bedingungen und die Disposition des scholastischen Blicks untersuchte. Mit *L'amour de l'art* (1966) deckte er einige seiner weltlichen Formen in den europäischen Museen auf und mit *Die feinen Unterschiede* (1982c) im Bereich des Konsums der bürgerlichen Klassen. Seinen Höhepunkt analysierte er in *Die politische Ontologie Martin Heideggers* (1988b). Die gesellschaftlichen Determinanten und ihre Auswirkungen im Bereich der Wissenschaft und der Politik zeichnete er in *Homo academicus* (1988c) nach. Schließlich arbeitete er in den

---

[13] Vgl. Bourdieu 1967 und das Vorwort zu 1987b.

[14] Eine vergleichende Untersuchung der Werke Foucaults und Bourdieus würde sicher zeigen können, dass viele der Unterschiede zwischen ihnen (insbesondere der gegensätzliche Stellenwert, den die Bildungsinstitutionen und die Gelehrten einnehmen) darauf beruhen, dass ersterer nie der Identität des Philosophen abgeschworen hat (ganz im Gegenteil, er hat diese Rolle bis zum Ende gespielt und genossen), während letzterer freiwillig und öffentlich aus dem Kreis der Philosophen ausgetreten ist.

Meditationen (2001f) ihre negativen Einflüsse auf die Erkenntnis, die Moral und die Politik heraus.

Durkheim zitierte gerne den Spruch seines Lehrers Fustel de Coulanges: »Philosophieren heißt, denken, was man will.« Bourdieu fügte hinzu: Es heißt auch, denken, was man kann. Denn die *scholé*, der Rückzug von der Welt, begrenzt und verzerrt notwendigerweise die Vorstellungen, die sich ein Gelehrter vom Wahren (Wissenschaft), vom Schönen (Ästhetik) und vom Guten (Ethik und Politik) macht. Es hat also nichts mit einer philosophiefeindlichen Schrulle zu tun, wenn Bourdieu das Feld der Philosophie einer genauen soziologischen Diagnose unterzieht. Vielmehr hat es sich wohl »[a]ls erstes scholastisches Feld« herausgebildet und ermöglicht eine *demonstratio a fortiori* der verheerenden Wirkungen, die der scholastische Paralogismus hervorbringt.[15]

Zu diesem Zweck führt Bourdieu die soziale – und damit soziologische – Dimension wieder in das philosophische Denken ein. Der Philosoph ist nicht nur im zeitlichen Sinne Kind seiner Zeit und seines Milieus. Er ist auch und vor allem ein *homo scholasticus*, Angehöriger eines Mikrokosmos, das sich durch die Freiheit vom unmittelbaren Zwang, durch die Distanz zur Notwendigkeit und durch die Illusion einer Entkoppelung von der Geschichte auszeichnet, die allen aristokratischen Haltungen zu Grunde liegt (in der Erkenntnis, in der Ästhetik, in der Moral und in der Gesellschaft). Gleichzeitig aber – und das ist nur scheinbar ein Widerspruch – hebt Bourdieu die eigentlich philosophische Dimension jeder soziologischen Konstruktion hervor. Damit tritt auch der harte Kern philosophischer Anthropologie in seinem theoretischen und empirischen Werk zu Tage. Dieser Kern zeichnet sich durch die Besonderheiten der praktischen Vernunft und der »Erkenntnis durch den Leib« aus. Er enthält auch Bourdieus Annahme über die grundlegenden Triebfedern des Handelns: Menschen sind weder Maschinen zur Maximierung (wie man oft behauptet hat, wenn man seine Theorie der Praxis auf eine verkappte Theorie rationalen Handelns reduzieren wollte) noch Automaten, die magisch vorprogrammiert sind, um die vier Willensformen zu verkörpern, sondern sie sind sozialisierte und sterbliche, also leidende, Körper, die mit einem unstillbaren *Wissensdurst* begabt sind, der sich nur von der Gesellschaft lindern, aber nicht stillen lässt. Die zentrale Kategorie seines Begriffssystems ist nicht die »Repro-

---

[15] 2001f: 28. Über diesen Punkt findet sich auch in den *Actes de la recherche en sciences sociales* ein Aufsatz unter dem Titel »L'anatomie du goût philosophique« (Nr. 109, September 1995). Siehe auch die die Arbeiten Louis Pintos über die »intellectuels de parodie« und die französische Philosophie der Achtundsechziger: *Les neveux de Zarathustra*, Paris 1996.

duktion«, sondern der *Kampf,* insbesondere der symbolische Kampf, durch den und in dem die gesellschaftlichen Akteure Differenz erzeugen und Existenz gewinnen.[16]

Wenn es stimmt, dass Bourdieu, wie Jacques Derrida sagt, »zur Philosophie immer in der Haltung eines Liebeszerwürfnisses gestanden hat«[17] habe, so ist das Zerwürfnis mit den *Meditationen* wohl endgültig manifest. Und mit Recht kann man sich fragen, warum Bourdieu sich bemüht, die Philosophie vor dem Tod zu bewahren, zu dem seine Analyse sie zu verdammen scheint. Er schreibt, er sei »der Überzeugung, daß es keine philosophischere Tätigkeit gibt [...] als die Untersuchung der spezifischen Logik des Feldes der Philosophie«. Wenn man die Philosophie historisiert, unterminiert man dann nicht gerade ihre spezifische *doxa,* insbesondere ihre »Geschichtsvergessenheit«, die sie von der Sozialwissenschaft trennt und vor ihr schützt?[18] Könnte es sein, dass Bourdieu nicht auszusprechen wagte, die Soziologie habe in ihrem großen Kampf gegen die Philosophie den Sieg davon getragen? Oder war das seine Weise, die philosophische Versuchung, die in ihm und trotz seiner fortbestand, zu sublimieren und damit am Leben zu erhalten?

---

[16] Es ist eine Ironie, die diejenigen gefallen wird, die mit dem (meist schlecht kaschierten) Ziel, sein Denken (politisch) zu disqualifizieren, Bourdieu in die Nähe von Marx bringen, dass diese Anthropologie nicht sehr weit vom historischen Sensualismus des jungen Marx entfernt ist (wie die *Ökonomisch-philosophischen Manuskripte* von 1844 zeigen). Sie ist in jedem Punkt der utilitaristischen Philosophie entgegen gesetzt, die man Bourdieu in diesem Zusammenhang zuschreibt.

[17] Zitiert in François Dosse, *Geschichte des Strukturalismus,* Band 2 (1992): Die Zeichen der Zeit 1967–1991, Frankfurt/Main 1999; 564.

[18] 2001f: 42, 37. »Nur bei Mobilisierung sämtlicher sozialwissenschaftlicher Ressourcen kann das transzendentale Projekt historizistisch relativiert [im Original steht »realisé«] werden«, schreibt Bourdieu in 1999: 489. Siehe auch Bourdieu 1983.

Henning Teschke

Keine Wahl: Bourdieu und Deleuze

Bekanntlich hat die Philosophie beim gelernten Philosophen Bourdieu nie einen leichten Stand, die Theologie aber gar keinen, und er lässt sich auf einen ihrer größten Gläubiger ein, um das alte Absolute endlich zu Fall zu bringen. Den Einsatz dieser Erledigung bietet das Fragment 397 der *Pensées* von Pascal, wo sich die Zwingkraft des Glaubens zur Notwendigkeit abgeschwächt hat, auf Gottes Existenz zu wetten. Mit dieser Wette ist ein Handel verbunden, der wie alle Ökonomie auch die des Heils mit individueller Vorteilsnahme verrechnet, denn Gewinn und Verlust halten sich bei der Antwort auf die Frage, warum man an Gott glauben soll oder nicht, nicht die Waage.

Il se joue un jeu [...] Il faut parier. Cela n'est point volontaire, vous êtes embarqué. Lequel prendrez-vous donc? Voyons, puisqu'il faut choisir, voyons ce qui vous intéresse le moins. Vous avez deux choses à perdre, le vrai et le bien, et deux choses à engager, votre raison et votre volonté, votre connaissance et votre béatitude, et votre nature deux choses à fuir, l'erreur et la misère [...] Estimons ces deux cas: si vous gagnez, vous gagnez tout, et si vous perdez, vous ne perdez rien. Gagez donc qu'il est sans hésiter.

Das Paradox ist hier dies, dass die Unendlichkeit Gottes für Pascal schlechthin verhältnislos zur endlichen Vernunft des Menschen ist, aber gegensinnig dazu argumentiert wird, dass es vernünftiger sei, auf die Existenz Gottes als auf seine Nicht-Existenz zu setzen. Dem in die Grenzen seiner Vernunft eingeschlossenen Menschen springt der Glauben bei. Die Aussicht auf einen unendlichen Gewinn, so das rational vertretbare Kalkül, rechtfertigt jeden endlichen Einsatz, ja erfordert ihn sogar (Blumenberg 1989: 354).

Die von Pascal in Form der Wette nahe gelegte Entscheidung zu glauben, diese Grundform christlichen Bewusstseins löst Bourdieu aus ihrer theologischen Klammer, um das Verhältnis von Glauben und Wissen im Denken selbst zu analysieren, dem nicht mehr ein verborgener und undenkbarer Gott gegenübersteht, sondern ein real Ungedachtes: die sozialen Voraussetzungen und Bedingungen, in denen die Vernunft eingelassen ist. Zu diesem Zweck kann sich der bei Bourdieu zentrale Begriff des Habitus auf die Ausführungen Pascals berufen, um sie schließlich gegen ihn zu verwenden. »Car il ne faut pas se méconnaître: nous sommes automate autant qu'esprit; et de là vient que l'instrument par lequel la persuasion se fait n'est pas la seule démonstration. Combien y a-t-il peu de choses démontrées! Les preuves ne convaincrent que l'esprit. La coutume fait nos preuves les plus fortes et les plus crues; elle incline l'automate, qui entraîne l'esprit sans qu'il y pense.«[1] In den *Méditations pascaliennes* führt Bourdieu diesen zentralen Passus noch einmal in extenso an. Das ganze Werk stellt sich unter die Ägide Pascals, indem es seinen Versuch fortsetzt, dem Bewusstsein die Illusion seiner Selbstgesetzlichkeit durch den Aufweis seiner vergessenen Genesis zu nehmen. Die freilich ist keine aus Gott. Bei Pascal hatte das Herz seine Gründe, die die Vernunft nicht kennt. Dieses Unverfügbare übersetzt Bourdieu in ein gesellschaftliches Bedingungsverhältnis, das das Subjekt nicht wahrhaben kann, weil es sein Resultat ist: »croyance«, »automate«, »coutume«, »disposition« sind die verborgenen Gründe, aus denen jeder seiner Akte hervorgeht. Im Maße, wie sich dieser undurchschaute Transfer habitualisiert, gewinnt das Bewusstsein an Autonomie, die ihren heteronomen Ursprung unterschlägt. Die Wette liefert das Muster dafür: Sinnvoll wird die Wette einzig für den, der hinreichend disponiert ist, an die Vernunft zu glauben. Die Voraussetzung dafür, dass überhaupt gesetzt wird, ist die Anerkennung der Instanz der Vernunft. Nur so ist der Spieler empfänglich für das, was ihm andemonstriert werden soll: Ein endlicher Einsatz wirft unendlichen Gewinn ab. Wer sich auf diese Wette einlässt, hat bereits an den Spieltischen der Vernunft Platz genommen und empfiehlt sich durch die Freiheit, mit der er sich ihren Regeln unterwirft.[2]

Der operative Begriff des Habitus wird bei Bourdieu zu einem thematischen, wenn nach den Systemen und Institutionen gefragt wird, die diesen Automatismus auf Dauer stellen und seine Approbation gesell-

---

[1] Pascal, *Pensées*, Fragment 252, zit. nach Bourdieu 1980a: 81-82.

[2] »Pascal laisse entier le mystère du premier commencement, emporté dans la régression à l'infini des décisions à décider; en faisant de la croyance le produit d'une décision libre, mais autodestructive de se libérer de la liberté, il se voue à l'antinomie de la *croyance décisoire*, qui ne pouvait échapper aux amateurs de paradoxes logiques: de fait, comme l'observe Bernard Williams, même s'il est possible de décider de croire p, il n'est pas possible à la fois de croire p et de croire que le fait de croire p découle d'une décision de croire p ; en sorte que, si l'on veut accomplir la décision de croire p, il faut aussi effacer cette décision de la mémoire du croyant« (Bourdieu 1980a: 83).

schaftlich durchsetzen. Die Rede von den verschiedenen sozialen Feldern interessiert sich für die Modi ihres Zusammenstimmens, die Regeln der geistigen und körperlichen Arbeitsteilung, mit denen sich eine gegebene Ordnung reproduziert. Funktional zu ihr vollzieht sich die Departementalisierung des Geistes, der sich in verschiedene Wissenschaften ausdifferenziert und mindestens zwei Wahrheitstypen, Erklären und Verstehen, kennt. Dabei steht die Theorie, die philosophisch in der reinen Wahrheit kulminiert, nicht einfach der Praxis gegenüber. Weiter als die vermeintliche Antinomie von Wissen und Macht führt die Analyse ihres Zusammenspiels: Durch welche Prozeduren etabliert sich eine Idee von Wahrheit, wer besitzt ihre Definitionsmacht, wer sanktioniert ihr Monopol und trichtert es ein? Für Bourdieu sind diese Vorgänge untrennbar mit der Aufrichtung der Staatsmacht verbunden.

La construction de l'État s'accompagne ainsi de la construction d'une sorte de transcendental historique commun qui, au terme d'un long processus d'incorporation, devient immanent à tous ses 'sujets'. A travers l'encadrement qu'il impose aux pratiques, l'État institue et inculque des formes symboliques de pensées communes, des cadres sociaux de la perception, de l'entendement ou de la mémoire, des formes étatiques de classification ou, mieux, des schèmes pratiques de perception, d'appréciation et d'action. (Bourdieu 1997a: 209)

Die Ordnung des Staates, seine Strategien der Universalisierung, die auf das effektive Monopol der Universalität zielen, kehren im Denken und Handelns wieder: Der scholastische Apparat, die *doxa* als Orthodoxie, der logische und moralische Konformismus der Lehre, das epistemologische Establishment in Schulen und Universitäten belegen täglich aufs Neue, inwiefern der Glaube an den Staat mit dem Glauben an die Vernunft konform geht. Wirkmächtig wird diese symbolische Ordnung durch die Arbeit von Generationen und Jahrhunderten, deren Imperative so zu verinnerlichen, dass sie als die Substanz der Vernunft selbst erscheinen. Aber niemand fängt bei sich selbst an, wenn er zu denken beginnt. Gegen die intellektuelle Tradition des *cogito* und gegen die Phänomenologie, die von einer natürlichen Einstellung des Bewusstseins ausgeht, blendet Bourdieu die Gewalt auf, die für das Denken konstitutiv ist und die jedem Bewusstseinsakt als quasi-transzendentale Bedingung vorausgeht. In den kognitiven Strukturen sedimentiert sich die immaterielle Arbeit, die die Vergangenheit in den Köpfen der Gegenwart so gründlich geleistet hat, dass das individuelle Verhalten bereits kraft seines bloßen Vollzugs mit den Normen des Denkens und Handelns konvergiert, »sans passer par les voies de conscience et du calcul«

(Bourdieu 1994a: 126). Die Genesis subjektiver Identität kennt drei Elementarteile: Gewohnheit, Automatismus, Habitus, die das Ich zur Anerkennung der gesellschaftlichen Faktizität prädisponieren. Folglich hat Bourdieu leichtes Spiel, die Möglichkeit der Wahl, welche die Handlungstheorie Sartres schlicht als gegeben unterstellt, als Verkennung einer fundamentaleren Unfreiheit zu kritisieren. Aus Sartres Beschreibung der *mauvaise foi* (die Verdinglichung des eigenen Tuns als Verleugnung der Freiheit zu wählen) in Gestalt des *garçon de café* zieht Bourdieu den gegenteiligen Schluss: »il est avéré qu'il n'a pas choisi le principe de son choix, c'est-à-dire son habitus, et que les schèmes de construction« qu'il applique au monde ont été eux-mêmes construits par le monde« (Bourdieu 1997a: 177). Für Bourdieu wiederholt Sartre den Geburtsfehler der gesamten Repräsentationsphilosophie, die Wahl, Glauben, Selbstbestimmung und Entscheidung immer auf der Ebene des individuellen Bewusstseins ansiedelt und darüber vergisst, welche Fremdbestimmungen ihm unvordenklich vorausliegen. Dieses Nicht-Repräsentierbare kann keine »prise de conscience« vergegenwärtigen, die Lehren von der autonomen Subjektivität leben von dieser Selbstverkennung.

Das präreflexive, das heißt in den Habitus abgesunkene Einverständnis, in dem Bourdieu den tatsächlichen Funktionssinn von Leibnizens prästabilierter Harmonie erkennt, erklärt die überraschende Leichtigkeit, mit der die herrschenden Klassen ihre Sicht der Dinge durchsetzen und die Unterwerfung der Beherrschten unter deren Lauf. Was bei dem theoretischen und praktischen Kampf um die Macht auf dem Spiel steht, ist die Durchsetzung eines Weltbildes, mit dem die Selbstwahrnehmung der Individuen konvergiert. Die anthropologische Basis dazu findet Bourdieu in der Philosophie von David Hume. Deleuze hatte in seinem Buch über Hume die politischen Konsequenzen aus den empirischen Prämissen seines Denkens gezogen. Bourdieu beruft sich auf Deleuzes Hume-Lektüre, um eine zum Verständnis der menschlichen Natur unhintergehbare Wahrheit festzuhalten: »la *conditionnabilité* comme capacité naturelle d'acquérir des capacités non naturelles, arbitraires« (Bourdieu 1997a: 163). Weil sie von Natur aus nichts mitbringt außer dem ungeheuer plastischen Vermögen, Formen und Fähigkeiten in sich aufzunehmen, ist die *conditio humana* gründlich in den sozialen Verband verstrickt. Die Grundzüge von Deleuzes Hume-Analysen – Delirium und Phantasma bilden den Grund des Geistes, die Imagination ist konstitutiv für das Weltverhältnis des Ich, die Fiktion ist ein Prinzip der menschlichen Natur, das Subjekt der Erkenntnis und Theorie ist ein Effekt der Einbildungskraft, des Glaubens und der Gewohnheit (vgl.

Deleuze 1953: 4, 82, 148-150) – übernimmt Bourdieu für die eigene Theorie der Praxis. Wie gelingt es einer Minderheit, sie heiße Kaste, Klasse oder Staatsapparat, über eine Mehrheit zu herrschen, die ihr an physischer Kraft weit überlegen ist? Indem sie das Denken modelliert, die Sprache reguliert, die Affekte präfabriziert, die Wünsche konditioniert, die Bilder bereitstellt sowie die Glaubensformen liefert, in denen die Menschen sich selbst antreffen und transzendieren, errichtet die »opinion« (Bourdieu 1994a: 128) auf Dauer ihre Herrschaft, die nicht eigens mehr zustimmungspflichtig ist, weil die Prinzipien ihres Erfolgs längst massenhaft inkorporiert und habitualisiert wurden. Der soziale Konsens erweist sich damit im Innersten abhängig von der Fähigkeit, den Glauben an ihn zu erhalten; ein Glauben, der jeder Wahl und jeder Entscheidung die Inhalte vorgibt.

Auch für Deleuze bietet die Pascalsche Wette Gelegenheit, mit einem Irrglauben aufzuräumen, der an dem zur Spielmarke gewordenen Gott hängt. Philosophisch hat es eine lange Tradition, das Geschehen zwischen Gott und Mensch im Bild des Spiels zu fassen: der würfelnde Gott Heraklits, die Verteilung der Seelenlose in Platons kosmologischer Lotterie, das Kombinationskalkül von Leibniz' Schöpfer der besten aller möglichen Welten, Mallarmés *Penser, c'est émettre un coup de dés*, Nietzsches Idee der ewigen Wiederkehr als Weltenwurf ohne Werfer. Deleuze unterscheidet zwei Formen des Spiels, das bürgerlich-menschliche vom ideal-anarchistischen, das Spiel nach kodifizierten Regeln vom Spiel, wo jeder Zug über die Regeln des Spiels entscheidet. Das menschliche Spiel setzt die Präexistenz eines kategorischen Regelwerks voraus, das seine Anwendung vorschreibt, den Zufall begrenzt und die Wahrscheinlichkeiten von Gewinn und Verlust festlegt: dieser oder jener Zug hat dies oder das zur Folge. Für Deleuze fallen diese Kennzeichen mit der Ordnung der Repräsentation zusammen: »l'identité supérieure du principe, l'opposition des hypothèses, la ressemblance des lancers numériquement distincts, la proportionnalité dans le rapport de la conséquence avec l'hypothèse« (Deleuze 1968: 362). Die Exzentrik des Pascalschen Wetteinsatzes, deren Faszination sich als so verallgemeinerungsfähig erwies, bringt diesen Spieltyp zur Darstellung und verlegt die Entscheidung für das nach Maßgabe der Vernunft Unwahrscheinliche in das Menschenmögliche schlechthin. Deleuze sah darin nichts als ein abgekartetes Spiel. »Le modèle de ce mauvais jeu, c'est le pari de Pascal, avec sa façon de fragmenter le hasard, d'en distribuer les morceaux pour répartir des modes d'existence humains, sous la règle constante d'un Dieu qui n'est jamais mise en question.« (1968: 361f) Doch ohne sich direkt von Pascals Begrifflichkeit zu nähren, nähert er sich ihr doch – und da-

mit Bourdieu – überall dort wieder an, wo in seinem Werk von »habitude«, »automate«, »croyance« und »contrainte« die Rede ist. Zum einen,
aber dem soll hier nicht weiter nachgegangen werden, entwirft er gemeinsam mit Guattari ein Maschinenmodell des Bewusstseins: Alles, jeder Wunsch, jeder Gedanke, jedes Material, jeder Mensch, jede Blocka-
de kann Teil des »agencement machinique«[3] werden, vorausgesetzt nur,
dass es funktioniert und die Möglichkeiten des Lebens steigert (Kafkas
genial dilatorische Korrespondenz mit seiner Verlobten als Funktions-
modus der Junggesellenmaschine, um die Freiheit des Schreibens gegen
die vertragsbedingten Schrecken der Ehe zu erhalten). Zum anderen
konzipiert er das Verhältnis zwischen Automatismus und Wahrnehmung, Ungedachtem und Denken, aber er legt die Fundamente tiefer
als Bourdieu. Bereits auf der Ebene der tierischen und pflanzlichen Le-
bewesen wirkt der Habitus als reine passive Synthesis, der die Kohärenz
wie das Zusammenspiel der organischen Funktionen in ihren rezeptiven
wie perzeptiven Wechselwirkungen mit der Außenwelt sichert. Diese
organischen Synthesen stellen den Grund, auf dem die höheren perzeptiven und kognitiven Synthesen aufbauen.

Mit dem Menschen kompliziert sich der senso-motorische und per-
zeptive Habitus, denn die Automatismen sind vom Bewusstsein nicht
gänzlich unabhängig. Hier unterbricht sich die Komplementarität von
Reiz und Reaktion, insofern das Gehirn alle Stimuli, die auf die Sinne
einwirken, einer Selektion unterwirft und nur diejenigen verwertet, die
für eine mögliche Handlung in Frage kommen. Das »cerveau-sujet« se-
lektiert, eliminiert und verwirft im Dienst des senso-motorischen Systems, dessen Anforderungen das Gehirn dauerhaft in Beschlag nehmen:
die Koordination von Sehen und Berühren, die Evaluation zeitlicher
und räumlicher Entfernungen, um eine körperliche Bewegung zu ver-
anlassen. Erschöpfte sich die Arbeit des Gehirn jedoch darin, Hand-
lungsreihen zu organisieren, wäre es lediglich eine höhere Form des In-
stinkts und seine Reichweite auf die Objekte beschränkt, auf die es einwirken kann. Für die Transformation des mechanischen Tuns in ein
freies Tun wird es erforderlich, den Automatismus von empfangener
und ausgeführter Bewegung zu unterbrechen. Mit Bezug auf Bergson
wird Freiheit von Deleuze im Vokabular von Geschwindigkeit und
Verlangsamung definiert. »Le cerveau n'est rien d'autre, intervalle, écart
entre une action et une réaction.« (1983: 92) Und allein deshalb kann
das Bewusstsein, um dies in die gängigere Terminologie zu übersetzen,
Zögern, Aufschub, Enthaltung und Wahl sein, die jeder Gewohnheit

---

[3] Vgl. Deleuze/ Guattari 1975: 145-157; Deleuze/ Parnet 1996: 125-127.

den Krieg erklären, weil die Freiheit genau so weit reicht wie das Vermögen, überall Unbestimmtheitszonen – »centres d'indétermination« (1983: 92) – zu schaffen, zunehmend differenziertere Reaktionen zu ermöglichen, die Perzepte und Affekte zu singularisieren, die senso-motorischen Schemata in beständige Variation zu versetzen, die fünf Sinne zu entautomatisieren, jeden Augenblick als etwas ganz und gar Neues fühlbar zu machen, kurz, die Freiheit zu verunendlichen, damit sie wirklich zum Organ der Wahl wird. Auch dies ist der Sinn der deleuzianischen Philosophie der Differenz, die Bergson so viel schuldet: jeder Wiederholung die Differenz zu entreißen, die Zahl und Qualität der möglichen Anschlüsse und Verbindungen zu multiplizieren, die Differenz produktiv zu machen – faire la différence. Endgültig erreicht die Differenz die gesellschaftliche Ebene, wenn die Allgegenwart des Klischees als die akute Form kapitalistischer Enteignung begriffen wird. Die sozialen Maschinen präfabrizieren einen ständig wachsenden Teil der Wahrnehmung, der Sprache und des Denkens, der Zugriff auf das Individuum erfolgt durch seine Passivierung (erst braucht es nicht mehr, dann will es nicht mehr, dann kann es nicht mehr), als ob die Last der Freiheit zu schwer zu ertragen wäre.

In seiner Hommage an Sarte rühmt Deleuze die unerhörte Konkretion des Sartreschen Denkens, das von den großen Begriffen Freiheit und Wahl immer nur situativ spricht. Die Ablehnung des Literaturnobelpreises 1964 setzt dies faktisch um. Der Bruch mit allen Erwartungen, die Verweigerung der öffentlichen Ehrungen und Auszeichnungen, der Ekel vor dem bürgerlichen Brauch, die Preissumme für karitative Zwecke zu verwenden, zieht für Deleuze die literarisch-politische, alles andere als private Konsequenz des penseur privé: »horreur à l'idée de représenter pratiquement quelque chose; fût-ce des valeurs spirituelles, ou comme il dit, d'être institutionnalisé« (2002: 111). Vor die Wahl gestellt, als geistige Autorität, bei Höchststrafe schließlich als Gewissen der Nation zu enden, mit einem Wort: sich selbst zu parodieren oder aber die Schwere und Trägheit jeder Faktizität zu überschreiten, hat Sartre sich entschieden. Deleuze hat seine Wirkung auf ihn so beschrieben: »Sartre n'a jamais cessé d'être ça, non pas un modèle, un méthode ou un exemple, mais un peu d'air pur, un courant d'air même quand il venait du Flore, un intellectuel qui changeait singulièrement la condition de l'intellectuel.« (Vgl. 1968: 169-218)

Vielleicht ist der ganze Existenzialismus nur ein entlaufener Zögling Kierkegaards, jedenfalls kommt Deleuze auf ihn zurück, um das Problem der freien Wahl an eben der Stelle wieder aufzunehmen, an der es bei Pascal liegen blieb. Hier die Wette, dort der Sprung in das absolute

Paradox des Glaubens, Deleuze rafft das Entscheidende zusammen: für Pascal wie Kierkegaard handelt es sich nicht darum, eine Wahl zwischen Alternativen oder eine Auswahl aus einem Angebot zu treffen, die meine Subjektposition intakt ließen, sondern um die Wahl zwischen Wählen und Nicht-Wählen, die das Subjekt in eine Bewegung hineinreißt, die nichts mehr vom alten Ich übrig lässt, da die Veränderung als Folge der Wahl die Existenz selbst erfasst und die Identität von Denken und Leben erzwingt.

C'était déjà le sens du pari de Pascal: le problème n'était pas de choisir entre l'existence ou la non-existence de Dieu, mais entre le mode d'existence de celui qui croit en Dieu et le mode d'existence de celui qui n'y croit pas. Encore y avait-il en jeu un plus grand nombre de modes d'existence: il y avait celui qui considérait l'existence de Dieu comme un théorème (le dévot), il y avait celui qui ne savait pas ou ne pouvait pas choisir (l'incertain, le sceptique)... Bref, le choix couvrait un domaine aussi grand que la pensée, puisqu'il allait du non-choix au choix, et se faisait lui-même entre choisir et ne pas choisir. Kierkegaard en tirera toutes les conséquences: le choix, se posant entre le choix et le non-choix (et toutes leurs variantes), nous renvoie à un rapport absolu avec le dehors, par-delà de la conscience psychologique intime, mais aussi par-delà le monde extérieur relatif, et se trouve seul capable de nous redonner et le monde et le moi (Deleuze 1985: 230f).

Einer Variante gilt dabei die besondere Aufmerksamkeit: das Außen (»le dehors«) nicht jenseits der Welt zu verlegen, sondern als das anzusehen, was das Denken außerhalb seiner selbst versetzt, was für das Bewusstsein uneinholbar bleibt, das Außen der Repräsentation, das Nicht-Repräsentierbare. Die Linie des innerweltlichen Außen hat Deleuze in der Literatur überall da gezogen, wo das Ich auf eine Notwendigkeit trifft, die größer ist als es selbst und keine Wahl mehr lässt, aber dennoch und deshalb ein Äußerstes ermöglicht. Nicht für ein Ziel handeln, sondern aus einer Notwendigkeit heraus: Ahabs Kampf mit dem Wal bei Melville, das Erwachen bei Proust, das Theater der Grausamkeit bei Artaud, der eigentümliche Spinozismus im perversen Universum von Sacher-Masoch, wo die Kategorie des Notwendigen die des Möglichen vollständig ersetzt hat, die in den Zwang zum Schreiben verwandelte Trunksucht des Konsuls in Lowrys *Under the volcano*.[4]

---

[4] Vgl. Proust, *A la recherche du temps perdu*, Paris 1988, Bd II, S. 387 : »On appelle cela un sommeil de plomb, il semble qu'on soit devenu, soi-même, pendant quelques instants après qu'un tel sommeil a cessé, un simple bonhomme de plomb. On n'est plus personne. Comment alors, cherchant sa pensée, sa personnalité comme on cherche un objet perdu, finit-on par

Deleuze trifft eine Differenz, wo zuvor keine gesehen wurde, und unterscheidet zwei Arten von Notwendigkeit, zwei Formen von Zwang: hier die Polymorphie gesellschaftlicher Determinismen, Repressionen und gedanklicher Indoktrination, dort aber der Bezug zum Außen, der im Denken eine Indeterminationszone erzwingt, wo Freiheit und Notwendigkeit, Autonomie und Heteronomie, Aktivität und Passivität aufhören, Gegensätze zu sein – »l'automate ainsi purifié qui s'empare la pensée du dehors, comme l'impensable dans la pensée« (1985: 233). Auf ihrer Spitze stürzt die Freiheit ab, doch diesen Moment hält Deleuze, anders als Bourdieu, von allem Psychologischem frei. Bourdieu hat in solchen Ekstasen nur einen besonders raffinierten Habitus vom Typ »c'est plus fort que moi« (1994a: 163) sehen können, zum anderen aber, um die eigene Theorie aus der Aporie des lückenlosen Determinismus herauszuführen, eine Möglichkeit konzediert, die in Konsequenz seines Denkens nahezu undenkbar bleiben müsste: »une marge de liberté« (vgl. 1997a: 276-279). Deleuze weist dieser Exteriorität, diesem Dilemma von Freiheit und Wahl im letzten einen ebenso unbegründbaren wie unwiderleglichen Ort zu: »ne choisit bien, ne choisit effectivement que celui qui est choisi« (1985: 232). Das, was hochgetrieben zum Grenzfall mit theologischer Überschrift Gnade hieß, behält auch diesseits davon seinen widerständigen Sinn, der dem Gefälle der Gewohnheiten eine neue Front entgegenstellt, um bei der Wette auf Gott und Mensch zwar logisch mittellos, aber nicht ohne Glauben zu bleiben.

Literatur

Blumenberg, Hans, 1980: Höhlenausgänge. Frankfurt/Main.

Deleuze, Gilles, 1953: Empirisme et subjectivité. Essai sur la natue humaine selon Hume. Paris.

Deleuze, Gilles, 1968: Différence et Répétition. Paris.

---

retrouver son propre moi plutôt que tout autre ? Pourquoi, quand on se remet à penser, n'est-ce pas alors une autre personnalité que l'antérieure qui s'incarne en nous ? On ne voit pas ce qui dicte le choix et pourquoi, entre les millions d'êtres humains qu'on pourrait être, c'est sur celui qu'on était la veille qu'on met juste la main.« Vgl. Lowry : »Illusion of choices [...] The consul can refuse the next drink, even does do so sometimes for a few moments, but no real choice exists; for he has decided to be chosen by his addiction. Not only his addiction, also his mode of consciousness: Lowry thought that he did not write, but was written« (Stephen Spender, Einleitung zu Malcolm Lowry, *Under the volcano*, New York 2000, S. XXV).

Deleuze, Gilles, 1983: L'Image-Mouvement. Paris.

Deleuze, Gilles, 1985: L'Image-Temps. Paris.

Deleuze, Gilles, 2002: Il a été mon maître. In: ders.: L'Ile déserte. Paris.

Deleuze, Gilles/ Félix Guattari, 1975: Kafka - Pour une littérature mineure. Paris.

Deleuze, Gilles/ Claire Parnet, 1996: Dialogues. Paris.

Proust, Marcel, 1988: A la recherche du temps perdu, Band II. Paris.

Spender, Stephen, 2000: Einleitung. In: Malcolm Lowry, Under the volcano. New York.

Boike Rehbein

»Sozialer Raum« und Felder

Mit Bourdieu in Laos

Im Folgenden möchte ich einen Widerspruch und zwei blinde Flecken in Bourdieus theoretischem Programm erörtern, auf die ich in der empirischen Arbeit gestoßen bin. Die blinden Flecken – internationale bzw. transnationale Zusammenhänge (siehe Hermann Schwengel in diesem Band) und nicht auf Kämpfe zu reduzierende zwischenmenschliche Beziehungen (siehe den Schluss von Steffani Englers Beitrag in diesem Band) – werde ich nur am Material illustrieren. Den Widerspruch – zwischen der Konzeption des Feldes und der des sozialen Raums – hoffe ich hingegen theoretisch aufzulösen.

In einem Interview mit Beate Krais, das in *Soziologie als Beruf* abgedruckt ist, hat Bourdieu gesagt: »Mit meiner Analyse eines historischen Falls liefere ich ein Programm für andere empirische Analysen unter anderen Verhältnissen als den von mir untersuchten. Sie ist eine Aufforderung zur schöpferischen Lektüre und zur theoretischen Induktion, die von einem gut konstruierten besonderen Fall ausgehend verallgemeinert.« (1991a: 278) Dieser Aufforderung bin ich gefolgt. Ich habe Bourdieus Buch *Die feinen Unterschiede* (im Folgenden: *FU*) als Programm gelesen, auf dessen Grundlage die Auswirkungen der Globalisierung in Laos untersucht werden können. Die Untersuchung sollte sich nicht sklavisch an Bourdieus Begriffe ketten, sondern versuchen, einen hermeneutischen Prozess in Gang zu bringen, der Theorie und Empirie gleichermaßen aufschließt, kritisch hinterfragt und entwickelt. Auch wenn einige Exegeten Bourdieu schon zum Klassiker erstarren lassen, dessen Begriffe nur noch Explikation fordern und selbst nicht mehr in den Forschungsprozess einbezogen werden dürfen, scheint mir die zitierte Aufforderung genau auf einen derartigen hermeneutischen Prozess zu zielen.[1]

---

[1] Ähnlich scheinen viele Wissenschaftler Bourdieus Ansatz zu lesen (vgl. beispielsweise Rolf-Dieter Hepp in diesem Band). Die Möglichkeit dieser Auslegung könnte dafür verantwortlich

Mit Bourdieus Begriffen im Gepäck bin ich nach Laos gereist, um die traditionale Gesellschaft auf dem Land mit der modernen Gesellschaft in der Stadt zu vergleichen. Ziel war es, für beide Gesellschaftsformen nach Bourdieus Vorbild einen »sozialen Raum« zu konstruieren (vgl. Bourdieu 1982c: 212f). Die in diesen Konstruktionen ermittelten sozialen Positionen sollten mit den Dispositionen wirtschaftlichen Denkens und Handelns in Beziehung gesetzt werden. Es erwies sich jedoch als unmöglich, reine Formen traditionaler und moderner Gesellschaft zu finden. Um die aufgefundenen verschiedenen Gesellschaftsformen und ihre Übergänge fassen zu können, wurde es notwendig, die Außenbeziehungen der Gesellschaft und den sozialen Wandel begrifflich zu fassen. Die *FU* aber liefern lediglich eine isolierte Momentaufnahme einer Gesellschaft, noch dazu einer höchst modernen. Um die Konzeption des »sozialen Raums« und der sozialen Positionen dennoch für die Erforschung der Globalisierung in Laos einzusetzen, versuchte ich, Bourdieus Begriff des Feldes so zu revidieren, dass er Dynamik in die Momentaufnahme bringen würde. Bei dieser Arbeit zeigte sich, dass die Lösung in der entgegengesetzten Richtung zu suchen war, nämlich in einer Revision der Vorstellung des »sozialen Raums«.

In den folgenden Ausführungen will ich zunächst die Konzeption des sozialen Raums und die Schwierigkeiten referieren, die sich bei ihrer Anwendung auf das ländliche Laos ergaben. Sodann werde ich versuchen, die Schwierigkeiten auf einen zentralen Widerspruch zwischen Bourdieus Begriffen des Feldes und des sozialen Raums zurückzuführen und sie durch den des Feldes aufzulösen. Schließlich möchte ich skizzieren, wie der Feldbegriff innerhalb von Bourdieus Ansatz weiterentwickelt werden könnte, um auf ein Problem zu antworten, für das er gar nicht entworfen wurde, nämlich die historische Entwicklung von Laos.

---

sein, dass der Umgang mit Bourdieu nicht – wie bei anderen Klassikern – so leicht in philologischer Haarspalterei erstarrt. Natürlich besteht auch bei Bourdieu die Gefahr, aus seinen Begriffen eine abgeschlossene Theorie zu zimmern, indem man die Begriffe vom empirischen Material trennt. Auf diese Weise kann man versuchen, eine bestimmte Zahl von Kapitalarten festzulegen, die Eigenschaften von Klassen und sozialen Positionen eindeutig festzulegen usw. (z. B. LiPuma 1993). Diese Deutung von Bourdieus Ansatz erscheint mir unfruchtbar.

I. Die Konzeption des sozialen Raums

Bourdieu entwickelte die Konzeption des sozialen Raums als Alternative zur Einteilung der Gesellschaft in eine Pyramide, die der Einkommensverteilung entspricht. Er forderte, nicht nur das Einkommen, sondern verschiedene Formen von Handlungsressourcen, die er als Kapital bezeichnet, zur Erfassung der Sozialstruktur heranzuziehen. Hauptfaktoren der sozialen Differenzierung sind demnach verschiedene Kapitalformen, die im Kampf um knappe Güter zum Einsatz gebracht werden. »Das besagt, daß die Struktur dieses Raums durch die Verteilung der verschiedenen Kapitalformen, d. h. die Verteilung der Eigenschaften, gegeben ist, die in dem untersuchten Universum wirksam sind« (1997c: 107). Die Position im sozialen Raum wird nicht durch eine *absolute* Menge an Kapital festgesetzt. Vielmehr bestimmen sich die sozialen Positionen nach der *relativen* Verfügung über Handlungsressourcen. Diese definiert sich durch den Gesamtbesitz an Kapital, die Struktur des Kapitals (sowie die Wichtigkeit der entsprechenden Komponenten in der jeweiligen Gesellschaft) und die Entwicklung des Kapitals im Laufe der Zeit (1994a: 32). In den *FU* strukturiert Bourdieu den sozialen Raum nach den Parametern kulturelles und ökonomisches Kapital (1982c: 212f; vgl. 1994a: 19f). Sie hält er an dieser Stelle für die Ressourcen, auf denen alle wesentlichen sozialen Differenzen beruhen. Mit der Verfügung über die Ressourcen verknüpft er charakteristische Formen des Denkens, Wahrnehmens und Handelns. Sie beruhen Bourdieu zufolge auf den Möglichkeiten, die durch die Ressourcen eröffnet werden, und bestimmen sich konkret durch die im sozialen Raum benachbarten Formen, genauer: durch Differenz und Differenzierung.

II. Die Dorfgemeinschaft

Diese Konzeption des sozialen Raums wollte ich nun auf die laotische Gesellschaft der Gegenwart anwenden. Laos eignet sich gut für soziologische Untersuchungen, weil auf engstem Raum verschiedene ethno-linguistische Gruppen mit unterschiedlichen Gesellschaftsformen zusammenleben und das Land sehr ungleichmäßig entwickelt ist. Etwa 150 Gruppen, die mindestens fünf Sprachfamilien zuzuordnen sind, verteilen sich auf eine Fläche von etwa der Größe der alten Bundesrepublik.[2] In einigen Gebieten hat jedes Dorf eine andere Sprache. Die Lao, auf die sich meine Untersuchung konzentrierte, bilden die zahlenmäßig größte ethno-linguistische Gruppe.[3] Die meisten von ihnen bauen Nassreis an und leben in Dorfgemeinschaften (die tatsächlich an das erinnern, was Marx unter diesem Begriff beschrieben hat). In der für asiatische Verhältnisse winzigen Hauptstadt mit etwa einer halben Million Einwohnern dagegen hat die Moderne Einzug gehalten, seit die Franzosen 1893 Laos zu ihrem Protektorat erklärten. Die Kolonialmacht konzentrierte sich auf die Städte und vernachlässigte das Hinterland. Seit 1975 hat Laos eine sozialistische Staatsform, seit 1986 wird die Wirtschaft langsam liberalisiert, ähnlich wie in China. In den abgelegenen Gebieten haben sich ältere Formen der Politik, Wirtschaft und Kultur erhalten.[4] In ihnen ist auch heute noch das Dorf die wichtigste soziale und politische Einheit. Es ist nicht unwahrscheinlich, dass die Vorfahren der Lao keine größeren Einheiten kannten, denn Südostasien war vor der Entstehung des laotischen Staates sehr dünn besiedelt (siehe z. B. die Beiträge in Smith/ Watson 1979).

Die Dorfgemeinschaften der Lao bestehen im Wesentlichen aus Kleinfamilien, die zugleich die Produktions- und Konsumtionseinheiten sind. Lediglich in Zeiten der Not und bei größeren Aufgaben arbeiten die Familien zusammen. Sie verfügen über ein ähnliches ökonomisches und kulturelles Kapital. Alle Untersuchungen über die Dorfgemeinschaft der Lao und verwandter Ethnien haben eine äußerst geringe Varianz dieser Parameter ergeben.[5] Wenn auch die Familien einander ähnlich sind, so gilt das nicht unbedingt für die Individuen. Die Dorfgemeinschaften scheinen eine innere soziale Differenzierung aufzuweisen, zum einen nach Alter und Geschlecht, zum anderen nach sozialen

---

[2] Siehe beispielsweise Laurent Chazée (1995). Etwas mehr als die Hälfte der Bevölkerung von Laos spricht als Muttersprache Laotisch oder eine damit verwandte Tai-Sprache. Diese Menschen leben zumeist in Flusstälern, wo sie als Hauptnahrung Nassreis anbauen. Die anderen ethno-linguistischen Gruppen besiedeln großenteils höhere Lagen und werden von den Tai-Völkern politisch und wirtschaftlich dominiert. (Vgl. hierzu die schöne und klassische Untersuchung von Edmund Leach.)

[3] Es hat sich eingebürgert, zwischen Lao und LaotInnen zu unterscheiden. Erstere sind die größte ethnische Gruppe im Staatsgebiet von Laos, während alle StaatsbürgerInnen von Laos als Laoten bzw. Laotinnen bezeichnet werden.

[4] Allerdings nicht unverändert – weshalb es unmöglich ist, eine traditionale Gesellschaft einer modernen gegenüberzustellen.

[5] Vgl. hierzu und zu allen anderen Ausführungen über Laos Rehbein (2004), wo auch die Literatur und das empirische Material aufgeführt werden.

Funktionen, die mit Ansehen verbunden sind. Es gibt eine dörfliche Führungsschicht, der neben den alten Männern (den Familienoberhäuptern) die lokalen WürdenträgerInnen angehören (Abt, LehrerIn, SchamanIn, VertreterInnen der Massenorganisationen) (UNICEF 164). Heute schwächt sich diese Differenzierung ab, früher aber muss sie weit ausgeprägter gewesen sein. Darauf deutet das reich entwickelte Vokabular für Verwandtschaftsbeziehungen hin, die heute gesellschaftlich und individuell kaum noch eine Rolle spielen (Rehbein/ Sayaseng 2003). Es ist also wahrscheinlich, dass es sich bei den Dorfgemeinschaften um Clans handelte. Innerhalb der Clans waren hohes Alter und männliches Geschlecht wertvoller als ihr relatives Gegenstück. Da mit ihnen keine nennenswerten Unterschiede im ökonomischen und kulturellen Kapital verknüpft sind, kann das Kapital – zumindest in diesen Formen – bei den Lao nicht am Ursprung der sozialen Differenzierung liegen.

Die sozialen Positionen der Würdenträger, die historisch sicher später als die Clans entstanden, könnte man am ehesten auf symbolisches Kapital zurückführen. Bourdieu ist bei der Untersuchung algerischer Dorfgemeinschaften zum Ergebnis gekommen, sie seien nach »Ehre« differenziert (1958: 23; 1964a: 88ff). Ansehen und Ehre führte er später auf symbolisches Kapital zurück (1987b: 202, 257). Es scheint nahe liegend, die Differenzierung der laotischen Dorfgemeinschaft genauso zu fassen. Auf die herausragende soziale Bedeutung der Ehre bzw. des Ansehens im laotischen Dorf hat beispielsweise Carol Ireson hingewiesen (1996: 73). Wenn die algerische und die laotische Dorfgemeinschaft aber nach Alter, Geschlecht und Ehre differenziert sind, so würde daraus folgen, dass ökonomisches und kulturelles Kapital ihre beherrschende Rolle in der Gesellschaft erst im Laufe der Geschichte erhalten. Die Funktionsweise der Ressourcen, ihr Einsatz, der Begriff des symbolischen Kapitals und die Herausbildung anderer Kapitalformen müssten vor diesem Hintergrund untersucht werden.

Eine weitere Schwierigkeit besteht darin, dass die Mehrheit der laotischen Dorfbewohner keine Verbesserung der sozialen Position anzustreben scheint, sondern die geringen Ungleichheiten einfach hinnimmt. Die innere Struktur der Dorfgemeinschaft ähnelt am ehesten der einer Familienfeier, bei der es zwar Ungleichheiten und unterschiedliche Rollen gibt, wo aber die Positionen wegen der festgefahrenen Rollen nicht Gegenstand von Kämpfen werden (können). Es fragt sich ohnehin, ob alle Handlungen nach Differenzierung, Gewinn, Ausnutzung, also nach der Verbesserung der sozialen Position durch Vermehrung von Kapital trachten (1997c: 107f). Ist es zum Beispiel sinnvoll, Akte der Freundschaft, Liebe, Höflichkeit, Muße, Ruhe usw. nur unter dem Aspekt der

Kapitalsteigerung zu sehen? Um die Entstehung von Kapital und von Kämpfen um soziale Positionen erklären zu können, wäre es vielleicht fruchtbarer, diese Begriffe der Analyse moderner Gesellschaften vorzubehalten und eine allgemeinere Kategorie der »Ressourcen« einzuführen – die beispielsweise als Kapital und in Kämpfen eingesetzt werden *können*, aber eben nicht immer so eingesetzt werden *müssen*.

Auch wenn man die Dorfgemeinschaft nicht unter den Aspekten des Kampfes um ökonomisches und kulturelles Kapital betrachtet, ließe sich sehr schön ein sozialer Raum konstruieren, geordnet allerdings nach den Parametern Geschlecht, Alter und Ansehen. Mit den jeweiligen Koordinaten im Raum ließen sich überdies die beobachtbaren Praktiken verbinden, die ein/e Lao mit einem bestimmten Geschlecht, Alter und Ansehen eben ausführt, und das mit einer sehr hohen Wahrscheinlichkeit. Wenn es nach Bourdieu also zulässig ist, den sozialen Raum auch nach anderen Parametern als kulturellem und ökonomischem Kapital zu konstruieren (was er an einer Stelle in den *FU* nahe legt: 1982c: 359), scheint sich das Konzept des sozialen Raums zunächst auch auf Dorfgemeinschaften übertragen zu lassen.

III. Eindeutige Positionen und Veränderung

In einer Dorfgemeinschaft ist sozialer Wandel die Ausnahme, Reproduktion die Regel. Kämpfe um Kapital scheinen ebenfalls eine Ausnahme zu sein, nicht nur wegen des traditional geordneten Lebens, sondern schon allein wegen der geringen Größe dieser Gemeinschaften. Wenn es heute jedoch Kämpfe und verschiedene gesellschaftlich relevante Kapitalsorten gibt, so müssen sie irgendwann entstanden sein. Bourdieus Konzeption des sozialen Raums (der nach den Dimensionen ökonomisches und kulturelles Kapital organisiert ist) erfasst interne Verschiebungen in der Sozialstruktur, Auf- und Abwertungen verschiedener Praktiken und Veränderungen in der Zusammensetzung des Kapitals. Unklar aber ist, wie gänzlich andere Kapitalsorten bestimmend werden können und wie Kämpfe überhaupt entstehen. Anders gefragt: Wie ist Veränderung hier überhaupt denkbar? Wenn Kämpfe und die herausragende Rolle von kulturellem und wirtschaftlichem Kapital keine notwendigen Komponenten der Konzeption des sozialen Raums sind und die Konzeption für Dorfgemeinschaften modifiziert werden kann, so verweist die Schwierigkeit, soziale Veränderung mit dieser Konzeption zu fassen, doch auf ein tieferliegendes Problem. Das Problem besteht kurz gesagt darin, Nichträumliches zu verräumlichen.

Der soziale Raum bildet den Zusammenhang des Kapitals mit den sozialen Positionen sowie in erweiterter Form mit den Dispositionen des Handelns ab. Man sieht sozusagen auf einen Blick, wie unterschiedliche Verfügungen über Kapital mit unterschiedlichen Dispositionen einhergehen. Die sozialen Positionen und Dispositionen markieren Punkte in einem Raum, der Bourdieu zufolge dem physischen Raum analog ist (2001c: 128). Dieser Vergleich suggeriert eindeutige Positionen und Abstände. Sicher unterscheiden sich die Positionen durch unterschiedliches Kapital deutlich voneinander, aber sie lassen sich meines Erachtens nicht als eindeutige Anordnung definieren. Menschen, die durch die meisten Dimensionen des Kapitals voneinander getrennt sind, können einander (etwa durch die gemeinsame Zugehörigkeit zu einer Subkultur, durch eine gemeinsame Krankheit, durch ähnliche Vorstellungen) sehr nahe sein. Das lässt sich mit der räumlichen Vorstellung nicht erfassen – obwohl es doch gerade eine der Pointen von Bourdieus Forschung zu sein scheint.

Bourdieus sozialer Raum kann auch so interpretiert werden, dass er aufzeigt, welche Dispositionen durch welche Vorgaben an Kapital wahrscheinlich werden. Das erscheint zwar plausibel, aber durch die klare Zuordnung wird das Wesentliche, nämlich die Aneignung und der Einsatz von Kapital als Prozess, verdeckt. Wirklich problematisch ist der substanzialistische Zug, den das Schema *nahe legt* – als gäbe es tatsächlich einen einheitlichen sozialen Raum, der nach ganz bestimmten (am Ende überhistorischen) Parametern geordnet ist.

IV. Feld

Der Begriff des Raums fasst die sozialen Positionen zwar relativ zueinander, ordnet aber einer bestimmten Kapitalkomposition *einen bestimmten Ort* zu. Damit bleibt seine Relation zu anderen Orten (besser: Örtern) für alle Eigenschaften gleich. Ein Individuum hätte also seinem Ort gemäß zu anderen Individuen in allen Bereichen der Praxis die gleichen Relationen. Bourdieu spricht hier von Homologie. Diese Vorstellung leuchtet leicht ein, wenn sie am Material illustriert wird. Beispielsweise hat ein laotischer Bauer nicht nur weniger Kapital als ein Regierungsmitglied, sondern er spricht zu diesem auch unterwürfig, er muss Befehle von ihm entgegennehmen, er kleidet sich erkennbar einfacher usw. Wenn man jedoch genauer nachfragt, erfährt man, dass kein Bauer genau diese und alle dieser Eigenschaften aufweist. Eben in dieser Hinsicht eignen Bourdieus Konzeption substanzialistische und statische Tendenzen – die sich *innerhalb* von Bourdieus Begrifflichkeit überwinden lassen, nämlich durch den Begriff des Feldes.[6]

Loïc Wacquant liefert eine allgemeine Definition des Feldes, die der des sozialen Raums ähnelt: »Ein Feld besteht aus einem Ensemble objektiver historischer Relationen zwischen Positionen, die auf bestimmten

---

[6] Es ist zwar problematisch, sich in einem einzigen Aufsatz auf Werke Bourdieus zu beziehen, die in einer Spanne von nahezu einem halben Jahrhundert entstanden sind. Die Spannung zwischen statischen und dynamischen Tendenzen scheint mir jedoch das ganze Werk Bourdieus zu durchziehen. Allerdings wies er dem Feldbegriff im Rahmen seiner Untersuchungen eine immer größere Bedeutung zu. Gleichzeitig vermehrte er sowohl die Felder als auch die Kapitalsorten, indem er jedem Feld eine bestimmte Kapitalsorte zuzuschreiben *schien* (2001c: 34, 52ff). In den früheren Werken gab es nur drei Kapitalsorten, der Begriff des Feldes war noch nicht klar als analytisches Instrument herausgearbeitet. Das Konzept des sozialen Raums entspricht eher dem Determinismus und Strukturalismus, zu dem der frühe Bourdieu neigte. Dennoch kann nicht der Begriff des sozialen Raums prinzipiell dem frühen, der des Feldes prinzipiell dem späten Bourdieu zugeordnet werden. Bourdieu schwankte je nach Thema, intellektuellem Klima und vorgestelltem Gegner. Ja, er scheint sich, wie ich meine, eines Widerspruchs nicht bewusst gewesen zu sein. Die Entscheidung für den Feld- oder für den Raumbegriff wurde nie zu einem expliziten Thema.

Formen von Macht (oder Kapital) beruhen« (in Bourdieu 1996b: 36). Der Unterschied zwischen Feld und sozialem Raum besteht nun darin, dass auf einem Feld jeweils *spezifische* Formen des Kapitals und des Handelns (bzw. von Dispositionen) relevant sind. Bourdieu charakterisiert das Feld auch als einen Markt für jeweils eine Gattung von Gütern (1982c: 120). Im Funktionieren legt dieser Markt stets selbst und erneut fest, was auf ihm Wert hat, was relevant ist und was als Kapital »und daher als Erklärungsfaktor« fungiert (1982c: 194). Die Struktur des Feldes besteht im Verhältnis zwischen den auf dem Feld Agierenden bzw. in der Verteilung des spezifischen Kapitals (1980b: 114). Die soziale Position der AkteurInnen auf einem Feld bestimmt sich nach den Kapitalsorten, die auf dem jeweiligen Feld hoch im Kurs stehen. Der Wert des Kapitals hängt, so Bourdieu, von der jeweiligen Konjunktur des Feldes ab (1976: 170). Und die ändert sich, manchmal sogar sehr schnell.

Wenn die soziale Position vom Kapital abhängt und der Wert des Kapitals von der Konjunktur auf verschiedenen Feldern, kann die soziale Position nur als eine einzige im sozialen Raum bestimmt werden, wenn die Konjunktur auf allen Feldern gleich (also homolog) ist. Von einer derartigen Homologie scheint Bourdieu auszugehen. Sie ist allerdings nur auf der Basis einer Determiniertheit denkbar. Bourdieu tendiert in der Tat an verschiedenen Stellen zum Determinismus. Eine entgegengesetzte Tendenz verfolgt er, wenn er auf eine Verwandtschaft von Feld und Spiel aufmerksam macht (2001c: 44). Kapital vergleicht er dabei mit Chips, die die Teilnehmer eines Spiels erhalten, aber in der Gesellschaft sehr unterschiedlich verteilt sind (1992c: 38). Auf jedem Feld gelten andere Spielregeln (besser gesagt: jedes Feld ist ein anderes Spiel), sind andere Arten des Kapitals wertvoll und funktional. Um innerhalb eines Feldes eine Position zu erlangen, muss ein Mensch ein Kapital erwerben, das ihm innerhalb *dieses* Feldes die Handlungsmöglichkeiten verschafft, die für diese Position erforderlich sind (1994a: 152f). Wer in ein Feld eintritt, erkennt die Spielregeln an.[7] Wenn sich nun tatsächlich – um in der Metapher zu bleiben – die Spiele und Spielregeln der ein-

---

[7] Bourdieu polemisiert stets gegen den Begriff der Regel – und stellt ihm die Strategie und den Habitus entgegen. Woran aber orientiert sich die Strategie, wie bildet sich der Habitus? Nur durch Regelmäßigkeit? Und wie kommt die zustande? Nur durch die Konstanz des Habitus? Das wäre ein Zirkelschluss. Es scheint mir eher, als verfestigten sich Strategien nicht nur zu Regelmäßigkeiten, sondern auch zu so etwas wie Richtlinien oder eben Regeln, also zu Konstanten, die nicht nur empirischen, sondern auch normativen Charakter haben. Um den unbewussten Charakter zu verdeutlichen, der Bourdieu so wichtig ist, spreche ich hier lieber von Handlungsmustern als von Regeln.

zelnen Felder voneinander unterscheiden, können die Felder einander nicht völlig homolog sein. Ich glaube, mit dieser Annahme wird man dem Handeln weit eher gerecht als mit der deterministischen Vorstellung, die den Habitus zu einem Mechanismus und die soziale Position zu einer Koordinate im Raum macht.

Eine Pointe von Bourdieus Feldbegriff ist es gerade, dass eine Handlung (oder Eigenschaft) auf verschiedenen Feldern, zu verschiedenen Zeiten und gegenüber verschiedenen Adressaten einen unterschiedlichen Sinn haben kann (1994a: 17f). Die Konstruktionen des sozialen Raums in den *FU* werden diesem Umstand nicht gerecht (siehe v. a. 1982c: 212f). Es ist kaum zu bestreiten, dass das Trinken von teurem Whisky ein Distinktionsversuch sein kann, aber die Zuordnung des Whiskytrinkens zu einer bestimmten sozialen Position verfehlt meines Erachtens das Entscheidende an Bourdieus eigener Sichtweise: dass sich der Sinn des Whiskytrinkens in der Relation zu anderen Menschen erst bestimmt, also auf einem Feld mit einer momentan geltenden Konjunktur. Die Vielfältigkeit des Sinns einer identischen Handlung hat Wittgenstein, auf den sich Bourdieu in diesem Zusammenhang öfters berufen, für Sprachspiele deutlich gemacht. In den *Philosophischen Untersuchungen*, Paragraph 23, schreibt er: »Wieviele Arten der Sätze gibt es aber? Etwa Behauptung, Frage und Befehl? Es gibt *unzählige* solcher Arten: unzählige verschiedene Arten der Verwendung alles dessen, was wir 'Zeichen', 'Worte', 'Sätze' nennen. Und diese Mannigfaltigkeit ist nichts Festes, ein für allemal Gegebenes; sondern neue Typen der Sprache, neue Sprachspiele, wie wir sagen können, entstehen und andre veralten und werden vergessen.« (Wittgenstein 1984: 250) Und wie es viele Verwendungsweisen von Sätzen gibt, so gibt es viele Verwendungsmöglichkeiten von Handlungen. Beide hängen vom »Spiel« ab, in dem sie eingesetzt werden, also vom jeweiligen Feld. Und die Ressourcen – also die »Chips« oder die Komponenten des Kapitals – haben auf jedem Feld eine andere Verwendungsweise, einen anderen Wert und eine andere Erscheinungsform.

Joseph Jurt hebt in einem Aufsatz über das literarische Feld hervor, dass das symbolische Kapital, das auf einem und für ein Feld erworben wurde, schwer auf ein anderes Feld zu übertragen sei, es habe seinen Wert fast ausschließlich auf einem bestimmten Feld (Jurt 2001: 46). Daher tendierten Individuen dazu, nach Möglichkeit auf dem Feld zu verbleiben, für das ihr Kapital erworben wurde, und dort um die Vermehrung oder eine verstärkte Anerkennung ihres Kapitals zu kämpfen. Diese Argumentation erscheint mir so plausibel, dass sie eigentlich schon genügte, die räumliche und homologe Vorstellung der Felder zu widerlegen. Wenn man jedoch von einer Homologie der Felder und des sozialen Raums abrückt, verschwinden auch die augenfälligen Parallelen zwischen Handlungsweisen auf verschiedenen Feldern, die doch gerade der Konzeption des sozialen Raums ihre Plausibilität verleihen. Wie ließen sie sich ohne deterministische Vorannahmen erklären? Und wie könnte man sich dann die Vielfalt und Einheit der Felder vorstellen?

V. Ziele und Relationen

Was als umfassender sozialer Raum erscheint, lässt sich meines Erachtens zurückführen auf dominante Felder. Der scheinbar unhintergehbare soziale Raum ist allenfalls als das Feld einer einzelnen Gesellschaft zu deuten, das nur verständlich wird aus seinen Relationen zu anderen Gesellschaften und zur Natur. Bourdieu spricht in den *FU* selbst einmal vom Gesamtfeld der sozialen Positionen (1982c: 33). Wir haben die Vorstellung im Kopf, die Gesellschaft sei eine Art Behälter, dessen Grenzen mit denen des Staates identisch sind. Und innerhalb des Behälters kommt den Individuen je nach Titel und/ oder Besitz ein bestimmter Ort zu. Diese Vorstellung wird in der Konzeption des sozialen Raums reproduziert, durch die Lehre der Felder aber aufgelöst.

Eine bestimmte Position auf einem bestimmten Feld erfordert ein bestimmtes Kapital oder, wie ich lieber sagen würde, bestimmte Ressourcen – für eine bestimmte Zeitdauer. Diese Ressourcen aber können auf anderen Feldern wertlos sein und ermöglichen daher keine ähnliche (homologe) Position. Beispielsweise nimmt ein bekannter Rockmusiker auf dem Feld der Rockmusik sicher eine beherrschende und zentrale Position ein. Seine Fans sind ihm vielleicht sogar stärker unterworfen als dem Staatsoberhaupt. Aber auf anderen Feldern spielt der Rockstar nur in Ausnahmefällen eine wichtige Rolle. In Laos hatten die Ressourcen von Musikern bis vor wenigen Jahren soziologisch noch keinen Wert. Mit der Verbreitung von Cassetten entstand eine Gruppe von Musikkonsumenten und damit ein Gefälle zwischen Stars und Fans. Auf anderen Feldern haben die Stars mit ihren spezifischen Ressourcen noch keine höhere Position als andere Menschen. Sie können in Zukunft wahrscheinlich auf dem Feld der Wirtschaft Bedeutung erringen, wenn sie viel Geld verdienen, mächtige Unternehmen gründen oder sich an ihnen beteiligen. Dabei werden die spezifischen Ressourcen von Musikern in ökonomisches Kapital verwandelt. Wie nun wird die soziale Position des Rockstars ermittelt? Reicht es etwa, sein kulturelles und ökonomisches

Kapital miteinander ins Verhältnis zu setzen? Dann geriete seine soziale Position in die Nähe von Medienbossen, Fußballspielern, Maklern und Politikern. Was haben diese gemeinsam? Ein geringes, dafür stark fokussiertes kulturelles und ein großes ökonomisches Kapital. Tatsächlich aber sind die Handlungsmöglichkeiten, die Macht und die gesellschaftliche Stellung dieser Gruppen völlig verschieden, eben weil die Felder, auf denen sie sozusagen zu Hause sind, sich von Grund auf unterscheiden und gesellschaftlich einen ganz anderen Stellenwert haben.

Bourdieu schreibt, jedes Feld setze dem Handeln bestimmte Ziele: »Verzerrungen, die an die Zugehörigkeit zu einem bestimmten Feld und an die Zustimmung zu der innerhalb der Grenzen dieses Feldes einhellig gebilligten *doxa* – sie ist es ja, die das Feld recht eigentlich definiert – gebunden sind. In diesem Fall besteht das Implizite in dem, was die Teilnahme am Spiel impliziert, nämlich in der dieser Teilnahme inhärenten *illusio* als dem grundlegenden Glauben an den Sinn des Spiels und den Wert dessen, was auf dem Spiel steht. [...] Für jedes Feld ist nämlich die Verfolgung eines spezifischen Ziels charakteristisch, das geeignet ist, alle (und nur die), die über die erforderlichen Einstellungen verfügen [...] dazu zu bringen, sich voll und ganz dafür einzusetzen.« Für Außenstehende sind diese Ziele uninteressant. »Die spezifische Logik eines Feldes nimmt als spezifischer Habitus Gestalt an, genauer genommen in einem gewöhnlich als [...] 'Geist' oder 'Sinn' bezeichneten Sinn für das Spiel, der praktisch niemals explizit artikuliert oder vorgeschrieben wird. Die für die Zulassung zu dem Spiel und den Erwerb des spezifischen Habitus erforderliche [...] Umwandlung des ursprünglichen Habitus vollzieht sich unauffällig« (2001f: 19f). Über die Ziele kann das Feld auch Handlungen anderer Felder leiten und sie damit usurpieren. Jedes Feld enthält Elemente der anderen Felder, tendiert über den Habitus der AkteurInnen dazu, andere Felder zu durchdringen oder gar zu usurpieren. Der Rockstar steigert seine Position umso mehr, je wichtiger das Feld der Rockmusik in der Gesellschaft wird: Er wird auf dem Feld der Medien bekannt, verdient auf dem Feld der Wirtschaft viel Geld, wird auf dem Feld der Mode gefeiert. Er hat damit keine punktförmige Position im Raum, sondern ist an die Konjunktur auf und von Feldern gebunden.

Das wirft die Frage nach der Abgrenzung der Felder gegeneinander auf. Wie bei Wittgenstein gefragt wird, wo die Grenze des Sprachspiels sei, so wird bei Bourdieu gefragt, wo die Grenze eines Feldes zu ziehen wäre. Diese Frage ist nicht zu beantworten. Eine Handlung kann nicht eindeutig einem einzelnen Feld (oder einem Sprachspiel) zugeschlagen werden, denn es geschieht stets Mehreres zugleich. Man kann mehrere

Spiele gleichzeitig spielen, ja das geschieht beim Spielen wahrscheinlich immer: Man spricht nebenher über andere Themen, spinnt vielleicht Intrigen oder knüpft Beziehungen, begleicht Rechnungen auf anderem Gebiet usw. Ebenso können mehrere Spieler dasselbe Spiel mit unterschiedlichen Zielen spielen, ohne das Spiel zu zerstören; der eine spielt, um zu gewinnen, der andere zur Ablenkung. Es lässt sich schwer trennen, welche Handlung welchem Spiel und welchem Ziel zuzuordnen ist, und zwar sowohl aus der Perspektive des Spielers wie aus der des Beobachters. Die unscharfe Grenze der Felder scheint mir eine ihrer wichtigsten Eigenschaften zu sein. Metaphorisch gesprochen ist der soziale Raum Bourdieus euklidisch, während die Lehre von den Feldern einen dynamischen, relationalen und mehrdimensionalen Begriff nach sich zieht, der sich schwerlich auf den eines Raums reduzieren lässt (vgl. hierzu auch Gerhard Fröhlich in diesem Band, Fußnote 3).

Beim Denken und Handeln trennt man meines Erachtens nicht zwischen den Feldern der Wirtschaft, der Kultur, des Geschmacks, zumindest nicht bewusst. Man denkt und handelt eben so, wie die Situation es zu erfordern scheint. Und man handelt in verschiedenartigen Situationen oder auf verschiedenen Feldern gleich, weil man Bourdieu zufolge in dieser Hinsicht eine identische Disposition hat. (Wittgenstein würde sagen, weil man es so gelernt hat.) Die identischen Dispositionen begründen das, was Bourdieu als Habitus bezeichnet: AkteurInnen handeln auf jedem Feld analog, weil sie ihrem Habitus entsprechend handeln (1982c: 281f) – wie auch sonst?[8] Auf jedem Feld aber treffen sich andere AkteurInnen auf unterschiedliche Weise, weil die Strukturen und Ziele für jedes Feld spezifisch sind. Daher generiert die Identität des Habitus zugleich Differenz.

Die Momentanschauung, die der soziale Raum bietet, kann nur als Illustration einer Analyse dienen, die Ressourcen, Habitus und Feld miteinander in Beziehung setzt.[9] Interessant wäre es daher, mehr über

---

[8] Zentral für Bourdieus Sichtweise auf die Gesellschaft ist daher der Begriff des Habitus. Dass sich die meisten Beiträge im vorliegenden Band mit diesem Begriff auseinandersetzen, ist sicher kein Zufall.

[9] Auch die Weiterentwicklung von Bourdieus Schema des sozialen Raums in Vester et al. (1993) scheint analytisch ebensoviel zu verdecken, wie sie aufschließt. »Milieus« zeigen momentane Allianzen, Ähnlichkeiten und Wahlverwandtschaften zwar besser an als drei Klassen, dürften aber ein Verständnis und eine Voraussage neuer Gruppenbildungen nur dann ermöglichen, wenn sie mit einer Analyse der Felder verknüpft werden. Welchem Milieu beispielsweise ist eine Universitätssekretärin zuzurechnen, die typischerweise mit einem Arbeiter verheiratet ist? Sie hat wahrscheinlich mehr Kontakt mit Akademikern als mit Arbeitern und kennt sich in

die Wirkungsweise des Habitus, über die Beziehung zwischen Ressourcen, Habitus und Feld sowie über das Verhältnis der Felder untereinander zu erfahren. Ich will hier nur kurz auf den letztgenannten Punkt eingehen.

VI. Von der Dorfgemeinschaft zur Globalisierung

Während die Konstruktion eines »sozialen Raums« der Dorfgemeinschaft plausibel wirkt, stellt sie dem Verständnis der historischen Entwicklung kaum überwindbare Hindernisse entgegen. Empirisch deutet alles darauf hin, dass sich die Dorfgemeinschaften in Südostasien nur infolge des Kontakts mit anderen Gesellschaften verändert haben, und zwar durch Konflikte um natürliche Ressourcen, um Menschen und durch den Handel. Wo dabei die Grenzen eines sozialen Raums gezogen werden, ist willkürlich. Die Globalisierung schafft eine ähnlich komplexe Ausgangslage. Die jüngste Entwicklung der laotischen Gesellschaft wird keinesfalls aus sich selbst heraus verständlich, sondern nur mit Rücksicht auf ihre regionalen Verflechtungen, auf die Präsenz internationaler Organisationen und die Interessen äußerer Mächte. Das Außen der Gesellschaft ist hier gerade entscheidend, also das Außen des sozialen Raums. Bourdieus Konzeption sieht aber kein Außen vor.[10]

Die Geschichte von Laos lässt sich als Entstehung und Zusammenspiel von Feldern erklären – sofern die Felder nicht auf isolierte Nationalstaaten beschränkt werden. Die Entstehung der ersten Felder kann

der Universitätswelt gut aus. Dennoch ist sie ʿselbstverständlichʿ nicht dem Milieu der Akademiker zuzurechnen, sondern dem der Kleinbürger – oder auch dem »hedonistischen Milieu« oder dem »neuen Arbeitnehmermilieu« (siehe ebd. 22f). Ihre Lebensumstände und Einstellungen würden durch diese Zuordnung jedoch verdeckt. Der Feldbegriff schließt sie hingegen auf: Die Sekretärin nimmt auf dem Feld der Universität eine bestimmte Position ein, auf dem Feld der Wirtschaft eine andere, auf dem der Familie wieder eine andere usw. Erst die Gesamtheit dieser verschiedenen Positionen (also der Ressourcen) und die Konjunktur der Felder machen die Universitätssekretärin soziologisch verständlich.

[10] In Bezug auf Südostasien hat der Sozialwissenschaftler Georges Condominas (1980: 11ff) einen Begriff des sozialen Raums (»espace social«) entwickelt, der den hier angeführten Kriterien weit eher gerecht wird als der Bourdieus: Es handelt sich um die Umgebung der Gesellschaft. Leider definiert Condominas den Begriff vor allem geographisch, als natürliche Umwelt. Reichert man den Begriff mit soziologischen und politischen Komponenten an, könnte ein interessantes Konzept entstehen, das allerdings mit Bourdieus Begriff nur noch bedingt zu tun hätte.

mit dem Kontakt zwischen Dorfgemeinschaften und nomadischen Gruppen und/ oder Händlern angesetzt werden.[11] Aus dem Kontakt entwickelten sich Unterschiede zwischen den Haushalten. Kaufleute und Krieger waren die ersten Spezialisten, deren Tätigkeiten eigene Felder begründeten. Möglicherweise hatte es auch schon vorher Spezialisierungen gegeben, denen man eigene Felder zuordnen kann, aber sie lassen sich heute nicht mehr mit Gewissheit rekonstruieren. Aus dem Handel und dem Krieg, der selbst wahrscheinlich zuerst um ökonomische Ressourcen geführt wurde, erwuchsen Unterschiede in den sozialen Ressourcen, die jedoch relativ zum jeweiligen Feld blieben. Welche Art von Ressource (also beispielsweise Alter, Kriegskunst, Reichtum) mehr galt als andere, hing von der Konjunktur ab, die stark durch die Umgebung bestimmt wurde: beispielsweise ob es sich um ein kleines Dorf handelte, ob Krieg herrschte, ob reichlich Platz und natürliche Ressourcen vorhanden waren.

Im 13. und 14. Jahrhundert existierten in Laos unmittelbar nebeneinander städtische Zentren mit einer immer differenzierteren Sozialstruktur, Dorfgemeinschaften und Nomadengruppen (vgl. Evans 2003). Die Herrscher über die Städte dehnten ihre Macht aus, um schließlich einen absolutistischen Staat zu gründen, der Wittfogels orientalischer Despotie ähnelte. Zuvor hatten sich verschiedene Felder herausgebildet, die noch eine gewisse Unabhängigkeit gegeneinander gehabt haben könnten. Im absolutistischen Staat wurden sie von der Politik usurpiert. Jeder Bewohner des Staates Laos (wahrscheinlich jeder erwachsene Mann) erhielt von der Verwaltung eine bestimmte Rangstufe zugeteilt, die eine gewisse, aber nicht ausschließliche Verbindung zum Landbesitz hatte. Wohlgemerkt aber standen an der Spitze der Rangordnung nicht die Großgrundbesitzer, sondern die soldatischen Gefolgsleute des Herrschers, denen entsprechend ihren Leistungen und ihrem Rang eine Menge Land zugeteilt wurde. Die Macht des Staates war in Südostasien allerdings weit geringer, als Wittfogel annahm. Die Dorfgemeinschaften außerhalb der unmittelbaren Umgebung von Herrschaftszentren gerieten kaum unter den Einfluss des Staates. Und nur im Zusammenhang mit dem Staat hatten politische Ressourcen einen Wert. Diese Gesellschaftsform bestand mit geringen Veränderungen bis zum Einmarsch der Franzosen fort. (In Thailand sind Reste davon noch heute erhalten.) Die Modernisierung kann als Versuch gedeutet werden, den Einfluss der Felder von Politik und Wirtschaft zu erweitern. Die Franzosen wollten

---

[11] Siehe hierzu und zum Folgenden beispielsweise das Standardwerk von Charles Higham (1989).

die politische Kontrolle bis in die abgelegensten Gebiete vorantreiben, nicht zuletzt um sie für ihre Wirtschaft nutzbar zu machen – was ihnen nicht gelungen ist.

VII. Dominanz des wirtschaftlichen Feldes

Nach Bourdieu ist es eine Tendenz der Geschichte, dass alle Felder eine gewisse Autonomie gegeneinander gewinnen (z. B. 2000a: 16f; 2001f: 30). In der empirischen Forschung zeigt sich die Notwendigkeit, dieses Postulat etwas genauer zu fassen. Zweifellos differenzieren sich die Felder aus, entwickeln sich zu eigenen abgeschlossenen »Spielen« und begründen eigene Systeme sozialer Positionen, die auf anderen Feldern keine Geltung haben. Beispielsweise nehmen in der Dorfgemeinschaft alle DorfbewohnerInnen an musikalischen Veranstaltungen teil, viele vermögen zu singen oder ein Instrument zu spielen, und es gibt keine professionellen Musiker. In der modernen Gesellschaft dagegen ist die Musik ein Feld mit verschiedensten Unterfeldern und sozialen Positionen, um die SpezialistInnen regulierte Kämpfe ausfechten.

Gleichzeitig aber scheinen die sich ausdifferenzierenden Felder in der Geschichte ihre Unabhängigkeit verloren zu haben, da sie immer mehr unter die Herrschaft wirtschaftlicher Ziele geraten. Vielleicht wird das wirtschaftliche Ziel verallgemeinert, während die Felder sich gleichzeitig ausdifferenzieren. Das würde eine gewisse Homologie der Felder zum Teil erklären. Auf dem Dorf wird zuerst alles als Einheit gesehen, die segmentiert ist in sinnhafte Elemente. Wenn der wirtschaftliche Druck sich verstärkt, wird alles unter dem Aspekt der Wirtschaft gesehen. Es trennen sich die Felder, aber die Wirtschaft hat den Primat. Ein wichtiger Punkt ist zweifellos, dass es in einer Dorfgemeinschaft gar nicht genügend Menschen für eine Ausdifferenzierung der Felder gibt. Paradoxerweise macht die Integration erst die Ausdifferenzierung möglich. Jede Tätigkeit wird Arbeit, jedes Ding wird Ware. Die Wirtschaft war natürlich schon vor der Entstehung des Staates eines der wichtigsten Felder. Die Sicherung des Lebensunterhalts spielte immer eine große Rolle, aber das Streben nach Gewinn scheint früher nur einen Teil der Handlungen angeleitet zu haben. Auch heute noch haben viele LaotInnen kein Konzept von Wirtschaft im engeren Sinne. Sie arbeiten nur soviel wie nötig, sie haben keine Vorstellung von Profit, kaum etwas wird als Ware angesehen, bei ihnen gilt die Leitlinie, *genug* zu bekommen. Die reicheren StädterInnen dagegen wollen *soviel wie möglich*. Immer mehr Handlungen und Gegenstände werden in Laos unter dem Aspekt des Gewinns betrachtet. Die Veränderung könnte eben so gedeutet werden, dass die *Ziele* des Handelns aus dem Feld der Wirtschaft in die anderen Felder vordringen, und dieser Prozess beginnt das Land erst jetzt richtig zu erfassen.

Die Globalisierung in Laos kann unter anderem als Universalisierung des Feldes der Wirtschaft gefasst werden. Auch das Feld der Politik wurde stark ausgedehnt, vor allem durch die Franzosen und die Sozialisten. Max Weber scheint hier die unmittelbar einleuchtende Antwort zu geben, wenn er den Staat mittels des Monopols über die Ausübung physischer Gewalt bestimmt. Es läge nahe, die dominierende Funktion der Wirtschaft ähnlich zu fassen, weil sie das Feld ist, auf dem der Lebensunterhalt gewonnen wird. Dieser Punkt mag wichtig sein, er unterschlägt aber, dass Produktion, Konsumtion und Zirkulation vielfältig kulturell vermittelt sind. Auf den ersten Blick ist selbstverständlich, dass Herrschaft über die Produktionsmittel auch Herrschaft über den Lebensunterhalt anderer bedeutet. Wie und von wem aber wird diese Herrschaft konkret errungen und verteidigt? In Laos handelt es sich bei den ersten Kapitalisten um Ausländer (Chinesen, Vietnamesen und Thais), die ersten Reichen sind Funktionäre. Nun muss gefragt werden, wie ausländische AkteurInnen (KapitalistInnen, VertreterInnen internationaler Organisationen und regionaler Regierungen) mit sozialen AkteurInnen in Laos – ihrer *doxa* und *illusio* entsprechend – an der Ausdehnung des wirtschaftlichen Feldes arbeiten. Das erörtere ich an anderer Stelle (Rehbein 2004).

VIII. Schluss

Nach der Erörterung des Widerspruchs zwischen der Konzeption des sozialen Raums und der des Feldes konnte ich hoffentlich einige Vorzüge des Feldbegriffs verdeutlichen. Ich hoffe, darüber hinaus – sehr tentativ – skizziert zu haben, wie sich eine historische Entwicklung mit Hilfe dieses Begriffs aufschlüsseln lässt. Ob er sich auch auf Probleme anwenden ließe, die ganz außerhalb von Bourdieus Interesse standen, ist schwer zu sagen. Bei denjenigen zwischenmenschlichen Beziehungen, die nicht auf Kämpfe reduzierbar sind, könnte es schwierig werden. In Bezug auf transnationale bzw. internationale Beziehungen erscheint es eher möglich. Die Globalisierung erfordert eine Begrifflichkeit für das Verhältnis von Gesellschaften untereinander, die auf der Basis von Bourdieus Konzeption der Felder entwickelt werden könnte, seine Konzeption des sozialen Raums hingegen fragwürdig erscheinen lässt.

Literatur

Chazée, Laurent, 1995: Atlas des ethnies et des sous-ethnies du Laos. Bangkok.

Condominas, Georges, 1980: L'espace social à propos de l'asie du sud-est. Paris.

Evans, Grant, 2003: A Short History of Laos. St. Leonards (Australien).

Higham, Charles, 1989: The Archaeology of Mainland Southeast Asia. Cambridge.

Ireson, Carol J., 1996: Field, Forest, and Family. Boulder (USA).

Jurt, Joseph, 2001: La théorie du champ littéraire et l'internationalisation de la littérature. In: Bart Keunen/ Bart Eeckhout (Hrsg.): Literature and Society. Brüssel, Bern u. a., S. 43–56.

Leach, Edmund R., 1970 (3. Auflage): Political Systems of Highland Burma. London.

LiPuma, Edward, 1993: Culture and the Concept of Culture in a Theory of Practice, in Craig Calhoun/ Edward LiPuma/ Moishe Postone (Hrsg.): Bourdieu: Critical Perspectives. Cambridge, S. 14–34.

Rehbein, Boike, 2004: Globalisierung in Laos (erscheint im Frühjahr).

Rehbein, Boike/ Sisouk Sayaseng, 2003: Laotische Grammatik. Hamburg (im Druck).

Smith, Ralph B., William Watson (Hrsg.), 1979: Early South East Asia. Oxford.

UNICEF, 1992: Children and Women in the Lao People's Democratic Republic. Vientiane.

Vester, Michael/ Peter von Oertzen/ Heiko Geiling/ Thomas Hermann/ Dagmar Müller, 1993: Soziale Milieus im gesellschaftlichen Strukturwandel. Köln.

Wittgenstein, Ludwig, 1984: Tractatus logico-philosophicus; Tagebücher 1914-1916; Philosophische Untersuchungen. Werkausgabe Band 1. Frankfurt/Main.

Joseph Jurt

Autonomie der Literatur und sozialgeschichtliche Perspektive

Wenn es den Herausgebern dieses Bandes darum geht, Bourdieus Werk auf seine weißen Flecken hin zu untersuchen, ist das angesichts des Universalitätsanspruches seines Ansatzes durchaus legitim. Ich bin nicht Soziologe, sondern Literaturwissenschaftler und habe in meinen Arbeiten zu testen versucht, welchen Beitrag Bourdieus Begrifflichkeit zu einer sozialgeschichtlich orientierten Literaturwissenschaft zu erbringen vermag. Ich möchte eine Antwort geben auf die Frage, ob Bourdieus Ansatz nur vermöge, Kultur unter dem Aspekt des Kampfes um Ressourcen zu analysieren. Die Frage, inwiefern es möglich ist, mit Bourdieus Theorie nicht bloß Strukturen in ihrer synchronen Dimension zu beschreiben, sondern auch diachrone historische Prozesse theoretisch zu fassen, ist dann eine Subfrage. Denn es gibt auch in der Literaturwissenschaft Ansätze, die strukturalistisch argumentieren und die die historische Perspektive ausschließen (Roland Barthes, Gérard Genette). Wenn der Ansatz – hier der Bourdieus – jedoch nicht vermag, die ästhetische *Spezifität* zu erfassen – und das ist für uns primär –, dann ist auch eine mögliche Theorie des historischen Prozesses irrelevant.

Was für uns Nicht-Soziologen Bourdieus Ansatz faszinierend macht, ist die Tatsache, dass der Autor der *Feinen Unterschiede* sich nicht auf klassische soziologische Themen beschränkt, dass er nicht bloß so genannte 'soziale Fragen' – Arbeiterklasse, soziale Schichtung usw. – behandelt hat, sondern von allem Anfang an symbolische Formen, kulturelle Themen wie Photographie, Museumsbesuch, Kunst, Philosophie und Literatur. Das Interesse für die kulturellen Gegenstände verdankt sich zweifellos seiner Erstausbildung als Philosoph. In seinen Augen gibt es keinen gesonderten Objektbereich der Soziologie. »Alles ist sozial«, erklärte er bezeichnenderweise in einem Gespräch mit einem Literaturwissenschaftler, Pierre-Marc de Biasi.[1] Er wählte darum als Untersuchungsgegenstände ganz bewusst auch zwei Figuren, die normalerweise

---

[1] Pierre Bourdieu, »Tout est social«. Gespräch mit Pierre-Marc de Biasi, in: *Le Magazine littéraire* 303, Oktober 1992, S. 110.

nicht mit sozialen Strukturen, sondern viel eher mit den Kategorien des einsamen Genies verrechnet werden: Flaubert und Heidegger, um gerade an diesen Extrembeispielen die Eignung seines Ansatzes aufzuzeigen.

Bourdieu konnte den Universalitätsanspruch des sozialgeschichtlichen Ansatzes begründen, weil er die klassische Dichotomie Individuum/ Gesellschaft und damit auch die Vorstellung von rein gesellschaftlichen oder rein individuellen Bereichen als vor-wissenschaftliche, politische Dichotomie ohne Erkenntniswert dekonstruierte: »Person, Innerlichkeit, Einzigartigkeit versus Ding, Äußerlichkeit: Wieviele falsche Probleme hat diese Dichotomisierung nicht schon hervorgebracht. Die ethisch-politischen Auseinandersetzungen zwischen denen, die dem Individuum, dem Individuellen, dem Individualismus absoluten Wert zuerkennen und denen, die der Gesellschaft, dem Sozialen, dem Sozialismus das Primat zuschreiben, bilden den Hintergrund der immer wieder aufflackernden Debatten zwischen einem die gesellschaftliche Realität reduzierenden Nominalismus auf der einen und einem Abstraktionen verdinglichenden, substantialistischen Realismus auf der anderen Seite.« (Bourdieu 1985: 69) Eine globale Gesellschaftstheorie, die stets sozialphilosophischen Konzeptionen verpflichtet sei, setze das, was sie erklären wolle – die Gesellschaft – als tendenziell ahistorische Größe schon voraus.

Untersuchungsgegenstand ist darum bei Bourdieu nicht die Gesellschaft, sondern das Soziale, das in zwei Formen präsent ist: als objektivierte Geschichte in Gestalt von Institutionen (*Feld*) und in Form von leibhaft gewordener Geschichte (*Habitus*). Zentral ist die Korrelation der beiden Formen des Sozialen. »Das Prinzip historischen Handelns des Künstlers, Gelehrten oder Regierenden wie des Arbeiters oder des kleinen Beamten«, so schrieb Bourdieu in *Leçon sur la leçon*, »stellt kein Subjekt dar, das gleichsam der Gesellschaft als äußerliches Objekt konfrontiert wäre: weder Bewusstsein noch Sache, besteht es vielmehr in der Relation zweier Zustände des Sozialen, nämlich der in Sachen, in Gestalt von in Institutionen objektivierter Geschichte auf der einen, der in Gestalt jenes Systems von dauerhaften Dispositionen, das ich Habitus nenne, leibhaftig gewordenen Geschichte auf der anderen Seite.« (Bourdieu 1985: 69)

Einen sozialwissenschaftlichen Ansatz auf den Bereich der Literatur anzuwenden, bedeutet Invarianten herauszuarbeiten, die das literarische Feld mit anderen Feldern teilt, was zunächst auch dem Mythos der Einzigartigkeit und Unvergleichbarkeit der Literatur zu widersprechen scheint. Wenn Bourdieu für das literarische Feld von Macht, Kapital, Kraftverhältnissen, Strategien und Interessen spricht, so weist doch jedes der Merkmale, die mit diesen Konzepten bezeichnet werden, dort eine spezifische und irreduzible Form auf.

Die Universalität des sozialwissenschaftlichen Anspruchs von Bourdieu setzt begriffliche Konzepte voraus, die nicht nur für einen, sondern alle Teilbereiche operationell sind. Bourdieu entlehnt die Begriffe oft einem Teilbereich, um die Konzepte dann jedoch in einem Verfahren der kontrollierten Analogie als formale, relationale und nicht inhaltlich bestimmte einzusetzen. Das Verfahren der Analogie funktioniert auf der Basis der Hypothese von strukturellen und funktionellen Homologien zwischen den einzelnen Feldern. Bourdieu betont aber, dass die Feldtheorie keineswegs sich dem ökonomischen Denk-Modus verdanke, selbst wenn sie mit ökonomischen Kategorien argumentiert. Es wird hier vielmehr eine allgemeine Ökonomie der Praxis postuliert, innerhalb der ökonomische Praktiken im engeren Sinn bloß einen Sonderfall darstellen. »Dies bedeutet, dass die Theorie der eigentlich ökonomischen Handlungen nur einen besonderen Fall innerhalb einer allgemeinen Theorie der Ökonomie der Handlungen darstellt. Den ethnozentrischen Naivitäten des Ökonomismus lässt sich [...] nur entgehen, wenn bis zum bitteren Ende vollzogen wird, was jener nur halbherzig tut: das ökonomische Kalkül unterschiedslos auf *alle*, sowohl materielle wie symbolische Güter auszudehnen [...].« (Bourdieu 1976: 345) Durch diesen Gedanken einer globalen Ökonomie soll unterstrichen werden, dass »alle Handlungen, und selbst noch jene, die sich als interesselose oder zweckfreie, also von der Ökonomie befreite verstehen, als ökonomische, auf die Maximierung materiellen oder symbolischen Gewinns ausgerichtete Handlungen zu begreifen« sind. (Bourdieu 1976: 357)

Der zweite Bereich, dem Bourdieu seine Kategorien entlehnt ist derjenige der Religion; er bedient sich hier vor allem der Begriffe 'Priester/Prophet', 'Orthodoxie/Heterodoxie', die er der Religionssoziologie von Max Weber entnahm. In den Rekonstruktionen des Ansatzes von Max Weber sah Bourdieu im Antagonismus von 'Prophet' und 'Priester' ein *Strukturmerkmal*, nicht nur der religiösen, sondern der relativ autonomen Felder generell. Der konstruktivistische Feldbegriff erlaubt es so, »phänomenologisch unterschiedliche Dinge als in ihrer Struktur und Funktionsweise ähnlich zu begreifen.« (Bourdieu 1985: 70) Der Übergang von einem interaktionistisch-realistischen zu einem konstruktivistischen Feldbegriff scheint mir ganz entscheidend zu sein. Der Feldbegriff ist in der Tat ein Konstrukt, das die (unsichtbaren) Strukturen erkennbar macht, die ähnlich wie im Magnetfeld die Form der einzelnen Positionen bestimmen.

I. Die Spezifität des Literarischen

Ist es möglich, mit den Konzepten Bourdieus, die einen Universalitätsanspruch behaupten, das Spezifische der Kunst und der Literatur zu erfassen? Luhmann glaubt, dass man mit Hilfe der Kriterien von Bourdieus *Feinen Unterschieden* »ein Kunstwerk nicht als Kunst [beobachtet],
nicht im Hinblick auf das, was den Weltzugang über Kunst in sozialer
Hinsicht auszeichnet« (Luhmann 1990: 21).
Der Vorwurf, Bourdieus Ansatz vermöge das Spezifische der Kunst
nicht zu erfassen, erklärt sich auch daher, dass er, wie so oft in Deutschland, aus seinen Studien zum Kulturkonsum abgeleitet wird. Das Erkenntnisinteresse der Untersuchungen in *Den Feinen Unterschieden* ist
nun aber nicht die Kunst als solche, sondern die Lebensstile sozialer
Gruppen und insofern die jeweilige Instrumentalisierung von Kunst und
Literatur als Mittel der gesellschaftlichen Distinktion fungiert. Das Spezifische von Kunst und Literatur untersucht Bourdieu in seinen Analysen zum literarischen Feld, namentlich in *Die Regeln der Kunst*, ein
Buch, das vor allem auch in den Nachrufen viel zu wenig gewürdigt
wurde. Gerade hier findet sich eine intensive Reflexion über das, was
Kunst zu Kunst macht: die formale Gestaltung. Es geht Bourdieu darum
aufzuzeigen, dass das literarische Schaffen nicht ein einsamer rein individueller Prozess ist, aber auch nicht die Epiphanie einer substantiali-
sierten sozialen Klasse im Medium eines Textes, sondern ein Zusammenwirken von Dispositionen, von Akteuren und strukturellen Vorgaben eines Feldes, das als literarisches Feld ein ganz spezifisches Profil
aufweist. Dieses Zusammenwirken ist jedoch ein eminent sozialer Prozess, von dem aus die konkreten Manifestationen der Literatur erklärt
werden können.
Für Bourdieu sind die formalen Aspekte der Werke keineswegs irrelevant; er geht aber nicht von ihnen aus, sondern versucht sie zu verstehen
und zu erklären von der Struktur des Feldes und der Position der Produzenten im Feld aus. Wenn es das Ziel der feldinternen literarischen
Kämpfe ist, das Monopol zu erreichen, mit Autorität zu sagen, was Literatur ist, so wird von der Definition der literarischen Legitimität eine
symbolische Hierarchie der literarischen Gattungen abgeleitet, die mit-
geprägt wird durch den spezifischen oder nicht-spezifischen Charakter
der Rezipienten dieser oder jener Kategorie von Literaturprodukten. Das
Gattungssystem wird von der Feldtheorie durchaus analysiert, jedoch
nicht mit dem Gesellschaftssystem unmittelbar in Verbindung gebracht,
sondern in seiner spezifischen symbolischen Wertigkeit innerhalb der
Logik des Feldes untersucht.

Den verschiedenen Positionen im Feld der Produktion, die sich auch aus der Gattungswahl, aus den Publikationsorten, aber auch aus äußeren Indizien wie sozialer und geographischer Herkunft ablesen lassen, entsprechen die Positionen, die im Bereich der Ausdrucksformen, der literarischen oder künstlerischen Formen, der Themen, der subtilen formalen Indizien eingenommen werden, die die traditionelle Literaturbetrachtung seit langem erforscht hat. Es gilt, die gängigen formalen und biographischen Analysen zu betreiben, aber gleichzeitig auch das Feld der Werke und das Feld der Produzenten zu rekonstruieren sowie die Beziehung zwischen den beiden Strukturen.

Gerade in dem 'hors d'oeuvre' des Werkes *Die Regeln der Kunst* in der Analyse von Flauberts *Education sentimentale*, findet sich eine vertiefte Reflexion über den Status der formalen Gestaltung, aber auch über die kognitive Funktion des Kunstwerkes, die man in früheren Untersuchungen von Bourdieu nicht getroffen hatte. Der Schriftsteller spreche in seinem Werk von der Welt im Modus der Freudschen Verneinung – wie wenn er nicht von ihr spräche. Die Arbeit an der Form ermögliche eine partielle Anamnese der verdrängten Tiefenstrukturen. »Und muss man sich nicht fragen«, schreibt Bourdieu in *Die Regeln der Kunst*, »ob nicht die Arbeit an der Form genau das ist, was die partielle Anamnese tiefsitzender und verdrängter Strukturen ermöglicht, ob, mit anderen Worten, selbst der dem Formexperiment huldigende Schriftsteller – wie Flaubert und viele andere nach ihm – unwillkürlich als *Medium* von (sozialen oder psychologischen) *Strukturen* wirkt, die durch ihn und seine Arbeit [...] zur Objektivierung kommen?« (Bourdieu 1999: 20) Die Form erscheint als deutbares Indiz von Tiefenstrukturen. Das Konzept gemahnt an die psychoanalytische Vorstellung des Verhältnisses von Manifestem und Latentem, aber auch an die generative Grammatik Chomskys und deren Konzept von Oberflächen- und Tiefenstruktur. Die eigentliche Leistung der literarischen Gestaltung besteht darin, dass Wirklichkeit modelliert, ein Bild konstruiert wird, das bloß notwendige, aussagekräftige, nicht kontingente Elemente enthält.

Wenn das literarische Werk soziale Strukturen zum Sprechen bringt, worin besteht dann dessen Differenzqualität gegenüber einer wissenschaftlichen soziologischen Analyse, die demselben Erkenntnisinteresse gehorcht? Die Modalitäten sind nicht identisch. Das literarische Werk vermag durch seine Singularität, die über sich hinausweist, einen Tatbestand zu kondensieren, der in der wissenschaftlichen Analyse diskursiv ausgefaltet werden muss: Was literarisches Schreiben vom wissenschaftlichen Schreiben unterscheidet, »nichts belegt es besser als das ihm ganz eigene Vermögen, die gesamte Komplexität einer Struktur und Geschichte, die die wissenschaftliche Analyse mühsam auseinanderfalten und entwickeln muss, in der konkreten Einmaligkeit einer sinnlichen wie sinnlich erfassbaren Gestalt und eines individuellen Abenteuers, die zugleich als Metapher und Metonymie wirken, zu konzentrieren und zu verdichten.« (Bourdieu 1999: 53)

Gerade auch im Gespräch mit Loïc Wacquant unterstrich Bourdieu, dass Literatur dank ihrer formaler Verfahren die Komplexität menschlicher Erfahrungen besser zu übersetzen vermöge als die linearen Lebensgeschichten, mit denen sich Ethnologen und Soziologen zu oft begnügten. Die scheinbar formellsten Versuche von Virginia Woolfe, von Faulkner, von Joyce oder Claude Simon erschienen ihm viel 'realistischer', wenn das Wort einen Sinn habe, anthropologisch wahrer, näher an der Wahrheit der zeitlichen Erfahrung als die genannten linearen Erzählungen.

II. Geschichte als Geschichte der Autonomisierung

Die entscheidendste Kapitelüberschrift in *Die Regeln der Kunst* heißt ja 'Grundlagen einer Wissenschaft von den Kulturprodukten'. Die Reichweite dieser 'Wissenschaft der Werke' wird weder räumlich noch zeitlich eingeschränkt. Ist dieser Anspruch berechtigt? Vermag die Theorie des literarischen Feldes nicht bloß das literarische System in seiner Funktionsweise in einem synchronen Schritt zu erklären, sondern auch in seiner historischen Dimension?

Das Feld ist ein Konstrukt, um die Macht- und Positionskämpfe von ko-präsenten Kräften sichtbar zu machen. Der Untertitel von *Die Regeln der Kunst* lautet indes: *Genese und Struktur des literarischen Feldes*. Es geht also nicht nur um die Struktur, sondern auch um die Genese. Würde er tatsächlich großen Wert auf Etikettierung legen, so führte Bourdieu in einem Gespräch aus, dann würde er sich wahrscheinlich als *genetischen Strukturalisten* definieren. Das relationale Denken und die Historisierung sind in der Tat für Bourdieu zwei wichtige Denkansätze, um dem Substanzialismus zu entgehen. In dem Bemühen, Genese und Struktur gleichzeitig zu erfassen, äußert sich wiederum der Universalitätsanspruch des Ansatzes, der Versuch, eine vereinigte Sozialwissenschaft zu begründen, wie er im Gespräch mit Lutz Raphael unterstrich, »wobei Geschichte eine historische Soziologie der Vergangenheit und die Soziologie eine Sozialgeschichte der Gegenwart wäre« (Bourdieu 1996d: 69).

Die Geschichte ist für Bourdieu in einem doppelten Sinne im literarischen Feld präsent, zunächst in den einzelnen Werken; dann ist das Feld als ganzes in einen historischen Prozess eingebettet, der *grosso modo* einen Prozess der wachsenden Autonomisierung darstellt. Das künstlerische Feld ist der Ort eines kumulativen Prozesses, im Laufe dessen sich immer elaboriertere, verfeinerte, subtilere Werke ausbilden, die sich von denen unterscheiden, die nicht das Ergebnis eines solchen Prozesses sind. Avantgarde-Werke sind so erst dann zugänglich, wenn man die Geschichte der vorgängigen künstlerischen Produktion kennt, d. h. jene endlose Reihe der Steigerung und Überwindung, die zum heutigen Stand der Kunst geführt hat. Der Sinn der 'Anti-Poésie' wird dann verständlich, wenn man mit der Geschichte der Poesie vertraut ist.

Bourdieu schwebt so eine Strukturgeschichte vor. Es gilt, die Struktur eines Feldes zu einem bestimmten historischen Zeitpunkt zu beschreiben als Produkt vorgängiger Spannungen und die Dynamik dieser Struktur als Motor für spätere Transformationen. In seinen Augen vermag der Begriff des Feldes die Antithese zwischen interner und externer Literaturbetrachtung zu überwinden, ohne dass dabei die Ergebnisse des einen oder des anderen Ansatzes aufgegeben werden müssen. Die Antinomie zwischen einer Struktur, die als synchron erfasst wird, und der Geschichte wird transzendiert, wenn man den Motor der Veränderung nicht in den Werken selber sucht, sondern in der Grundopposition zwischen den dominanten Positionen, die auf Bewahrung der symbolischen Ordnung aus sind, und denjenigen, die einen häretischen Bruch mit dieser Ordnung vollziehen.

Das Faszinierende am Ansatz Bourdieus besteht darin, dass er die Geschichte der Literatur als einen Autonomisierungsprozess beschreibt. In traditionellen literatursoziologischen Ansätzen – etwa bei Lucien Goldmann – interpretierte man Literatur als kohärente Übersetzung der Weltsicht einer sozialen Gruppe – etwa des jansenistischen Amtsadels für die Werke von Racine und Pascal. Mit der wachsenden Autonomisierung der Literatur funktioniert dieses Zurechnungsparadigma immer weniger und mündet für die Deutung der Literatur des 20. Jahrhunderts in eine Aporie.

In deutschen Ansätzen hatte man die Tendenz, Autonomie nur inhaltlich und nicht institutionell zu bestimmen und die Schriftsteller als Sprecher einer sozialen Klasse zu betrachten. Die Verweigerung dieser Rolle wurde dann über ein implizit normatives Konzept als Ästhetizismus verrechnet. Da man Autonomie nur inhaltlich bestimmte, wurde das Engagement als Rücknahme des Autonomie-Status interpretiert.

Autonomie bezeichnete dann bloß eine selbst-reflexive Literatur des El-
fenbeinturms.

Die Leistung des Ansatzes von Bourdieu besteht darin, von diesem –
reduktionistischen – Zurechnungsparadigma Abstand zu nehmen und
das eigentlich Soziale der literarischen Entwicklung gerade im Prozess
der wachsenden Autonomisierung zu sehen. In seinem Buch *Méditations
pascaliennes* (1997a; 2001f) zeichnete er diesen Prozess der Autonomisierung genau nach. Als erstes Feld bildete sich nach dieser Rekonstruktion
im 5. vorchristlichen Jahrhundert in Griechenland das philosophische
Feld aus, das sich gegenüber dem politischen und dem religiösen Feld
verselbstständigte. Die Konfrontation in diesem Feld vollzog sich in einer »Suche nach Regeln der Logik, die von einer Suche nach den Regeln
der Kommunikation und der intersubjektiven Übereinkunft nicht zu
trennen ist.« (Bourdieu 2001f: 29) Im Italien der Renaissance wurde
dieser Prozess der Differenzierung wieder aufgegriffen und die wissenschaftlichen, literarischen und künstlerischen Felder emanzipierten sich
gegenüber dem philosophischen Feld. Ein eigenes ökonomisches Feld
bildet sich nach Bourdieu erst am Ende einer langen Entwicklung aus,
im Laufe derer die symbolische Dimension der Produktionsbeziehungen
vernachlässigt und das Feld als ein geschlossenes Universum betrachtet
wird, das bloß mehr durch die Gesetze des Interessenkalküls, der Konkurrenz und der Ausbeutung bestimmt wird.

Die Felder der symbolischen Produktion konnten sich nur ausbilden,
indem sie die ökonomische Dimension der symbolischen Produktion
einer niedrigen Welt der reinen Ökonomie zuwiesen. In den Augen von
Bourdieu bilden sich so zwei unterschiedliche Typen der symbolischen
oder ökonomischen Produktion aus, die sich radikal voneinander abgrenzen: »Der Prozess der Autonomisierung und der Reinigung der unterschiedlichen Universen ist bei weitem nicht beendet, auf Seiten der
Ökonomie, die den symbolischen Feldern und Effekten noch immer einen beachtlichen Platz einräumt, ebensowenig wie auf den Seiten der
symbolischen Tätigkeiten, denen noch immer eine verleugnete ökonomische Dimension anhaftet.« (Bourdieu 2001f: 30) Bourdieu zitiert hier
als Beispiel der Verdrängung der materiellen Bedingungen die symbolischen Praktiken zu Beginn des Autonomisierungsprozesses des künstlerischen Feldes.

»Im Verlaufe der ständigen Auseinandersetzung zwischen Künstlern
und Auftraggebern behauptet die Malerei sich nach und nach als eine
spezifische Tätigkeit, die auf eine schlicht materielle, bloß auf Zeitauf-
wand oder verwendete Farben zu bewertende Produktion nicht redu-

zierbar ist und infolgedessen denselben Status beansprucht, der den vornehmsten geistigen Tätigkeiten zugebilligt wird.« (Bourdieu 2001f: 32)

Im zweiten Teil seines Buches *Die Regeln der Kunst* situiert Bourdieu den Beginn des Prozesses der künstlerischen Autonomisierung zur Zeit der Renaissance. Er verweist hier auf die Analysen von Francis Haskell, der am Beispiel der italienischen Barockmalerei »die allmähliche Herausbildung eines seinen eigenen Normen gehorchenden künstlerischen Feldes und das Auftauchen einer sozial deutlich unterschiedenen Kategorie von Berufskünstlern nachzeichnet, die immer mehr dazu neigen, keine anderen Regeln gelten zu lassen als die einer spezifischen Überlieferung, die sie von ihren Vorläufern empfangen haben« (Bourdieu 1999: 407-408).

Bourdieu hatte in seinen ersten Studien in den siebziger Jahren über das literarische und das künstlerische Feld schon eine Art Geschichte des Autonomisierungsprozesses der Literatur entworfen. Er ging zunächst von einer ersten Periode (des Mittelalters) aus, wo die Literatur durch externe Instanzen (Kirche, Aristokratie) bestimmt war, die in der Lage waren, ihre eigenen moralischen und ästhetischen Normen durchzusetzen. Für das Florenz des 15. Jahrhunderts lasse sich dann für den Bereich der Kunst (Form/Stil) die Ausbildung einer eigenen künstlerischen Legitimität feststellen, die sich nicht mehr den religiösen und politischen Normen unterordne. Diese Bewegung in Richtung Autonomie sei jedoch während mehr als zwei Jahrhunderten unterbrochen worden, unter dem Einfluss der absoluten Monarchie und der Gegen-Reformation, die sich beide bemühten, dem Teil der Künstler, der sich vom Handwerks-Status gelöst hatte, ohne in die herrschenden Klassen integriert zu werden, eine soziale Position und Funktion zuzuschreiben.[2]

III. Autonomie und Engagement

Die Tendenz in Richtung Autonomie der Kunst und der Literatur zeichnet sich dann ab, wenn der Künstler oder der Dichter sein Werk signiert, um mit seinem Namen den eigenen Kunst- und Stilwillen zu bezeugen. Eine absolute Trennung zwischen den Prinzipien Autonomie und Heteronymie wird es indes nie geben; die Beziehung zwischen den

---

[2] Bourdieu, »Le marché des biens symboliques«. In: *L'Année sociologique* 22, 1971, S. 49-126; »Disposition esthétique et compétence artistique«. In: *Les Temps Modernes*, Nr. 295, 1971, S. 1345-78, S. 1349f.

beiden Prinzipien ist immer als eine dynamische zu sehen: »Das literarische und künstlerische Feld«, so Bourdieu in einem Aufsatz in *lendemains*, »ist in jedem Augenblick der Schauplatz einer Auseinandersetzung zwischen den beiden Hierarchisierungsprinzipien, dem heteronomen Prinzip, das denen dient, die das Feld ökonomisch und politisch beherrschen und dem Prinzip der Autonomie [...]. Der Grad der Autonomie variiert je nach der Epoche und nach der nationalen Tradition, die die gesamte Struktur des Feldes bestimmen.« (Bourdieu 1984b: 13 [Übers. J. Jurt]; siehe auch 1999: 349f)

Bourdieu beschreibt in nuancierter Form in den *Méditations pascaliennes* den Mechanismus dieses 'Spiels' zwischen dem autonomen und dem heteronomen Prinzip, diesmal aus der Außenperspektive. Die politische Macht, so führt er aus, muss sich legitimieren, um ihre Macht ausüben zu können; sie kann sich aber nicht selbst legitimieren, sonst wäre sie Partei und Richterin zugleich. Sie muss darum auf andere Instanzen rekurrieren, auf Schriftsteller, Künstler, politische Denker, Juristen. Ihr Urteil hat aber kein Gewicht, wenn es ein Produkt des Zwanges ist. Die politische Macht ist darum gezwungen, den Instanzen eine gewisse Autonomie zu gewähren, die die Aufgabe haben, die Macht zu legitimieren; dieser Vorgang enthält schon zumindest potenziell den Prozess einer zunehmenden Autonomisierung. »Der Fürst kann von seinen Dichtern, Malern oder Juristen einen wirklich effizienten symbolischen Dienst nur dann erlangen, wenn er ihnen die (relative) Autonomie einräumt, die die Bedingung eines unabhängigen Urteils darstellt, aber auch die Möglichkeit kritischer Infragestellung zulässt [...] die symbolische Wirksamkeit, die eine gewisse Unabhängigkeit der legitimierenden Instanz gegenüber der legitimierten Instanz voraussetzt, bringt fast unvermeidlicherweise ein entsprechendes Risiko mit sich: das Risiko, dass jene Instanz die ihr verliehene Legitimationsmacht für eigene Zwecke verwendet.« (Bourdieu 2001f: 133) Es ist also nicht ausschließlich die totale Autonomie, die ein Feld konstituiert. Man kann von einem Feldeffekt sprechen, sobald der Autonomisierungsprozess sich in Gang setzt. Man kann sich das Feld denken, bemerkt Bourdieu in seinem Band *Reflexive Anthropologie*, als »ein Raum, in dem ein Feldeffekt wirksam ist, so dass das, was einem Objekt widerfährt, das durch diesen Raum hindurchgeht, nicht vollständig aus den ihm innewohnenden Eigenschaften erklärt werden kann.« (Bourdieu 1996b: 131).

Zweifellos entstand um 1850 in Frankreich ein neuer Typus eines literarischen Feldes. Bourdieu spricht hier von der »kritischen Phase der Entstehung des Feldes« (Bourdieu 1999: 83). Diese Periodisierung teilt er mit Jean-Paul Sartre, der in seiner Analyse in *Qu'est-ce que la littéra-*

ture? auch von der Entdeckung der Autonomie der Literatur spricht, die nun in eine reflexive Phase trete und erstmals gegen ihr eigenes (bourgeoises) Publikum schreibe. In analoger Weise stellt Roland Barthes in *Le degré zéro de l'écriture* um 1850 eine Veränderung der Schreibweise fest, die nun nicht mehr ein bloßes Instrument sei.

Für die Position des 'l'art-pour-l'art' gab es keine soziale Entsprechung im Feld der Macht, wie für den 'art social', der sich an den Anliegen der Arbeiterschaft orientierte, und den 'art bourgeois' mit seiner Orientierung an den Interessen und Vorlieben der Bourgeoisie. So entstand der neue Typ des modernen Schriftstellers oder Künstlers »als Vollzeitprofessioneller, der sich seiner Arbeit total und ausschließlich widmet, den Anforderungen und Ansprüchen der Politik und den Imperativen der Moral gegenüber gleichgültig bleibt und keine andere Schiedsinstanz anerkennt als die spezifische Norm der Kunst.« (Bourdieu 1999: 127)

Während Sartre Flaubert vorwarf, sich scheinbar in Einsamkeit zurückzuziehen und sich mit einer bloß psychologischen Kritik der Bourgeoisie zu begnügen, ohne zu versuchen, die Interessen einer anderen Klasse sich zu eigen zu machen und der Bourgeoisie das Recht zu regieren zu verweigern (Sartre 1970: 154f), findet man bei Bourdieu keine politische Bewertung Flauberts. Flaubert und Baudelaire werden wegen ihres Kampfes für die Autonomie als solche valorisiert. Bourdieu enthält sich jeder ethischen Empathie mit dem 'art social', dessen Forderungen ihm vielleicht sympathisch erscheinen mögen, die aber trotzdem Ausdruck eines heteronomen Prinzips sind. Ein politisches Engagement rechtfertigt sich nicht schon als solches; es legitimiert sich bloß, wenn es auf der Basis der Autonomie des eigenen Feldes und im Namen feldinterner Normen artikuliert wird.

Nach Bourdieu hat das literarische Feld in Frankreich in den achtziger Jahren des 19. Jahrhunderts einen sehr großen Grad an Autonomie erreicht. Auf der Basis dieser Autonomie war die Intervention von Zola für Dreyfus möglich; sie bedeutete so keine Rücknahme des Autonomiestatus.

Nach Pierre Bourdieu gelang es Zola, anlässlich der Dreyfus-Affäre in das politische Feld ein Problem hineinzutragen, das nach den für das intellektuelle Feld charakteristischen Unterscheidungsprinzipien konstruiert war, um so dem sozialen Universum die Gesetze des intellektuellen Feldes aufzuzwingen, deren Besonderheit darin besteht, dass sie sich auf das Universelle beziehen. »Das 'J'accuse', 'Ich klage an', ist Abschluss und Vollendung des kollektiven Emanzipationsprozesses, der sich nach und nach im Feld der Kulturproduktion vollzog: Als prophetischer Bruch mit der etablierten Ordnung bekräftigt er erneut wider alle Staatsräson den irreduziblen Charakter der Werte Wahrheit und Gerechtigkeit und im gleichen Zug die Unabhängigkeit der Hüter dieser Werte gegenüber den Normen der Politik (der des Patriotismus zum Beispiel) und den Zwängen des Wirtschaftslebens.« (Bourdieu 1999: 210)

Das Engagement von Zola setzt in den Augen von Pierre Bourdieu nicht nur die Vorgänge der Autonomisierung des intellektuellen Feldes voraus, es ist auch die Vollendung eines parallelen Prozesses der Feindseligkeit der Schriftsteller gegenüber der Politik, namentlich nach 1848, und gegenüber denjenigen, die politische Argumentationen in das literarische Feld einführen wollten, so etwa die Verfechter einer sozialen Kunst. Indem er sich auf die Autorität stützte, die die 'reinen' Schriftsteller und Künstler gegen die Politik erobert hatten, war es Zola im Verein mit den Wissenschaftlern möglich, mit der politischen Indifferenz seiner Vorgänger zu brechen und anlässlich der Dreyfus-Affäre in das politische Feld selbst einzugreifen, mit Waffen freilich, die keine politischen waren. Bourdieu erhebt sich gegen ein erbauliches Bild eines engagierten Zola, wie es von der militanten Tradition und der schulischen Hagiographie vermittelt wird. Der Kampf für Dreyfus fügt sich ein in einen umfassenderen Kampf für Freiheit und Autonomie. Der Verteidiger von Dreyfus war so auch der Verteidiger von Manet gegen die Akademie, den Salon, den guten bürgerlichen Ton, aber auch gegen Proudhon und dessen militante Auffassung der Kunst, gegen die sich Zola im Namen der Autonomie der Kunst wehrte: »Ich habe Monsieur Manet so verteidigt, so schrieb er, wie ich mein Leben lang jedes aufrichtige Individuum verteidigen werde, das angegriffen wird. Ich werde stets auf der Seite der Besiegten stehen. Es besteht ein offener Kampf zwischen den unbezähmbaren Temperamenten und der Menge.«[3]

Bourdieu wird der Intervention von Zola eine archetypische Funktion zuweisen. In einer Diskussion unterstrich er, dass Zola auf Grund der spezifischen Kompetenz, die er im literarischen Feld erworben hatte, über eine solche Autorität verfügte, die über sein eigenes Feld hinaus wirksam war. »Auf der Grundlage eben dieser eroberten Autonomie kann nun der Gelehrte oder Schriftsteller aufstehen und sich ins politische Feld begeben, um mit der ganzen Autorität seines spezifischen Kapitals zu sagen, dass eine solche Entscheidung nicht annehmbar ist, dass sie den Werten seines Feldes entgegenläuft, im Falle des Schriftstellers den Werten der Wahrheit. Je autonomer man ist, je mehr man über

---

[3] Emile Zola, *Mes Haines.* Paris 1932: 322, zitiert bei Bourdieu 1999: 213.

spezifische Autorität verfügen kann, wissenschaftliche oder literarische, gewinnt man auch außerhalb des eigenen Feldes die Autorität, mit einer gewissen symbolischen Wirksamkeit zu sprechen. Das Prinzip aller *Realpolitik* der Vernunft, wie ich sie predige, besteht also darin, möglichst viel spezifische Autorität anzuhäufen, um daraus gegebenenfalls eine politische Kraft zu machen, wohlgemerkt ohne dabei zum Politiker zu werden.« (Bourdieu 1998c: 64)

Die These, dass die Autonomie des literarischen und intellektuellen Feldes die Vorbedingung für ein Engagement im Namen der dem Feld eigenen Werte ist, wird von Bourdieu auch im Postscriptum des Buchs *Die Regeln der Kunst* unter dem Titel »Für einen Korporatismus des Universellen« wieder aufgegriffen, der sich als 'normative Stellungnahme' definiert. Die Intervention eines neuen Typus, wie die von Zolas *J'accuse*, verstärke tendenziell die beiden Grunddimensionen der Identität des Intellektuellen, der sich vermittels ihrer konstituiert: 'Reinheit' und 'Engagement'; sie bringe »eine *Politik der Reinheit* hervor, die perfekte Antithese zur Staatsräson. Implizit nehmen sie nämlich das Recht in Anspruch, gegen die heiligsten Werte der Gemeinschaft - den Patriotismus zum Beispiel bei der Unterstützung der Zolaschen Invektive gegen die Armee oder später, zur Zeit des Algerienkriegs, beim Aufruf zur Unterstützung des Feindes – im Namen sie transzendierender Werte oder, anders gesagt, im Namen einer besonderen Form von ethischem und wissenschaftlichem Universalismus zu verstoßen, der nicht nur einer Art moralischer Autorität, sondern auch einer kollektiven Mobilisierung für einen Kampf um die weitere Verbreitung dieser Werte zur Grundlage dienen kann.« (Bourdieu 1999: 527)

Auch in seinem Buch *Libre-échange*, das Pierre Bourdieus Gespräche mit Hans Haacke wiedergibt, kam er auf das Modell der Intervention zu sprechen, das Zola geschaffen habe: »Nach dem, was Zola uns vorgelebt hat, sollen und können wir uns in die Politik einmischen, aber mit unseren spezifischen Mitteln und Vorhaben. Der Künstler, Schriftsteller oder Wissenschaftler kann in die Konflikte [der Welt] paradoxerweise im Namen all dessen eingreifen, was die Autonomie seines Universums garantiert. Wir sind umso mehr gefordert, in die Welt der Menschen, der Macht, der Geschäfte und des Geldes einzugreifen, als sie immer häufiger in unsere Welt eingreifen.« (Bourdieu 1995: 36)

Bourdieu betrachtet gleichzeitig all diejenigen, die heute die Logik der Mode oder die Logik der Politik in das literarische oder künstlerische Leben einzuführen gedenken, als Intellektuelle, die ihre Funktion auf das Maß ihrer eigenen Fähigkeiten zurückstutzen: »Es sind Zolas, die der Welt ihr *J'accuse* präsentieren, ohne *Der Totschläger* oder *Germi-*

nal geschrieben zu haben, oder Sartres, die, ohne *Das Sein und das Nichts* oder *Die Kritik der dialektischen Vernunft* geschrieben zu haben, mit politischen Petitionen und 'philosophischen' Erklärungen der Zeitläufte hausieren gehen.« (Bourdieu 1995: 58)

Wenn man versucht eine Sozialgeschichte der Literatur zu entwerfen, dann erweisen sich die Begriffe Autonomie und Heteronomie als sehr nützliche konzeptuelle Instrumente, um den Zustand eines Feldes in einem bestimmten historischen Zeitpunkt und das Spiel der internen Machtbeziehungen zu beschreiben. Autonomie ist allerdings für Bourdieu nicht nur ein heuristisches Konzept, sondern auch ein wichtiger normativer Wert. In seinem Büchlein *Sur la télévision* stellte er fest, dass die wissenschaftlichen, politischen und literarischen Felder bedroht sind durch die Übermacht der Medien, die durch heterogene Kräfte bestimmt werden, die in die symbolischen Felder die Gesetze des Kommerzes und der Wirtschaft einführen. Das wissenschaftliche Feld scheint ihm hier ein Modell eines autonomen Feldes darzustellen: »Ein sehr autonomes Feld, das der Mathematik zum Beispiel, ist ein Feld, in dem die Produzenten nur ihre Konkurrenten als Kunden haben, Leute, die an ihrer Stelle die Entdeckung hätten machen können, die sie ihnen bekannt geben [...] Um Autonomie zu erlangen, muss man jene Art Elfenbeinturm errichten, innerhalb dessen man einander beurteilt, kritisiert, auch bekämpft, aber in Kenntnis der Sache; man rivalisiert, aber mit wissenschaftlichen Waffen und Instrumenten, Techniken und Methoden.« (Bourdieu 1998f: 88)

In den *Meditationen* stellt Bourdieu noch einmal das wissenschaftliche Feld als ein Modell der Autonomie vor: »einen geregelten Wettbewerb, der sich selbst kontrolliert [...] einzig durch ihm immanente, die Akteure durch soziale Mechanismen zu 'vernünftigem' Verhalten und zur Sublimierung ihrer Triebe zwingende Logik.« (Bourdieu 2001f: 162) Eine solche Realpolitik der Vernunft könnte auch ein Vorbild für das politische Feld sein und dort Mechanismen einführen, die per se demokratisch wären. Bourdieu beruft sich auf Pascal (»Tyrannei ist, etwas auf einem Wege haben zu wollen, was man nur auf einem anderen haben kann«) und bezeichnet alle Eingriffe in andere Felder als ein Nicht-Respektieren der internen Hierarchisierung und der dem Feld eigenen Gesetze als Tyrannei: »Tyrannei herrscht beispielsweise, wenn die politische Macht oder die wirtschaftliche Macht in das Feld der Wissenschaft oder das der Literatur eingreift, sei es unmittelbar, sei es vermittels einer spezifischen Macht [...], um dort ihre eigenen Hierarchien zu errichten und die Selbstbehauptung spezifischer Hierarchisierungstypen zu unterdrücken.« (Bourdieu 2001f: 131f)

IV. Die Autonomie der Wissenschaft als Referenz

Es ist wohl kein Zufall, wenn Bourdieu den Autonomisierungsprozess gerade über seine Analyse der Geschichte der Literatur herausarbeitet und hier auch die Effizienz der Autonomie konstatieren konnte. Denn in Frankreich ist die Wirkkraft der Literatur besonders groß, weil sie als repräsentativer Ausdruck der Nation verstanden wird.

Ist aber dieses Modell einer Literaturgeschichte als Autonomisierungsprozess, das in Bezug auf das literarische Feld entwickelt wurde, auf andere nationale Kontexte übertragbar? Es gibt zweifellos morphologische Spezifika des französischen Feldes; dazu zählt die extreme Zentralisierung des literarischen und intellektuellen Lebens auf die Hauptstadt Paris.[4] Dieses Phänomen erklärt das Phänomen, dass die Intellektuellen (und unter ihnen vor allem Schriftsteller) zu einem Machtfaktor werden konnten, was wiederum zur Autonomisierung des literarischen Feldes beitrug.[5] Bourdieu ist sich dieser Problematik bewusst; seine Reflexionen zu dieser Frage finden sich in einem Aufsatz über die Literatur Belgiens, der in einer französisch-schweizerischen Zeitschrift erschienen ist.[6] Hier zeigte er auf, dass die nationalen Grenzen nicht unbedingt mit den Grenzen des literarischen Feldes übereinstimmen müssen.

Paul Aron hat indes darauf hingewiesen, dass die strenge Dichotomie zwischen Autonomie und Heteronomie letztlich auch wieder eine dominante Vorstellung des Zentrums ist. Aus der Sicht der Peripherie bedeutet Autonomie eine Absetzbewegung gegenüber der französischen Literatur durch die Bildung von rivalisierenden eigenen Produktions- und Konsekrationsinstanzen. Diese Initiative resultiert aber zumeist aus

---

[4] Michael Werner unterstreicht ebenfalls die zentralistische Ausrichtung des früher begründeten Nationalstaates als wichtigen morphologischen Unterschied Frankreichs gegenüber Deutschland. Eine schriftstellerische Karriere mit einer nationalen Ausstrahlung ist außerhalb von Paris nicht denkbar. Das liege auch an der Entmachtung der Fürstenhöfe in der Provinz seit dem 17. Jahrhundert. Deutschland hingegen ist geprägt durch eine Vielzahl von regionalen kulturellen Zentren. Bis zum Anfang des 19. Jahrhunderts war hier das Mäzenat der Fürstentümer ein wesentlicher Faktor des kulturellen Lebens: »Certaines cours mettent leur point d'honneur à surpasser leurs voisins proches et lointains entretenant et poussant quelquefois à l'extrême l'esprit d'émulation propres à ces Etats: Saxe-Weimar constitue sans doute l'exemple le plus célèbre de cette concentration du rayonnement culturel par une petite cour allemande.« (Werner 1994: 18)

[5] Siehe dazu Jurt 1994: 329-345.

[6] Pierre Bourdieu, »Existe-t-il une littérature belge? Limites d'un champ et frontières politiques«. In: *Etudes de Lettres*, 4 (Okt.-Dez. 1985), S. 3-6.

politischen, moralischen oder religiösen Bewegungen außerhalb des literarischen Feldes.[7] Paul Aron schlägt darum vor, den Begriff der Autonomie in diesem Kontext durch denjenigen der Unabhängigkeit zu ersetzen. Die Unabhängigkeit gegen das Zentrum wird oft durch moralische, religiöse oder politische Gründe motiviert, oder sie ist eine Reaktion auf die Abgeschlossenheit des Zentrums für die Autoren der Peripherie. Diese Felder der Peripherie sind unabhängiger gegenüber dem Zentrum, jedoch weniger autonom gegenüber den sozialen Kräften der eigenen Nation.[8] Man könnte hier von einem 'Unter-Feld' oder einem 'Gegen-Feld' sprechen. Durch den Begriff der Unabhängigkeit lässt sich so auch die Differenz zwischen den frankophonen Literaturen der Peripherie und der französischen Provinzen bestimmen: die ersteren verfügen über eine institutionalisierte nationale Unterstützung. Innerhalb der 'Unter-Felder' der Peripherie bilden sich indes wieder neue Zentren aus (Montréal oder Brüssel), die wieder Peripherien in der Peripherie schaffen, die sich wiederum mit dem Zentrum verbünden können (Aron 1995b).

In jüngster Zeit scheint das literarische Feld an Autonomie zu verlieren unter dem wachsenden Druck des Journalismus auf den Markt. Bourdieu sah darum die Autonomie heute vor allem vom wissenschaftlichen Feld verteidigt zu werden.[9]

---

[7] Was Maurice Lemire über das entstehende Feld Québecs geschrieben hat, läßt sich so für die anderen frankophonen Felder generalisieren: »Ce discours est en effet suspect par la contradiction interne qu'il comporte. Si d'un côté, il réclame une pleine autonomie de la littérature nationale par rapport à la littérature française, de l'autre il recommande la soumission du littéraire à la morale et à la religion. Une telle contradiction pourrait bien révéler un souci de soustraire la liiérature québecoise au mouvement général d'autonomisation qui anime alors la littérature française pour mieux la garder sous la tutelle cléricale.« (Lemire 1987: 77)

[8] Paul Aron unterstreicht hier die starken Bindungen zwischen der Politik und der Literatur im belgischen Feld. Die drei politischen Säulen Belgiens — Katholiken, Liberale, Sozialisten – spielen hier eine viel wichtigere Rolle als die französischen Parteien, auch im kulturellen Bereich: »De là, la surprenante permanence dans le champ littéraire de réseaux formés en dehors de lui. Les affinités selon les goûts littéraires ou les genres patiqués sont moins déterminants que les appartenances externes au champ littéraire. Ainsi l'interpénétration des milieux politiques et culturels parait bien constituer un trait constant qui se maintient à travers toute l'histoire culturelle belge.« (Aron 1995a: 26)

[9] Im Leitartikel, den Le Monde unter dem Titel »Le pouvoir des mots« Pierre Bourdieu nach seinem Tode widmete (in der Nummer vom 26. Januar 2002), wurde sein Engagement in die alte französische Tradition eingereiht, die ihren beredten Ausdruck in den Figuren von Zola und Sartre gefunden habe. Bourdieu habe sich aber im Unterschied zu diesen nicht auf eine universelle Moral, sondern auf sein Wissen als Forscher gestützt und es als Autoritätsargument

Der wissenschaftliche Universalismus war auch für Pierre Bourdieu immer die Grundlage seines Engagements. Anlässlich einer Debatte in London im März 2001, zusammen mit seinem Freund Eric Hobsbawm, unterstrich er die Kontinuität seiner Haltung: Keine Wissenschaft ohne Engagement. Kein Engagement ohne Wissenschaft. Insofern waren schon seine ersten Werke, die den Zwiespalt der algerischen Arbeiter zwischen ihrer feudalistischen Herkunftswelt und den Forderungen eines kapitalistischen Arbeitsmarktes aufzeigten, engagierte Werke. Die Kontinuität der Interventionen Bourdieus wird auch belegt durch den posthum veröffentlichten Band *Interventions* (2002c; 2003), den wir Franck Poupeau verdanken und der Bourdieus Eingriffe und Stellungnahmen seit den 1960er Jahren dokumentiert. Nachdem Bourdieu auf Grund seiner Untersuchungen ein großes spezifisches Kapital erworben hatte, konnte er eine viel breitere Öffentlichkeit ansprechen. Eine große Wirkkraft entfaltete hier das von ihm herausgegebene Buch *La misère du monde* (1993a) mit über 126 000 verkauften Exemplaren. Erstaunlicherweise war es ein Buch, das zum größten Teil aus Interviews bestand. Hier ließ er die Ausgestoßenen der modernen französischen Gesellschaft zu Wort kommen. Das Vorhaben, die Wortlosen zu Wort kommen zu lassen, war für ihn gleichzeitig eine ästhetische und eine ethische Herausforderung. In einem Gespräch betonte er, dass die Literatur etwa bei Flaubert in der subtilen Beziehung des Erzählers zu seinem Erzählgegenstand in vollendeter Form Probleme der Schreibweise gelöst habe, die sich ihm als Sozialwissenschaftler bei der Wiedergabe von Aussagen von sozial Ausgegrenzten stellten. So ging es in seinem Buch *La misère du monde* darum, dem Wortlaut der Aussagen treu zu bleiben, ohne die Personen bloßzustellen.

In seinen engagierten Interventionen berief er sich immer wieder auf die spezifische Referenz der Wissenschaftlichkeit, allerdings in ihrer universellen Dimension. So betonte er, dass die Sozialwissenschaften, die die gesamte soziale Welt als Objektbereich haben, in Konkurrenz stünden zu all denjenigen, die in ihren symbolischen Repräsentationen ebenfalls Bilder dieser Welt entwerfen (etwa Journalisten oder Politiker). In diesem Konkurrenzkampf komme den Repräsentationen, die als wissenschaftlich anerkannt werden, eine entscheidende symbolische Macht zu. Vorbedingung für sie wissenschaftliche Sicht ist die unbedingte Unabhängigkeit des Wissenschaftlers. Für den Sozialwissenschaftler im be-

---

gegen politische Gegner ins Feld geführt. Ich denke aber, dass bei Bourdieu der Bezug auf die Wissenschaft ein universell-rationales Erklärungsmuster war und nicht ein Autoritätsargument, ähnlich wie Durkheims Legitimation des Eingreifens der Intellektuellen in die Dreyfus-Affäre.

sonderen bedeutet dies die Ablehnung der Funktion eines Experten oder eines Beraters, der den herrschenden Status quo legitimiert, aber auch die Ablehnung einer militanten Position, die sich der 'Sache der Unterdrückten' verschreibt. Bourdieu unterstrich in diesem Zusammenhang den befreienden Charakter der sozialwissenschaftlichen Erkenntnis. Als er sich im Dezember 1995 während des großen Verkehrs-Streiks an die Arbeiter wandte, betonte er bezeichnenderweise die wissenschaftliche Erkenntnis als wesentlichen Beitrag der Intellektuellen. Ganz ähnlich war seine Begründung der Solidarisierung mit der Arbeitslosenbewegung im Januar 1998. In der allerletzten Zeit analysierte Bourdieu, zusammen mit Loïc Wacquant die intellektuelle Legitimation der neo-liberalen Restauration. Die beiden versuchten zu erklären, wie sich der Kult des *shareholder value* durchgesetzt hatte, ohne dass brutale Methoden eingesetzt worden wären. Wenn dieser Wandel ohne großen Widerstand akzeptiert wurde, dann weil er gut 'verkauft' worden war. Den Denkern der ökonomischen Macht war eine symbolische Revolution gelungen. Sie hatten mit dem Begriff 'Globalisierung', der gut tönte – der Internationalismus war ja einst das Signum der Arbeiterbewegung gewesen – einen Schlüsselbegriff geschaffen, der als Erklärungsmuster aller sozialen Veränderungen im Gefolge von Rationalisierung und Fusionen vorgebracht wurde.[10]

»Il n'y a de science que du caché«, hatte Bachelard gesagt (s. Bourdieu 1993b: 22). Wissenschaft besteht immer im Enthüllen des Verborgenen. Durch das Enthüllen des Verborgenen ist nach Bourdieu Wissenschaft per se kritisch, eine kritische Wirkung, die dann umso wirkungsvoller ist, wenn die Wissenschaft vermag, jene Mechanismen aufzudecken, die ihre Wirksamkeit gerade dem Umstand verdanken, dass sie unerkannt sind.

Literatur

Aron, Paul, 1995a: Littérature belge ou littérature de Belgique. In: Liber 21-22/1995.

Aron, Paul, 1995b: Sur le concept d'autonomie. In: Discours social/Social Discourse Nr. 3-4, 7/1995, S. 63-72.

---

[10] Pierre Bourdieu/ Loïc Wacquant, »Schöne neue Begriffswelt«. In: *Le Monde diplomatique*, 12. Mai 2000.

Jurt, Joseph, 1994: Status und Funktion der Intellektuellen in Frankreich im Vergleich zu Deutschland. In: H. Krauß (Hrsg.), Offene Gefüge. Literatursystem und Lebenswirklichkeit. Tübingen, S. 329-345.

Lemire, Maurice, 1987: L'autonomisation dc la 'littérature nationale' au XIXe siècle. In: Etudes littéraires 20/1987.

Luhmann, Niklas, 1990: Weltkunst. In: L. Luhmann/ F. D. Bunsen/ D. Baecker, Unbeobachtbare Welt: über Kunst und Architektur. Bielefeld, S. 7-45.

Sartre, Jean-Paul, 1970: Qu'est-ce que la littérature? Paris.

Werner, Michael, 1994: La place relative du champ littéraire dans les cultures nationales. Quelques remarques à propos de l'exemple franco-allemand. In: M. Espagne/ M. Werner (Hrsg.), Philologiques III. Paris.

Gerhard Fröhlich

Kontrolle durch Konkurrenz und Kritik?

Das »wissenschaftliche Feld« bei Pierre Bourdieu[1]

»Max Weber erinnert uns daran, daß der größte Fortschritt in der Kriegskunst nicht auf irgendwelche technischen Erfindungen zurückzuführen ist, sondern auf einen Wandel der sozialen Organisation der Krieger ... In diesem Sinne wäre zu fragen, ob nicht ein Wandel der sozialen Organisation der wissenschaftlichen Produktion und Zirkulation und insbesondere der Kommunikation und des Austauschs, mit deren Hilfe die logische und empirische Kontrolle ausgeübt wird, zum Fortschritt der wissenschaftlichen Vernunft beitragen könnte.«[2]

I. Kraft- als Schlachtfelder, Konkurrenten als Komplizen

Bourdieu und seine KoautorInnen stellen die soziale Welt in Form eines *mehrdimensionalen Raumes* dar: Die Akteure oder Gruppen von Akteuren sind demnach an Hand ihrer relativen Stellung innerhalb dieses Raumes definiert, und zwar auf Grund (nach Volumen und Struktur im Zeitverlauf) unterschiedlicher *Handlungsressourcen (Kapitalia)*. Die einzelnen Felder des sozialen Raumes sind »historisch konstituierte Spielräume mit ihren spezifischen Institutionen und je eigenen Funktionsgesetzen« (Bourdieu 1992b: 111)[3] und zugleich Kraft- und Konkurrenzfelder:

(a) Soziale Felder sind Kraftfelder, Ensembles »objektiver Kräfteverhältnisse, die allen in das Feld Eintretenden gegenüber sich als Zwang auferlegen« (Bourdieu 1985: 10), Magnet- oder *Gravitationsfelder* mit »unsichtbaren Beziehungen«. Diese Metaphorik deutet an, wie schwierig es

---

[1] Für kritisches Gegenlesen Dank an Klaus Feldmann, Simone Griesmayr, Michael Strähle.

[2] Bourdieu 1991a z.n.d.Übers. in Bourdieu/ Wacquant 1996b: 57f.

[3] Bourdieu hat sich hier v. a. von der klassischen physikalischen Feldtheorie (Faraday), wahrscheinlich auch von der Feldtheorie Kurt Lewins anregen lassen.

ist, 'gegen den Strom' zu schwimmen, emporzuklettern (man merke den Aufsteigern auch, so Bourdieus vielzitiertes Bonmot, die Mühen der Kletterei an), erklärt dies jedoch nicht für chancenlos.

(b) Zugleich sind die sozialen Felder auch Kampf- bzw. *Konkurrenzfelder*, auf denen um Wahrung oder Veränderung der Kräfteverhältnisse gerungen werde – was auch den Kampf um den Wert der sozialen Spiele und um die Spielregeln mit einschließt.[4] Die Felder, Institutionen, sozialen Spiele »bedürfen« handelnder Menschen: *Illusio*, die ökonomische und psychische Besetzung des jeweiligen Spiels, bzw. Interesse seien Voraussetzung (»insofern es 'die Leute antreibt', sie laufen, konkurrieren, kämpfen läßt«, Bourdieu 1992b: 112) wie Produkt des funktionierenden Feldes.

Konkurrenten seien so objektiv Komplizen: Im Ringen um ein gemeinsam für wichtig gehaltenes Gut konstituieren sie gemeinsam Sinn und Bedeutung, Relevanz und Dynamik des jeweiligen Spiels. Sie teilen viele kaum thematisierte Grundannahmen – sonst würden sie einander als KonkurrentInnen gar nicht wahrnehmen bzw. anerkennen. Innerhalb der einzelnen, relativ autonomen Felder seien jeweils verschiedene Sorten von Kapital in Kurs. Kapital (im Sinne akkumulierter Arbeit, fremder wie eigener) sei »Verfügungsmacht im Rahmen eines Feldes« und gleiche »Trümpfen in einem Kartenspiel« (Bourdieu 1985: 10).

II. Das Spezifische des wissenschaftlichen Feldes

Auch im wissenschaftlichen Feld gehe es um die *Akkumulation von Kapital*, allerdings nicht von materiellem, sondern von *symbolischem Kapital* (Reputation, Ehre, Prestige, Distinktion, anerkannte Originalität), untrennbar verknüpft mit dem Kampf um *wissenschaftliche Glaubwürdigkeit*: »As a system of objective relations between positions already won (in previous struggles), the scientific field is the locus of a competitive struggle, in which the *specific* issue at stake is the monopoly of *scientific authority*, defined inseparably as technical capacity and social power.« (Bourdieu 1975: 19)

Über die Durchsetzung eigener technischer Definitionen und legitimer Repräsentationen wissenschaftlicher Objekte in einem Gebiet monopolisieren WissenschaftlerInnen symbolisches Kapital. Dabei sei die

---

[4] Auch Kurt Lewin soll die Idee zu seiner sozialpsychologischen Feldtheorie angesichts eines Schlachtfeldes gekommen sein.

Trennung zwischen *'internen'* Faktoren (den kognitiven) und 'externen' Faktoren (worunter auch die *inner*wissenschaftlichen sozialen Beziehungen und Machtverhältnisse gemeint sind) unfruchtbar: »The one alternative, internal analysis, views scientific practice as a pure activity completely independent of any economic or social determination; in contrast, external analysis views science as a direct reflection of economic and social structures.« (Bourdieu 1991d: 4)

Bourdieu interessiert stattdessen die Fragestellung: »What ... are the (exceptional) social conditions that must be met so that the field will assume the form that will make possible the emergence of these social products more or less completely independent from their social conditions of production that will constitute scientific truths?« (1991d: 5) Bourdieu ist zwar Konstruktivist (wissenschaftliche Forschung organisiere sich um konstruierte Gegenstände, vgl. Bourdieu 1991a: 37), aber erkenntnistheoretischer Realist: Über die Konkurrenz und Kritik der WissenschaftlerInnen werde langfristig wissenschaftliche Rationalität und Wahrheit gefördert.

Bourdieu erklärt relative Sonderstellung und Autonomie des wissenschaftlichen Feldes an Hand der *eigentümlichen Kapitalform,* um die das Sinnen und Trachten der Mitglieder des Feldes kreist. Dieses spezifische Kapital enthalte stets zwei Komponenten: »First is the *capital of strictly scientific authority,* which rests upon the recognition granted by the peer competitors for the competency attested to by specific successes (notably success in finding solutions deemed legitimate to problems that are themselves held as legitimate within the state of the field in question). Second, there is the *capital of social authority* in matters of science, partly independent of the strictly scientific authority (more so as the field is less autonomous), which rests upon delegation from an institution, most often the educational system.« (1991d: 7) Auch die streng wissenschaftliche Autorität verwandle sich mit der Zeit in eine soziale Autorität.

Es sei unverzichtbar, Genese und erzeugenden Strukturen der wissenschaftlichen Produkte, Kompetenzen und Verhaltensweisen zu studieren, das höchst spezifische Interesse der Wissenschaftler am »Desinteresse« (Merton), am »Universellen«. Vordringlich sei die Suche nach *wahrheitsförderlichen sozialen Bedingungen:* »There are states of the scientific field where the anarchic antagonism of particular interests is converted into a rational dialectic and where the war of all against all transcends itself through a critical correction of all by all. The necessary and sufficient condition for this is that *a social organization of communication and exchange* obtains in the field such that each can realize his of her specific interest *only* by mobilizing all the scientific resources available for overcoming the obstacles shared by all his or her competitors.« (1991d: 20; Herv. G. F.)

Die wissenschaftliche Vernunft sei historisch und doch nicht auf Geschichte reduzierbar: »Scientific ... reason realizes itself in history only to the degree that it inscribes itself in *the objective mechanisms of a regulated competition* capable of compelling interested claims to monopoly to convert themselves into mandatory contributions to the universal ... Objectivity ... rests ... on the logic of the public competition ... through the *free and generalized play of criticism* ...« (1991d: 21f; Herv. G.F.).

III. Vielzahl wissenschaftlicher Hierarchien und Nebeneinander unvereinbarer Machtformen

Das Wissenschaftssystem sei durch eine *eigentümliche Vielschichtigkeit der Status- und Hierarchiesysteme* gekennzeichnet, durch eine »Vielzahl von Hierarchien und das Nebeneinander praktisch unvereinbarer Machtformen« zwischen wissenschaftlichem Prestige und universitärer Macht, interner Anerkennung und externem Ansehen (Bourdieu 1988c: 58):

(a) *Universitäre Macht* habe die Instrumente zur Reproduktion des universitären Systems in der Hand (Prüfungsberechtigung, Mitgliedschaft in Frankreichs zentralisierten und mächtigen Prüfungs-, Stipendienvergabekommissionen). Ihre Akkumulation bestimme sich nach verbrachten Sitzungszeiten.

Was legitimer Weise als wissenschaftlicher Erfolg, als legitimer Indikator für wissenschaftliche Reputation zu gelten habe, ob (b) *nationale* oder (c) *internationale Reputation*, ist selbst Gegenstand symbolischer Kämpfe. Bourdieu illustriert dies am Beispiel von Raymond Boudon, welcher die nationale Rangfolge der Berühmtheit als partikularistische, nämlich rein französische und sohin letztlich als außerwissenschaftliche zu diskreditieren versucht, zugunsten der angeblich einzig wissenschaftlichen internationalen – bei der heutigen Verteilung an Zeitschriften und Datenbanken unvermeidlicherweise *US-amerikanischen* Rangfolge.

(d) *Intellektuelle Prominenz* sei im philosophischen Feld wichtig. Außerhalb Frankreichs sei in den 70er-Jahren gänzlich unbekannt gewesen, »daß all die intellektuellen Heroen ... Althusser, Barthes, Deleuze, Derrida, Foucault ... lediglich Außenseiterpositionen in der Universität innehatten und daß diese Institution ihnen nicht selten offiziell untersagte, beispielsweise Doktorarbeiten zu betreuen« (1988c: 18).

Die eher universalistische Orientierung an der internationalen Wissenschaft sei nicht unbedingt die häufigste strategische Orientierung zur Erringung wissenschaftlichen Kapitals. Es gebe verschiedene Aufstiegsmöglichkeiten in den Wissenschaften, über die Akkumulation sozialen und politischen Kapitals oder die Anlehnung an lokale Eliten. Wissenschaftliche und wissenschaftstheoretische Auseinandersetzungen seien mit der Verfolgung von *individuellen bzw. Gruppeninteressen* verbunden, nach der Formel: Gegnerische Kompetenzen und Erfolge abwerten, eigene Kompetenzen und Erfolge aufwerten. In einem von symbolischem Kapital beherrschten Feld komme allen Strategien höchster Stellenwert zu, welche auf »Akkumulation von *Kredit*, Ansehen beziehungweise auf Diskreditierung der andern zielen (Falschdarstellung, Diffamierung, Lob, Kritik in verschiedenster Bedeutung usw.).« (Bourdieu 1988c: 68) Symbolische Felder wie das Wissenschaftsfeld seien bestens geeignet für symbolische Strategien im Sinne der Vortäuschung, des Bluffs.

IV. Die Förderung wissenschaftlicher Konkurrenz und Kritik

Bourdieu geht es um *Herstellung und Sicherung geregelter Konkurrenz und Kritik* zwischen Theorien und Disziplinen. Die Untersuchung der sozialen Bedingungen der jeweiligen Wissenschaftspraxis sollte die zahlreichen *Verteidigungs-, Rationalisierungs-, Herrschaftsstrategien* der Wissenschaftler und Wissenschaftlerschulen decouvrieren: »Eine wachsende Erkenntnis der Mechanismen, die die intellektuelle Welt beherrschen, ... sollte ... den Einzelnen ... lehren, seine Verantwortlichkeit dort anzusiedeln, wo auch seine Freiheiten tatsächlich bestehen, sich beharrlich all der winzigen Nachlässigkeiten und Vernachlässigungen zu verweigern, die der gesellschaftlichen Notwendigkeit ihre volle Wirksamkeit belassen; sie sollte ihn lehren, in sich selbst wie bei den anderen gleichermaßen opportunistische Gleichgültigkeit sowie den aus Enttäuschung geborenen Konformismus zu bekämpfen, die der sozialen Welt geben, was diese Welt verlangt: die vielen kleinen Nichtigkeiten resignierter Gefälligkeit und unterwürfiger Komplizenschaft.« (1988c: 35f) Pierre Bourdieu ruft also zur *Zivilcourage* im wissenschaftlichen Alltag auf.

Als Spezifikum des wissenschaftlichen Feldes seien *Konkurrenten* zugleich *Konsumenten, Kritiker, Richter* der eigenen Produkte. Die gegenseitige Kontrolle der Konkurrenten fördere (zumindest in relativ autonomen Disziplinen) die Erkenntnis bzw. Vernunft, sei aber von vielen sozialen Verzerrungen behindert und betroffen. Fortschritte erhoffen sich Bourdieu et al. (1991a) von neuen *Strukturen der Kritik*. Anstelle üblicher paarweiser, quasi-ritualisierter Ignorierung, Bewunderung oder Befehdung halten sie *transitive Kritik* für fruchtbarer: Sie schlagen einen Art »Reigen« wissenschaftlicher Kritik im Sinne Arthur Schnitzlers vor. Offenere und konstruktivere Kritik erhoffen sich die Autoren, einen Gedanken Michael Polanyis aufgreifend (die Überlappung der einzelnen Forschungsgebiete in Schuppen- oder Schindelform), von einer *ringför-migen Struktur wissenschaftlicher Kritik*. In vereinfachter Form würde diese paradigmen-, gebiets- und fächerübergreifende Struktur folgendermaßen aussehen: *A kritisiert B, B kritisiert C, C kritisiert D, D kritisiert E, E kritisiert A.*

Mit anderen Worten: Es wäre psychologistisch, die Ursachen für die in der Wissenschaftsgeschichte beobachtbaren unsachlich-fruchtlosen Schlagabtausche in individuellen Charakterstrukturen berühmter Wissenschaftler (Eitelkeit, Eifersucht, Missgunst) zu suchen. Auch in der Wissenschaft könnte eine Überwindung eingefahrener Gewohnheiten und Strukturen durch geänderte Arrangements und Gratifikationen die Kommunikation wesentlich verbessern.

V. Bourdieus Konzept im Lichte der Wissenschaftsforschung

Erstaunlicherweise weist Bourdieus Konzeption rationaler Wissenschaftspraxis starke Ähnlichkeiten mit jener Karl Poppers auf. Popper geht vom *sozialen, öffentlichen und institutionellen Charakter* der wissenschaftlichen Methoden (vgl. Fröhlich 1999a) aus und hält »rücksichtslose« Kritik und offene kognitive Konkurrenz für zentrale Definitionsmerkmale von Wissenschaft. Er tritt wie Bourdieu für die permanente Kritik und Reform wissenschaftlicher Institutionen ein. Bei beiden Autoren, Bourdieu wie Popper, bleibt jedoch der wissenschaftstheoretische Status ihrer Aussagen oft unklar: sind sie deskriptiv oder normativ gemeint?[5]

Konfrontiert man Bourdieus wie Poppers Aussagen mit den Befunden der multidisziplinären *Wissenschaftsforschung*,[6] so sind viele ihrer

---

[5] Mitunter macht Bourdieu auch explizit »normative Vorschläge«, vgl. etwa Bourdieu 1998e: 52ff.

[6] Unter Wissenschaftsforschung verstehe ich die (Selbst-)Anwendung aller (und nicht nur soziologischer) wissenschaftlicher Konzepte und Methoden auf WissenschaftlerInnen und wissenschaftliche Institutionen bzw. Praktiken. Ihre Existenz leugnet Bourdieu übrigens beharrlich,

Aussagen nur normativ verstanden haltbar: *Freie Kritik und kognitive Konkurrenz* sind Definitionsmerkmale wissenschaftlicher Rationalität. In den »real-existierenden«[7] Wissenschaften wird offene Kritik eher selten geäußert, sie wird durch Evaluation ersetzt, qualitative mittels der Arkanpraxis des Peer Review (vgl. Fröhlich 2002c) und quantitative mittels szientometrischer Verfahren (vgl. Fröhlich 1999b). Die eigentümliche Zurückhaltung bei Kritik erklärt sich auch aus der Befürchtung, kritisierte Kollegen könnten sich als Gutachter unter dem Schutz der Anonymität »rächen«. Fundiert Kritik zu üben ist aufwendiger, als Komplimente zu verteilen, nützt der Konkurrenz, Replikationsstudien bringen kaum Reputation ein. Zudem wird Kritik oft kaum zur Kenntnis genommen.[8]

Bourdieus (wie Poppers) Forderung nach Abwehr wirtschaftlicher, religiöser, politischer Interessen, d. h. nach *Wahrung relativer wissenschaftlicher Autonomie*, ist angesichts der weltweiten neoliberalen Übergriffe zu begrüßen. Die (von Bourdieu so oft und scharf kritisierten) Medien wie auch Öffentlichkeit bzw. Politik haben sich jedoch in der Entwicklung der Wissenschaften mitunter als recht verdienstvoll erwiesen:

(a) Öffentlichkeit und Medien waren historisch Bündnispartner bei der *Durchsetzung wissenschaftlicher Innovationen*, z. B. von neuen Disziplinen und Methoden: Louis Pasteur betrieb öffentliche Experimentiershows, Konrad Lorenz hielt öffentliche Volksbildungsvorträge. Generell sind wissenschaftliche »Medienstars« keineswegs ein neues Phänomen.[9] Das Promotionsrecht technischer Hochschulen musste der deutsche Kaiser höchstpersönlich gegen den Widerstand der Universitätsordinarien durchsetzen.[10] Grundlegende Innovateure, meist unter

---

auch in der Abschiedsvorlesung am College de France (Bourdieu 2001b) spricht weiterhin ausschließlich von »neuer Wissenschaftssoziologie«.

[7] Die Analogie zum früheren Ostblock soll die Diskrepanz zwischen Anspruch und Realität verdeutlichen. Dank an Udo Wid.

[8] Vgl. Hartmann/ Dübbers 1984 zu Buchbesprechungen und ihr mangelndes Echo. Am extremsten zeigt sich die »Ohnmacht der Kritik« im Konnex wissenschaftlicher Betrugsaffären: sogar eindeutig als gefälscht entlarvte und zurückgezogene (»retracted«) Aufsätze werden anstandslos weiter zitiert (Kochan/ Budd 1992).

[9] Eine Ausstellung des Max-Planck-Instituts für Wissenschaftsgeschichte über den »Zeitungsausschnitt in den Wissenschaften« dokumentiert die um 1900 häufige Neigung von Wissenschaftlern, Zeitungsartikel mit Berichten über eigene Forschungen und über die eigene Person zu sammeln und sich »als öffentliche Person zu inszenieren.« (Michel 2002)

[10] »The universities ... opposed ... it would cheapen the degree intellectually and socially ... and diminish teaching and research funds previously reserved to the universities for the monopoli-

dem heftigen Widerstand der jeweiligen wissenschaftlichen Establishments leidend, benötigen auch »Bypasses«: Eine Pluralität von Hierarchien sollte daher erhalten bleiben.

(b) Bei *paradigmatischen Kontroversen* wurde oft die Hilfe der Öffentlichkeit in Anspruch genommen (Bucchi 1998: 11). Die so genannte Urknalltheorie war ursprünglich innerwissenschaftlich nur mäßig anerkannt: Erst die geschickte Verknüpfung mit einer religiösen Konnotation (Urknall = göttliche Schöpfung) brachte außerwissenschaftlich und in der Folge auch innerwissenschaftlich den Durchbruch. Die Verbindung von Kosmologie und Religion war keine Erfindung von Journalisten, sondern wurde ihnen von Wissenschaftlern offeriert (ebd.: 155).

(c) Heute sind alle WissenschaftlerInnen auf Grund zunehmender Spezialisierung und Informationsüberflutung jenseits ihrer Spezialgebiete *Laien*. Nur hier konsultieren sie die anerkannten wissenschaftlichen Journale (v. a. zwecks Beobachtung der unmittelbaren Konkurrenz), auf den entfernteren Wissenschaftsgebieten bevorzugen sie hingegen wissenschaftsjournalistische Berichte.[11]

(d) Wissenschaftler und wissenschaftliche Institutionen wurden zu »außerwissenschaftlichen« *Aktivitäten* keineswegs passiv verführt, sondern sind initiativ beteiligt. Public Relations für wissenschaftliche Institutionen und Gesellschaften gibt es spätestens seit Mitte des 19. Jh. (Nelkin 1987). Greenberg hat in seiner Studie zur »Politics of Pure Science« in den USA (1967, wiederaufgelegt 1999) darauf hingewiesen, dass die moderne US-amerikanische Naturwissenschaft ein Element amerikanischer Politik geworden ist, mit vested interests, Lobbying- sowie Public-Relations-Apparaten und einer *Wissenschaftsideologie*.

(e) Am lehrreichen Extremfall der *Aufdeckung von Betrug und Täuschung* in den Wissenschaften (vgl. Fröhlich 2001) lässt sich zeigen, dass wissenschaftliche Journale und Institutionen das Aufdecken wissenschaftlicher Fälschungen nicht ermöglichten, sondern diese zu vertuschen suchten. Ohne außerwissenschaftliche Medien wären die großen Skandale kaum ans Tageslicht gekommen. Die bislang funktionstüchtigeren Organisationen zur Bekämpfung wissenschaftlicher Fälschungen wurden nicht in wissenschaftlicher Selbstverwaltung geschaffen.[12]

---

stic production of PhDs. The Kaiser intervened. He announced the award of the coveted right in 1899« (Bernhard et al. 1982: 67).

[11] *Zitiert* wird dann eine statushöhere Quelle: Die Berichterstattung in der *New York Times* steigert den innerwissenschaftlichen Impact (=Zitationsrate) medizinwissenschaftlicher Artikel über viele Jahre erheblich (Philips et al. 1991).

[12] Vgl. das staatliche Office of Research Integrity (ORI) in den USA, skandinavische Kommissionen zur Betrugsbekämpfung mit Richtervorsitz.

Die Grundannahme von Popper und Bourdieu, die Wissenschaften würden umso besser funktionieren, *je »reiner«* sie wären,[13] d. h. je freier von Einmischungen von Öffentlichkeit, Medien und Staat in ihre Belange, trifft also nicht immer zu. Ein allzu striktes »Reinheitsgebot« könnte auch schädliche Folgen haben. Normative Empfehlungen können das Gegenteil von dem bewirken, was sie vorschreiben (Fröhlich 1999a). Ihre nicht-intendierten Effekte sind daher zu prüfen. Deskriptive und normative Aussagen sollten prinzipiell klar unterschieden werden.

Die teilweise negativen Einflüsse *privatwirtschaftlicher* Aufträge (Interessenskonflikte, vertraglich fixierte Kontrolle der Veröffentlichung, Behinderung kritischer Diskussion) rücken langsam ins Bewusstsein medizinischer und pharmakologischer Journalherausgeber.[14] *Ökonomisches Kapital* wird im Zeitalter von »Big Science« (Großapparaturenforschung) auf Grund des tendenziellen Falls der wissenschaftlichen Profitrate (das leicht Erforschbare ist bereits erforscht)[15] sowie staatlicher Sparmaßnahmen für Aufrechterhaltung und Expansion wissenschaftlicher Forschung und wissenschaftlicher Institutionen immer wichtiger. Die Höhe der Drittmittelanwerbungen[16] wurde inzwischen ein Kritierium in der Reputationsbewertung[17] von Institutionen. Die externe (Mit)

---

[13] »Alles liefe also bestens in der besten aller möglichen Wissenschaftswelten, wenn die rein wissenschaftliche, in der alleinigen Macht von Begründung und Beweis stehende Logik des Wettbewerbs nicht durch externe Kräfte und Zwänge konterkariert, in manchen Fällen sogar annulliert würde (wie man es vor allem bei Wissenschaften sieht, deren Weg in die Unabhängigkeit erst halb bewältigt ist ...) ... der Grad der Autonomie einer Wissenschaft hängt ... vom Ausmaß ab, in dem das wissenschaftliche Feld gegen Eindringlinge geschützt ist« (Bourdieu 1998e: 30).

[14] So versuchte die US-Tabakindustrie, mittels anwältegesteuerter Forschung gekaufter Wissenschaftler die Gefahren des Tabakkonsums herunterzuspielen (vgl. Glantz et al. 1996).

[15] »Die Geschichte der Wissenschaften gehorcht dem Gesetz der abnehmenden Ertragsraten.« (Serres 1987: 34) Ähnlich sprechen Planck, Rescher, Horgan vom unvermeidlichen Sinken der Erträge in den Naturwissenschaften bzw. dem unvermeidlich steigenden Aufwand weiterer Forschungen.

[16] An die Einwerbung von Drittmitteln gekoppelte öffentliche Forschungsförderung potenziert den privaten Einfluß auf die Forschung, statt Wettbewerb zwischen privat und öffentlich finanzierter Forschung zu ermöglichen.

[17] Vom österreichischen Wissenschaftsministerium wird die Höhe eingeworbener Drittmittel als ein wichtiger Faktor beim Leistungsvergleich wissenschaftlicher (auch Universitäts-) Institute angesehen. Ein Vorschlag aus einer medizinischen Fakultät, bei der Zulassung zur Habilitation ein Minimum von öS 500 000,- (ca. 35 000 EURO) selbständig eingeworbener Drittmittel vorauszusetzen, hat sich noch nicht durchgesetzt.

Finanzierung von Professorenstellen (»Salary Splitting«)[18] ersetzt v. a. an US-amerikanischen Privatuniversitäten tendenziell Publikationslisten durch Drittmittelbuchhaltung.[19] Massive kommerzielle Interessen und Denkweisen kommen auch über hochrangige Wirtschaftsvertreter in Forschungsförderungsinstitutionen[20] und Universitätsräten[21] zum Tragen.

Den hohen Anteil an *militärischer Forschung* gerade in den von Wissenschaftstheoretikern als »rein« und »reif« angesehenen Disziplinen Mathematik und Physik übersehen Popper und Bourdieu offensichtlich. Nach Leslie (1993: 2) beschäftigen US-amerikanische »defense contractors«[22] ein Viertel aller Elektroingenieure[23] und je ein Drittel aller Mathematiker bzw. Physiker[24] des Landes. In den USA übertreffen die finanziellen Ausgaben für (in weiten Teilen der Geheimhaltung unterliegende) Militär- und Geheimdienstforschung jene für zivile Forschung um ein Vielfaches.

Rechnet Bourdieu auch diese Sektoren zum »wissenschaftlichen Feld«? Viele neuere Untersuchungen betonen »Disunity« (Galison/ Stump 1996) bzw. »Fragmentation« (Knorr Cetina 1999) der Wissen-

---

[18] = Professoren müssen nicht nur zur Finanzierung der Gehälter ihrer Mitarbeiter beitragen, sondern auch zur Finanzierung ihres eigenen Gehalts.

[19] Vgl. Lowen 1997: 68. Nach Ende des zweiten Weltkrieges kam es in Stanford zu einer Erosion der Autonomie der Departments, seitdem basiere die Hierarchie der Fakultätsmitglieder »on access to patronage«. Ein neuer akademischer Typ setzte sich durch, »an entrepreneur in search of research funds upon which his career, and the university's financial well-being and reputation, depended« (ebd.: 89). Stanford und anderen privaten »Elite«-Universitäten kommt eine hohe Vorbildungwirkung zu: Zahlreiche Reformbestrebungen berufen sich auf ihre angebliche Effizienz.

[20] Vgl. zur aktuellen Lage in Großbritannien Evans 2001.

[21] Das oberste Gremium österreichischer Universitäten ist nicht mehr eines akademischer Selbstverwaltung (wie bisher der Senat), der Rektor wird nicht mehr von Vertretern aller Universitätsangehörigen gewählt. Stattdessen hat ein 5-, 7- oder 9köpfiger »Universitätsrat« mit Bankdirektoren (Linz) oder SONY-CEOs (Salzburg) an der Spitze Richtlinienkompetenzen, wählt Rektor und Vizerektoren und kann sie abberufen. De jure »kippen« die universitären Organe und Organisationsstrukturen vollständig erst am 1.1.2004. De facto haben sich bereits die Machtverhältnisse verschoben: Man marschiert nicht mehr zum Rektor, sondern zum Vorsitzenden des Unirates, um etwas durchzusetzen.

[22] = wissenschaftliche Institutionen und Firmen im Dienste der Rüstungsforschung.

[23] Der allmächtige Stanford-Administrator Terman soll die Elektroingenieure vorzüglich nach dem Kriterium »for their likely ability to attract military patronage« ausgewählt haben (Lowen 1977: 144).

[24] Zur militärisch-kriegerischen Geschichte der US-amerikanischen Physik vgl. Kevles 1997. Das Ende des Kalten Krieges wurde generell in den US-Naturwissenschaften als finanziell katastrophal angesehen.

schaften[25], ja den Isolationismus einzelner Subdisziplinen.[26] Kann somit überhaupt von einem zusammenhängenden wissenschaftlichen Feld gesprochen werden? Um welches gemeinsam für wichtig gehaltene Gut wird im Gesamtfeld gekämpft? Was haben Altphilologen und Hochleistungsphysiker gemeinsam? Worin soll ihr »wissenschaftlicher Habitus« bestehen?[27] Bourdieus Konzept des »wissenschaftlichen Feldes« ist heuristisch wertvoll. Es hat hohes Anregungspotenzial, müsste aber wohl in den Plural gesetzt, differenziert, systematisiert und modifiziert werden.

Literatur

Bernhard, C. G. et al. (Hrsg.), 1982: Science Technology and Society in the Time of Alfred Nobel. Oxford.

Bucchi, M., 1998: Science and the Media. Alternative routes in scientific communication. London/ New York.

---

[25] Knorr-Cetina (1999: 4) untersucht zwei »epistemische Kulturen«, die experimentelle Hochenergiephysik und die Molekularbiologie. Erstere »requires ... large transnational collaboration ... collectivities of physicists, matched with collectives of instruments, that come as near as one can get to a ... communitarian regime. ... I compare the communitarian science of physics with the individual, bodily, lab-bench science of molecular biology. ... The debate raging over ... interpretations of science all tend to assume science is a unitary enterprise to which epistemic labels can be applied across the board... it is not one enterprise but many, a whole landscape - or market - of independent epistemic monopolies producing vastly different products.«
[26] Eine Tagung der Physikjournaleditoren richtete sich gegen den *Zerfall der Physik* in segmentierte Spezialgebiete, gegen die Entwicklung isolationistischer, unverständlicher Geheimsprachen der einzelnen Physikergruppen. Die Texte vieler Papiere würden bereits zu einem Drittel aus (unaufgelösten) Akronymen bestehen. Die Lage in Astronomie, Chemie und Biologie sei ähnlich besorgniserregend (Glanz 1997).
[27] Bourdieu (1993b: 108) zum Philologenhabitus: u. a. »ein Komplex von 'Überzeugungen', wie etwa der Neigung, den Fußnoten genausoviel Bedeutung beizumessen wie dem Text«; dagegen die Wissenschaftsethnographin Sharon Traweek (1988: 120f) zum Primat mündlicher Kommunikation unter Hochleistungsphysikern: »Good experimentalists do, write, and talk physics, *but they rarely read physics.* ... physics changes so rapidly that waiting to learn of interesting data, detector innovations, or new theoretical developments until they appear in the journals is regarded as exceedingly unwise.« Physiker überfliegen zwar Preprints, »in order to know who is writing about what. If something catches their interest, they will phone or waylay the author to try to elicit, preferably face to face, what they want to know; it is assumed that the whole story is rarely written.« (ebd.: 121; Herv. G. F.). Mit anderen Worten: nicht einmal das Lesen wissenschaftlicher Publikationen kann als Gemeinsamkeit dieser beiden Habitus angesehen werden.

Evans, G. R., 2001: The integrity of UK academic research under commercial threat. Science as Culture 10 (1), S. 97-111.

Fröhlich, G., 1994: Kapital, Habitus, Feld, Symbol. Grundbegriffe der Kulturtheorie bei Pierre Bourdieu. In: I. Mörth/ G. Fröhlich (Hrsg.): Das symbolische Kapital der Lebensstile. Zur Kultursoziologie der Moderne nach Pierre Bourdieu. Frankfurt/ New York, S. 31-54.

Fröhlich, G., 1998: Optimale Informationsvorenthaltung als Strategem wissenschaftlicher Kommunikation, in: Harald H. Zimmermann/ Volker Schramm (Hrsg.): Knowledge Management und Kommunikationssysteme. Konstanz, S. 535-549.

Fröhlich, G., 1999a: Kontrolle durch Konkurrenz und Kritik? Der öffentliche und soziale Charakter der wissenschaftlichen Methoden. In: L. Winfried Löffler/ E. Runggaldier (Hrsg.): Vielfalt und Konvergenz der Philosophie, Teil 1. Wien, S. 166-170.

Fröhlich, G., 1999b: Das Messen des leicht Meßbaren. Output-Indikatoren, Impact-Maße: Artefakte der Szientometrie?, GMD (Gesellschaft für Mathematik und Datenverarbeitung) Report 61, S. 27-38, <http://www.gmd.de/publications/report/0061/>

Fröhlich, G., 2001: Betrug und Täuschung in den Sozial- und Kulturwissenschaften. In: T. Hug, (Hrsg.): Wie kommt die Wissenschaft zu ihrem Wissen? Hohengehren/Baltmannsweiler, Bd. 4/CD-ROM 1, S. 261-273

Fröhlich, G., 2002a: verein.wissenschaft: Entstehung und Funktionen wissenschaftlicher Gesellschaften. In: U. Kammerhofer-Aggermann (Hrsg.): Ehrenamt und Leidenschaft. Salzburg, S. 255-278.

Fröhlich, G., 2002b: verein.internet. Ehrenamt, Leidenschaft und wissenschaftliche Geschenkökonomie. In: U. Kammerhofer-Aggermann (Hrsg.): Ehrenamt und Leidenschaft. Salzburg, S. 255-278.

Fröhlich, G., 2002c: Anonyme Kritik. Peer Review auf dem Prüfstand der empirisch-theoretischen Wissenschaftsforschung. In: E. Pipp (Hrsg.): Drehscheibe E-Mitteleuropa. Wien.

Galison, P./ D. J. Stump (Hrsg.), 1996: The Disunity of Science. Stanford.

Glanz, J., 1997: Cut the communications fog, say physicists and editors. In: Science, 15 August 1997, S. 895-896.

Glantz, S. A. et al., 1996: The Cigarette Papers. Berkeley.

Greenberg, D. S., 1999: The Politics of Pure Science. Chicago/ London.

Hartmann, H./ E. Dübbers, 1984: Kritik in der Wissenschaftspraxis. Buchbesprechungen und ihr Echo. Frankfurt/ New York

Kevles, D. J., 1997: The Physicists. Cambridge (USA)/ London.

Leslie, S. W. (1993): The Cold War and American Science. The Military-Industrial-Academic Complex at MIT and Stanford. New York.

Kochan, C./ J. M. Budd, 1992: The Persistence of Fraud in the Literature: The Darsee Case. Journal of the American Society of Information Science 43 (7), S. 488-493.

Knorr-Cetina, K., 1999: Epistemic Cultures. Cambridge (USA)/ London.

Lowen, R. S., 1997: Creating the Cold War University: The Transformation of Stanford. Berkeley.

Michel, K., 2002: Der Professor als Medienstar. Berliner Zeitung, 27. 9. 2002.

Mörth, I./ G. Fröhlich, 1999ff.: HyperBourdieuHTM: <http://www.iwp.uni-linz.ac.at/lxe/sektktf/bb/HyperBourdieu.html>

Nelkin, D., 1987: Selling Science. How the Press Covers Science and Technology. New York.

Phillips, D. P. et al., 1991: Importance of the lay press in the transmission of medical knowledge to the scientific community. New England Journal of Medicine, 325, S. 1180-1183

Serres, M., 1987: Der Parasit. Frankfurt/Main.

Traweek, S., 1988: Beamtimes and Lifetimes. The World of High Energy Physicists. Cambridge (USA)/ London.

Wolfgang Settekorn

La construction médiatique de l'événement

Le cas du football

Dans ses travaux, Pierre Bourdieu a attribué un rôle important aux dimensions sociales, culturelles et historiques du sport. En témoignent entre autre les numéros 79 et 80 des *Actes de la recherche en sciences sociales* qui, en 1989, présentaient »L'espace des sports«: en témoigne aussi le numéro 103 (1994) de cette revue, dédié aux »Enjeux du football«. J'avais présenté une première série de réflexions sur l'interrelation, l'interpénétration croissante entre sport, médias et économie en juillet 2001 lors du colloque de Cerisy, consacré à Pierre Bourdieu et à ses travaux. A cette occasion, celui-ci m'avait signalé son intention de vouer un volume de »raisons d'agir« à ce sujet. Les réflexions qui suivent continuent ces observations critiques et sont basées sur la thèse suivante:

Dans le football, la construction médiatique de l'événement passe par les corps, les têtes et les porte-monnaies de ceux qui jouent au football et de ceux qui paient pour l'organiser, pour le regarder sur place ou par l'intermédiaire des médias et pour pouvoir s'approprier le football, c'est-à-dire l'intégrer dans leur vie quotidienne.

Pour »illustrer et défendre« cette thèse, je traiterai d'abord le terme central d'événement pour en développer quelques éléments sémantiques et conceptuels qui sont à la base des pratiques sociales du football.

I. Éléments du concept d'événement

Comme tout sport, le football est une »activité physique exercée dans le sens du jeu, de la lutte et de l'effort et dont la pratique suppose un entraînement méthodique«. Le Petit Robert (1973, abrégé désormais PR) souligne dans cette première partie de la définition du terme l'aspect physique et corporel et il le relie à celui de l'intelligence et du cognitif, car la pratique du sport suppose aussi »le respect de certaines règles et disciplines« (PR: sport), c'est-à-dire la connaissance, la reconnaissance et l'obéissance à certaines règles. En tant que sport d'équipe, la pratique du football est une activité collective et sociale. Ses règles définissent le jeu en tant que tel et la légitimité ou non-légitimité des actes et des formes particulières de sa pratique. Dans notre cas, la pratique du jeu de football contribue à la constitution de l'»événement«. Mais qu'est-ce que le terme »événement« veut dire? Le PR distingue deux sens du terme:

1^0 Fait auquel vient aboutir une situation.

2^0 Ce qui arrive et qui a quelque importance pour l'homme.

Pour expliquer le premier sens, le PR cite »résultat« et »fin« comme lexèmes analogues et il renvoie, ici déjà, à l'aspect médiatique en expliquant »fin« comme »dénouement d'une pièce de théâtre«. Vue dans cette perspective, l'événement a quelque chose de construit, de voulu; il est le résultat d'actes et d'actions, il apparaît comme préconçu, ce qui, dans le cas du football, correspond à la notion de jeu réglé. De plus, le football est »non seulement pauvre, mais obsessionnellement répétitif« (Yonnet 1998, 31), tout comme les autres spectacles sportifs. Ce qui est sûr, c'est que les matchs de football sont répétitifs et s'intègrent dans une série réglée d'avance et par conséquent prévisible; il reste »une marge d'imprévisibilité constitutive« (Derèze 1998: 34) provenant du fait que les déroulements et les résultats des matchs ne sont pas connus d'avance.

Le deuxième sens souligne l'aspect d'imprévu et ajoute la notion d'importance attribuée à ce qui vaut comme événement. Le PR se sert ici d'une citation d'Anatole France pour introduire cette notion d'importance: *»Mais qu'est-ce qu'un événement? Est-ce un fait quelconque? Non pas! me dites- vous, c'est **un fait notable**.*« En tant que »fait notable«, l'événement est un fait »qui est digne d'être noté, remarqué« (PR: notable). Et ce que l'on »note« est »ce dont on veut garder l'indication, ce qu'on juge digne de mention«, ce à quoi on »prête« ou »fait attention«, ce qu'on »écrit pour mémoire«, ce »dont on se »rend compte« (PR: noter). Le cas échéant, le dictionnaire »de langue« utilise de bon droit un »on« généralisant. Mais dans les sociétés modernes, ce »on« est bien spécifique, car »la fabrication de «l'événement»« passe en général par les mass médias et »ce qu'on juge digne de mention« reflète »la vision médiatique« (Champagne 1993: 61ss.). Comme notion sociale, l'événement est construction médiatique.

Ces quelques éléments contribuent à donner au concept d'événement *trois aspects cognitifs* et *un aspect communicatif.*

1^0 *la perception* du fait constituant un événement; car il faut faire ou prêter attention à ce fait qui doit être remarqué pour pouvoir constituer un événement; ne figure pas comme événement ce qui n'est pas perçu.

2^0 *la valorisation* en tant que fait extraordinaire, exceptionnel ou important, car on doit le »juger digne de mention«; ne figure pas comme événement ce qui est perçu mais ce à quoi on ne donne pas d'importance;

3^0 *la mémorisation* du fait car on doit pouvoir s'en rendre compte, il doit être intégré dans la mémoire individuelle et collective; ne figure pas comme événement ce dont une collectivité ne se souvient pas/plus.

Vu de cette manière, **le concept d'événement est une catégorie sociale** qui présuppose

4^0 *la communication* du fait, soit sous forme implicitement sociale de mémorisation quand on »écrit pour mémoire«, soit sous forme explicitement sociale quand on communique le fait à d'autres pour le rendre public; c'est le cas quand on le »juge digne de mention«.

Loin d'être exhaustifs, ces quatre éléments sont des conditions nécessaires à la constitution de l'événement. Ils soulignent la triple relation entre ce qui se passe/ ce qui arrive, ce qui en est rapporté par les médias et ceux qui conçoivent les messages médiatisés comme événement.

1. Le théâtre comme repère conceptuel de la notion d'événement

Le caractère répétitif qui enlève beaucoup d'imprévu et d'imprévisible non seulement au football et au sport de manière générale, mais aussi à toute entreprise préparée de longue durée, a entraîné leur transformation en spectacle et leur mise en scène. Cette dimension dramatique et théâtrale de la notion d'événement se trouve déjà mentionnée dans le dictionnaire. On peut y voir un premier indice que le caractère spectaculaire de l'événement et celui de l'événement sportif ont une longue tradition culturelle provenant de la pratique théâtrale grecque qui, en séparant acteurs/scène de l'un côté et spectateurs/gradins de l'autre, avait introduit de stables relations corporelles, spatiales et sociales.

Quand le PR nous apprend que l'événement »se passe, se produit à un moment«, il souligne l'**aspect temporel** tout en supprimant l'aspect intentionnel et actionnel du fait faisant événement; sa **dimension spatiale** s'exprime quand on dit en français qu'un événement *a lieu*, en anglais *it takes place* et en allemand *es findet statt*. Et suivant l'explication du deuxième sens, ce lieu est encore une fois le théâtre: »*date, théâtre, scène d'un événement. Evénement heureux.*«

Les noms analogues cités ensuite par le dictionnaire renvoient à *des classes d'événements érigées d'après des critères évaluatifs:* les uns sont positifs comme »bonheur,« et »chance«, les autres négatifs comme »calamité, catastrophe, désastre, drame, malheur, tragédie«. Il est intéressant de constater la grande différenciation lexicale du champ sémantique dans le sous domaine des nouvelles mauvaises (*bad news*) et négatifs, si chères aux mass médias (cf. Champagne 1993). Ce sous domaine conceptuel renferme, lui aussi, avec »drame« et »tragédie« deux termes dont les sens littéraux, renvoient à des genres dramatiques et dont le sens figuré sert à concevoir »[Un] événement ou [une] suite d'événements tragiques, terribles« (PR: drame). Une fois de plus, l'explication sémantique renvoie à l'aspect théâtral du concept d'événement.[1]

De ces rapides observations découlent sept éléments qui mettent en avant combien la pratique de la communication théâtrale contribue à la constitution de l'événement:

a) L'idée qu'**un événement** (esp. evento; it. avvenimento; evento; allem. Ereignis; angl. event) pour pouvoir avoir lieu doit se **passer en un lieu**; cet aspect s'exprime dans beaucoup de langues. En témoignent les noms et les locutions verbales suivantes:

lat. locus	locum habere
frç. lieu	avoir lieu; avoir, prendre place;
esp. lugar	Galic.tener lugar
ital. luogo	aver luogo
all. Stätte	stattfinden
angl. place	take place

S'y ajoute l'idée que tout événement se passe à un certain moment.

b) L'idée que **les sports ont des lieux qui leur sont propres**, ce que montrent plusieurs désignations basées sur les notions différentes d'*édifice à tradition gréco-romaine* (frç. stade; esp. estatio; ital. stadio, allem. Stadion, angl. stadium (cf.Mallwitz 1972: 180ss.; Weiler 1981: 123ss)), de *champ* (esp. campo de fútbol; ita. campo sportivo;

---

[1] A ces expressions analogiques s'ajoute avec »accident, incident, (coup de) théâtre« une série de trois lexèmes qui va du négatif mais moins grave (accident, incident) à la mise en scène de ce qui se passe sur scène. Reste une série de lexèmes explicatifs neutres »circonstance, conjoncture, situation«, et deux autres termes indiquant l'aspect temporel »époque, ère«, ce qui vaut aussi pour »épisode, page«. »Evénement politique, diplomatique« socio-institutionnel.

all.Sportfeld; ang. sports field), de *terre* (frç. terrain de sport) ou d'*endroit* (Sportstätte, Sportplatz).

frç.	stade; terrain de sport
esp.	estadio; campo de fútbol
ital.	stadio campo sportivo
allem.	Stadion Sportstätte Sportplatz Sportfeld
angl.	stadium sports field

c) L'idée que **la mise en scène de l'événement sportif est adaptée à l'emplacement des activités sportives**, ou vice-versa que l'emplacement des activités sportives doit être adapté aux besoins de la mise en scène de ces activités, car en tant qu'activité physique, la pratique sportive doit avant tout être visible.

d) Le renvoi à la pratique théâtrale suggère qu'il y a d'abord au moins **deux groupes participant directement à la construction de l'événement**: d'un côté les **acteurs** qui créent le fait et de l'autre les **spectateurs** qui le perçoivent sur place[2], le valorisent et le mémorisent. On pourrait parler de participants directs; la **coprésence locale et temporelle à la production de l'événement** leur est commune, la participation active à l'événement central des uns et la participation passive ou indirecte des autres[3] les distinguent.

e) Quand l'extraordinaire qui s'est passé est rapporté à d'autres, **le décalage local et/ ou temporel entre l'événement et les auditeurs** laisse **participer ceux-ci de manière indirecte à l'événement**, les rapporteurs

---

[2] Cette distinction fondamentale persiste aussi dans les cas où une partie du public – ou parfois même le public entier – crée par ses activités les formes de sa propre mise en scène (cf. Yonnet 1998: 32).

[3] Dans le cas du football, on parlerait de participation indirecte si un public a une renommée connue et reconnue à cause des formes et de l'intensité de ses activités préparant, accompagnant et suivant les matchs de son club. Le sens littéral du terme français *supporter* revoie à ce type d'activité. INTERESSANT DE VOIR QUE SUPPORTER N'A PAS ETE FRANCISE

fonctionnant comme médiateurs entre l'événement et leurs interlocuteurs.

f) La professionnalisation de ce rôle fait naître le **métier du médiateur** qui a le devoir de transmettre l'information sur l'événement; on connaît l'histoire douteuse que rapportent Lukian et Hérodote (Weiler 1981: 153) de ce messager coureur apportant à Athènes la nouvelle de la Victoire de Marathon et tombant mort après cette transmission. Histoire - ou plutôt légende -reprise par le baron de Coubertin en intégrant le marathon dans le programme des Jeux olympiques modernes.[4]

g) Tout cela présuppose **la fixation textuelle de la médiation qui conserve l'information sur l'événement** comme le font les textes d'Homère (*Odyssée*, chant 8: 100 - 255; *Iliade* chant 23) qui nous rapportent des activités sportives. Ils les rendent notables en les notant et en les transformant ainsi en événements et en conservant leur mémoire comme tels.

Les aspects a) à g) esquissent les conditions nécessaires qui sont à la base de la production de l'événement. Sa perception directe et/ ou indirecte, sa communication, sa valorisation, et sa mémorisation se produisent dans ce cadre général qui livre en même temps des éléments de différenciation sociale.

2. Acteurs et spectateurs

La notion de théâtre est fondamentalement liée au concept d'événement[5]. En plus, elle renferme la **distinction fondamentale entre acteurs et spectateurs de l'événement.** Cette distinction est à la base conceptuelle de la pratique théâtrale (Svenbro 1999) en séparant acteurs et actrices, c'est-à-dire ceux qui produisent l'action théâtrale de ceux qui la suivent et qui n'ont ni la possibilité ni le droit d'y intervenir. Cette pratique structure les lieux de la production de l'événement en séparant la scène, lieu des acteurs, des loges et de la salle, lieux des spectateurs. Cette logique entraînera **deux rôles économiques différents:** celui des spectateurs payant une entrée pour pouvoir assister à la production de l'événement et celui des acteurs qui sont payés pour cette production.

Tout comme les qualités de performance et de perception, **les sommes reçues et payées pour la participation** active et passive à l'événement sont différentes et elles **fonctionnent comme symboles de**

---

[4] Le livre de Weeber (1991) donne une description critique des Jeux olympiques classiques.
[5] Encrevé/ De Fornel (1983) ont démontré que ce concept est lui-même socialement différencié et structuré.

distinctions et de hiérarchisation sociale. Pour le spectateur, cette distinction s'exprime par la place que son corps occupe dans la salle (Apostolides 1985; Settekorn 1996); et c'est par renvoi à cette position que se construit un terme central de la distinction sociale, car **la place qu'un spectateur occupe** dans le lieu où l'événement se passe - stade ou théâtre - (Goffman 1980), **symbolise le rang qu'il occupe dans son propre groupe et par rapport aux autres groupes de spectateurs.** En allemand, les deux conceptions coïncident dans la même forme linguistique de »Rang« qui sert à exprimer aussi bien la notion de »gradin« que de »rang social«. Christian Bromberger et al. (1995) ont montré pour les stades de Marseille, Naples et Turin dans quelle mesure **la place qu'on prend dans la structure architecturale d'un stade correspond aux structures sociales des différents groupes de spectateurs.** La mise en place du corps des spectateurs dans les lieux de l'événement est inévitablement une mise en place sociale qui inclut ceux qui sont exclus, c'est-à-dire ceux qui n'ont pas le droit ou la possibilité d'assister de manière directe à l'événement, c.-à-d. dans sa proximité corporelle. En cela, l'emplacement des spectateurs dans les stades correspond aux »effets de lieu« en général liés à la relation entre »espace physique et espace social« (Bourdieu 1993a: 159ss).

En même temps, la valorisation des classes d'événements est d'habitude structurée d'après une hiérarchie à plusieurs échelles de catégories (ligues, divisions, classes, poules etc.). Celles-ci se caractérisent par une certaine perméabilité et flexibilité. Les possibilités de nouvelles constellations d'inclusions et d'exclusions au sein des hiérarchies créent un propre facteur événementiel sous forme d'un nombre restreint de montées (en première division, promotion en ligue de champions etc.) et de descentes (de la première à la deuxième ligue etc.). C'est à ces endroits qu'ont lieu les péripéties interprétées en ces catégories valorisées et valorisantes que le concept théâtral nous transmet. C'est ici qu'on parle, d'une part de »bonheur,« et de »chance« en cas de succès et de montée et, d'autre part, de »calamité, catastrophe, désastre, drame, malheur, tragédie«dans le cas de défaite et de descente.

3. Théâtre et événement: résumé des traits communs

Résumons les éléments du concept d'événement que livre la référence à la pratique théâtrale:
• La mise en **place corporelle** dans les lieux où l'événement se passe joue un rôle central.

• La mise en relation des corps des différents type d'acteurs et de participants directs et indirects est une mise en relation sociale. Elle est un élément constitutif d'une **distinction sociale,** qui s'exprime suivant les critères de **proximité ou de distance vis-à-vis de l'événement.**

• Ces critères sont objectivement motivés par les différentes **qualités de la performance et de la perception.**

• Économiquement, les **différents prix d'entrée** correspondent aux différenciations de performances et de possibilités de perception .

• Si l'on explique le concept d'événement en termes d'événement théâtral, la notion de **l'exclusion** se joint à celle de lieu de production de l'événement. Dans ce cas, celui-ci est conçu comme lieu limité et clos qui exclut ceux qui n'ont pas la possibilité et le droit d'accès.

• Cette restriction spatiale de la possibilité de participer à l'événement **génère une hiérarchie de valeurs économiques** qui se manifeste dans la différence des prix d'entrée.

II. La construction du football comme construction d'événement médiatique

Examinons maintenant de plus près la relation entre »la construction médiatique de l'événement« et »le football«.

1. Espaces de représentation

Nos observations linguistiques et philologiques ont montré que **nos conceptions de l'événement, et de la construction médiatique de l'événement ont une base socio-économique, culturelle et historique** qui met en relation trois types de lieux. Ceux-ci définissent **trois domaines de représentation** le premier **actionnel,** le deuxième **symbolique** et le troisième **mental:**

• J'appelle **espace de la représentation actionnelle** cet espace où **l'événement a lieu** à un certain moment.

• J'appelle **espace de la représentation symbolique cet espace sémiotique** qu'occupe la communication de l'événement.

• J'appelle **espace de la représentation cognitive ou mentale cet espace mental** où la mémorisation et la mémoire de l'événement trouvent leur structuration.[6]

Le corps et les possibilités d'expérience corporelle sont directement liés à ces trois domaines spatiaux, étant donné que les représentations cognitives s'incorporent dans et par les pratiques actionnelles et symboliques/ médiatiques.[7] La notion du corps est à souligner non seulement parce qu'elle est à la base de toute activité sportive, mais aussi à cause de la force distinctive découlant des différentes positions corporelles et spatiales de ceux qui participent directement ou indirectement à l'événement. Si un certain type d'événement a lieu, nous avons des idées de sa conception, c.-à-d. de sa forme et de la structure de l'espace donnant lieu à cet événement. Nous sommes en même temps capable de le reconnaître et de distinguer les rôles des participants à l'événement et de valoriser tous ses éléments. Le fait que le Petit Robert ne soit pas le seul dictionnaire à alléguer le théâtre pour définir la notion d'événement, nous montre qu'il est difficile de définir le concept d'événement sans avoir recours à l'exemple du théâtre comme domaine source de maintes métaphores explicatives comme p. ex. »rôle« et »rang«.[8]

2. Construction médiatique et mise en scène de l'événement

Les termes analogiques qu'allègue le dictionnaire renvoient à un réseau sémantique renfermant une grande partie de la terminologie que les médias utilisent quand ils parlent du football. J'utilise le terme de **construction médiatique de l'événement** pour renvoyer au cadre plus large

---

[6] C'est ce type d'espace qui est lui-même conçu en termes spatiaux; le terme de »lieu commun« renvoie à une mémoire collective et à ce qui va sans dire parce qu'il est communément connu. Les lieux (topoi) de la rhétorique classique renvoient à une conception de la mémoire comme bâtiment (chambre, maison, palais ou – encore une fois – théâtre) où les différentes idées sont stockées de manière systématique et retrouvable (Draaisma 1999; néerland. 1995).

[7] Downs/ Stea (1982) ont décrit comment les cartes cognitives ou mentales sont formés et comment elles fonctionnent. Grégory (1994) l'a démontré pour l'imagination géographique. Pour les effets cognitifs et pragmatiques de la médiatisation du savoir géographique par voie de cartes géographiques et météorologiques voir Settekorn 1996; 1999.

[8] Erving Goffman a utilisé, à plusieurs reprises, le domaine théâtral pour décrire des structures sociales et pour expliquer les actes qui les créent.

qui renferme sa médiatisation et sa mise en scène mais aussi ses multiples motivations, conditions et conséquences.[9]

2.1 Le saint et la star, la légende et le reportage sportif

Comme la mise en scène médiatique de l'événement sportif[10] – et notamment du football[11] – a été abondamment analysée, on peut reprendre la perspective introduite par André Jolles pour alléguer plusieurs facteurs contribuant à la construction de l'événement sportif. Déjà en 1930, Jolles avait souligné l'homologie fonctionnelle entre la légende comme forme littéraire traditionnelle et le reportage sportif du journalisme moderne.[12] Ces deux formes de discours médiatisé contribuent à la construction sociale des héros en les rendant connus et reconnus auprès d'un public plus ou moins large. En principe, il n'existe ni saint sans légende, ni vedette sportive sans reportage sportif. En comparant les facteurs de création du saint et de la star, on découvre une série d'éléments similaires et de fonctions communes, tous basés sur des formes de rapprochement corporel, symbolique et médiatique.

2.2 Formes de rapprochement

Le désir d'identification aux héros, saints et stars est très fort chez les croyants, il se manifestea différents niveaux:
- *Le rapprochement corporel* dans le cas du pèlerinage et de l'assistance à un match de football: en se rendant au stade, on se rend au lieu de l'événement pour assister en direct et sur place à son développement, ce qui, en cas de match à l'extérieur exige un déplacement plus ou moins grand et plus ou moins cher. Se rendre sur les lieux d'entraînement pour être proche des héros vénérés, c'est une autre forme d'approximation pratiquée par les plus fidèles des supporters et qui peut permettre de toucher les héros, geste fondamental de contact physique à dimension

---

[9] Cette distinction terminologique est inspirée par la conception de »frame« introduit par E. Goffmann, qui, lui aussi utilise le concept »aller au théâtre« pour distinguer la complexité de ce concept et le »spectacle«, c'est-à-dire ce qui se passe sur scène quand la lumière de la salle est éteinte et le rideau est levé.

[10] Cf. p. ex.: *Actes de la recherche en sciences sociales* 79 et 70, 1989: »L'espace des sports«, 1 et 2; *Communications* 67, 1998: »Le spectacle du sport«; Bromberger 1998; Dérèze, éd. 1996; *Recherches en communication* 5, 1996: »La médiatisation des passions sportives«; Mignon 1998; Wille 1988; Wille 1999.

[11] Cf. p. ex.: *Actes de la recherche en sciences sociales,* 103, 1994: »L'enjeu du football«; sociétés et représentations 7, 1998: »Football & sociétes«; Kistner/ Weinreich 1998; Schümer 1998.

[12] Cf. aussi: Gebauer 1988a; Gebauer 1988b; Gebauer/ Lenk 1988.

métaphysique dont la répétition est assurée dans le domaine des religions par l'existence des reliques, témoins physiques et manifestes de l'existence des saints et de leurs forces miraculeuses.

- *Le rapprochement physique et symbolique:* le contact avec la star se conserve par exemple sous forme de signature sur papier, sur un ballon, sur la photo de la star, sur un maillot - portant peut-être son numéro et son nom - ou, cas extraordinaire, sur un maillot que la star a porté elle-même lors d'un match et qu'elle a offert au supporter.

Le fait que le football connaît la même séparation et distanciation fondamentale entre acteurs et spectateurs que le théâtre a introduites, crée **une valeur symbolique approfondie des différentes formes de rapprochement entre joueurs et supporters:** c'est le cas quand les joueurs courent vers leurs supporters après avoir marqué un but, ou quand, après un match, l'équipe se dirige vers le virage de ses supporters, pour les remercier de leur sympathie et de leurs encouragements.[13] Le contact physique est rare, mais possible quand les joueurs touchent les quelques mains tendues à travers les grilles. Une forme assez récente du rapprochement symbolique est pratiquée, quand les joueurs se mettent devant le virage de leur supporters, quand ils se prennent par les mains pour soulever leurs bras en même temps que les supporters en créant ainsi un mouvement synchronisé et accompagné par des cris communs dont le rythme s'adapte au mouvement collectif.

2.3 Capitalisation des valeurs symboliques

A ces formes transitoires se **joignent des pratiques qui permettent la prolongation temporelle et spatiale du contact avec les stars.** C'est le cas lorsque les joueurs jettent des maillots - parfois aussi des chaussures - dans les gradins. La sueur du joueur, provenant du contact corporel entre le joueur et le vêtement augmente l'authenticité de l'objet et ses valeurs symboliques et économiques. Le fait que cette valeur soit véritablement capitalisable est prouvé dans un cas récent. L'un des grands clubs de football de Hambourg, le FC St. Pauli, est très célèbre par ses supporters très fidèles, pleins d'humour et à l'esprit inventif. En 1999 déjà, le club était hautement endetté, l'équipe était est loin de bien jouer en deuxième division. Au lieu de la montée en première division dont on parlait au début de la saison 99/ 00, elle était menacée de descendre en troisième division. Pour échapper à cette situation et pour surmonter

[13] Mouvement qu'on connaît dans la pratique théâtrale, où le nombre des levées de rideaux correspond à l'estimation qualitative exprimée par le public.

les débuts de tristesse générale qui avait commencé à se répandre parmi les supporters, une association des amis du club (AGIM) a lancé une campagne pour faire vendre aux enchères par Internet des »reliques« que les joueurs, anciens et actuels, les entraîneurs et les supporters offraient à la vente. Le quotidien »Hamburger Abendlatt« évoque le 14 avril 2000[14] cette tentative de sauvetage économique dans la rubrique »sport«:

Auf der St.-Pauli-Seite des Internet-Auktionators »QXL« (www.qxl.de) wird bis Saisonende alles versteigert, was aktuelle und ehemalige Spieler sowie Fans und Vereinsmitglieder dem Club zur Verfügung stellen. QXL berechnet dafür keine Kosten. Die gesamten Einnahmen sind für den finanzschwachen FC St. Pauli, der mit diesem Geld seinen Sparetat für die kommende Saison aufstocken soll. (Sur le serveur de QXL, vendeur aux enchères sur internet, on vend jusqu'à la fin de la saison tout ce que des joueurs actuels et anciens, tout ce que les supporters et les membres du club offrent au club. La recette est destinée au FC St. Pauli en difficultés économiques, qui doit assurer avec cet argent son fonds de réserve pour la saison prochaine.)

On peut lire également:

Frühere Profis wie André Gohlke haben ihre alten Trikots (handsigniert) oder wie Volker Ippig den legendären St.-Pauli-Ledersessel zur Versteigerung freigegeben. Ralf Sievers stellt die Schuhe, mit denen er 1991 das legendäre 1:0 beim FC Bayern München erzielte, ins Internet. (Des anciens professionnels comme André Golke ou Volker Ippig sont prêts à vendre aux enchères qui ses anciens maillots (signés à main), qui le légendaire fauteuil en cuir de St. Pauli. Ralf Sievers met à la vente les chaussures avec lesquelles il a marqué en 1991 le légendaire 1 à 0 contre le Bayern à Munich.)

Vu les rapports étroits entre saints et stars, l'utilisation de l'adjectif »légendaire« n'est sûrement pas fortuite. La conservation symbolique du contact physique avec la star a ses propres pratiques souvent ritualisées: il arrive que la star accorde au public des heures où elle est prête à donner une signature ou une dédicace à des heures annoncées à l'avance par les médias. Ces rites suivent une double logique symbolique et économique qui guide le choix des lieux adaptés. Les rayons sport des grands magasins ou les magasins d'articles de sport sont les endroits les mieux adaptés à cette logique, car c'est là que ces formes de conservation du

---

[14] *Hamburger Abendblatt*, 14.04.2000: »Wer bietet mehr? Die AGIM versteigert den FC St. Pauli«.

contact symbolique peuvent établir non seulement la relation quasi per-
sonnelle entre la star et ses admirateurs, mais aussi celle entre les admirateurs et les produits sportifs qui permettent au supporter d'exprimer
son rapprochement à la star, à l'équipe et au club préféré.

2.4 Formes de la «canonisation» de la star de football
Il y a un *rapprochement essentiellement symbolique* quand, à partir du
saint et de la star, on fabrique des images et des statues que l'on expose à
la vénération dans des espaces adaptés à ce but et qui fonctionnent
comme lieux d'une mémoire collective qui se pérennise. Traditionnel-
lement, les musées sont de tels endroits, et notamment les collections de
figurines de cire où l'on conserve en cire la mémoire des personnes publiquement connues en tant qu'acteurs d'événements importants. Figu-
rer de son vivant chez Grévin ou Tussot est le signe d'une grande renommée. Il n'est donc pas étonnant que les clubs de football exposent
les documents de leur histoire et de leurs exploits – coupes, drapeaux,
fanions, maillots –, mais aussi qu'ils créent de véritables lieux de mémoire sous forme de musées. Tel Réal de Madrid qui a son propre musée
pour éterniser la gloire du club et de ses meilleurs joueurs. On y trouve
une collection de figurines de cire qui remplissent la même fonction
d'adoration que les statues des saints dans les églises et sur les calvaires.
A en croire le »Hamburger Abendblatt« du 3 mai 2000, le joueur brésili-
en Raul a sa figure de cire dans le musée du Réal. Le jour du match aller
de la demi-finale de la Ligue des champions entre le Réal et le Bayern, le
quotidien hambourgeois fait un court article sur la biographie de Raul.
Ce récit présente beaucoup de traits de la légende: le jeune joueur est is-
su d'une famille très pauvre, son départ se fait presque contre son gré au
Réal, il est découvert quasiment miraculeusement par un entraîneur, on
évoque aussi ses exploits extraordinaires, sa carrière exceptionnelle, sa
modestie permanente. Un jour avant le match des sélections allemandes,
le quotidien »Frankfurter Rundschau« (22.2.2000) a raconté d'une manière comparable la vie de Ruud van Nistelrooy.[15] Dans les deux cas, le
récit journalistique contribue à la connaissance et reconnaissance d'un
héros sportif tout en incitant les lecteurs à regarder la télévision pour
voir le jeune héros agir. En cela le récit journalistique suit les structures
du concept d'hagiographie.

---

[15] *Frankfurter Rundschau*, 22.2.2000, »Der Mann, der mit Toren droht. Ruud van Nistelrooy
gilt als der nächste Fußball-Weltstar aus den Niederlanden.« (L'homme qui fait peur avec ses
tirs. Le Hollandais Ruud van Nistelrooy passe pour la future star mondiale.)

Les responsables du football se servent de tels reportages médiatisés sur les héros pour construire des événements et pour leur attribuer une importance qui augmente avec le nombre croissant de vedettes qui y participent. L'importance croissante attribuée à l'événement fait monter les prix demandés pour la participation directe (sur place) ou indirecte (devant l'écran de télévision). Ce cercle enchanté s'élargit et les mouvements internes s'accélèrent dans la mesure où le football devient de plus en plus une affaire économique qui a non seulement lieu dans les stades et sur les écrans, mais aussi dans les lieux quotidiens de la vie publique et privée.

III. Lieux économiques du rapprochement

En prenant au sérieux la profonde interrelation entre sport, médias et économie, on ne sous-estimera pas le rôle des magasins comme lieux où se passe une partie importante de la préparation de l'événement sportif, car pour participer de manière directe et indirecte à l'événement, beaucoup d'adhérents sont prêts à faire des efforts et des investissements considérables. Et cela dans les deux sens étymologiques du verbe »investir« et du nom »investissement« qui sont liés d'un côté à la notion de »revêtir un vêtement« (c'est-à-dire au sens de s'habiller) et de l'autre côté à celle de l'«action d'investir dans une entreprise des capitaux destinés à son équipement à l'acquisition des moyens de production« (PR: »investissement«). Tout comme le pèlerin moyenâgeux qui changeait de statut social en revêtant la pèlerine (Foster 1990: 211ss.) – changement officiellement confirmé par les représentants de l'église – et qui avait besoin de moyens financiers pour se procurer un équipement indispensable à son apparence publiquement reconnaissable (chapeau, bâton, souliers, gourde, symboles etc.), le supporter assume et exprime son rôle en investissant non seulement dans ses vêtements mais aussi dans toute une gamme d'articles qui l'accompagnent et qui l'entourent parfois même.

1. »Adcorporation«, incorporation et identité

Il y a un parallélisme étonnant entre les pratiques économiques et commerciales du pèlerinage traditionnel et celle du merchandising moderne pour le football; les deux secteurs connaissent un marché gigantesque de produits de masse destinés à la masse des croyants et à celle des supporters. Tous les deux fonctionnent sur la base de rapprochement symbolique lié à l'investissement monétaire dans les différents vêtements et articles qu'on revêt pour exprimer son identité et son appartenance à un groupe. L'incorporation de l'habitus passe ici par ce qu'on pourrait appeler »adcorporation«, c'est-à-dire l'acte de s'habiller en supporter, et de porter le maillot avec les couleurs et le nom d'un club et souvent aussi avec le nom et numéro de son joueur préféré. Ainsi s'exprime un parallélisme symbolique et temporaire entre joueurs et supporters qui portent le même type de maillot dans le stade.

Les médias nous informent dans leurs rubriques «reportage», «information», «vie sociale», etc. sur des cas semblables. Ainsi le quotidien *Frankfurter Rundschau* le 28 avril 2000. Korfmann (2000) raconte dans la rubrique »Berlin« l'histoire d'un certain Klaus-Dieter Müller, supporter berlinois du Bayern de Munich, qui, bien qu'il soit au chômage, fait tout pour montrer sa sympathie pour son club préféré en portant non seulement le maillot, mais aussi un chapeau gigantesque avec les insignes du club. Et cela tous les jours et en public. S'il lui est possible, il se déplace pour assister aux matchs de son club. Cette identification publique avec un club de foot est présentée comme partie intégrante de la biographie et de l'identité de Klaus-Dieter Müller, qui avait, déjà à l'époque de la RDA, montré son amour, ce qui lui avait valu deux ans de prison: Müller, après avoir bu quelques bières avait publiquement dit son opinion sur la RDA et sur le Bayern. Quand on connaît les profondes différences qui opposent Berlin et Munich et qui s'expriment dans de nombreuses «histoires drôles» sur l'Autre, on comprend que le comportement de cet individu vaut une confession ou une profession de foi publique.

Si ce cas extrême est assez spécial, il renvoie pourtant de manière emblématique à la dimension sociopsychologique de l'identification qui lie les supporters à leurs clubs préférés et il montre aussi que l'expression publique et visible de leur fidélité et de leur vénération les rapprochent du croyant et du pèlerin.

2. Les marques d'articles de sport: facteurs de la construction de l'événement

Mais le choix du maillot va au delà d'une simple décision pour un club ou pour un joueur. Comme Fabien Wille (1999) l'a montré de manière convaincante, les différents médias fonctionnent en tant que facteur promotionnel des événements sportifs auxquels ils donnent une structure adaptée à la logique de la présentation médiatique et à ses exigences

économiques. S'y ajoute d'une manière décisive **l'intervention des entreprises et des marques d'articles de sport,** qui tendent à former de plus en plus l'événement sportif médiatisé suivant leur propres intérêts de vente. Les grands clubs et associations de football partagent ces intérêts, car la plus grande partie de leur financement a deux sources: la vente des droits de retransmission des matchs et le merchandising des produits rattachés aux clubs.

2.1 La nouvelle culture sportive de Nike

Rien ne montre mieux cette stratégie de mainmise sur la construction de l'événement sportif par les grandes marques de sports que le développement de Nike qui, pour rompre le monopole d'Adidas, a fait d'énormes efforts pour créer sous le signe du »swoosh« une propre culture sportive, et cela en puisant dans le grand réservoir des pratiques religieuses traditionnelles et en les exploitant: création de temples pour chaque sport sur les lieux de l'entreprise, pratique de rites pseudo-religieux pour unir les employés, invention de saints de chaque grand type de sport pour lequel on fabrique des produits spécialisés, création de reliques qu'on peut exposer soit pendant les foires spéciales de sports, soit dans de véritables temples de vente et de présentation« comme à New York, à Londres et à Berlin (cf. Goldman/ Papson 1998; Kistner/ Weinreich 1998). D'une façon préméditée à long terme, Nike relie des formes et des pratiques quasi-religieuses avec une gigantesque stratégie médiatique et économique pour commercialiser les valeurs et les articles de l'entreprise.

Un article de l'hebdomadaire *Die Zeit* du 14 mars 2000 (Bieber 2000), hebdomadaire allemand haut de gamme, informe sur cet aspect en adaptant la forme de la mise en page du récit à son contenu: le titre annonce comme contenu »Glaube« (foi); les blocs du texte imprimé laissent un espace en blanc qui a la forme d'une croix et au centre de celle-ci, là, où l'on trouve d'habitude le Christ crucifié, est placé une paire de baskets, l'une des chaussures est une Nike, l'autre une Adidas. L'article souligne que les forces de vente des grandes marques d'articles de sport, influencent d'une manière considérable la construction médiatique de l'événement sportif et cela parce que les médias privés dépendent des entreprises qui payent cher la publicité télévisée pour leurs produits. Mais leur impact va beaucoup plus loin. Il influence la mise en scène du spectacle et va jusqu'à créer des gestes spécifiques chez les acteurs.

Une fois de plus, les comportements corporels des acteurs et leurs équipements sont indicatifs. Nike a investi des sommes inconnues, mais supposées très importantes, pour que la sélection brésilienne joue avec un équipement Nike. Dans une série de publicités destinées à propager la légende nécessaire, Ronaldo a été introduit comme le grand saint du football à la Nike. Le 12 juillet 1998, la finale de la Coupe du monde a non seulement opposé les équipes de France et du Brésil. Elle a en même temps opposé Adidas à Nike: la guerre des chaussures est devenue une guerre de religion. Dans ce cas, la construction médiatique de l'événement a trouvé une nouvelle complexité: tout avait été préparé par deux campagnes publicitaires dont les produits ont envahi l'espace public sous formes de deux séries d'affiches gigantesques. Cette préparation de l'événement avait transformé les lieux publics en supports publicitaires. Et comme Nike a voulu gagner à tout prix la bataille finale de la guerre qu'il avait déclarée à *Adidas*, son premier soldat, Ronaldo, a dû entrer dans le « champ de bataille », malgré ses blessures.

2.2 Les Bleus

A Herzogenaurach, siège de la centrale d'Adidas, on a fêté le triomphe des Bleus comme victoire de la marque aux trois bandes, et cela à juste titre. Grâce à cette victoire inattendue, on pouvait espérer une amélioration des ventes des articles de football et, de manière générale, de tous ceux qui portaient les trois bandes et les insignes de l'équipe française. En témoigne un article du *Hamburger Abendblatt*, qui a consacré le 15 juillet 1998 dans sa rubrique »Economie« un grand article aux conséquences économiques qu'a entraînée la victoire française pour Adidas. L'article décrit l'événement et ses conséquences dans la perspective de la centrale de l'entreprise à Herzogenaurauch. Au centre est reproduite l'affiche de neuf mètres sur seize portant l'inscription »Bravo la France«. Les sondages cités dans l'article démontrent que la victoire française, a fait d'Adidas le sponsor le plus connu de la coupe du monde.

2.3 Un geste qui a fait fortune

Le texte de cet article est accompagne d'**une photo qui a fait le tour monde**: L'image d'un Zinédine Zidane soulevant son maillot pour montrer le nom d'Adidas, imprimé en grandes lettres sur le t-shirt qu'il a porté sous son maillot. Le geste de Zidane est porteur de deux messages simultanés: d'abord celui de la joie d'un joueur couronné de succès qui soulève et brandit son maillot bleu. Interprété de cette manière, le geste pourrait vouloir dire »regardez, j'ai marqué pour les Bleus et pour la France«. Quand on regarde le t-shirt blanc avec la grande inscription Adidas, le geste peut en même temps dire: »regardez, c'est à l'aide du matériel Adidas que j'ai pu marquer ce but«.[16] Le même geste aurait donc une valeur déclarative et publicitaire. A la télévision, on a pu voir que Zidane a embrassé son maillot, ce qui rend le geste plus fort sans le rendre d'ailleurs moins ambigu.

A tout cela se joint une fonction supplémentaire, car la photo documente la naissance d'un nouveau mythe, d'un nouveau héros, d'une nouvelle vedette mondiale. On dirait qu'elle revendique le statut d'acte performatif de béatification/ canonisation. La valeur extraordinaire de l'événement, documenté par cette photo, lui a rendu cette valeur extraordinaire que documentent ses innombrables reprises dans les journaux et sur les écrans du monde entier. Il est donc peu étonnant qu'on la retrouve sur la couverture d'un livre publié en 1999 qui, sous le titre »Zidane. Le roman d'une victoire« (Zidane/ Franck 1999) raconte la vie du nouveau héros national sous une forme où se mélangent des traits de biographie, d'autobiographie et d'hagiographie. La description verbale du moment que montre la photo (c'est-à-dire la 45e minute de la première mi-temps), utilise, elle aussi le mélange des discours et des perspectives; il y en a trois dans ce passage:

- La situation dans la famille Zidane qui, à *Marseille* regarde la finale, lieu de *participation indirecte*.
- La situation dans le Stade de France à *St. Denis*, lieu de *la participation directe active et passive*.
- La situation de l'interview *enregistrée plusieurs mois après la finale*.

Ce passage renferme la plupart des facteurs intervenant dans la construction médiatique du football, sauf les conditions et conséquences économiques sous-jacentes à la description verbale de cette scène. Il montre des éléments de l'identification de la famille, des coéquipiers et des supporters dans le stade avec la star, identification que le texte du livre affirme et prolonge et dont les auteurs et la maison d'édition profitent, car avant de pouvoir citer ce livre, il faut l'avoir acheté et lu. Ainsi, le livre contribue, lui aussi à la construction de l'événement sportif. Une autre photo documente à l'intérieur de ce livre les conditions de production de la première photographie et montre Zidane se dirigeant en courant vers les photographes et les caméras placés à côté de la cage de but en leur montrant son maillot soulevé et le t-shirt qu'il porte en dessous. Le geste ambigu a été produit pour être reproduit dans les médias

[16] On peut penser à une autre interprétation: »regardez, j'ai marqué mon but pour Adidas«. Cette pratique de dédier un but à quelqu'un me semble être assez récente, mais en train de se répandre. La dédicace d'un taureau à quelqu'un lors d'une corrida a une longue tradition et reflète les anciens éléments du sacrifice lié à la tauromachie.

148

et il est devenu un modèle de geste promotionnel dans le football. En 1999, lors de la coupe du monde des équipes de foot féminin, ce geste nous a même permis d'apprendre la marque des soutiens-gorges de la sélection nord-américaine.

IV. Conclusion

Par imitation répétée et variée, ces gestes se sont répandus à grandes vitesse dans les pratiques du football. Ils sont aussi simples que significatifs. En remplissant plusieurs fonctions, ils renvoient à des relations complexes, car le rapport entre les corps des joueurs et les vêtements qu'ils portent lors du match a des dimensions qui dépassent de loin les simples fonctions de la protection des corps et de la distinction des équipes opposées. Les maillots des clubs servent de support de publicité et ils fonctionnent ainsi comme toutes les autres formes officielles de présentation publique des clubs transformés en entreprises et acteurs économiques, ou, parfois, même en sociétés anonymes. Zidane avait démontré qu'un maillot officiel peut en cacher un autre qui porte en grandes lettres le nom d'une marque. Depuis, il arrive que les t-shirts portent des inscriptions personnelles. Les joueurs »découvrent« ces messages cachés après avoir marqué un but qu'ils dédient soit à une marque, soit à une personne, soit à une famille, soit à Dieu, soit à un saint.[17] Pour que ces gestes fonctionnent, le choix des inscriptions figurant sur les t-shirts est prémédité; de cette manière, on se prépare aux cas exceptionnels qui constituent un sous-événement à l'intérieur d'un événement complexe pour fournir à celui-ci une dimension spectaculaire supplémentaire qui est digne d'être rapportée et répétée par les médias. Dans ce cas-là, la pratique exceptionnelle se sert de pratiques globalisées de la vie quotidienne. Dans le monde entier, les inscriptions et les images sur les t-shirts et sur toute autre sorte d'article de la vie quotidienne, signalent l'appartenance à »une famille« ou bien la sympathie avec elle. Cette démarche peut prendre des formes individualisées, par exemple en imprimant des photos personnelles sur les t-shirts, ou plus générales par une production de masse des messages qu'ils portent. Dans le cas du football, »l'adcorparation« et le double »investissement« des supporters est un élément non négligeable qui contribue à la constituti-

---

[17] Baiser le maillot est un autre geste qui vaut suivant le contexte du match actuel comme dédicace au club du joueur ou au pays représenté par son équipe.

on du cercle enchanté entre sport, média, et économie et à son renforcement dans les pratiques de la vie quotidienne.

Même si la plupart des articles cités en haut datent de 1999 et de 2000[18], les structures et le développement qu'ils décrivent sont toujours à l'ordre du jour. Le football »haut de gamme« actuel est partie intégrante du processus général de la globalisation; il s'insert dans les réseaux de l'économie capitaliste globalisée tout en suivant leurs règles et leurs péripéties. Le déplacement croissant des lieux de production dans les pays à modestes salaires et le développement des voies de transport des produits qu'on y fabrique correspondent aux lieux de formation et aux voies de transfert de beaucoup de joueurs: ainsi le football européen se sert des marchés internationaux et de préférence des marchés de pays défavorisés de l'Asie, de l'Afrique, de l'Amérique du Sud mais aussi de l'Europe de l'est. D'un côté, on y »achète« pour peu d'argent des jeunes joueurs talentueux qu'on forme dans les clubs européens, de l'autre, on s'assure à des prix parfois assez considérables - mais pourtant relativement bon marchés - les services de joueurs formés et on tire profit de la plus ou moins grande renommée qu'ils accumulent lors des grands événements du football. Les ligues internationales, telles la Ligue européenne des champions et la Coupe de l'UEFA, les coupes européennes des onze nations, et les coupes mondiales sont non seulement de gigantesques mises en scène du grand football international, mais elles fonctionnent aussi comme des foires internationales: les joueurs tâchent d'accroître leur renommée, leur valeur en montrant leurs capacités aux yeux d'un public international. Les »acheteurs« prospectifs, les spécialistes, et les »espions« des clubs internationaux profitent de ces foires pour s'informer; ils y vérifient la qualité et les prix de la marchandise, c'est-à-dire des joueurs intéressants et intéressés.

L'interpénétration progressive des domaines du football, des médias et de l'économie ouvre une voie efficace pour répandre l'idée de l'économie globalisante et globalisée dans la pensée et dans la vie quotidiennes. Elle contribue à la constitution de ce cercle enchanté. Celui-ci permet le renforcement et la confirmation réciproques de ses propres éléments en les présentant comme évidents et naturels, comme allant de soi, comme »taken for granted«. Tout cela se manifeste non seulement dans les pratiques quotidiennes déjà mentionnées, mais aussi dans les usages linguistiques et communicatifs des mass-médias. En témoignent:

---

[18] J'en avais présenté une première version lors d'un colloque à Mons consacré en mai 2000 au »Sport et médias« lors de l'ouverture du parc.

- le mélange élargi des formes et des contenus dans les articles des rubriques »sport« et »économie« qui est devenu habituel dans les quotidiens (Settekorn 2003a)
- la croissance des métaphorisations mutuelles des domaines »sport« et »économie« (Settekorn 1997; 2001; 2003b) et
- les maintes formations de noms composés en allemand (Settekorn 2003b) qui unissent les deux domaines par voie d'intégration conceptuelle (Fauconnier 1997; Fauconnier/ Turner 2002; Turner 2000).
Mais les conditions des marchés globalisés ne sont pas stables. A la suite de l'attentat du 11 septembre 2001, les médias internationaux parlent d'un sentiment d'insécurité grandissant et de crise des marchés internationaux; ils constatent un déclin de l'opération boursière internationale et des difficultés de l'économie globalisée. Si la foi inconditionnelle dans la croissance perpétuelle et dans l'expansion illimitée de l'économie et des marchés n'est plus sans faille, elle n'a pourtant pas perdu toute sa force. Le discours économique continue à dominer le traitement public des nouvelles donnes du football de pointe. Les dimensions parfois gigantesques de ses activités et de ses exigences financières dépassent de plus en plus les capacités de beaucoup de clubs de football. Il y en a qui ont fait faillite. Mais tout cela ne touche pas aux principes économiques de base. Si les médias, en traitant des question de sport et de football, se sont habitués à parler de plans de rigueur, de baisses de salaires, de besoin de modestie etc., ils ne quittent pas le cercle enchanté qui avaient eux-mêmes introduit. Cette vision semble être d'autant plus plausible qu'elle correspond à une prise en compte globale des nouvelles données économiques, sociales et culturelles.

Pendant la rédaction de cet article, il s'est produit un cas inconnu jusque-là qui a largement agité les médias allemands et qui a fait fureur dans les milieux du football professionnel allemand. Il démontre de manière quasi emblématique les éléments centraux de convergence entre sport, médias et économie. Le 19 février 2003, le *Manager Magazin* a publié un article rapportant qu'en 1999 le Bayern de Munich avait signé un contrat secret avec la société Leo Kirch. Ce contrat donne à la télévision privée de l'empire de Leo Kirch le droit de retransmettre les matchs du Bayern. En échange, celui-ci paie 40 millions de Deutschmark au Bayern en demandant au club de football de renoncer à un projet de fondation de sa propre chaîne de télévision pour mieux commercialiser ses »produits«. Pour comprendre l'effet provoqué par cette information, il faut savoir que Leo Kirch a fait faillite en 2002. Cet événement a non seulement ébranlé le marché des médias mais aussi, et surtout, l'ensemble du football allemand, car ses clubs ont ainsi perdu une importante partie de leurs revenus qui, jusque là, avait été assurés par les sommes payées par Leo Kirch pour les droits de retransmission à la télévision. Par conséquent, les clubs ont dû beaucoup limiter leurs dépenses pour l'achat de nouveaux joueurs et pour la préparation de la saison 2002/ 2003. A l'exception du Bayern de Munich qui a dépensé des sommes considérables pour l'achat de deux joueurs à grande renommée (Ballack et Zé Roberto). Si de tels transferts sont considérés rétrospectivement comme une »concurrence déloyale«, on constate que la logique économique s'exprime aussi bien dans les discours des médias que dans les conversations quotidiennes.

Cet exemple démontre, une fois de plus, dans quelle mesure la construction de l'événement sportif, et spécialement celui du football, dépend des intérêts économiques des médias. En lui donnant une nouvelle vie et de nouvelles formes (Dauncey/ Hare; James 1989; Demorgon 1998; Lamoureux 1998; Marchetti 1998; Papa 1998; Viallon 1998; Blociszewsk 2000; Papa 2000), les médias l'ont transformé en marchandise. Le match de football professionnel - et tout ce qui l'entoure - est devenu un produit fabriqué par des clubs qui se comprennent tout d'abord comme entreprises. Les transformations des paysages médiatiques européens, l'introduction de la télévision privée et la professionnalisation croissante du sport, font partie intégrante d'une transformation économique, sociale et culturelle liée à la globalisation de la communication, de la production et de la commercialisation. Le cas de l'Italie et de Berlusconi montre que la politique et le droit aussi se trouvent largement intégrés à ce processus.

Literatur

Actes de la recherche en sciences sociales, Nr. 79, September 1989: L'espace des sports -1.

Actes de la recherche en sciences sociales, Nr. 80, November 1989: L'espace des sports -2.

Actes de la recherche en sciences sociales, Nr. 103, Juni 1994: Les enjeux du football.

Apostolides, Jean-Marie, 1981: Le prince sacrifié. Théâtre et politique au temps de Louis XIV, Paris.

Bieber, Christoph, 2000: Heilige Schuhe. Wie die Sportindustrie Kultgegenstände und Götter schafft. Adidas gegen Nike. Zwei Marken, zwei Religionen. In: Die Zeit Nr. 14, 30. März 2000.

Blociszewski, Jacques, 2000: Les dérives du football télévisé et le mirage du vidéo-arbitrage. In: Véray / Simonet (Hrsg.), S. 271–302.

Bromberger, Christian / Alain Hayot/ Jean-Marc Mariottine, 1995: Le match de football. Ethnologie d'une passion partisane à Marseille, Naples et Turin. Paris.

Bromberger, Christian, 1998: Football, la bagatelle la plus sérieuse du monde. Paris.

Champagne, Patrick, 1993: La vision médiatique In: Bourdieu 1993a, S. 61–69.

Dauncey, Hugh / Geoffroy Hare, 1998: La commercialisation du football. In: Sociétés et représentation Nr. 7, S. 265–280.

Demorgon, Jacques, 1998: La sporTiVisation mondiale. In: Communications 67, S. 117–134.

Dérèze, Gérard et al., 1996: Tribunes de presse. ètudes sur la costruction journalistique du sport. Louvan-la-Neuve.

Dérèze, Gérard, 1996: Sports et médias: la double alliance. In: ders. (Hrsg.): Tribunes de presse. Études sur la construction journalistique du sport. Louvain-la-Neuve, S. 7–28.

Dérèze, Gérard, 1998: De la médiatisation des grandes compétitions sportives. In: Communications 67, S. 33–43.

Downs, Roger M./ David Stea, 1982: Kognitive Karten: Die Welt in unseren Köpfen. New York.

Draaisma, Douw 1999: Die Metaphernmaschine. Eine Geschichte des Gedächtnisses. Darmstadt.

Encrevé, Pierre/ Michel de Fornel, 1983: Le sens en pratique. Construction de la référence et structure sociale de l'interaction dans le couple question/ réponse. In: Actes de la recherche en sciences sociales, Nr. 46, S. 3–30.

Fauconnier, Gilles, 1997: Mappings in Thought and Language. Cambridge.

Fauconnier, Gilles/ Mark Turner, 2002: The way we think. Concpetual blending and the mind's hidden complexities. New York.

Foster, Norman, 1990: Auf den Spuren der Pilger. Die großen Wallfahrten im Mittelalter. Augsburg.

Gebauer, Gunter (Hrsg.), 1988a: Körper- und Einbildungskraft. Inszenierungen des Helden im Sport. Berlin.

Gebauer, Gunter, 1988b: Die Masken und das Glück. Über die Idole des Sports. In: Gebauer (Hrsg.), S. 125–143.

Gebauer, Gunter/ Hans Lenk, 1988: Der erzählte Sport. Homo ludens – auctor ludens. In: Gebauer 1988a, S. 144–163.

Goffman, Erving, 1980: Rahmen-Analyse. Ein Versuch über die Organisation von Alltagserfahrung. Frankfrut/Main.

Goldman, Robert / Stephen Papson, 1998: Nike Culture. The Sign of the Swoosh. London/ Thousend Oaks/ New Delhi.

Gregory, Derek, 1994: Geographical Imaginations. Cambridge (Mass.)/ Oxford.

James, Francis, 1989: Le problème de l'évolution du statut de l'image dans l'information télévisée, le football sur <<Canal Plus>>. In: L'information télévisée: modèles descriptifs et stratégies de formation (=Bulletin du certeic N0 10), S. 11–21.

Jolles, André, 1969 ([1]1930): Einfache Formen. Legende. Sage. Mythe. Rätsel, Spruch. Kasus. Memorabile. Märchen. Witz. Darmstadt.

Kistner, Thomas/ Jens Weinreich, 1998: Das Milliardenspiel. Fußball, Geld und Medien. Frankfurt/Main.

Korfmann, Hans W. 2000: Müller beherrscht das Mittelfeld. Müller hat seine Gewohnheiten, sonst hat er nicht viel. Aber Müller hat eine große Liebe: Bayern München. In: Frankfurter Rundschau, 28. April 2000.

Lamoureux, Christophe, 1998: Le match à la télévision: vision du jeu et mise en paroles. In: Sociétés et représentation, Nr. 7, S. 333–340.

Le Petit Robert, 1973. Dictionnaire alphabétique et analogique de la langue française. Par Paul Robert. Secrétaire général de la rédaction: Alain Rey. Paris.

Mallwitz, Alfred, 1972: Olympia und seine Bauten. Darmstadt.

Marchetti, Dominique, 1998: Le football saisi par les médias. In: Sociétés et représentation, Nr. 7, S. 309–332.

Mignon, Patrick, 1998: La Passion du football. Paris.

Papa, Françoise, 1998: Les matchs sur le petit écran. In: Sociétés et représentation, Nr. 7, S. 281–294.

Papa, Françoise, 2000: Montrer le sport à la télévision: construire l'événément sportif. In: Veray/ Simonet (Hrsg.), S. 229 –254.

Schümer, Dirk, 1998: Gott ist rund. Die Kultur des Fußballs. Frankfurt/Main.

Settekorn, Wolfgang, 1996: Vor-Film. Zur Geschichte der Inkorporaton von Sprache, Bild und Raum in der frühen Neuzeit. In: Segeberg, Harro (Hrsg.): Die Mobilisierung des Sehens. Zur Vor- und Frühgeschichte des Films in Literatur und Kunst. Mediengeschichte des Films, Band 1. München, S. 13–43.

Settekorn, Wolfgang, 1997: Métaphorisations mutuelles, mise en scène et médias: Invitations à l'induction? In: Communication & Organisation 12, S. 203–226.

Settekorn, Wolfgang (Hrsg.), 1999a: Weltbilder der Wetterberichte. Frankfurt/Main usw.

Settekorn, Wolfgang, 1999b: Wort, Bild und Zahl. Konzepte und Praktiken des Weltbezugs in historischen Wetterbeschreibungen. In: ders. (Hrsg.), S. 45–77.

Settekorn, Wolfgang 2001: Tor des Monats – Tor zur Welt. Zum Metapherngebrauch in Massenmedien. In: Möhn, Dieter/ Dieter Roß/ Marita Tjarks-Sobhani (Hrsg.): Mediensprache und Medienlinguistik. Festschrift für Jörg Hennig. Frankfurt/Main usw.

Settekorn, Wolfgang, 2003a: Lebende Legenden: Wie Medien Fußballhelden machen. In: Hans-Peter Ecker (Hrsg.).

Settekorn, Wolfgang, 2003b: Sport – Médias – Économie. Éléments linguistiques, médiatiques et conceptuels d'un cercle enchanté. In: Le Symbolique et le Social. La réception internationale du travail de Pierre Bourdieu, sous la dir. de J. Dubois, P. Durand & Y. Winkin, Actes du colloque de Cerisy-la-Salle (im Druck).

Sociétés & Représentations, Nr. 7. Dezember 1998: Football & Sociétés.

Svenbro, Jesper, 1999: Archaisches und klassisches Griechenland: Die Erfindung des stillen Lesens. In Roger Chartier/ Giuglelmo Cavallo (Hrsg.): Die Welt des Lesens. Von der Schriftrolle zum Bildschirm. Frankfurt/ New York, S. 9–96.

Turner, Mark, 2000. L'imagination et la créativité. Leçons au Collège de France (http://www.wam.umd.edu/~mturn/WWW/cdf.html).

Véray, Laurent/ Pierre Simonet, 2000 (Hrsg.): Montrer le sport. Photographie, cinéma, télévision, Paris (= Les Cahiers de l'INSEP. Hors série).

Viallon, Philipp, 1998: La télévision comme accélérateur du mouvement, ou de la surmodernité du spectacle sportif. In: Communications 67, S. 179–191.

Yonnet, Paul, 1998: Systèmes de sports. Paris.

Weeber, Karl-Wilhelm, 1991: Die unheiligen Spiele. Das antike Olympia zwischen Legende und Wirklichkeit. Zürich/ München.

Weiler, I., 1981: Der Sport bei den Völkern der alten Welt. Darmstadt.

Wille, Fabien 1998: Le sport comme opérateur de changement dans la production médiatique. Le modèle du Tour de France. In: Football & Sociétés. Sociétés & Représentations, Nr. 7, Dezember 1998, S. 419–420.

Wille, Fabien, 1999: Le sport un opérateur de changement dans la production médiatique. Le modèle du Tour de France. Diss.: Université de Nanterre.

Zidane, Zinédine/ Dan Franck, 1999: Le roman d'une victoire. Paris.

Gunter Gebauer

Das Feste und das Flüssige

Zur Habitusbildung in Spielen

Spiele sind Indikatoren von Veränderungen in der Gesellschaft. Dies ist die Grundannahme unseres Forschungsprojekts, das im Rahmen des Sonderforschungsbereichs »Kulturen des Performativen« traditionelle und neu entstandene Spiele in einer vergleichenden Perspektive untersucht.[1] Für den Zweck dieses Vortrags wähle ich aus unseren Materialien zwei Spiele, genauer: zwei Sportarten aus, an denen sich gesellschaftliche Wandlungen besonders gut erkennen lassen; es sind das im Verein betriebene Handballspiel und der weitgehend individuell ausgeübte Triathlon, eine noch recht junge Sportart, die sich in den letzten Jahrzehnten etabliert hat und sich eines hohen Ansehens in der Öffentlichkeit erfreut. Wir haben mit Methoden der qualitativen Sozialwissenschaft zum einen die Mitglieder einer Frauenmannschaft der Handballabteilung eines Berliner Stadtteilvereins, zum anderen eine Reihe von Teilnehmern an lokalen Veranstaltungen im Triathlon befragt, die Trainings- und Wettkampfpraxis beobachtet sowie eine kleine Zahl von Experten interviewt.[2]

Mit dem in Vereinsmannschaften gespielten Handball und dem individualistisch betriebenen Triathlon stehen sich zwei deutlich voneinander unterschiedene Ausprägungen des Sporttreibens gegenüber. Nicht nur die Bewegungsweisen kontrastieren, sondern auch die Trainings- und Wettkampforte, die Gemeinschaften, Rituale, Codes, Kleidungsstile

---

[1] Der Titel unseres Forschungsprojekts lautet: »Die Aufführung der Gesellschaft in Spielen«. Daran beteiligt sind Thomas Alkemeyer, Uwe Flick, Bernhard Boschert, Robert Schmidt und Martin Stern. An der Konzeption der hier ausgeführten Gedanken ist wesentlich Robert Schmidt beteiligt.

[2] Die Methodologie wurde von Uwe Flick entwickelt und folgt im Wesentlichen den in seinen Schriften dargestellten Methodenkonzepten, vgl. z. B. Uwe Flick, *Qualitative Sozialforschung*. Reinbek 2001.

sind im neuen Spiel deutlich anders als im traditionellen Handball. Alle diese Unterschiede kommen in der Art und Weise zusammen, wie die Athleten sich selbst auffassen: in ihrem Selbstbild, ihrem Verhältnis zu ihrer sozialen Herkunft und Klassenzugehörigkeit, in ihrem Entwurf von sich selbst. Hierin stehen sich die Teilnehmer beider Sportarten nahezu diametral gegenüber, nicht nur im Blick des sozialwissenschaftlichen Beobachters, sondern auch in den Augen der Beteiligten.

Was von den Triathleten an ihrem Sport positiv bewertet wird: individuelle Sportausübung, geringe Bedeutung der Gemeinschaft und die Abwesenheit von Bindungen, Ästhetisierung und Spektakularisierung von Körper und Bewegung, öffentlich präsentierter Narzissmus, wird aus der Perspektive der traditionellen Sportlerinnen ausdrücklich negativ beurteilt. Für diese ist gerade die institutionell garantierte Beständigkeit des Vereinslebens sehr wichtig: das regelmäßige Training, der verbindliche Wettkampfkalender, die Vereinsfeiern mit ihren ritualisierten Geselligkeitsformen, insgesamt das *Zyklische*, das dem Leben eine vorhersehbare, gleichmäßige und wiederkehrende Form gibt. Das gesamte Privatleben wird mit dem Trainings- und Wettkampfkalender abgestimmt. Eine Handballspielerin begrüßt ausdrücklich, dass es im Verein »bestimmte Pflichten (und) Regeln« gibt, »die vorgegeben sind«, dass »man sich anpassen« muss, während im sonstigen Leben »immer weniger Wert auf Gemeinschaft« gelegt würde (Interview Monika).

Triathlon besitzt zwar Rahmenelemente des klassischen Sports (wie Vereine und Verbände), ansonsten spielt das Institutionelle, mit Ausnahme des Wettkampfs, so gut wie keine Rolle.[3] Dafür werden *Attribute* (Kleidung, Körperformen usw.) und *performative Darstellungsformen* der sozialen Zugehörigkeit deutlich wichtiger als im klassischen Sport. Auffällig ist die große Technikbegeisterung, die sich im Kult der hochtechnologischen Fahrräder ausdrückt. Die Triathleten unterscheiden sich durch die Verbindung von Körper- und Technikkult von klassischen Sportgruppen, die von ihnen als konservativ und langweilig beschrieben werden. In der Wahrnehmung der Athleten ist Triathlon eine exklusive Sportart, die Praxis einer sportlichen Elite, eine Praxis der Distinktion insbesondere gegenüber den als »proletarisch« bezeichneten Mannschaftssportarten (Interview Dirk).

Tatsächlich hatten auch wir zunächst den Eindruck, nicht zuletzt auf Grund der Sprechweisen und Selbstdarstellung der Interviewpersonen, dass beide Sportlergruppen im sozialen Raum weit voneinander getrennt seien und unterschiedlichen sozialen Klassen angehörten. Die Auswer-

---

[3] So gibt es beispielsweise keine Vereinsheime, nur zu einem Teil feste Trainingszeiten usw.

tung der von uns erhobenen Sozialdaten auf der Grundlage der Bourdieuschen Soziologie und mit Bezug auf die Untersuchungen des Sozialraums der deutschen Gesellschaft von der Forschungsgruppe um Michael Vester ergaben ein ganz anderes Bild: Beide Gruppen befinden sich »in unmittelbarer Nachbarschaft zueinander in einem mittleren Bereich des sozialen Raumes. Obwohl wir es im Handball und Triathlon mit zwei völlig unterschiedlichen sportlichen Praxen, Sportverständnissen und Lebensstilen zu tun haben, bilden diese Differenzen keine Klassenunterschiede ab. Die von uns untersuchten Fälle sind vielmehr alle in einer mittleren Teilzone des sozialen Raums platziert. Sie befinden sich, obwohl sie gegensätzliche und teilweise neue symbolische und kulturelle Positionen besetzen, auf annähernd derselben sozialen Rangstufe.« (Robert Schmidt). Dennoch sind beide Gruppen durch deutlich unterschiedene Habitus gekennzeichnet.

Können wir annehmen, dass die Triathleten den Habitus des kleinen und mittleren Bürgertums, den wir abkürzend als »kleinbürgerlich« bezeichnen und der bei den Handballerinnen sehr deutlich hervortritt, weiterentwickelt haben? Dafür sprechen eine Reihe von Indizien. Aber wenn dies so sein sollte – wie läßt sich dann nach Bourdieu eine Habitusveränderung theoretisch darstellen? Bourdieu selbst war in seinen Arbeiten am Funktionieren von stabilen, kontinuierlichen Habitus interessiert; dies mit einer solchen Eindeutigkeit, dass ihm vorgeworfen wurde, seine soziologische Theorie sei insgesamt statisch. Dies ist sicher nicht richtig; aber man muss zugeben, dass es nicht einfach ist, Veränderungen im Habitus einer sozialen Klassenfraktion mit dem Bourdieuschen Instrumentarium theoretisch zu fassen.

Dass in unmittelbarer Nachbarschaft im sozialen Raum sich so unterschiedliche Spielvorlieben wie die für das traditionelle Handballspiel und jene für den Triathlon ausprägen, scheint auf den ersten Blick gegen jeden Versuch zu sprechen, eine soziale Systematik ausfindig zu machen. Kann man hier noch von einem durch den Habitus geordneten sozialen Handeln sprechen? Oder sollte man, wie Ulrich Beck, die Instrumente fortwerfen, hier von »Bastelbiographien« sprechen und die Situation in einer ästhetisierenden Blickweise wie ein Schriftsteller beschreiben, dem es auf das Einmalige, das Besondere ankommt? Man kann aber wenigstens versuchen zu zeigen, dass der Habitusbegriff angesichts eines solchen scheinbaren Durcheinanders nicht überfordert ist, sondern hier angewendet werden kann, wenn man seine Dynamik erfasst.

Ein Habitus ist niemals statisch; er kann freilich gegenüber einer sich wandelnden sozialen Umgebung den Eindruck machen, dass er unbeweglich sei. Allerdings gelangt er nie zu völliger Immobilität, insofern er die Veränderungen, Schwankungen seiner Umgebung wenigstens ausgleichen muss. Die Handballerinnen in unserer Untersuchung kann man bei eben solchen Versuchen beobachten. Ihr Habitus ist beharrend – in ihrem Verein wird Sport getrieben wie zu Zeiten ihrer Eltern, in ihrem Stadtviertel, zu festen Trainingszeiten, der Mannschaftsdisziplin unterworfen, den Anordnungen des Trainers gehorchend, mit gemeinschaftlichen Kneipentreffen nach dem Training und Punktspielen am Wochenende. Sie bieten nichts Neues, sondern beharren auf geerbten Werten, Idealen und Lebensweisen. Dies geschieht nicht als ein verbissener Kampf, sondern aus dem Vergnügen an der Sportpraxis, am harten agonalen Körpereinsatz und am Vereinsleben mit seinen Freundschaftsbeziehungen. Die Art und Weise, wie die Handballerinnen ihre Sportpraxis unter gänzlich veränderten Umweltbedingungen fortsetzen, zeigt die Belastbarkeit ihres Habitus. Gerade vom kleinbürgerlichen Habitus wird eine beharrliche Stabilität behauptet; er reproduziert Bekanntes, gibt Sicherheit gegenüber Veränderungen.

Aber um die Handballerinnen herum ist die Zeit nicht stehengeblieben. Im Unterschied zu ihren Vorgängern müssen sie sich gegen Fitnessclubs und neue Sportarten zur Wehr setzen, die ihnen zuwider sind, gegen die Erosion, die das Vereinsleben zersetzt, die Egoismen, die veränderten Prioritäten und Werte der jüngeren Mannschaftsmitglieder. Gegen alle diese Veränderungen ist die Vereinswelt des Handballs eine Insel geworden, auf der man etwas findet, was inzwischen Seltenheitswert hat. Die Mitglieder können sich nicht mehr, wie noch ihre Eltern und Großeltern, als eine Avantgarde des sportiven Lebensstils empfinden. In ihrer unmittelbaren Nachbarschaft im sozialen Raum sind die Sportpraktiken in Fluss geraten. Hier werden neue Entwürfe ausprobiert, neue Weisen der Sportausübung und der Gemeinschaftsbildung erprobt, die sich an Kleidung, Bewegungsformen, Gesten, motorischen und materiellen Techniken zeigen.

Neben der Beharrung ist aber auch Bewegung als Aufstieg und Mobilität eines der wesentlichen Merkmale des kleinen und mittleren Bürgertums. Hier geht es um Veränderung, nämlich um Verbesserung der Lebensverhältnisse, um das Aufschließen zu höhergestellten sozialen Gruppen, nicht nur in Beruf, Einkommen, sozialer Stellung, sondern auch in Lebensstil und -gewohnheiten, um die Aneignung neuer Praktiken, was den aufgestiegenen Kleinbürgern immer wieder Spott über ihre parvenühaften Allüren einträgt. Das Abrücken von traditionellen Positionen, die flinke Bereitschaft, die Herkunft vergessen zu machen, kann als Stärke und Schwäche dieser sozialen Klassenfraktion zugleich gelten.

In ihren eigenen Augen ist diese Haltung insofern eine Quelle von Dynamik, als sie sich ihren Aufstieg als persönliches Verdienst, als Resultat ihrer eigenen Tüchtigkeit zurechnen, selbst wenn nicht sie ihres Glückes Schmied sind, sondern von Zeitumständen, wie der Bildungsexpansion, begünstigt wurden. Der Glauben, die eigene soziale Aufwärtsbewegung ausschließlich sich selbst zu verdanken und ein Unternehmer in eigener Sache zu sein, macht die schiefe Sicht dieser Gruppe auf soziale Prozesse aus. Bis heute hält sich diese Angestelltenideologie und kleidet sich in Ausdrücke wie »Arbeitskraftunternehmer« oder »Ich-AG«.

Was aber die Einstellung der untersuchten Sportler von dieser traditionellen Selbstdeutung des Kleinbürgertums unterscheidet, ist die Tatsache, dass sie nicht einen sozialen Aufstieg, der schon stattgefunden hätte, nachträglich rationalisieren. Einen gewissen Aufstieg haben sie tatsächlich schon erreicht, aber sie befinden sich jetzt in der Phase *danach*, wo die Höherbewegung zum Stillstand gekommen ist und ein weiteres Steigen nicht mehr erwartet werden kann. Ihre Dynamik und Selbstdeutungen entfalten sie im Feld der Spiele, in der Freizeit. Sie werden nicht im Rückblick wirksam, sondern richten sich auf die Verwirklichung eines neuen Entwurfs von sich selbst in der Zukunft. Der Selbstentwurf ist ein Modellieren des Ichs im Sport.

In den beiden unterschiedlichen Untersuchungsgruppen stehen sich zwei konträre Ausprägungen des kleinen und mittleren Bürgertums gegenüber. Auch die Handballerinnen machen einen Selbstentwurf von sich; in den Interviews geben sie eine Fülle von sie selber interpretierenden Kennzeichnungen. Sie werden nicht müde zu sagen, *wer* sie sind und *wie* sie sind. Im Unterschied zur Gruppe der Triathleten führen sie einen vorgefundenen Entwurf fort, der in ihrer traditionellen Praxis involviert ist und mit dem sie das Bewährte reproduzieren und traditionelle vereinstypische Darstellungsweisen, Werte, Begründungen, ideologische Versatzstücke verwenden. Ihre Entscheidungen und Wahlen sind vorgeprägt; sie liegen schon ausgeformt vor ihnen. In dem Augenblick, in dem sie sich im Sportverein engagieren, steht fest, dass sie die vorgefundenen Elemente übernehmen. Ihre Verhaltensweisen, sportlichen und symbolischen Aktivitäten verstehen sich dann wie von selbst und folgen gleichsam einer vorgezeichneten Linie. Ihr Sportengagement mit allen seinen Besonderheiten, die vereinsfernen Personen absonderlich vorkommen, wird auf dieser Bahn zu einer Selbstverständlichkeit, die keiner Rechtfertigung bedarf. Der *inner circle* von Sportclubs kommt gar nicht auf den Gedanken, die enormen Investitionen, die für Verein und persönliche Leistung erbracht werden, in Frage zu stellen: die Vereinspraxis erzeugt ihren Sinn, ihre Handlungsweisen, Werte, Anerkennung aus sich selbst. Sport ist hier eine Aktivität der persönlichen Bewährung durch Leistung und Verläßlichkeit, in einem erworbenen, festen Habitus verankert.

Auf solche Sicherheiten greifen die Triathleten gerade nicht zurück; sie sind ihnen suspekt. Ihnen geht es um einen neuen Entwurf von sich selbst. Dieser unterscheidet sie von dem Ich, das sie im Berufsleben, in den Bereichen außerhalb des Spiels verwirklichen; in ihrer Sportpraxis werden sie zu einem Anderen. Sie haben es auf eine performative Umgestaltung ihres Ichs im Spiel abgesehen. Performativ ist ihre Praxis, weil sie das »neue Ich« vorführen, es anderen *in actu* zeigen. Das entworfene Ich ist kein Ausdruck eines Tiefen-Ichs; es ist nicht im Inneren der Person geborgen, sondern wird in sportlichen Aktivitäten entfaltet. Es wird nicht expressiv dargestellt, sondern taucht in neuartigen Tätigkeiten auf. Dass die Neukonzeption im Spiel stattfindet, macht es gewiss leichter durchsetzbar, weniger folgenreich, aber nicht unernster als ein vergleichbarer Versuch im Berufsleben (wo er überall an Grenzen stoßen würde). Triathlon verlangt ein außerordentlich tiefes Engagement, große Härte und Unerbittlichkeit gegen sich selbst, ein rigides Zeitmanagement. Diese Anforderungen greifen weitgehend in das Leben der Athleten ein. Es ist nicht übertrieben zu sagen, dass im Sport eine andere Existenzweise ausgelebt wird als im Berufsleben. Im Bereich der Spiele geben die Athleten mit aller Konsequenz ihrem Leben einen Stil.

Die von Foucault vorgebrachte, auf Nietzsche zurückgehende Forderung, man solle seinem Leben einen Stil geben, wird hier, im Bereich des Unernsten, verwirklicht, während das Alltagsleben der Sportler, insbesondere im Vergleich zu ihrem extremen Sport, durch Abwesenheit von einem selbstgeprägten Stil gekennzeichnet ist. Man findet hier somit den Willen zu einem neuen Stil. Die große Anstrengung des Durchhaltens und der Leistungsverbesserung kann als Antwort auf die Frage verstanden werden, die sich die Athleten mit größtem Ernst stellen: Bin ich fähig, meinen Ich-Entwurf zu verwirklichen? Sport ist hier Arbeit an einem neuen Ich. Der Athlet entwickelt ein neues Verhältnis zu sich selbst, indem er sich selbst gegenüber als Fordernder auftritt. Er verlangt von sich Treue zum Stil.

Der Stil entsteht aus einem Selbstverhältnis des Sportlers, das sich an die Stelle seiner alltäglichen Haltung setzt. Wie das neue Selbstverhältnis einzuschätzen ist, läßt sich beurteilen, wenn man jenes der traditionellen Vereinssportler zum Vergleich heranzieht. Auch sie haben in ihren Alltagshandlungen ein Verhältnis zu sich selbst ausgebildet, eine Einstellung zum Körpergebrauch, Praxisformen der Hervorbringung von

Handlungen sowie Kategorien zu deren Beurteilung. »Selbstverhältnis« ist ein von Foucault übernommener Begriff; er bezeichnet nichts anderes als einen Bestandteil des Habitus, insofern zu diesem auch die Fähigkeit gehört, zu sich selbst Stellung zu nehmen und sich Gewissheit darüber zu verschaffen, *wer* man ist und *wie* man ist.

Gegenüber der traditionellen geistphilosophischen Deutung des »Selbst« und des »Selbstverhältnisses« hat Bourdieus Denkweise einen großen Vorteil: Man muss keine Tätigkeit des Selbstbewusstseins und keine Selbstbeobachtung des Geistes annehmen, wenn man beschreiben will, wie der Handelnde die Fragen nach dem *Wer* und *Wie* seines »Selbst« beantwortet. Bourdieus Entdeckung ist gerade, dass wir im Handeln Strukturen realisieren, die körperlich in uns eingegangen sind und die wir wie selbstverständlich, ohne Reflexion vollziehen, die *unsere* Handlungen sind, uns zugehörig sind, die *wir* verwirklichen und wollen. *Wer* und *wie* wir sind, ist uns nicht ein für allemal gegeben - dies stellen wir in unserer Handlungspraxis immer wieder von neuem her, und zwar auf eine solche Weise, dass wir eine Folge von Handlungen hervorbringen, Entscheidungen treffen, Wertungen fällen, die sich alle auf irgendeine Weise ähnlich sind.

Das Merkmal, das diesen Handlungen gemeinsam ist, kann man nach Wittgenstein »Familienähnlichkeit« nennen. Damit wird ausgedrückt, dass es nicht ein ihnen allen zu Grunde liegendes, essenzielles Kennzeichen ist, sondern dass von Handlung zu Handlung eine fortlaufende Ähnlichkeitsbeziehung hergestellt wird, die in ihrem Fortlaufen die Differenzen der Ähnlichkeit ständig verändert: alle Glieder der Kette sind allen anderen ähnlich, aber nicht in *einem*, sondern in unzähligen und unterschiedlichen Merkmalen. In diesem Sinne kann man davon sprechen, dass das Subjekt in seiner alltäglichen Handlungspraxis Selbst-Ähnlichkeit herstellt; und dies gerade nicht auf Grund von Nachdenken und durch Selbstbewusstsein gesteuerte Entscheidung.

An der Herstellung unserer Selbst-Ähnlichkeit ist wesentlich der Geschmack beteiligt. Der Geschmack ist das Organ des sozialen Urteilens; diesen Gedanken hat Pierre Bourdieu von Kant übernommen und konsequent soziologisch umgedeutet. Der Geschmack beurteilt das sinnlich Gegebene. Urteilen ist keine reine Verstandestätigkeit, insofern es in Praxis getaucht ist. Auch in unseren Handlungen ist eine Komponente solchen Urteilens enthalten, aber hier ist sie, wie wir noch genauer sehen werden, keineswegs reflexiv zu verstehen. *Wer* wir sind und *wie* wir sind, erkennen wir selbst und die Anderen, die uns zusehen oder gemeinsam mit uns handeln, insbesondere an den Produktionen unseres Geschmacks: daran, wie wir auftreten, wohnen, gekleidet sind, an der Sorge

um den Körper, an der Wahl unserer Freunde, Partner, unserer Freizeit-
beschäftigung, künstlerischen Vorlieben und an dem Sport, den wir
ausüben.

Zum Prinzip der Selbst-Ähnlichkeit auf Grund des Habitus gehört,
dass man in den verschiedenen sozialen Feldern strukturell homolog
handelt. Im Feld des Sports verwirklicht man seinen in anderen sozialen
Feldern erworbenen Habitus unter den besonderen Bedingungen dieses
Feldes. Man setzt im Sport also den Habitus, den man in seiner Lebensgeschichte ausgeprägt hat, auf spezifische Weise fort. Dies genau tun die
Handballerinnen: sie bekräftigen ihren erworbenen Habitus im Feld des
Sports. Mit dem Begriff des Selbstverhältnisses ausgedrückt: Sie handeln
hier so, dass sie auf Grund der Art und Weise, wie sie ihren Sport betreiben, über ihn sprechen, auf Grund ihrer Urteile und Entscheidungen
zu dem stehen, was sie für ihr Eigenes halten, das jede von ihnen als ein
spezifisches Ich kennzeichnet: Sie üben Treue zu ihrer sozialen Position,
indem sie von sich und den Anderen verlangen, dass sie unter allen Umständen sich selbst ähnlich bleiben sollen: Bloß nicht anders werden,
nicht komisch werden! Die Triathleten wollen das genaue Gegenteil mit
ihrem Wunsch, einen neuen Selbstentwurf zu leben. Ihr Ziel ist gerade
die Selbst-Unähnlichkeit.

Man kann jetzt deutlich erkennen, dass die Triathleten mit der Absicht, ihr Selbstverhältnis neu zu formen, in letzter Hinsicht auf eine
Veränderung ihres Habitus zielen. Ist dies ein bewusster Wunsch? Es
gibt keinen Grund, hinter Bourdieus Erkenntnis zurückzufallen und in
diesem Veränderungswunsch einen Bewusstseinsakt des Entscheidens zu
sehen. Die Triathleten verwirklichen mit ihrer Entscheidung gegen den
hergebrachten Habitus eine in diesem selbst angelegte Struktur. Der
Wunsch nach Existenzveränderung kann nämlich selbst als Bestandteil
ihres Klassenhabitus aufgefasst werden. Auch die neuen Spiele sind gesellschaftlich geschaffene Einrichtungen, die ähnlich wie soziale Institutionen den Akteuren bestimmte Möglichkeiten zu deren Verwirklichung
anbieten. Hier treffen Subjekte mit bestimmten Handlungsdispositionen zur Habitusveränderung, die für bestimmte Fraktionen des »Kleinbürgertums« kennzeichnend sind, auf ein strukturelles Angebot, welches
es ihnen erlaubt, diese Veränderungswünsche auszuleben und dabei soziale Anerkennung zu erhalten. Genau hier tritt ein Unterschied zu
Bourdieus Habituskonzeption auf: eine Öffnung, die die Emergenz von
Neuem ermöglicht.

Der Ausgangspunkt von Habitusveränderung ist in unserem Beispiel
die Tatsache, dass der Geschmack der Triathleten anders funktioniert,
als er dies bei der Produktion und Bewertung von Sportpraktiken übli-

cherweise tut. Wenn er seine Selbstverständlichkeit, sein reibungsloses Funktionieren, die Sicherheit seines Einsatzes verliert, löst sich auch die feste Verbindung zwischen Sinnlichkeit und Bewertung. Die selbstverständliche Beziehung zwischen der Wahrnehmung von Praktiken und ihrer Deutung erhält dann einen Sprung. Wenn also der Geschmack, den man in seiner Lebensgeschichte erworben hat, nicht mehr wie üblich funktioniert, entsteht ein Abstand zur üblichen Wahrnehmung und Bewertung der Erfahrungswelt.

Eine solche Situation, in der die Verbindung von Sinnlichkeit und Geschmacksurteil seine Festigkeit verliert und gleichsam flüssig wird, ist ein ungewöhnlicher Zustand. Üblicherweise ist es der Geschmack, der, wenn er sich in den Lebensverhältnissen des Subjekts gebildet hat, dessen sozialem Handeln Halt und Festigkeit gibt. Seine Wirkungsweise setzt schon früher an als beim Hervorbringen von Handlungen und Urteilen, insofern er die sinnlichen Wahrnehmungen der Subjekte formt. Im Sinne von Kant formuliert, auf dessen Philosophie Bourdieu ausdrücklich zurückgeht: Die sinnliche Welt der Erscheinungen tritt uns nie direkt gegenüber, sondern entsteht unter konstruktiver Mitwirkung des Subjekts als eine schon vorgedeutete und vorgeordnete Erfahrungswelt. Dies geschieht in der Tätigkeit der Einbildungskraft, die die empfangenen Sinneseindrücke bearbeitet. Nur als solche schon bearbeiteten Erscheinungen haben wir die sinnliche Welt. Im Unterschied zu Kant, der die Einbildungskraft als ein Vermögen der Vernunft entwirft, verweist Bourdieu auf deren soziale Genese in der Lebensgeschichte der Subjekte. An die Stelle einer zeitlosen, von gesellschaftlichen Prozessen abgehobenen Vernunftkonstruktion setzt er eine konsequente soziologische Umdeutung des Zusammenhangs der sinnlichen Wahrnehmung, der Bearbeitung der Sinneseindrücke und der Geschmacksurteile. Diese komplexe Struktur fasst Kant unter dem Begriff des Geschmacksurteils (oder als »Urteilen«); Bourdieu hat sie im Untertitel von *La distinction* aufgenommen: »Critique sociale du jugement« (Soziale Kritik des Urteilens).

Bourdieu weist selbst darauf hin, an welcher Stelle der Kantischen Konstruktion er sich von dieser absetzt: »Der Geschmack bildet [...] den praktischen Operator für die Umwandlung der Dinge in distinkte und distinktive Zeichen, der kontinuierlichen Verteilungen in diskontinuierliche Gegensätze [...]«. (Bourdieu 1982c: 284) Was in der sinnlichen Welt zusammenhängend und körperlich da ist, wird zu Gegensätzen angeordnet, so dass aus physischen Erscheinungen Zeichen entstehen. Der Geschmack überführt »die Unterscheidungen, die in die *physische Ordnung* der Körper eingeschrieben sind, in die symbolische Ordnung der sozialen Distinktionen« (Bourdieu 1982c: 284) Durch diese Operation erhalten sie einen zeichenhaften Charakter, insofern sie gesellschaftliche Unterschiede bezeichnen und klassifizieren. Der Geschmack ist der Urheber des Systems sozial unterscheidender Merkmale, mit denen eine soziale Klasse gekennzeichnet wird. Diese bilden einen klar erkennbaren Lebensstil, der auf den »konstitutiven ‚Entscheidungen'« des sozialen Geschmacks beruht (Bourdieu 1982c: 285).

Der als Operator wirkende Geschmack stellt eine Verbindung zwischen Sinnlichkeit und sozialen Bedeutungen, Bewertungen und Positionen her, die durch die soziale Erfahrung zu festen Verbindungen gemacht werden, insofern die sinnlichen Wahrnehmungen, Reaktionen, Wahlen, Beurteilungen, weitgehend sozial festgelegt sind. Aber dies heißt nicht, dass sie determiniert sind; es können neue Sinneseindrücke auftauchen, die nicht automatisch mit sozialen Bedeutungen und Bewertungen versehen werden. In solchen Situationen entsteht etwas Neues – neue Züge des Habitus oder Züge eines neuen Habitus.

Betrachten wir die von Bourdieu skizzierte Struktur genauer: Differenzen der körperlich-sinnlichen Ordnung werden in die symbolische Ordnung der Distinktionen überführt. Dies geschieht nicht von selbst, sondern ist eine Leistung des Geschmacks; zugleich ist er Urheber der symbolischen Ordnung. Sein Wirkungen entfaltet er unablässig im sozialen Handeln, überall da, wo wir körperlich-sinnlich handeln, entscheiden und urteilen. Diese Prozesse vollziehen sich im Rücken der Akteure – weil sie im praktischen Handeln unerkannt bleiben, können sie distinktiv sein; und weil der Geschmack nicht reflektiert wird, gibt er Sicherheit des Wahrnehmens, Handelns und Urteilens. Kant hat dies nicht anders gesehen. Nach Hannah Arendt wirkt der von ihm beschriebene Geschmack in einer Weise, als würde er wie ein Instinkt wirken: Er ist der unterscheidende, wählende Sinn, der als ein Gefühl auftritt, als ein Es-gefällt-oder-missfällt-mir-Gefühl (Arendt 1998: 96).

Wir denken nicht nach, wenn wir geschmacklich wählen oder urteilen; wir reagieren reflexhaft in Geschmacksdingen, insofern wir uns dem Gefühl des Gefallens und Missfallens überlassen, und dies kann man auch im Sinne Kants als eine Art körperliche (»leibliche«) Reaktion beschreiben. Bestimmte Dinge erfüllen uns mit Abscheu, erregen geradezu physische Übelkeit, andere verschaffen uns Vergnügen. Der Geschmack gibt uns die Fähigkeit, sinnlich-körperlich auf die Welt zu reagieren und uns mit diesen Reaktionen jener Position im sozialen Raum anzupassen, die unserem Geschmack entsprechen und die wiederum durch diesen bestimmt werden. Was wir auf Grund unseres Geschmacks tun, gibt Auskunft über uns, sagt uns und den anderen, *wer* wir sind und *wie* wir sind. »Der Geschmackssinn ist ein Sinn, in dem man sich gewissermaßen selbst sinnlich wahrnimmt.« (Arendt 1998: 92)

Was Bourdieu interessiert, ist die Wirkungsweise eines bestimmten Geschmacks, nämlich des *gustus reflexus*, wie Kant ihn nennt (Kant, *Anthropologie*: 240). Dies ist der »empirische«, der »Sinnengeschmack« (ebd.). Wirkt der Geschmack notwendigerweise automatisch? Gibt es nicht auch Gelegenheiten, bei denen er seine aus dem Habitus kommende 'Automatik' suspendieren kann? Bourdieu mag ja recht haben, dass der Geschmack immer mit einer spezifischen Klassenlage verbunden ist, selbst im Feld der Kunst. Aber es ist denkbar, dass die reflexionslose Überführung der sinnlichen Wahrnehmung in distinktive Zeichen vorübergehend unterbrochen wird. In künstlerischen Prozessen kommt es immer wieder vor, dass die »Umwandlung« von Merkmalen der physischen Ordnung in distinktive Zeichen aufgehoben und neu organisiert wird. In unserem Fall handelt es sich freilich nicht um die spezifische symbolische Ordnung eines Künstlers oder Dichters, sondern um das System sozialer Distinktionen, das dem Funktionieren der ganzen Gesellschaft zu Grunde liegt. Auch hier kann man vergleichbare Prozesse beobachten, wenn das Selbstverhältnis als Teil des Habitus zum Gegenstand von Entwerfen, also von Reflexion im weiteren Wortsinn, gemacht wird. Angehörige einer sozialen Klasse können sich in einer *praktischen* Reflexivität, die in ihre Handlungen involviert ist, zu sich selbst Stellung nehmen. Eine solche Reflexion äußert sich in Fragen danach, ob eine bestimmte Handlungsweise zu einem passt, ob man sich in einer bestimmten Gemeinschaft wohlfühlt etc. Es geht also um ein in der Praxis stattfindendes Experimentieren mit der Person, die man in seinem Sporttreiben zu verwirklichen strebt.

Bei Kant findet sich neben dem »Sinnengeschmack«, der ihn philosophisch nicht interessiert, ein zweiter, für sein System ungleich wichtigerer Geschmacksbegriff: der *gustus reflectens* (Kant, *Anthropologie*: 240). Wie der Ausdruck anzeigt, ist die Reflexion Kern dieses Geschmacksbegriffs. Während der Sinnengeschmack abhängig von der besonderen Lage des Subjekts urteilt (was gerade Bourdieu interessiert), ist der *gustus reflectens* »das Vermögen der ästhetischen Urteilskraft, allgemeingültig zu wählen«.[4] Für Bourdieus Unternehmen, die Kantsche Urteilskraft zu soziologisieren, ist die durch Reflexion hergestellte Universalität des Urteils nicht von Belang. In *diese* Richtung soll unser Argument auch nicht

---

[4] Kant, *Anthropologie*, 240. Die Universalität des Geschmacksurteils wird hergeleitet in Immanuel Kant, *Kritik der Urteilskraft*. Akademie-Ausgabe Bd. V, vgl. insbesondere § 40 »Vom Geschmack als einer Art von *sensus communis*«.

entwickelt werden, obwohl die Frage berechtigt wäre, ob es nicht – zumindest in *einer* Kultur – klassenübergreifende Geschmacksurteile geben kann. Was uns in diesem Zusammenhang interessiert, ist der Umstand, dass Bourdieu die Seite der Reflexion beim Urteilen vernachlässigt hat. Gewiss ist sie für das Unternehmen, das er in *La distinction* verfolgt, eine Vernunfttätigkeit, die von seinem Vorhaben eher ablenkt. Wenn man aber die Kantsche Konstruktion ernst nimmt (was Bourdieu zumindest partiell tut), dann gehört Reflexion zum Urteilen konstitutiv dazu.

Für Kant ist der Geschmack »das Vermögen der gesellschaftlichen Beurteilung äußerer Gegenstände in der Einbildungskraft« (Arendt 1998: 90). Er setzt nicht bei den Dingen, wie sie uns gegeben sind, an, sondern bei den Gegenständen, soweit sie »*in unserer Einbildungskraft*« (ebd.) auftreten. Es sind solche Dinge, die »durch die Reflexion umgeformt worden« und zu Gegenständen für die »inneren Sinne« gemacht worden sind. »Etwas gefällt mir [...] in der Vorstellung; denn nun hat die Einbildungskraft es so zubereitet, daß ich darüber nachdenken kann. Das ist die 'Operation der Reflexion' [...] erst dann spricht man vom Urteil und nicht mehr vom Geschmack, weil man nun [...] mittels der Vorstellung den angemessenen Abstand hergestellt hat [...].« (ebd.). Beim *gustus reflexus* kommt die Arbeit der Einbildungskraft, die Umformung durch die Reflexion nicht zur Geltung. Dies ist zweifellos der normale Fall des sozialen Handelns, aber das Spezifische des geschmacklichen Urteils ist der Abstand, die Umformung in der Einbildungskraft und die Reflexion.

Im *gustus reflexus* wird die Reflexion nicht als expliziter Urteilsschritt vollzogen, sondern reflexhaft oder habitualisiert ausgeübt. Das heißt aber nicht, dass sie hierin überhaupt nicht involviert ist. Als ein kognitiver Bestandteil kann sie durchaus bei geeigneten Gelegenheiten Aufmerksamkeit erhalten und explizit verwirklicht werden. Dies ist der Kern einer möglichen Veränderung des Habitus. Wenn das Subjekt sein Selbstverhältnis zu verändern sucht, nimmt es Abstand zu seinem Geschmack. Es suspendiert vorübergehend dessen habituelles Funktionieren, Urteilen und erzeugt sich durch den Abstand, den es zu seinem ausgebildeten Selbstverhältnis einnimmt, einen bestimmten Spielraum. Die übliche reflexhafte Geschmacksproduktion wird unterbrochen; die ansonsten kontinuierlich ablaufende Überführung von körperlich-sinnlichen Merkmalen in Distinktionen findet zu diesem Zeitpunkt nicht statt. Auch hier sollte man nicht hinter Bourdieu zurückfallen und einen bewussten Reflexionsvorgang annehmen.

Dies ist für unsere Zwecke auch gar nicht nötig. Es reicht folgende Annahme: Auf Grund des vom Subjekt eingenommenen Abstands wird die reflexhafte Deutung, die die körperlich-räumlichen Merkmale ansonsten ständig erhalten, unterbrochen: sie wird reflexiv.[5] Die Bourdieusche Struktur gibt nicht nur an, dass durch den Überführungsvorgang eine Einordnung von physischen Merkmalen in eine symbolische Ordnung vorgenommen wird, sondern dass auch umgekehrt die sinnliche Welt mit Hilfe des Distinktionssystems gedeutet wird. Wenn das Subjekt nun – sei es auch nur im Spiel, für eine gewisse Zeit – sein Selbstverhältnis neu entwirft, 'reflektiert' und schließlich umbaut, verändert es auf diese Weise auch partiell seinen Habitus.

Die Veränderung des Habitus geschieht in seinen Funktionen, die Auskunft darüber geben, wer das Subjekt und wie es ist. Das symbolische System der Distinktionen wird dadurch nicht verändert, aber der Geschmack wird modifiziert. Wenn der neue Selbstentwurf in der Praxis vom Subjekt angenommen wird, wenn die neuen Praktiken das Gefühl des Gefallens oder Missfallens hervorrufen, dann hat sich der Geschmack in gewissen Zügen verändert. Dann arbeitet er, immer wenn das neue Selbstverhältnis ins Spiel kommt, auf eine etwas andere Weise als vorher; er hat seine Funktion als Operator, und sei es auch noch so geringfügig, verändert. Seine Wahrnehmungen der körperlich-sinnlichen Merkmale sind, ebenso wie seine Einordnungen in das symbolische Distinktionssystem, andere geworden. Es sind jetzt andere Deutungen und Wertungen, die er seinem Handeln gibt. In er Folge kann das Subjekt bei den Handlungen Sicherheit gewinnen, in denen es seinen Selbstentwurf auslebt.

Aus der Tätigkeit des Geschmacks bilden sich Züge eines veränderten Habitus in solchen Handlungsbereichen, in denen es keine »starren« Verbindungen zwischen körperlich-sinnlichen Erscheinungen und der sozialen symbolischen Ordnung gibt. Insofern hier keine Automatismen der Kategorisierung und Interpretation am Werke sind, kann hier, mit Hilfe *praktischer* Reflexivität, ein »freies Spiel der Vorstellungskräfte« möglich werden. Im Feld des Sports, der als ein »l'art pour l'art des Leibes«[6] verstanden werden kann, ist ein solcher Spielraum unter bestimmten Umständen möglich: wo die Sinneseindrücke und körperlichen Erfahrungen *nicht* auf die Beschaffenheit der Welt gerichtet sind, sondern auf die Reaktion und Reflexion durch das Subjekt selber, als ei-

---

[5] Vgl. zu dem hier entwickelten Gedanken Alois Hahn, *Konstruktionen des Selbst, der Welt und der Geschichte. Aufsätze zur Kultursoziologie*, Frankfurt/Main 2000, insbesondere den Abschnitt »Das Selbst und die Anderen«, S. 13-115.

[6] Diese Kennzeichnung verwendet Bourdieu in seinem Aufsatz »Historische und soziale Voraussetzungen des modernen Sports« (Bourdieu 1986: 95).

ne frei flottierende Erfahrung, die das Subjekt auf sein neu entworfenes Selbstverhältnis, freilich auf vortheoretischer Stufe, beziehen kann.[7]

Unsere Skizzierung der Veränderung des Habitus auf dem Weg der Verwirklichung eines neuen Selbstentwurfs und -verhältnisses in Sport und Spiel bedarf einiger zusätzlicher Bemerkungen.

Wenn man das Entwerfen eines neuen Selbstverhältnisses im Kontext von Bourdieus Habituskonzept beschreibt, kann man es nicht als einen freien Bewusstseinsakt verstehen, sondern als die Schaffung eines Spielraums innerhalb der vom Habitus gegebenen Möglichkeiten. Darin können Entwurfswünsche, Tendenzen zur Überschreitung des Ichs, die das Subjekt mit anderen teilt, ebenso vorhanden sein wie zögernde, noch nicht nach außen gedrungene Neufassungen eines alten, überkommenen Selbstverhältnisses. Wir hatten ja schon gesehen, dass der Wunsch nach einer Veränderung des Ichs charakteristisch für eine Fraktion des kleinen und mittleren Bürgertums ist. Er wird nicht von einer einzelnen Person geäußert, sondern ist ein von vielen Mitgliedern derselben sozialen Fraktion geteiltes Verlangen.

In unserer Darstellung haben wir diese Tendenz in Bezug auf das einzelne Subjekt dargestellt. In der Bourdieuschen Soziologie haben subjektive Handlungen dieser Art immer ein objektives Gegenstück in den Strukturen der jeweiligen Klassenfraktion. Vom Subjekt wird der neue Entwurf als ein Freiheitsspielraum aufgefasst; ebenso hat Kant eine »Freiheit im Spiel der Einbildungen« gesehen, die das Gefühl der Lust hervorruft. (Kant, Anthropologie: 241). Aus unseren Interviews mit Teilnehmern an den neuen Spielen spricht die Lust darüber, dass sie sich einen Freiraum geschaffen haben. Möglicherweise ist dies nur eine temporäre Lust, die das Ende des Spiels nicht überdauert. Gesellschaft ist für Bourdieu, anders als für Kant mit seinen Vorstellungen von der »Sociabilität«, keine Angelegenheit der Freiheit, sondern eine des *gustus reflexus*. Lust entsteht auch in seinem Entwurf, aber bei ihm aus dem sozialen Funktionieren des Habitus, nicht aus dessen Suspendierung.

In den neuen Sportarten verschafft sich das Subjekt Lust aus dem Abstandnehmen vom hergebrachten Geschmack und Selbstverhältnis, von

---

[7] Der Prozess der Verflüssigung, der in diesem Text beschrieben wird, lässt sich mit den Worten Wittgensteins angeben: »Man könnte sich vorstellen, daß gewisse Sätze von der Form der Erfahrungssätze erstarrt wären und als Leitung für die nicht erstarrten, flüssigen Erfahrungssätze funktionierten; und daß sich dies Verhältnis mit der Zeit änderte, indem flüssige Sätze erstarrten und feste flüssig würden.« (L. Wittgenstein, *Über Gewißheit*, § 96).

der Automatik, mit der körperlich-sinnliche Wahrnehmungen gedeutet werden. Dies geschieht freilich spielerisch, in einem Bereich, dem üblicherweise Beliebigkeit zugeschrieben wird. In der Bourdieuschen Soziologie sind jedoch Veränderungen des Habitus in einem sozialen Feld, und sei es auch in dem der Spiele, weder beliebig noch total folgenlos für die anderen sozialen Felder. Der Ernst, mit dem Triathlon betrieben wird, sein tiefes Eingreifen in Lebensvollzüge außerhalb des Sports läßt eine allmähliche Sedimentierung der Habitusveränderungen, die hier entstehen, erwarten.

Sozialer Wandel, der in einem sozialen Feld eintritt, verändert andere Felder nicht in ihrem speziellen Funktionieren, sondern strukturell. Wenn man im Spiel mit aller Ernsthaftigkeit einen anderen Entwurf von sich selbst lebt, wird dieser nicht einfach in ein anderes Feld transportiert. Es gibt keinen direkten Transfer von Gestaltungsweisen von einem Feld in ein anderes. Aber es gibt Veränderungen in der Struktur des Habitus. Es ist also nicht zu erwarten, dass der Triathlet in seinem Arbeitsleben das neu entworfene Ich ausspielt, das er in seinem Sport konsequent, glaubwürdig durchgesetzt hat – er wäre lächerlich und unglaubwürdig. Aber im Habitus des Subjekts ist eine strukturelle Latenz angelegt worden: eine Bereitschaft, zum erworbenen Selbstverhältnis Distanz einzunehmen; die Möglichkeit, sich als anders zu deuten; die Fähigkeit, die körperlich-sinnlichen Eindrücke anders als reflexhaft in die symbolische Ordnung zu überführen: das Subjekt hat eine latent vorhandene freiere Sicht auf sich und seine Verhältnisse erschlossen. Das bedeutet nicht, dass er seine Biographie umschreibt. Sein Leben ist mit unzähligen Haltepunkten an seinem erworbenen Habitus fixiert, aber es hat sich neue Sichtweisen, Reaktionsmöglichkeiten, Handlungschancen gesichert, die nicht mehr den alten Urteilsformen vorgelegt werden müssen, sondern auf eine neue Weise bewertet werden können.

Neue Spiele schaffen neue Fakten, aber noch keine klar erkennbaren, ausgeformten und reproduzierbaren Sachverhalte. Ihre Hervorbringungen sind noch scheue Neuheiten. Das Neue hat erst dann eine Chance, zu feldübergreifenden Veränderungen zu führen, wenn sich auch in der Gesellschaft eine strukturelle Entsprechung findet. Es läßt sich annehmen, dass auch in den Strukturen, in denen sich das kleine und mittlere Bürgertum organisiert, die Tendenz auftritt, den herkömmlichen Habitus zu distanzieren, den Geschmack zu verändern. Es ist nicht nur die Politik, die die Subjekte dazu bringt, alte Sicherheiten loszulassen, sich zu riskieren und neue Praktiken zu suchen. Es scheint eine Veränderung des Geschmacks eingetreten zu sein, die sich in andersartiger Kleidung, Essensgewohnheiten etc. bei weitem nicht erschöpft, sondern Körperlichkeit und Sinnlichkeit anders als bisher wahrnimmt und bewertet. Veränderungen des Ich-Entwurfs setzen an Körper und Sinnlichkeit an, zum einen in Vorstellungen und Handlungen der Subjekte, zum anderen in den Möglichkeiten, die die Gesellschaft zur Verfügung stellt, indem sie den Freiheitsspielraum erweitert, Modelle anbietet, neue Bewertungen und Normen zuläßt. Eine solche komplexe, die Subjekte anreizende Struktur ist nicht weniger als eine Aufforderung an die Subjekte: Euer Ich sei ein anderes! Die Botschaft des Künstler-Subjekts des 19. Jahrhunderts ist im deutschen Kleinbürgertum angekommen.

Literatur

Arendt, Hannah, 1998: Über Kants Politische Philosophie. In: Arendt, Das Urteilen. Texte zu Kants Politischer Philosophie (hgg. v. R. Beiner). München, S. 17-103.

Flick, Uwe, 2001: Qualitative Sozialforschung. Reinbek.

Hahn, Alois, 2000: Konstruktionen des Selbst, der Welt und der Geschichte. Aufsätze zur Kultursoziologie. Frankfurt/Main.

Kant, Immanuel, 1790: Kritik der Urteilskraft. In: Kants Werke, Akademie-Ausgabe Bd. V. Berlin 1913, S. 165-485.

Kant, Immanuel, 1798: Anthropologie in pragmatischer Hinsicht. In: Kants Werke, Akademie-Ausgabe Bd. VII. Berlin 1917, S. 117-333.

Wittgenstein, Ludwig, 1970: Über Gewißheit. Frankfurt/Main.

Christoph Wulf

Performative Macht und praktisches Wissen im rituellen Handeln

Bourdieus Beitrag zur Ritualtheorie

»Ritual« ist ein heuristischer Begriff. Er umfasst unterschiedliche Dimensionen und kann daher durchaus unterschiedliche soziale Phänomene bezeichnen. Diese Bestimmung verweist auch auf die Tatsache, dass der Begriff »Ritual« eine konstruktive Seite hat, die unterschiedlich wahrgenommen werden kann. Daher gibt es bis heute auch keine einheitliche Ritualtheorie. Je nach Disziplin lassen sich unterschiedliche Ritualbegriffe identifizieren. Auch sind Differenzierungen nach unterschiedlichen paradigmatischen Bedingungen möglich. Vereinfachend lassen sich in der Ritualforschung vier paradigmatische Schwerpunkte angeben, in deren Rahmen Rituale und ihre Erforschung unterschiedlich begriffen werden.

Im ersten Paradigma steht im Mittelpunkt die Erforschung von Ritualen im Zusammenhang mit Religion, Mythos und Kultur (u. a. Herbert Spencer, James Frazer, Rudolf Otto, Mircea Eliade). Beim zweiten dienen Rituale dazu, Strukturen und Werte der Gesellschaft zu analysieren; herausgearbeitet wird hier der Zusammenhang zwischen Ritualen und Gesellschaftsstruktur (u. a. Émile Durkheim, Arnold van Gennep, Victor Turner). Beim dritten Schwerpunkt werden Rituale als Text gelesen; Ziel ist die Entschlüsselung der kulturellen und sozialen Dynamik der Gesellschaft sowie die Untersuchung der Bedeutung ritueller Praxen für kulturelle Symbolisierungen und soziale Kommunikation (u. a. Clifford Geertz, Marshall Sahlins). Hier setzen viele neuere Forschungen zur Praxis von Ritualen und Ritualisierungen an (u. a. Catherine Bell, Ronald Grimes; Victor Turner, Hans-Georg Soeffner). Der vierte Schwerpunkt betont besonders die praktische und die inszenatorische, performative Seite der Rituale; im Mittelpunkt dieser Betrachtungsweise stehen die Formen rituellen Handelns, die es Gemeinschaften ermöglichen, sich zu generieren, zu restituieren und ihre Differenzen zu bearbeiten (Stanley Tambiah; Richard Schechner; Pierre Bourdieu) (Wulf/ Zirfas 2003).

Bourdieus Beitrag zur Ritualtheorie ist dem vierten Paradigma der Ritualforschung zuzurechnen, für das charakteristisch ist, dass Rituale als gesellschaftliche Praxisformen mit impliziten Gewalt- und Machtverhältnissen begriffen werden. Unter den zahlreichen Aspekten, die Bourdieu zum Verständnis ritueller Praxen beigetragen hat, scheinen mir die folgenden fünf besonders wichtig zu sein:

- Einsetzungsrituale und ihre Magie,
- die Entstehung performativen rituellen Wissens,
- die Erzeugung von Habitusformen im rituellen Handeln,
- mimetisches Lernen,
- der Zusammenhang zwischen Macht, Gewalt und »Natürlichkeit«.

I. Einsetzungsrituale und ihre Magie

In Übereinstimmung mit dem heuristischen Charakter des Ritualbegriffs lassen sich je nach Forschungsinteressen mehrere Anlässe und Formen rituellen Handelns unterscheiden (Gebauer/ Wulf 1998). In Übertragung von Wittgensteins Begriff der *Familienähnlichkeit* lassen sich verschiedene Formen sozialen Handelns als Ritual bezeichnen, die jeweils Einiges mit einander gemeinsam haben, so dass es gerechtfertigt erscheint, von »Ritualen« zu sprechen. Im Weiteren möchte ich sechs Anlässe für rituelles Handeln herausgreifen und in Übereinstimmung mit diesen folgende verschiedene Ritualtypen unterscheiden:

- Übergangrituale (Geburt, Initiation und Adoleszenz, Ehe, Tod),
- jahreszeitlich bedingte Rituale (Weihnachten, Geburtstage, Erinnerungstage, Nationalfeiertage),
- Rituale der Intensivierung (Feiern, Liebe, Sexualität),
- Rituale der Rebellion (Friedens- und Ökobewegung, Jugendrituale),
- Interaktionsrituale (Begrüßung, Verabschiedung, Konflikte),
- Rituale der Einsetzung (Übernahme neuer Aufgaben und Positionen).

Bourdieu hat zu mehreren dieser Ritualtypen wichtige Beiträge entwickelt, mit denen er deutlich gemacht hat, dass Rituale gesellschaftliche Praxen erzeugen sowie gesellschaftliche Differenzen markieren und bearbeiten. Nach seiner Auffassung ziehen Rituale an einem bestimmten Punkt eine Trennungslinie, die den Unterschied zwischen vorher und nachher markiert. Dies ist z. B. bei einem Wettbewerb der Fall, bei dem an einem bestimmten Punkt die Grenze zwischen Gewinnern und Verlierern verläuft. Mit Hilfe des Rituals wird in einem Macht-raum eines sozialen Feldes eine Grenze zwischen Gewinnern und Verlierern etabliert, die Unterschiede *ex nihilo* erzeugt und sie symbolisch sichtbar macht. Ob Einer sich auf der einen Seite oder auf der anderen der Grenzlinie befindet, kann nachhaltige Auswirkungen auf sein Leben haben. Oft werden Unterschiede symbolisch bestätigt, die bereits bestehen und die mit Kontinuität Diskontinuitäten erzeugen. »Les distinctions les plus efficaces socialement sont celles qui donnent l'apparence de se fonder sur les différences objectives« (Bourdieu 1982d: 59). Dies gilt z. B. für Rituale, in denen biologisch bestehende Geschlechtsunterschiede symbolisch bestätigt und gesellschaftlich verfestigt werden, in denen historisch und kulturell entstandene Differenzierungen an biologischen Unterschieden festgemacht werden (Bourdieu 1976).

Rituale der *Amtseinsetzung* gehören auch in unseren Gesellschaften zu den wichtigsten rituellen Handlungen. Sie ermöglichen den gewaltfreien Übergang der Macht in Institutionen und spielen für das Funktionieren von Demokratien eine zentrale Rolle (Bourdieu 1982d; Audehm 2001). Ein Blick auf das *Inaugurationsritual* George W. Bushs macht dies deutlich. Das Ritual seiner »Inthronisation« beendet den politischen Kampf zweier Rivalen um die Macht symbolisch und performativ und *befriedet* nach einer langen Zeit des Kampfes mit rhetorischen und symbolischen Waffen die Konkurrenten. Im Verlauf dieses Rituals wird die Macht vom vorherigen Präsidenten in Gegenwart des unterlegenen Kandidaten auf den Wahlsieger transferiert. Das Inaugurationsritual führt die *Übertragung der Macht szenisch auf* und *legitimiert* so den neuen Präsidenten. War die amerikanische Nation während des Wahlkampfes politisch gespalten und gleichsam in einer *liminalen Situation*, so macht das Ritual der Amtsübertragung deutlich, dass die Zeit der Unsicherheit vorbei ist und es wieder eine feste Ordnung und klare Machtstrukturen gibt, mit denen die amerikanischen Bürgerinnen und Bürger rechnen können. Nach dem Selbstverständnis der amerikanischen Gesellschaft findet mit dem Ende der politischen Liminalität infolge der Einsetzung des neuen Präsidenten eine *Inklusion* der an der Macht beteiligten Personen und eine entsprechende *Exklusion* der von der Macht ausgeschlossenen Menschen statt. Das Inaugurationsritual konkretisiert die diffusen Machtstrukturen der Gesellschaft und macht sie im Präsidenten *verkörpert* sichtbar; *die rituelle Aufführung personalisiert Macht* und lässt diese als überschaubar und handhabbar erscheinen. Sie verdeckt die tiefer liegenden im Klassencharakter der amerikanischen Gesellschaft begründeten

Machtstrukturen und wird damit zu einem *affirmativen ideologischen Element* des »amerikanischen Traums«, des *American Way-of-Life*.

Im Verlauf des Inthronisations-Rituals übernimmt der Wahlsieger G. W. Bush den imaginären *politischen Körper des Präsidenten der Vereinigten Staaten von Amerika*. In einem mimetischen Prozess eignet sich der individuelle menschliche Körper G. W. Bushs den imaginären Körper, d. h. den übernatürlichen Körper des Präsidenten, an. In Anlehnung an Kantorowicz' Beitrag zur politischen Theologie des Mittelalters *Die zwei Körper des Königs* könnte man ihn als »zwiegeborenen« Präsidenten bezeichnen. Als natürlicher Mensch ist er allem Menschlichen verhaftet, als Repräsentant des Imaginären des amerikanischen Volkes hat er eine besondere Würde. Beide sind unteilbar in einer »gemina persona« inkorporiert. Der imaginäre Körper ist größer und weiter als der natürliche Körper und hebt dessen Unvollkommenheit auf. Der imaginäre Präsidentenkörper ist unvergänglich: Nach jeder Wahl wird er auf den natürlichen Körper des Amtsanwärters transferiert, wodurch der politische Körper des Präsidenten entsteht. Im Fall Bushs vollzieht sich dieser Prozess nicht ohne Brüche. Auffällig ist die Hervorhebung der traditionsreichen Geschichte der amerikanischen Demokratie durch den Präsidenten. Durch ihre Betonung oder sogar Überbetonung soll der allen Orts anzutreffende Mangel an Geschichtsbewusstsein kompensiert und die historische Kontinuität der USA, der Demokratie und des Amts des Präsidenten symbolisch und rhetorisch gesichert werden.

Das Ritual überträgt dem Präsidenten eine Kompetenz, die dieser noch nicht hat, die er vielmehr im Verlauf seiner Präsidentschaft erwerben muss, um seiner Aufgabe gerecht zu werden. Durch das Ritual tritt G. W. Bush in das Amt ein, das er erst mit dem Vollzug seiner Amtsgeschäfte ausfüllen wird. Das Ritual erzeugt eine *magische Grenze*, die den Präsidenten im Hinblick auf Macht und Verantwortung über alle anderen Amerikaner erhebt. Durch die Inszenierung und den Vollzug dieses Rituals der Amtseinsetzung vor dem Kapitol und der Aufführung seiner verschiedenen Sequenzen wird G. W. Bush zum Präsidenten der USA gemacht. In diesem Prozess wird der künftige Präsident von den anderen Anwesenden abgesondert, sodann erhöht und schließlich durch Rede, Gebet und Gesang wieder mit den anderen Anwesenden vereinigt. In der Verwendung der Worte und Gesten der Inauguration, der kleinen Zeichen der Macht sowie der Inszenierung eines präsidentiellen Habitus wird der 'natürliche' Charakter des Amts und der ihm zukommenden Macht szenisch aufgeführt. Die Beschwörung der Kontinuität im Amt des Präsidenten, der Demokratie und der göttlichen Mission dienen zur Legitimation des Geschehens. An seinen von Gott und Verfassung geheiligten Charakter glauben alle am Vollzug des Rituals beteiligten Anwesenden. Im kollektiven Glauben zeigt sich der *consensus omnium*. Mit Hilfe der Worte der Amtseinführung, dem die Gemeinsamkeit aller beschwörenden Gesang und der Anrufung der Macht Gottes werden die *Magie des Inaugurationsrituals* und seine nachhaltigen Wirkungen erzeugt, die die Wirklichkeit des neuen Präsidenten, der neuen Administration und der neuen Formen der Machtausübung hervorbringen.

II. Die Entstehung performativen rituellen Wissens

Bell (1992, 1995) hat mehrfach darauf verwiesen, dass es in der internationalen Ritualforschung unter Vernachlässigung der Praxis von Ritualen lange Zeit eine Überbetonung der Theorie gegeben hat. Pierre Bourdieu hat dies ebenfalls gesehen und schon früh eine Analyse ritueller Praktiken vorgelegt. Dabei ging er davon aus, dass rituelles Handeln nicht in erster Linie Regeln folgt, sondern dass es eine strategische Praxis zur Gestaltung von Übergängen und praktischen sozialen Erfordernissen ist. In seiner Analyse der Riten des Pflügens und Heiratens unter den Kabylen in Algerien macht er deutlich, dass rituelles Handeln oft dazu dient, den unvermeidbaren Zusammenstoß zweier widersprüchlicher Prinzipien zu verbergen bzw. in der rituellen Handlung zu versöhnen und damit eine geordnete gesellschaftliche Praxis hervorzubringen (Bourdieu 1976). Mit Hilfe ihres performativen Charakter gelingt es Ritualen, Differenzen zu bearbeiten und Gemeinschaften zu erzeugen.

Wenn Rituale inszeniert und aufgeführt werden, entstehen soziale Praxen, die einen Anfang und ein Ende haben und die an einem Ort stattfinden. Ohne diese Praxen gäbe es keine gesellschaftlichen Wirkungen von Ritualen. Diese Praxen vollziehen sich in unterschiedlichen Institutionen und Organisationen, in deren Rahmen die historischen und kulturellen Bedingungen gegeben sind, die die Art und Weise und den Charakter der Rituale ausmachen. Als wissenschaftliche, politische oder erzieherische konstituieren sich Praxen in gesellschaftlichen Feldern, die durch unterschiedliche Bedingungen charakterisiert sind. Diese Felder stellen die materiellen Voraussetzungen und Bedingungen der rituellen Handlungen dar. Sie schaffen den Rahmen, in dem sich rituelle Praxen entwickeln können (Bourdieu 1996b, 1997a).

Die materielle Praxis von Ritualen ist eine körperliche Praxis (Bourdieu 1987b: 101ff). Als solche ist sie symbolisch kodiert. Da Rituale komplexe körperliche Aufführungen sind, lassen sich ihre Wirkungen nicht einfach auf die Intentionen der Handelnden reduzieren. Denn ihre Wirkungen sind vielfältiger und tiefgreifender als die Intentionen der Handelnden. Als Inszenierungen körperlicher Arrangements tragen rituelle Praxen zur Gestaltung gesellschaftlicher Felder, Institutionen und Organisationen bei. In der Inszenierung ritueller Handlungen werden deren verschiedene Elemente in Relation zueinander gesetzt. Die Inszenierung ritueller Praxis ist Ausdruck ihrer prinzipiellen Gestaltbarkeit und ihres ludischen Charakters (Wulf et al. 2001). Rituelle Praxis ist also keine ein für allemal festgelegte Praxis.

Doch wie vollzieht sich die Inszenierung von Ritualen? Wer ist die 'Agency' rituellen Handelns? Diese Frage ist nicht leicht zu beantworten. Doch kann man davon ausgehen, dass die Inszenierung von Ritualen zu einem erheblichen Teil eine Leistung der Einbildungskraft der am Ritual beteiligten Menschen ist, die Vorstellungsbilder unter Bezug auf vorausgegangene rituelle Erfahrungen präsent macht, sie in Relation zu den im jeweiligen Feld gegebenen Bedingungen setzt und zu den Vorstellungsbildern der anderen im Ritual gemeinsam handelnden Menschen bringt. Die Inszenierung rituellen Handelns vollzieht sich unter Bezug auf Erinnerungen, reale Bedingungen und Handlungsentwürfe; in ihr werden rituelle Szenen entworfen und in eine Realisierung überführt. Dabei sind Abweichungen von vorhandenen inneren Bildern und Entwürfen im faktischen rituellen Handeln häufig. Dies ist umso mehr der Fall, als sich die Bedingungen der unterschiedlichen sozialen Felder nicht mit den Entwürfen decken, sondern diesen Widerstand leisten, der im rituellen Handeln berücksichtigt werden muss und aus dem Modifikationen und Veränderungen der Rituale resultieren.

Selbst wenn der Einfluss der Inszenierung auf die Gestaltung rituellen Handelns nachhaltig ist, so unterscheidet sich die Aufführung des Rituals, die rituelle Praxis, dennoch von der Inszenierung. Diese Unterschiede ergeben sich vor allem aus der Spontaneität der Handelnden und den ludischen Elementen im rituellen Handeln. Die rituelle Praxis ist eine szenische Aufführung, die in erster Linie durch das rituelle Arrangement von Körpern hervorgebracht wird. Dieses rituelle Arrangement vollzieht sich auch neben bzw. außerhalb der Sprache. Dadurch entsteht eine Handlungsfolge, die nicht auf die Intentionalität der Handelnden reduziert werden kann, sondern die auf Grund ihrer körperlichen Materialität in symbolischer Hinsicht mehrdimensional und mehrdeutig ist.

Rituelle Praxis ist *performativ* (Wulf/ Göhlich/ Zirfas 2001; Fischer-Lichte/ Wulf 2001; Snoek 2003). Wenn sie so begriffen wird, dann sind drei Aspekte wichtig. Einmal werden Rituale als *kulturelle Aufführungen* begriffen. Als solche sind sie Antworten auf soziale Konstellationen, in denen Ordnungen etabliert werden, um soziale Kohärenz zu erhalten oder zu erzeugen. Je nach sozialem Feld, je nach Institution oder Organisation unterscheiden sich diese rituellen Aufführungen. Bereits die Differenzierung zwischen Konvention, Ritualisierung, Zeremonie, Liturgie und Feier macht deutlich, dass es sich jeweils um rituelle Aufführungen handelt, zwischen denen die Grenzen fließend sind.

Performativ sind Rituale außerdem, weil die sie begleitenden *sprachlichen Äußerungen auch Handlungen* sind. So haben z. B. die bei einer Eheschließung formulierten Äußerungen eine Handlungsdimension, die für diese soziale Handlung konstitutiv ist. Zur rituellen Aufführung gehören das szenische Arrangement der Körper und die performativen Äußerungen, durch die soziale Wirklichkeit erzeugt bzw. verändert wird. Rituelle Praxis ist symbolisch kodiertes, mit sprachlicher Magie begleitetes körperliches Handeln, dessen performativer Charakter Gemeinschaft herstellt. In der rituellen Praxis verstärken sprachliches und körperliches Handeln einander und erzeugen gemeinsam die sozialen Wirkungen rituellen Geschehens.

Der performative Charakter ritueller Praxis hat schließlich noch eine dritte *ästhetische Komponente* (Gebauer/ Wulf 1993; Bourdieu 1999), die für das Gelingen ritueller Aufführungen eine wichtige Rolle spielt. Ein Blick auf die künstlerische *performance* verdeutlicht dies. Die ästhetische Komponente wurzelt in der Körperlichkeit der rituell Handelnden. Zu dieser gehören u. a. ihre Stimmen, Bewegungen und Gesten. In der wechselseitigen Wahrnehmung der rituell Handelnden wird die Mehrdimensionalität der Arrangements empfunden und die Qualität der rituellen Praxis erfahren (Wulf et al. 2001). Diese nur ästhetisch wahrnehmbare Körperlichkeit des rituellen Arrangements macht seine Einmaligkeit aus. Noch verstärkt wird sie durch den Ort und die zeitliche Sequenzierung des rituellen Geschehens. In seinem Verlauf können auch Widersprüche zwischen den Intentionen und der rituellen 'Wirklichkeit' entstehen und wahrgenommen werden, sei es, dass es sich um körperlich inszenierte Widerstände handelt, für die im offiziellen Ritual kein Raum ist, oder sei es, dass es sich um Veränderungen handelt, die aus Irritationen und Störungen entstehen. Nur ästhetisch wird die Atmosphäre spürbar, die in diesen rituellen Arrangements entsteht.

III. Die Erzeugung von Habitusformen im rituellen Handeln

Bourdieu hat wiederholt deutlich gemacht, dass es eine *strukturelle Entsprechung* zwischen Habitusformen und rituellem Handeln gibt, dass rituelles Handeln erforderlich ist, um Habitusformen hervorzubringen und dass *Habitusformen für die Inszenierung und Aufführung von Ritualen notwendig sind*. In jedem Fall geht es um eine »Dialektik von objektiven und einverleibten Strukturen«. Als Bestandteile praktischen rituellen Wissens werden in ihr erzeugt »*Habitusformen*, d. h. Systeme dauerhafter Dispositionen, strukturierte Strukturen, die geeignet sind, als strukturierende Strukturen zu wirken, mit anderen Worten: als Erzeugungs- und Strukturierungsprinzip von Praxisformen und Repräsentationen, die objektiv 'geregelt' und 'regelmäßig' sein können, ohne im geringsten das Resultat einer gehorsamen Erfüllung von Regeln zu sein, die objektiv ihrem Zweck angepasst sein können, ohne das bewusste Anvisieren der Ziele und Zwecke und die explizite Beherrschung der zu ihrem Erreichen notwendigen Operationen vorauszusetzen, und die, dies alles gesetzt, kollektiv abgestimmt sein können, ohne das Werk der planenden Tätigkeit eines 'Dirigenten' zu sein« (Bourdieu 1976: 165).

Für die Herausbildung von Habitusformen und rituellem Wissen spielen lebensgeschichtlich erworbene dauerhafte *Handlungsdispositionen* eine zentrale Rolle. Sie bilden eine Handlungs-, Wahrnehmungs- und Denkmatrix, mit deren Hilfe Schemata analog übertragen werden, die ähnliche Probleme zu lösen gestatten. In diesen Prozessen werden kollektive Schemata verinnerlicht, »da das, was verinnerlicht wird, das Produkt der Entäußerung einer ähnlich strukturierten Subjektivität darstellt. Die Kontinuität der Generationen stellt sich praktisch über die Dialektik der Entäußerung der Innerlichkeit wie der Verinnerlichung der Äußerlichkeit her, eine Dialektik also, die zum Teil selbst das Produkt der Objektivierung der Innerlichkeit vergangener Generationen bildet« (ebd. 170). Der Habitus bringt rituelle Praktiken hervor, die dahin tendieren, »die den objektiven Produktionsbedingungen ihres Erzeugungsprinzips immanenten Regelmäßigkeiten zu reproduzieren« (ebd. 170), ohne dass dadurch die Spielräume rituellen Handelns zerstört werden würden.

Für die Erzeugung von Habitusformen sind Rituale wichtig. Mit ihrer Hilfe werden Wahrnehmungs- und Handlungsstrukturen inkorporiert (Gebauer/ Wulf 1993). Als inkorporierte können sie mit Hilfe der Imagination aktiviert und an die jeweils gegebenen Erfordernisse angepasst werden. Dabei spielt das Element der Wiederholung, das für rituelles Handeln konstitutiv ist, eine zentrale Rolle. Ohne Wiederholungen gelingt die Inkorporation der auf die Materialität der gesellschaftlichen Verhältnisse bezogenen Strukturen und Schemata nicht, die die Grundlage praktischen Handelns sind und dieses erst ermöglichen. In sozialen Zusammenhängen erzeugen Wiederholungen nicht einfach Kopien früheren Handelns. Sie führen vielmehr zu universelle Strukturen individualisierenden Modifikationen und Anpassungen, d. h. zu neuen Formen des Handelns, in denen jedoch die Bezugnahme auf frühere Handlungen und Erfahrungen unerlässlich ist, die ihrerseits das Ergebnis historisch und kultureller Praxisformen sind. Habitusformen und praktisches rituelles Wissen stellen das Resultat von Einprägungs- und Aneignungsprozessen dar, die notwendig sind, »damit die Hervorbringung der kollektiven Geschichte (Sprache, Wirtschaftsformen usw.) sich in Form dauerhafter Dispositionen in allen, den gleichen Bedingungen auf Dauer unterworfenen, folglich den gleichen materiellen Existenzbedingungen ausgesetzten Organismen – die man, so man will, Individuen nennen kann – erfolgreich reproduzieren können« (Bourdieu 1976: 186f).

IV. Mimetisches Lernen

Bourdieu war überzeugt davon, dass praktisches Wissen mimetisch erworben wird, ohne dass er näher ausgeführt hätte, wie sich dieses Lernen vollzieht (Bourdieu 1997b: 167ff). Um dies zu verstehen, bedarf es einiger Überlegungen zur Struktur mimetischer Prozesse und zu ihrer Bedeutung für den Erwerb praktischen rituellen Wissens. Im Unterschied zu den Prozessen der Mimikry sind mimetische Prozesse eher auf die Erzeugung von *Ähnlichkeit* und *Differenz* ausgerichtet. Menschen erwerben die Fähigkeiten der Orientierung und der Selbstgestaltung durch Anähnlichung an die Umwelt und an andere Menschen. Sie leben in konkreten Zusammenhängen und nehmen Teil am Leben anderer. Durch die Beteiligung an deren Lebenspraxis weiten sie ihre Lebenswelt aus und schaffen sich neue Handlungs- und Erfahrungsmöglichkeiten. In diesen Prozessen überlagern sich Rezeptivität und Aktivität; in ihnen verschränken sich die vorgegebene Welt und die Subjektivität der sich auf sie mimetisch Beziehenden. In diesen Prozessen schaffen Subjekte die Welt außerhalb ihrer noch einmal und machen sie in der Verdopplung zu *ihrer* eigenen. Erst in der Auseinandersetzung mit der äußeren Welt können Menschen ihre Subjektivität gewinnen. Erst in ihr kann sich der unspezialisierte Antriebsüberschuss zu Wünschen und Bedürfnissen formen, deren Interpretation Sprache benötigt. In der Sprache, die die Auseinandersetzung mit der Welt führt, erfolgt die Entwicklung des menschlichen Antriebslebens. Selbstbildung und Auseinandersetzung mit dem Außen entstehen in demselben System. Äußere und innere Welt gleichen sich kontinuierlich an und werden nur in der Wechselbeziehung erfahrbar. Ähnlichkeiten bzw. Korrespondenzen zwischen Innerem und Äußerem entstehen; es bildet sich ein mimetisches Verhältnis. Die Menschen machen sich der Außenwelt ähnlich und ändern sich in diesem Prozess; in dieser Transformation wandeln sich ihre Wahrnehmung des Äußeren und ihre Selbstwahrnehmung.

Mimetische Prozesse führen dazu, Ähnlichkeiten zu empfinden und Korrespondenzen zu der sozialen Umwelt herzustellen. Im Erleben dieser Korrespondenzen erfahren Menschen Sinn. Ähnlichkeiten zu erzeugen, gehört auch ontogenetisch zu den frühen menschlichen Fähigkeiten. Ähnlichkeiten lassen sich auf verschiedenen Wegen entdecken. Offensichtlich sind sie bei Phänomenen, die in sinnlicher Hinsicht miteinander korrespondieren. Sie können zwischen zwei Gesichtern auftreten oder in Prozessen erscheinen, in denen ein Mensch die Handlungen eines anderen nachahmt. Auch zwischen Lebendem und Unbelebtem lassen sich Formen der Ähnlichkeit entdecken. Schon immer dient der menschliche Körper dazu, Ähnlichkeiten herzustellen und auszudrücken. Tanz und Sprache sind dafür augenfällige Beispiele. Weder im Tanz noch in der Sprache sind Darstellung und Ausdruck, Aufführung und Verhalten verschieden. Sie bilden zwei Aspekte, die in der Mimesis nicht auseinanderfallen, sondern in einem Akt verschränkt sind (Bourdieu 1996b: 18, 122).

Mimetisch sind Prozesse, die sich auf andere Handlungen oder Welten beziehen, die sich als körperliche Aufführungen oder Inszenierungen begreifen lassen, die eigenständige Handlungen sind, die aus sich heraus verstanden und auf andere Handlungen oder Welten bezogen werden können. Diese mimetischen Prozesse können *diachron* oder *synchron* sein. Als Formen der Erinnerung können sie sich auf Vergangenes, als Formen unmittelbarer Verarbeitung auf Gegenwärtiges richten. Sie enthalten eine Komponente, die durch die 'Welt' konstituiert wird, auf die sie sich richten, und eine individuelle Komponente, die durch die Besonderheit des Einzelnen, seine historische und kulturelle Situation, seine individuelle Konstitution und Lebensgeschichte bestimmt wird. Mimetische Prozesse sind insofern nicht bloß reproduktiv, sondern kreativ, als der Einzelne Aspekte der Welt, auf die er sich richtet, mit Aspekten seiner schon bestehenden Welt in Beziehung setzt. Dies geschieht wie beim »Spinnen eines Fadens«, indem »Faser an Faser« gedreht wird, so dass »viele Fasern einander übergreifen« (Wittgenstein 1960, § 67). Welche Fäden verwendet werden, ist unterschiedlich, so dass ein kompliziertes für mimetisches Handeln charakteristisches Netz von Ähnlichkeiten entsteht, die Wittgenstein mit Hilfe des Konzepts der *Familienähnlichkeit* beschreibt.

Wie wird nun praktisches rituelles Wissen gelernt, das Menschen befähigt, sich in unterschiedlichen gesellschaftlichen Feldern, Institutionen und Organisationen kompetent zu bewegen? Die Inszenierung und Aufführung von Ritualen setzt ein rituelles Wissen voraus. Dieses Wissen ist ein *praktisches Wissen* (Wulf et al. 2001). Wie Dispositionen und Schemata im Prozess der Habitusentwicklung erworben werden (Krais/ Gebauer 2002), so werden in rituellen Handlungen auch Bilder, Schemata und Dispositionen erworben, die Menschen dann befähigen, rituell zu handeln. Wie das praktische Wissen des Habitus, so wird auch das praktische Wissen rituellen Handelns in *mimetischen Prozessen* erworben (Gebauer/ Wulf 1992; 1998). Wenn sich rituell Handelnde auf früher erfahrene Sequenzen eines Rituals beziehen, nehmen sie gleichsam einen »Abdruck« dieser rituellen Sequenzen, den sie in ihre Vorstellungswelt aufnehmen und den sie dazu verwenden, das erforderliche rituelle Handeln zu inszenieren und aufzuführen. In solchen Lernprozessen findet eine »Angleichung« an aufgeführte rituelle Handlungen statt, deren Figurationen nachgeschaffen, in die innere Vorstellungswelt aufgenommen und so verkörpert werden. Dadurch werden Bilder, Rhythmen, Schemata, Bewegungen inkorporiert, die in veränderten rituellen Kontexten wieder verwendet werden. In mimetischen Prozessen entsteht so eine praktische rituelle Kompetenz, die in unterschiedlichen Feldern, Institutionen, Organisationen benötigt wird, damit sich das soziale Subjekt angemessen bewegen kann, damit es fähig ist, in rituellen Prozessen Gemeinschaft zu erzeugen und zu kooperieren. Der mimetische Charakter dieser Lernprozesse stellt sicher, dass es in diesem nicht um die bloße Herstellung einer Kopie geht, sondern dass es sich um die Wiedererzeugung einer rituellen Handlung in einem neuen Kontext, mit anderen Menschen und unter anderen räumlichen und zeitlichen Bedingungen handelt. Die rituelle Praxis hat einen historischen und kulturellen Charakter und ist für zukünftige Veränderungen offen (Wulf 2001). In der rituellen Praxis kommt es zu einer performativen Kreativität, die neue, kontingente soziale Formen und Gemeinschaften entstehen lässt.

VI. Der Zusammenhang zwischen Macht, Gewalt und Natürlichkeit

In seinen Beiträgen zur Ritualtheorie hat Bourdieu verschiedentlich auf den Zusammenhang von Ritual, Macht und Gewalt verwiesen und darauf aufmerksam gemacht, dass es zu dem spezifischen Charakter von Ritualen gehört, dass sie sich den Anschein geben, sie seien 'natürlich' und ohne Alternativen. Durch diesen Anschein verleugnen sie ihre Historizität und Kulturalität sowie die in ihrer Inszenierung und Aufführung impliziten Gewalt- und Machtstrukturen (Wulf 1997; Wulf/ Kamper 2002). Sie erzeugen eine historische und kulturelle Kontinuität und vermeiden dadurch, dass ihre Existenz in Frage gestellt wird. Statt dessen dient ihnen diese Kontinuität zur Legitimierung der in ihnen enthaltenen Macht- und Gewaltverhältnisse. Diese werden noch deutlicher, wenn man sich vergegenwärtigt, dass Rituale Werte, Normen und Funktionen gesellschaftlicher Institutionen und Organisationen in die Körper ihrer Adressaten einschreiben und so dazu beizutragen, sie auf Dauer zu stellen. Wie Bourdieu (1976) gezeigt hat, gilt dies in besonderem Maße für Rituale, die die Identität der Geschlechter und der Generationen symbolisch verstärken. So dienen Rituale und Ritualisierungen dazu, Jungen zu Männern und Mädchen zu Frauen, aber auch Kinder zu Kindern und Alte zu Alten zu machen. Bei diesen Beispielen sind Rituale besonders wirksam, weil sie physiologisch bereits bestehende Unterschiede rituell sichtbar machen, symbolisch verstärken und die in diesen Differenzen impliziten Machtverhältnisse legitimieren. Dies gilt selbst für moderne Gesellschaften, in denen die Handlungsspielräume der einzelnen Menschen größer sind, jedoch häufig von ihnen nicht genutzt werden, da die Prozesse der Differenzherstellung und Hierarchisierung und die mit ihnen verbundenen Macht- und Gewaltverhältnisse nicht ins Bewusstsein geraten.

Besonders der performative Charakter der Rituale führt zur Kanalisierung impliziter Gewaltpotenziale. Er erzeugt Gemeinschaften, in denen Gefühle der Zugehörigkeit entstehen, die Sinn stiften. Diese Prozesse vollziehen sich in sozialen Räumen und Feldern, die durch Machtbeziehungen materieller und symbolischer Art strukturiert sind und in denen Rituale und Ritualisierungen unerlässlich sind, um soziale Ordnungen zu erhalten, zu modifizieren oder grundsätzlich zu verändern. Denn selbst Widerstände und Reformen lassen sich nur mit Hilfe rituell organisierter Handlungen realisieren. Nur mit Hilfe ritualisierter Formen der Koordinierung und Kooperation lassen sich soziale Kräfte so bündeln, dass strukturelle Veränderungen durchgesetzt werden können. In diesen Prozessen wird noch einmal deutlich, wie stark das Gelingen von Ritualen und Ritualisierungen von einem *praktischen mimetisch inkorporierten rituellen Wissen* abhängt, das in der Lage ist, die in unterschiedlichen Habitusformen verfügbaren Handlungsmöglichkeiten zur Anwendung zu bringen.

Literatur

Audehm, K., 2001: Die Macht der Sprache. Performative Magie bei Pierre Bourdieu. In: Wulf/ Göhlich/ Zirfas 2001, S. 101–128.

Bell, Ch., 1992: Ritual Theory – Ritual Practice. New York.

Bell, Ch., 1997: Ritual. Perspectives and Dimensions. New York.

Fischer-Lichte, E./ Ch. Wulf (Hrsg.), 2001: Paragrana. Internationale Zeitschrift für Historische Anthropologie, Band 10, Heft 1: Theorien des Performativen.

Gebauer, G./ Ch. Wulf (Hrsg.), 1993: Praxis und Ästhetik. Neue Perspektiven im Denken Pierre Bourdieus. Frankfurt/Main.

Gebauer, G./ Ch. Wulf, 1995: Mimesis. Kultur – Kunst – Gesellschaft. Reinbek (2. Aufl. 1998).

Gebauer, G. / Ch. Wulf, 1998: Spiel, Ritual, Geste. Mimetisches Handeln in der sozialen Welt. Reinbek.

Krais, B./ G. Gebauer, 2002: Habitus. Bielefeld.

Snoek, Jan, 2003: Performance, Performativity, and Practice. Against Terminological Confusion in Ritual Studies. In: Paragrana. Internationale Zeitschrift für Historische Anthropologie, Band 12, Heft 1 u. 2: Rituelle Welten.

Witttgenstein, L., 1960: Philosophische Untersuchungen. In: Schriften, Band 1. Frankfurt/Main.

Wulf, Ch., 2001: Einführung in die Anthropologie der Erziehung. Weinheim/ Basel.

Wulf, Ch./ B. Althans/ K. Audehm/ C. Bausch/ M. Göhlich/ S. Sting/ A. Tervooren/ M. Wagner-Willi/ J. Zirfas, 2001: Das Soziale als Ritual: Zur performativen Bildung von Gemeinschaften. Opladen.

Wulf, Ch./ M. Göhlich/ J. Zirfas (Hrsg.), 2001: Sprache, Macht, Handeln. Grundlagen des Performativen. Weinheim/ München.

Wulf, Ch./ D. Kamper (Hrsg.), 2002: Logik und Leidenschaft. Erträge Historischer Anthropologie. Berlin.

Wulf, Ch./ J. Zirfas (Hrsg.), 2003: Paragrana. Internationale Zeitschrift für Historische Anthropologie, Band 12, H. 1 u. 2: Rituelle Welten.

Hubert Knoblauch

Habitus und Habitualisierung

Zur Komplementarität von Bourdieu mit dem Sozialkonstruktivismus

I. Überblick

Man mag meinen, Bourdieus Begriff des Habitus sei nun schon zur Genüge diskutiert worden, und in gewisser Weise möchte ich dem auch zustimmen (als Überblick vgl. Krais/ Gebauer 2002). Im Zentrum dieses Beitrags steht denn auch keineswegs der Begriff des Habitus, wie er von Bourdieu entwickelt wurde. Im Mittelpunkt soll hier vielmehr der Vergleich zwischen diesem Begriff und der Theorie der Habitualisierung stehen, wie sie von Berger und Luckmann (im Anschluss an Gehlen) entwickelt und vorgestellt wurde. Dieser Vergleich, dessen größerer Teil der Rekonstruktion von Berger und Luckmanns Ansatz gewidmet sein soll, weist meines Erachtens auf eine gewisse gegenseitige Rezeptionsschwäche hin: Die späte Übersetzung der *gesellschaftlichen Konstruktion der Wirklichkeit* ins Französische und auch die fehlenden Referenzen auf diese Arbeit in Bourdieus früheren Arbeiten deuten darauf hin, dass die sozialkonstruktivistische Wissenssoziologie – immerhin einer der einflussreichsten Ansätze seit den 60er Jahren – in der formativen Phase von Bourdieus Theorie kaum wahrgenommen wurde. (Tatsächlich war auch der wissenschaftspolitische Ort der späten Rezeption von Berger und Luckmann nicht besser geeignet, eine Rezeption von Seiten Bourdieus zu fördern. Übrigens beruht diese fehlende Rezeption durchaus auf Gegenseitigkeit. Bourdieu selbst musste erst eine große Berühmtheit erlangen, um von der Wissenssoziologie wahrgenommen zu werden.) Diese fehlende Wahrnehmung (ein besonders im deutsch-französischen Austausch bekanntes Phänomen) hatte auch zur Folge, dass offenkundige Parallelen der Theorie und der Forschung bislang wenig zur Kenntnis genommen wurden.

Diese Parallelität (oder Komplementarität, wie ich sie unten nennen möchte) wird besonders virulent seit Bourdieus Arbeit über *Das Elend der Welt* (Bourdieu 1993a; 1997b). Denn spätestens hier schreibt er – unter anderem auch durch den Einsatz der qualitativen Methode – der 'Subjektivität' eine Bedeutung zu, die zuvor in seinem Werk nicht (jedenfalls nicht in diesem Ausmaß) sichtbar geworden war. Dies ist auch der Grund, der zum Vergleich mit der sozialkonstruktivistischen Wissenssoziologie führt. Denn dieser Ansatz zeichnet sich nicht nur systematisch durch das aus, was in der theoretischen Diskussion (keineswegs sehr genau) als Subjektorientierung bezeichnet wird. Sondern zum anderen weist er eine große Nähe zu qualitativen Forschungsansätzen auf und war an der Entstehung und Entwicklung mehrerer solcher Ansätze beteiligt (vgl. Knoblauch 2000).

Vor diesem Hintergrund scheint es nur folgerichtig, beim Begriff des Habitus anzusetzen, um einen solchen Vergleich anstellen zu können. Denn im Werk Bourdieus ist Habitus sozusagen das Bindeglied zwischen Gesellschaft und Subjekt (genauer vielleicht: das Einfallstor der Gesellschaft ins Subjekt). Der Beitrag verfolgt zunächst eine allgemeinere Gegenüberstellung vergleichbarer Begriffe beider Theorieansätze. Dabei zeigt sich, dass die Vorstellung der *doxa* große Ähnlichkeiten mit Max Schelers Begriff der »relativ-natürlichen Weltanschauung« aufweist; entsprechende Parallelen finden sich auch zwischen der Verkörperlichung und der Leiblichkeit, der Unterbewusstheit und der Sedimentierung, der Pluralität sowie der Vermitteltheit. Vor diesem Hintergrund soll dann die Theorie der Habitualisierung kurz skizziert werden. Dabei soll die These vertreten werden, dass beide Begriffe als komplementär betrachtet werden können: Während Habitus die sozialstrukturellen Aspekte menschlichen Handelns in den Vordergrund stellt, erlaubt es der Begriff der Habitualisierung, die subjektive Genese des Habitus zu skizzieren. Damit eröffnet er auch eine Möglichkeit, die bei Bourdieu häufig vernachlässigte Dimension des Subjektiven bzw. des Bewusstseins in den Blick zu bekommen.

II. Der Habitusbegriff bei Bourdieu und die wissenssoziologischen Parallelen

Es steht ganz außer Zweifel, dass der Begriff des Habitus historisch schwer vorbelastet ist. Die zentrale Bedeutung der Vorstellung des Habitus für das Soziale steht spätestens seit David Hume fest: Sie bildet die

Grundlage für eine Gesellschaftstheorie, die nicht auf extrasoziologischen Annahmen über Bedürfnisse oder menschliche Triebe basiert, sondern menschliches Handeln auf menschliches Handeln – eben als Gewohnheit – zurückführt. Bourdieu selbst schließt mit seinem Habitus-Begriff an den Studien des Kunsthistorikers Erwin Panofsky an, der den Habitus als Verbindungsglied der künstlerischen Ausdrucksformen zu ihrem sozialen und historischen Kontext ansieht (vgl. Bourdieu 1970b: 125-128). So bekannt dies ist, so wird meist übersehen, dass Panofsky seinerseits seine Theorie wiederum auf Mannheims Wissenssoziologie, genauer: auf seiner Theorie der Weltanschauungs-Interpretation aufbaut (vgl. Mannheim 1964). Auf dieser Grundlage hatte schon Geiger (1931) einen analogen soziologischen Begriff entwickelt, der den sozialen Schichten Mentalitäten und einen sie ausdrückkenden »Lebensduktus« zuschrieb (i.e. ein Ensemble aus Lebenshaltung, Gewohnheiten des Konsums und sonstigen Lebensgestaltung, Freizeitverwendung, Lesegeschmack, Formen des Familienlebens und der Geselligkeit).

Wie gemeinhin bekannt, nimmt der Habitus-Begriff auch bei Bourdieu eine zentrale Bedeutung ein. Er steht im Mittelpunkt seiner Anstrengungen, eine Position des »strukturalistischen Konstruktivismus« zwischen dem strukturalistischen Objektivismus und dem handlungstheoretischen Subjektivismus zu finden (vgl. Bourdieu 1987a: 147). Denn der Habitus ist ein generatives Prinzip der Praxis. Er stellt ein »System von Dispositionen zu praktischem Handeln« dar, das »eine objektive Grundlage regelmäßiger Verhaltensweisen, folglich der Regelmäßigkeit von Verhaltensweisen« bildet. Leitend sind dabei praktische Schemata oder auch »Informationsschemata«[1]. Eine seiner ausführlicheren Definitionen (Bourdieu 1976: 164f) lautet: »Die für einen spezifischen Typus von Umgebung konstitutiven Strukturen (etwa die eine Klasse charakterisierenden materiellen Existenzbedingungen), die empirisch unter der Form von mit einer sozial strukturierten Umgebung verbundenen Regelmäßigkeit gefasst werden können, erzeugen Habitusformen, d. h. Systeme dauerhafter Dispositionen, strukturierte Strukturen, die geeignet sind, als strukturierende Strukturen zu wirken, mit anderen Worten: als Erzeugungs- und Strukturierungsprinzip von Praxisformen und Repräsentationen, die objektiv 'geregelt' und 'regelmäßig' sein können, ohne im geringsten das Resultat einer gehorsamen Erfüllung von Regeln zu sein; die objektiv ihrem Zweck angepasst sein können, ohne

---

[1] Vgl. dazu etwa Bourdieu 1976: 207; 1985: 69; 1987b: 98f. Vgl. dazu auch Janning 1991 sowie Willems 1997.

das bewusste Anvisieren der Ziele und Zwecke und die explizite Beherrschung der zu ihrem Erreichen notwendigen Operationen vorauszusetzen, und die, die alles gesetzt, kollektiv abgestimmt sein können, ohne das Werk der planenden Tätigkeit eines 'Dirigenten' zu sein«.

Ohne hier eine systematische Rekonstruktion des Habitus-Begriffes vornehmen zu wollen, können, so meine ich, einige Aspekte des Habitus hervorgehoben werden, die wenig strittig sind. Um die These der Komplementarität zu stützen, möchte ich daneben die entsprechenden, semantisch ähnlich gelagerten Begriffe aus der Wissenssoziologie anführen. Der besseren Übersichtlichkeit wegen möchte ich diese Parallelen kurz auflisten:

Habitus (Bourdieu)	**Schütz/ Berger/ Luckmann**
Wissenssoziologisch	wissenssoziologisch
Doxa	relativ-natürliche Weltanschauung (Scheler) / Weltansicht (Luckmann)
Praktisches Wissen	handlungsleitendes Wissen, »pragmatische Schemata« (B/ L), implizite Kategorien und Schemata
Körperlichkeit	Grundelemente lebensweltlichen Wissens, Körperliches Fertigkeitswissen
Unbewusstheit	Sedimentierung, Habitualisierung
Pluralität	soziale Differenzierung subjektiver Wissensvorräte
Vermittelheit	gesellschaftliche Vermittlung von Wissen/ Kommunikation

Generell darf gesagt werden, dass es sich beim Habitus (auch) um einen durchaus *wissenssoziologischen Begriff* handelt, und zwar nicht nur, weil er die *doxa* umfasst. Aus sozialkonstruktivistischer Sicht würde man von der relativ-natürlichen Weltanschauung bzw. dem Common Sense (Alltagsverstand) sprechen. Unter dem (sozial eingeschränkter gefassten) Begriff *doxa* fasst Bourdieu – durchaus in der wissenssoziologischen Tradition von Durkheim und Mauss – Klassifikationsprinzipien, Prinzipien der Hierarchisierung und, in eins damit, die Weltsicht. Dies schließt den Hysteresis-Effekt mit ein, also die Tendenz, sich vor Krisen und Infragestellungen zu schützen. In der phänomenologisch orientierten Soziologie reden wir von der Ausklammerung des Zweifels bzw. von der »natürlichen Einstellung«.[2] Einer ähnlichen Bedeutung folgt auch Bourdieu, wenn er in Anlehnung an Pascal von *croyance* spricht (Bourdieu 1997a: 23f), eine Art von Grundüberzeugungen im Sinne eines unhinterfragten Fürwahrhaltens.

Der Habitus besteht vor allen Dingen aus *praktischem Wissen*: »Da er ein erworbenes System von Erzeugungsschemata ist, können mit dem Habitus alle Gedanken, Wahrnehmungen und Handlungen, und nur diese, frei hervorgebracht werden, die innerhalb der Grenzen der besonderen Bedingungen seiner eigenen Hervorbringung liegen« (Bourdieu 1987b: 102). Wir wissen, dass diese praktische Dimension eine entscheidende Rolle für die Theorie Bourdieus spielt (z. B. 1976). Es sollte jedoch betont werden, dass auch die neuere Wissenssoziologie sich gerade deswegen mit Wissen (und nicht nur »Ideologien«) beschäftigt, weil dieses eben als handlungsleitend verstanden wird.[3]

Der Habitus bildet *körperliche Dispositionen*, er ist »Leib gewordene und Ding gewordene Geschichte«, gleichsam in den Körper eingeschrieben (Bourdieu 1985: 69). An anderer Stelle spricht Bourdieu auch von Inkorporation, der Einverleibung kollektiver generativer Schemata und Dispositionen. Der Habitus ist damit eine Art zweite Natur der Akteure, der sich *in praxi*, nicht nur »im Bewusstsein« der Akteure befindet. Auf diesen Aspekt werde ich später noch eingehen; hier sei nur erwähnt, dass körperliche Fertigkeiten auch für die Wissenssoziologie zu den Grundelementen lebensweltlichen Wissens gehören.[4]

»*Unterbewusstheit*« gehört offenbar zum Habitus. So betont Bourdieu (1976: 200) etwa: »Das derart Einverleibte findet sich jenseits des Bewusstseinsprozesses angesiedelt, also geschützt vor absichtlichen und überlegten Transformationen, geschützt selbst noch davor, explizit gemacht zu werden: Nichts erscheint unaussprechlicher, unkommunizierbarer, unersetzlicher, unnachahmlicher und dadurch kostbarer als die einverleibten, zu Körpern gemachten Werte«. Zentral scheint für Bourdieu (1976: 190) die Nachahmung von Handlungen anderer zu sein

---

[2] Wenn ich von sozialkonstruktivistischer Wissenssoziologie bzw. phänomenologisch orientierter Soziologie rede, beziehe ich mich auf die Arbeiten von Schütz (1971/ 1972), Berger und Luckmann (1966), Schütz und Luckmann (1979; 1984) sowie auf die Fortführung dieser Arbeiten durch Luckmann, Srubar und andere.

[3] Diese Bemerkung ist deswegen nötig, weil selbst so prominente Autoren wie Luhmann (1995) das Missverständnis fördern, die Wissenssoziologie stehe im Gegensatz zu, ja in Konkurrenz mit der Handlungstheorie.

[4] Vgl. dazu etwa Schütz und Luckmann 1979: 136ff. Der Vorwurf einer »kognitivistischen Schlagseite« der neueren Wissenssoziologie ist deswegen sehr schlecht begründet.

»ohne im Bewusstsein thematisiert oder erklärt werden zu müssen«.[5] Der Umstand, dass diese »Unterbewusstheit« eine zentrale Voraussetzung für kreative Prozesse darstellt, erlaubt eine gewisse Parallele zur (von Gehlen übernommenen) Entlastungsfunktion, die in der Wissenssoziologie der Habitualisierung (bei individuellen Handlungen) und Institutionalisierung (bei sozialen Handlungen) zugeschrieben wird.[6] Der unter »Nachahmung« verzeichnete Aspekt scheint meines Erachtens in der wissenssoziologischen Interaktionsanalyse, die ich unten skizzieren möchte, sehr viel differenzierter erläutert zu sein.

Es gibt eine *Pluralität des Habitus*, die mit der Differenzierung der Gesellschaft verbunden ist, es gibt also eine Art »Komplizenschaft von Habitus und Feld«. So erzeugt der Habitus auf systematische Weise Lebensstile, i.e. »einen Gesamtkomplex distinktiver Präferenzen, in dem sich in der jeweiligen Logik eines spezifischen symbolischen Teil-Raumes – des Mobilars und der Kleidung so gut wie der Sprache oder der körperlichen Hexis – ein und dieselbe Ausdrucksintention niederschlägt« (Bourdieu 1982c: 283).[7] In der Wissenssoziologie enstpricht dies einer sozialen Differenzierung des gesellschaftlichen Wissensvorrates, der sich vor allen Dingen nach den institutionellen Strukturen der Gesellschaft hin ausdifferenziert und entsprechend unterschiedliche subjektive Wissensvorräte zur Folge hat – und deswegen auch differente Handlungsdispositionen.

---

[5] Genau dies grenzt ihn von rationalen Handlungen ab, da Wahlen eben nicht unter Aspekten der Nutzenabwägung getroffen werden. »When the habit label is applied, it is generally to suggest that an action, which may in some situations come about as a motivated actor selects appropriate means to his or her ends, has, in the instance of the actor being described – emerged apart from such a reflective process« (Camic 1986: 1045). Es trifft also nicht zu, wie Müller (1986: 25) behauptet, dass Bourdieu »soziostrukturell beeinflusste und klassenspezifische Verhaltensformen mit der Vorstellung nutzenorientiertrer Strategien mühelos verbindet«.

[6] Vermutlich haben Gebauer und Wulf sogar Recht, wenn sie Bourdieu unterstellen, dass er diese Übernahme als Nachahmung bzw. »soziale Mimesis« konzipiert; interaktionstheoretisch jedoch fällt das Konzept der Mimesis deutlich hinter die Konzeption zurück, die ich unten skizzieren werde. Vgl. Gebauer und Wulf 1998: 47ff.

[7] Es macht ihn sehr sympathisch, dass er hier keine Art Transformationsgrammatik der Praxis anstrebt; Bourdieu betont selbst, dass er den Begriff des Habitus gegen den von ihm so bezeichneten Juridismus entworfen habe, also gegen die Auffassung, »als habe man die sozialen Praktiken erklärt, wenn man die explizite Regel benannt hatte, nach der sie angeblich hervorgebracht werden«. Damit folgt er einem ähnlichen Reflex, dem auch die Ethnomethodologie folgt. (Regeln sollten ja allein in Winchs Versuch einer an Wittgenstein orientierten Soziologie die Grundlage bilden.) Vgl. Bourdieu 1992b: 99.

Als ein letztes Merkmal sei die *Vermitteltheit des Habitus* erwähnt: Der Habitus wird im Rahmen von »Sozialisationserfahrungen erworben, die von Erziehungs- und Bildungsinstanzen vermittelt werden; nicht die eigenen Erfahrungen sind dabei prägend, sondern berufsbezogene Denk- und Lebensweisen der Erziehungsautoritäten« (Janning 1991: 39). Um Fröhlich (1994: 39) zu paraphrasieren: Der Habitus ist genetisch eine »Kondensation von früheren Erfahrungen in den Menschenkörpern, die sich als Wahrnehmungs-, Denk und Handlungsschemata niederschlagen«. Fröhlich unterscheidet dabei drei Formen der Einprägung: »Erstens Lernen als einfaches, unmerkliches Vertrautwerden, zweitens ausdrückliche Überlieferung kraft Anordnung und Vorschrift, drittens strukturale Übungen in Spielform.«

III. Die Voraussetzung der Theorie der Habitualisierung

Ein umfassender Vergleich dieser verschiedenen Aspekte (zu denen bei genauerer Analyse sicherlich noch mehr hinzu kämen) würde den Umfang dieser Arbeit sprengen – und lag auch gar nicht in ihrer Absicht. Wie eingangs nämlich erwähnt, möchte ich mich hier ausschließlich auf die wissenssoziologische Theorie der Habitualisierung beschränken. Dabei folge ich durchaus Bourdieus Maxime, der ja im Unterschied zum Objektivismus forderte, nicht nur das Werk, sondern auch dessen Genese zu analysieren. Genau aber das ist Ziel der konstitutionstheoretischen Analysen von Seiten der Phänomenologie. Sinn und Handeln sind eng miteinander verbunden – sie bilden keinen Kontrast. »Wissen« ist handlungsleitend als derjenige Sinn, der von anderen übernommen wurde. Und die Habitualisierung nun bildet die Grundlage für die »Objektivierung des Subjektiven«.

Dabei muss jedoch dem Umstand Rechnung getragen werden, dass die Rekonstruktion dieser Theorie der Habitualisierung selbst aus dem Zusammenhang gerissen ist. Dieser Zusammenhang der sozialkonstruktivistischen Wissenssoziologie kann hier auch nicht dargestellt werden. Allerdings möchte ich drei (zum Teil schon angedeutete) Voraussetzungen hervorheben, deren Nichtbeachtung regelmäßig zu Missverständnissen führt:

Zum einen sollte beachtet werden, dass die Grundlegung der sozialkonstruktistischen Wissenssoziologie keineswegs eine empirische Theorie der Sozialwelt, sondern eine Rekonstruktion der Konstitution des Sozialen beabsichtigte. Sie fragt explizit nach den Konstitutionsbedingungen (also gleichsam den logischen Denkvoraussetzungen) des Sozialen – aus der Annahme des Bewusstseins (und genau hier liegt ihre phänomenologische und subjektive Basis). Dabei sollte betont werden, dass es sich bei dieser Rekonstruktion noch nicht um Soziologie, sondern um Protosoziologie handelt (vgl. Luckmann 1990). Die empirische Soziologie dagegen hat es mit der schon immer konstitutierten empirischen soziokulturellen Sozialwelt zu tun. Dies wird zwar in der sozialkonstruktivistischen Grundlagentheorie (man möchte sagen: naturgemäß) vernachlässigt, doch bildet sie den Gegenstand einer mittlerweile doch ansehnlichen Menge empirischer Untersuchungen.

Aus semantisch nahe liegenden Gründen ist der sozialkonstruktivistischen Wissenssoziologie (auch von Vertretern einer »Theorie der Praxis«) vorgehalten worden, sie verkürze den Menschen kognitivistisch. Wie schon erwähnt, ist dabei vielfach übersehen worden, dass dieses Wissen nicht nur explizite Wissenselemente, sondern auch die Grundelemente der Lebenswelt (Körperschema, Körperbewusstsein, Zeit und Raum), körperliche Fertigkeiten und leibliche Routinen enthält. Diese Ausweitung betrifft übrigens auch den Begriff des Bewusstseins. Hier handelt es sich nicht um einen Parallelbegriff zum Gehirn. »Bewusstsein« werden phänomenologisch vielmehr die Prozesse genannt, die Erfahrungen machen (oder konstitutieren). Weil dabei leibliche Erfahrungen (und Handlungen) im Vordergrund stehen, ist die Leiblichkeit für das Bewusstsein konstitutiv.

Vor diesem Hintergrund ist es leicht verständlich, dass Wissen keineswegs immer explizit sein muss. Ganz im Gegenteil geht ja gerade die phänomenologische Theorie von der Vorsprachlichkeit des Wissens aus. Schütz selbst hat dieses vorsprachliche Wissen unter dem Titel der Typisierung analysiert (und dessen Strukturierung an Hand der Relevanzstrukturen).

IV. Habitualisierung und Institutionalisierung

Um die sozialkonstruktivistische Theorie der Habitualisierung zu verstehen, muss man wissen, dass sie Teil der Institutionalisierung ist, die selbst wiederum eine tragende Rolle für die Gestaltung sozialer Ordnung in der gesellschaftlichen Konstruktion der Wirklichkeit einnimmt. Wie schon im Zusammenhang mit Bourdieus Vorstellung der Unbewusstheit des Habitus erwähnt, ist die Habitualisierung deswegen von einer grundlegenden Funktion: Sie beschleunigt die Entscheidung für und die Durchführung von Handlungen, indem sie eine Entlastung leistet.[8] Erst vor dem Hintergrund habitualisierten Handelns öffnet sich ein Vordergrund für Einfall und Innovation, der sich als so bedeutsam für die menschlichen Kulturen erwiesen hat.

Während Gehlen die Funktion der Habitualisierung bestimmt hat, greifen wir auf Schütz, Berger und Luckmann zurück, wenn wir uns fragen, wie ein solcher Habitus zustande kommt.[9] Zum einen macht die *Routinisierung* eine Typisierung der Ereignisse vonnöten, die von der Relevanz anstehender Handlungsaufgaben geleitet wird. Habitualisierung bezieht sich darauf, dass individuelle Handlungsvollzüge, vor allem körperliche Fertigkeiten, zum Gewohnheitwissen werden. Habitualisierung setzt dabei zum einen *Typisierung* voraus (eine Fähigkeit, der Schütz sehr detaillierte Analysen gewidmet hat, vgl. Schütz und Luckmann 1979): Um überhaupt Handlungen wiederholen zu können, müssen wir sie und die für sie als charakteristisch erfahrenen Umstände typisieren können. Neben der Typisierung liegt der Habitualisierung eine weitere Bewusstseinsfähigkeit zu Grunde. Phänomenologisch kann man die Routinisierung dadurch beschreiben, dass *polythetisch* durchgeführte Handlungen, bei denen jeder Schritt überlegt sein will und einzelne Schritte sogar mehrfache Überlegung erfordern, in Passivität absinken, so dass wir einen *monothetischen* Zugriff auf sie haben. Betrachten wir diese Ableitung an einem einfachen Beispiel: die technische Praxis des Autofahrens. Wir erinnern uns, wie wir diese Praxis unter Mühen erlernt haben. Nach und nach haben wir gelernt, die einzelnen Handlungschritte in der richtigen Reihenfolge sozusagen körperlich feinmechanisch zu vollziehen – zuerst zu kuppeln, dann den Gang einzulegen, langsam Gas zu geben, langsam wieder zu entkuppeln usw. Nach jahrelanger Übung jedoch vollziehen wir dieses Handlungsmuster 'wie im Schlaf'. Wir haben den gesamten Ablauf leiblich automatisiert. Nahezu automatisch folgt ein Schritt auf den anderen, und während wir fahren, sind wir in der Lage, gleichzeitig den Verkehr zu beobachten, zu reden, zu rauchen, Musik zu hören usw. Je häufiger wir die Handlung vollziehen, umso mehr explizit entworfene Handlungsschritte werden sedi-

---

[8] Eine wichtige Rolle spielt hier zweifellos die Institutionalisierungstheorie von Arnold Gehlen. Nicht unterschätzt werden sollte aber auch der Einfluss von William G. Sumner, dessen Begriff der »habits« hier sicherlich Pate gestanden hat.

[9] Dabei sollte ich betonen, dass bei keinem der genannten Autoren die Habitualisierung im Mittelpunkt steht. Es handelt sich also hier um eine theoretische Rekonstruktion. Ich baue dazu auf früheren Versuchen einer solchen Rekonstruktion auf. Vgl. dazu Knoblauch 1995: 22ff; und Knoblauch 1999.

mentiert. Als Ergebnis des Sedimentierungsprozesses (der ja seinerseits wieder Typisierungen voraussetzt) greifen wir auf die zahlreichen, polythetischen (einzeln und explizit entworfenen) Handlungschritte des Autofahrens sozusagen monothetisch ('*en bloc*' und automatisch) zu.

Dieser Übergang von der polythetischen Handlung zu ihrem mo nothetischen Vollzug impliziert zusätzlich die Fähigkeit zur Sedimentierung, zur Ablagerung typisierter Erfahrungen und Handlungen in den Hintergrund des Bewusstseins. Die dabei ablaufenden Bewusstseinsprozesse, die phänomenologisch beschrieben wurden, können hier nicht rekonstruiert werden. Zwei Aspekte dieser Sedimentierung sollen lediglich hervorgehoben werden. Zum einen regelt das Relevanzsystem, welche Erlebnisse gewissermaßen synthetisiert werden, so dass aus bestimmten »polythetischen« Erlebniskomplexen eine zusammengehörige, sinnhafte Erfahrung wird, auf die das Bewusstsein, etwa in der Erinnerung, monothetisch zurückgreifen kann. Dieses Relevanzsystem ist, wie Schütz wiederholt bemerkt, in einem starken Maße 'sozial abgeleitet'. Deswegen ist die Ausbildung auch eines individuellen Habitus in gewissem Sinne immer ein Teil eines gesellschaftlichen Wissensvorrats. Zum anderen stellen die sedimentierten Elemente in einem hohen Maße verleiblichtes Wissen dar: So gehören ja zum nicht explizierten alltäglichen Hintergrundwissen schon für Schütz nicht nur die räumlichen und zeitlichen Grundstrukturen der Lebenswelt, sondern auch körperlich erlernte Fertigkeiten und praktisches Rezeptwissen, das den leiblichen Umgang mit einschließt.

Die Habitualisierung bildet zwar ein grundlegendes »Gesetz der Gewöhnung« (Berger/ Luckmann [1966] 1984: 56), doch bezieht sich dieses Gesetz noch auf 'einsame' Handlungen; denn bislang redeten wir lediglich von einem Bewusstsein, das intentional auf die Welt bezogen ist, ein Relevanzsystem besitzt und darin Typisierungen, Sedimentierungen vornimmt; dieses Bewusstsein ist überdies mit einem Körper verbunden, so dass Handlungen leiblichen Charakter haben – von anderen Akteuren aber war bislang noch nicht die Rede. Wie schon bemerkt, geht Gehlens Theorie der Habitualisierung auch nicht über diese Stufe hinaus.

Eine Voraussetzung für die Sozialität des Habitus sind Prozesse des Fremdverstehens, wie sie Schütz an Hand der »Generalthese der Reziprozität der Perspektiven« ausgeführt hat. Diese Reziprozität der Perspektiven ist eine der fraglos gegebenen Grundannahmen des Bewusstseins, die erst Intersubjektivität ermöglicht. Sie gründet auf zwei Idealisierungen. Zum einen auf der Idealisierung der Austauschbarkeit der Standorte: Dass ich in derselben Distanz zu den typisch gleich wahrgenommenen Dingen stehen würde wie mein Nachbar, wäre ich an seiner

Stelle; dann wären die Dinge, die in seiner Reichweite sind, in meiner Reichweite. Zum zweiten ist die Unterstellung ähnlicher Relevanzen in die Reziprozität der Perspektiven eingebaut; darin ist ein Spiegelungs-(»looking glass«-)Effekt beinhaltet, der den einfachen Handlungsdialog begründet. Der »looking glass effect« umfasst nach Cooley (1967) jenen vor allem in der frühkindlichen Sozialisation sehr anschaulich beobachtbaren Vorgang, bei dem das Kind sein eigenes Handeln durch die Augen der Anderen, also etwa der Mutter, zu sehen lernt. Im Unterschied zu Meads (1978) »taking the role of the other« bezieht sich dieser Effekt allein auf die Beobachtung des eigenen Tuns an Hand der Reaktion des Anderen. Denn sieht man von körperlichen Funktionen ab, hat das Individuum von sich und seinem Körper nur bedingte Wahrnehmungen. Ihm ist die unmittelbare Erfahrung einer strukturierten und sich wandelnden Umwelt gegeben, zu der wesentlich auch die Anderen gehören. Ihre Körper werden wahrgenommen als Ausdrucksfelder von Gefühlen, Stimmungen, Absichten und Zielen, die das eigene Handeln gewissermaßen spiegelbildlich reflektieren. Dies bildet auch eine wesentliche Voraussetzung der Kommunikation.

Dieser leiblich vermittelte Vorgang bildet die Basis für den von Mead (1978) beschriebenen einfachen Handlungsdialog: Bin ich mir erst einmal durch Spiegelung im klaren, dass meine Mundbewegung und das Lächeln von Alter ego in einem Zusammenhang stehen, dann können sich regelrechte Sequenzen ausbilden. Wie Bruner (1983) zeigt, erlaubt dieser einfache Handlungsdialog auch das Lernen, wenn er als eine Abfolge von Versuchs- und Irrtums-Handlungen verstanden wird, die langsam als Einheiten abgrenzbar werden und so in eine wiederholbare Abfolge gestellt werden können.

Auf der Grundlage der Reziprozität der Perspektiven, des Spiegelungseffekts und des einfachen Handlungsdialogs erst kann sich der Ablösungsprozess aus dem »Vorhof« der Institution in die regelrechte Institution vollziehen. Ähnlich wie für die Phänomenologie polythetische Akte im Bewusstsein monothetisch erfasst werden können, werden nun interaktive Handlungsmuster, die sich im Laufe wiederholter Versuche ausbilden und aus einer Reihe von Zügen zusammensetzen können, zu einem typischen, mehrere Handelnde gleichermaßen verpflichtenden Ablauf, dessen Verwendung vom Selbstversuchen- und Entscheidenmüssen entlastet. Das geschieht dann, wenn polythetisch konstitutierte und in einfachen Handlungsdialogen eingespielte Akte zwischen Handelnden an Andere weitergegeben werden. Mit der Weitergabe an Dritte ist übrigens ein entscheidender Schritt getan: die traditionalen, habituellen Wissenselemente sind dann nicht mehr in polythetische Schritte aufzubrechen, »die Tradition, die die polythetischen Schritte für die Sedimentierung enthielt«, geht verloren (Schütz 1976: 122). Während sich die Handelnden in ihre Muster einfügen und zu Rollenträgern werden, lösen sich die Muster von der Subjektivität der Erzeugenden ab und werden zu in Handlungen vollzogenen, aber durch die Typik der Handlungsmuster erwartbare, objektivierten Bestandteilen der Wirklichkeit. Die gemeinsamen Habitualisierungen und Typisierungen von A und B, die bislang noch den Charakter von Ad-hoc-Konzeptionen zweier Individuen hatten, sind von nun an historische Institutionen.

Um die Bedeutung der Habitualisierung nachvollziehen zu können, muss man wiederholt betonen, dass sie einen zentralen Baustein der Theorie der Institutionalisierung darstellt, die wiederum ein (vor allem in jüngeren Spielarten des Radikalen Konstruktivismus) häufig übersehener Kern der gesellschaftlichen Konstruktion der Wirklichkeit ist. Hier ist der Quell dessen, was die Handelnden als objektiv ansehen, hier gründet der Zwang und die Macht der sozialen Ordnung.

V. Schluss

Die Habitualisierung ist freilich noch nicht der Habitus. Sie entspricht genauer der Hexis, sozusagen dem nichtintellektuellen Vermögen zur Hervorbringung von Handlungen. Wie aber Berger und Luckmann immer betonen, ist die Hexis selbst schon eine Wissensform, in die Typisierungen, Kategorisierungen und Legitimationen eingelassen sind. Darauf bezieht sich auch der Bourdieusche Begriff des Habitus, den man, in der Terminologie von Berger und Luckmann, treffender als Handlungsstil bezeichnen würde.[10]

Die Habitualisierung selbst bildet sozusagen das subjektive Korrelat der institutionellen Ordnung. Dabei zeigt schon die kurze Skizze die Verbindung zwischen diesem subjektiven Korrelat und der sozialen Ordnung. Und nicht nur das: auf Grund ihrer konstitutionstheoretischen Orientierung kann sie nicht nur darauf hinweisen, wie diese Ord-

---

[10] Vgl. dazu Luckmann 1986. Im Einklang damit definiert Alois Hahn (1986: 604) Stil als »Formung von Handlungen (oder deren Resultaten), die für einen Handelnden, eine Gruppe von Handelnden oder eine ganze Kultur typisch sind und sich in verschiedenen Sphären des Daseins identifizierbar manifestieren, ohne dass diese Formen eindeutig 'technisch' bedingt sind«.

nung 'in die Handelnden' kommt. Sie kann vor allen Dingen zeigen, wie die handelnden Subjekte diese Ordnung erzeugen und verändern können.

Die Habitualisierung wird dazu nicht auf schlichte Imitation oder Nachahmung (quasi als segmentäre Reproduktion des immer Gleichen) zurückgeführt – ein Problem, das sich ja auf diese Weise durchaus der Bourdieuschen Theorie stellt.[11] Vielmehr zeigt die kurze, aber relativ feingliedrige Analyse, wie das Zusammenspiel von subjektiven Bewusstseinsvorgängen (Typisierung, Sedimentierung) und sozialen Interaktionsprozessen (Reziprozität, Taking the Role of the Other, Looking Glass Effect, Gestendialog) zu einer Erzeugung und zu einer Verinnerlichung des Habitus führen kann.

Damit hoffe ich deutlich gemacht zu haben, dass vor dem Hintergrund von Berger und Luckmann gezeigt werden kann, wie die subjektive Ausbildung eines Habitus – nicht verdinglicht, sondern als Prozess verstanden – als Habitualisierung erfasst werden kann. Dies öffnet sozusagen die subjektive Seite des Habitus, die hier als Bewusstsein bezeichnet wird. Allerdings macht auch die Darstellung der Habitualisierung deutlich, dass in der sozialkonstruktivistischen Tradition zu wenig Wert auf die gesellschaftsstrukturelle Differenzierung geachtet hat, die doch mit dem Begriff der Institution so bedeutend angelegt ist. Genau dies ist aber der Schwerpunkt von Bourdieus Theorie, der sich in seiner intensiven Auseinandersetzung mit der Struktur der sozialen Ungleichheit und der institutionellen Ordnung der Felder mit diesem Aspekt beschäftigt hat. So herrscht zwischen beiden Theorien in dieser Hinsicht ein Verhältnis der Komplementarität, das beinahe die Dialektik wiederholt, die Berger und Luckmann beschwören und die Janning (1991: 104) bei Bourdieu so benennt: »In der Kennzeichnung des Habitus als subjektives, aber nichtindividuelles System verinnerlichter Strukturen klingt erneut die Dialektik an, die das Verhältnis zwischen Subjekt und Objekt, zwischen dem Selbstgefühl des Einzelnen und der Prägung durch eine kollektive Dispositionsbiographie auszeichnet«. Komplementär ist also, genauer gesagt, die Weise, in der die Theorien verfolgt und detailliert wurden: während Bourdieu die »objektiven Strukturen«[12] hervorhebt,

---

[11] So bemerkt Jenkins (1982: 272) kritisch: »One can only speculate as to the manner in which 'objective' structures are constituted or changed by that practice«.

[12] Um ein Beispiel zu nennen: »Sieht man daher von den objektiven Beziehungen ab, die, weil sie sich zwischen sozialen Lagen und Stellungen (wie etwa denen, die die Klassenlage bestimmen) herstellen, größere Realität besitzen als die Individuen, die sie miteinander verbinden, größere Realität als die direkten oder vermittelten Beziehungen, die diese effektiv zueinander

sind es in der Wissenssoziologie vor allem die subjektiven Bedeutungen und die »kleinen Lebenswelten«. So sehr diese Richtungen sich – jedenfalls hinsichtlich der Vorstellungen zu Habitus und Habitualisierung – ergänzen, darf doch die Frage gestellt werden, wie sehr sich die Theorien insgesamt überschneiden – eine Frage, die indessen an einem anderen Ort verfolgt werden muss.

Literatur

Berger, Peter L./ Thomas Luckmann, 1984: Die gesellschaftliche Konstruktion der Wirklichkeit. Eine Theorie der Wissenssoziologie [1966]. Frankfurt/Main.

Bruner, Jerome, 1983: Child's Talk. Learning to Use Language. New York.

Camic, Charles, 1986: The Matter of Habit. In: American Journal of Sociology 91/ 1986, S. 1042-1056.

Cooley, Charles H., 1967: Human Nature and the Social Order [1902]. New York.

Fröhlich, Gerhard, 1994: Kapital, Habitus, Feld, Symbol. Grundbegriffe der Kulturtheorie bei Pierre Bourdieu. In: Ingo Mörth/ Gerhard Fröhlich (Hrsg.), Das symbolische Kapital der Lebensstile. Zur Kultursoziologie der Moderne nach Pierre Bourdieu. Frankfurt am Main/ New York 1994, S. 31-54.

Gebauer, Gunter/ Christoph Wulf, 1998: Spiel, Ritual, Geste. Mimetisches Handeln in der sozialen Welt. Reinbek.

Geiger, Theodor; 1931: Die soziale Schichtung des deutschen Volkes. Stuttgart.

Hahn, Alois, 1986: Soziologische Relevanzen des Stilbegriffs. In: Hans Ulrich Gumbrecht/ Karl Ludwig Pfeiffer (Hrsg.), Stil. Frankfurt/Main 1986, S. 603-611.

Janning, Frank, 1991: Pierre Bourdieus Theorie der Praxis. Opladen.

Jenkins, Richard, 1982: Pierre Bourdieu and the Reproduction of Determinism. In: Sociology 16/ 1982, S. 270-289.

Knoblauch, Hubert, 1995: Kommunikationskultur. Die kommunikative Konstruktion kultureller Kontexte. Berlin/ New York.

Knoblauch, Hubert, 1999: Verkörpertes Wissen – Die Bedeutung des Körpers in der sozialkonstruktivistischen Wissenssoziologie. In: Hermann Schwengel/ Britta Höppken (Hrsg.), Grenzenlose Gesellschaft, Bd. 2, II. Pfaffenweiler 1999, S. 97-99.

unterhalten, und die Vorstellung, die sie von diesen Beziehungen haben, ist man dazu verurteilt, alle direkt wahrnehmbaren oder sogar experimentell aufgewiesenen Merkmale so aufzufassen, als handelte es sich um substantielle Eigenschaften, die den Akteuren oder Akteursklassen von Natur anhaften«. (Bourdieu 1976: 179)

Knoblauch, Hubert, 2000: Das Ende der linguistischen Wende. Sprache und empirische Wissenssoziologie. In: Soziologie, Nr. 2, 2000, S. 16-28.

Krais, Beate/ Gunter Gebauer, 2002: Habitus. Bielefeld.

Luckmann, Thomas, 1986: Soziologische Grenzen des Stilbegriffs. In: Hans Ulrich Gumbrecht/ Karl Ludwig Pfeiffer (Hrsg.), Stil. Frankfurt/Main, S. 612-619.

Luckmann, Thomas, 1990: Towards a Science of the Subjective Paradigm: Protosociology. In: Critique and Humanism (Special Issue) 1990, S. 9-15.

Luhmann, Niklas, 1995: Die Soziologie des Wissens. Probleme ihrer theoretischen Konstruktion. In: Luhmann, Gesellschaftsstruktur und Semantik, Bd. 4. Frankfurt/Main, S. 151-180.

Mannheim, Karl, 1964: Beiträge zur Theorie der Weltanschauungs-Interpretation. In: Mannheim, Wissenssoziologie. Berlin/ Neuwied, S. 85–154.

Mead, George H., 1978: Geist, Identität und Gesellschaft [1934]. Frankfurt/Main.

Müller, Hans-Peter, 1986: Klassen, Klassifikationen und Lebensstile. Pierre Bourdieus Theorie sozialer Ungleichheit. München.

Schütz, Alfred, 1971; 1972: Gesammelte Aufsätze. 3 Bände. Den Haag.

Schütz, Alfred, 1976: Das Problem der Relevanz. Frankfurt/Main.

Schütz, Alfred/ Thomas Luckmann, 1979; 1984: Die Strukturen der Lebenswelt. 2 Bände. Frankfurt/Main.

Willems, Herbert, 1997: Rahmen und Habitus. Zum theoretischen und methodischen Ansatz Erving Goffmans: Anschlüsse und Auswirkungen. Frankfurt/Main.

Hans-Josef Wagner

Kultur - Sozialität - Subjektivität

Konstitutionstheoretische Defizite im Werk Pierre Bourdieus

I. Einleitung

Pierre Bourdieu hat einen wichtigen Beitrag zur Einsicht in die Funktionsweise der Welt des Sozialen geleistet. Auf der Folie seines Genetischen Strukturalismus hat er die Kategorie des Habitus und dessen Implikationen einer extensiven Analyse unterzogen. *Vor* Bourdieu ließen sich allenfalls vage Vermutungen über die verschiedenen Formen der symbolischen Gewalt und die Macht und Reichweite des Habitus eines Subjekts für dessen gesellschaftliche Stellung und dessen Aufstieg oder Abstieg in der gesellschaftlichen Hierarchie anstellen. *Mit* Bourdieus Arbeiten aber haben wir eine empirische Grundlage, die uns die symbolisch strukturierten Feinmechanismen aufzeigt, mit denen sich qua Habitusformationen Macht-, Herrschafts-, Abhängigkeits- und Ungleichheitsverhältnisse etablieren. Die Ergebnisse, zu denen Bourdieu gelangt, sind erschreckend: Bis in die feinsten Verästelungen der Kommunikation der Subjekte und gleichsam zum größten Teil unbewusst setzt sich der Kampf um Distinktionen fort. *Nach* Bourdieu kann man das Offengelegte nicht einfach abstreiten oder verharmlosen. Man wird sich mit ihm auf verschiedenen Ebenen auseinandersetzen müssen. Insofern lässt sich schon jetzt – kurz nach dem Tode Pierre Bourdieus – sagen, dass er die Soziologie im engeren und die Sozial- und Kulturwissenschaften im weiteren Sinne wissenschaftlich bereichert und auch ein Stück Aufklärung im besten Sinne betrieben hat.

Gleichwohl gilt es nun, die Bourdieusche Konzeption kritisch zu hinterfragen. Insbesondere ist der konstitutionstheoretische Bezugsrahmen dieser zu beleuchten. Welche Dimensionen des Universums des Sozialen erfasst die Bourdieusche Theorie der Praxis eigentlich? Was wird in ihr nicht erfasst, und was wird ausgeblendet? In dieser Studie wird insbesondere in systematischer Absicht nach den Kategorien Kultur, Sozialität und Subjektivität und ihrer Repräsentanz im Bourdieuschen Werk gefragt. Inwieweit vermag Bourdieu den Begriff der Kultur und die humanspezifische Form der Sozialität zu bestimmen? Inwieweit wird in seiner Theorie der Praxis Subjektivität berücksichtigt? Finden wir darin überhaupt eine Theorie der Subjektivität, die zu deren Kern vorstößt? Gegen Schluss werden noch einige kritische Fragen gestellt und erörtert, die die Differenz von Habitus und Lebensstil sowie die Methode und den Habitus der Professionen betreffen.

II. Kultur und Sozialität

Zur Rekonstruktion der Kategorien Kultur und Sozialität bietet es sich an, von Bourdieus beiden zentralen Begriffen Habitus und Feld, in die wie in einen Strukturkern alle weiteren wichtigen Begriffe einmünden, auszugehen. Der Habitus ist das Vermittlungsglied zwischen Struktur und Praxis und damit gleichsam Handlungsmitte. Er ist der Ort, von dem her Praxis gestiftet wird. Um dies zu verdeutlichen, ist zwischen dem Innerlichen des Individuums und dem Äußerlichen der Gesellschaft zu unterscheiden. Bourdieu spricht in diesem Kontext von Interiorität und Exteriorität und deren Dialektik. Damit ist gemeint, dass die Konstitution des Habitus sich so vollzieht, dass eine Verinnerlichung des Äußerlichen und eine Veräußerlichung des Innerlichen, eine »Interiorisierung der Exteriorität« und eine »Exteriorisierung der Interiorität« stattfinden. Diese genetisch-strukturalangelegte Dialektik von Interiorität und Exteriorität funktioniert wie folgt: Die vom Individuum verinnerlichten äußerlichen objektiven Strukturen (etwa ökonomische Existenzbedingungen) eines Feldes (champ) lassen ein System relativ stabiler Dispositionen, das heißt strukturierte Strukturen, entstehen, die geeignet sind, als strukturierende Strukturen wiederum nach außern zu wirken und Praxis zu stiften. Die Verinnerlichung von objektiven Strukturen eines sozialen Feldes führt zur Ausbildung von Habitusformationen im Individuum, die ihrerseits wiederum als strukturierende Strukturen rückentäußert werden und Praxis erzeugen. Der Habitus ist ein System relativ beständiger Dispositionen, die das lebenspraktische Handeln der Individuen einschließlich ihres Denkens, ihrer Einstellungen, ihrer Emotionen und ihrer Wahrnehmungen bestimmen. Der Habitus ist die im Individuum verinnerlichte Gesellschaft und das Erzeugungsprinzip von äußerlicher gesellschaftlicher Praxis in einem. Das

Funktionieren des Habitus ist an das tätige Subjekt gebunden; nur indem das Subjekt handelt, kommt jenes dialektische Verhältnis von Innen und Außen zustande. Damit beansprucht Bourdieu zugleich – in kritischer Abhebung vom klassischen Strukturalismus, der das Handeln der sozialen Akteure deterministisch auf objektive Strukturgesetze zurückführe und das aktive Subjekt tendenziell abschaffe –, dem aktiv handelnden Subjekt wieder zu seinem Recht verholfen zu haben. Das spontan handelnde Subjekt ist also konstitutiv für das Bourdieusche Habituskonzept. Gleichwohl ist zu bedenken, dass diese Spontaneität sich im Rahmen der vorgängig vom Habitus gesetzten Grenzen bewegt. »Da er ein erworbenes System von Erzeugungsschemata ist, können mit dem Habitus alle Gedanken, Wahrnehmungen und Handlungen, und nur diese, frei hervorgebracht werden, die innerhalb der Grenzen der besonderen Bedingungen seiner eigenen Hervorbringungen liegen.« (Bourdieu 1987b: 102)

Die Funktionsweise des Habitus versucht Bourdieu zu erklären, indem er aus der Linguistik Chomskys den Begriff des generativen Prinzips übernimmt. Während Chomsky mit diesem Prinzip die Funktionsweise der formal-abstrakten Universalgrammatik des Gattungssubjekts erklärt, wendet Bourdieu es auf lebenspraktisches Handeln an. Eine begrenzte Anzahl verinnerlichter Strukturen ist demnach im Stande, eine unbegrenzte Anzahl von Handlungen zu erzeugen. Insofern glaubt Bourdieu davon sprechen zu können, dass der Habitus gleichsam wie eine »generative Handlungsgrammatik« funktioniere.

Genetisch betrachtet ist der Habitus das Sediment von Erfahrungen, die das Individuum in seiner Lebensgeschichte gemacht hat. Grundlegend sind nach Bourdieu dabei die objektiven ökonomischen und sozialen Existenzbedingungen. Das Individuum verinnerlicht im Laufe seiner Lebensgeschichte die ökonomischen und sozialen Strukturen seines sozialen Feldes. Es verleibt sie sich praktisch ein. Damit erhalten neben den Kategorien des Geistigen die des Leibes und des Körpers einen wichtigen Stellenwert in seiner Habituskonzeption. Ein Habitus läßt sich immer nur in einem Feld aneignen. Das jeweilige Feld strukturiert den Habitus. Bourdieu fasst den Zusammenhang von Habitus und Feld wie folgt: »Das Verhältnis von Habitus und Feld ist erst einmal eines der Konditionierung: Das Feld strukturiert den Habitus, der das Produkt der Inkorporierung der immanenten Notwendigkeit dieses Feldes oder eines Ensembles von mehr oder weniger konkordanten Feldern ist [...]« (Bourdieu 1996b: 160f). Bourdieu bestimmt den Feldbegriff relational. Ein Feld wird konstituiert durch objektive Relationen. »Analytisch gesprochen wäre ein Feld als ein Netz oder eine Konfiguration von objek-

tiven Relationen zwischen Positionen zu definieren. Diese Positionen
sind in ihrer Existenz und auch in ihren Determinierungen, denen die
auf ihnen befindlichen Akteure und Institutionen unterliegen, objektiv
definiert, und zwar durch ihre aktuelle und potenzielle Situation (*situs*)
in der Struktur der Determination der verschiedenen Arten von Macht
(oder Kapital), deren Besitz über den Zugang zu den in diesem Feld auf
dem Spiel stehenden spezifischen Profiten entscheidet, und damit auch
durch ihre objektiven Relationen zu anderen Positionen (herrschend,
abhängig, homolog usw.). In hochdifferenzierten Gesellschaften besteht
der soziale Kosmos aus der Gesamtheit dieser relativ autonomen sozialen
Mikrokosmen, dieser Räume der objektiven Relationen, dieser Orte einer jeweils spezifischen Logik und Notwendigkeit, die sich nicht auf die
für andere Felder geltenden reduzieren lassen. Zum Beispiel unterliegen
das künstlerische, das religiöse oder das ökonomische Feld einer jeweils
anderen Logik: Das ökonomische Feld ist historisch als das Feld des
'Geschäft ist Geschäft' entstanden, business is business, aus dem die ver-
klärten Verwandtschafts-, Freundschafts- und Liebesbeziehungen grundsätzlich ausgeschlossen sind; das künstlerische Feld dagegen hat sich in
der und über die Ablehnung bzw. Umkehrung des Gesetzes des materiellen Profits gebildet.« (Bourdieu 1996b: 127) Bourdieu erhebt die Kategorie der objektiven Relation damit zu einem seiner Grundbegriffe.
Die soziale Wirklichkeit wird dem zufolge nicht durch Interaktionen
zwischen den sozialen Akteuren, sondern durch objektive Relationen
konstituiert. Die objektiven Relationen sind das Wirkliche des Sozialen.
Ein Feld besteht folglich aus objektiven Relationen zwischen Positionen,
die auf Macht beruhen, während der Habitus durch die Verinnerlichung
dieser objektiven Relationen im Individuum zustande kommt. Dabei ist
zu beachten, dass das Feld der Macht als ein übergeordnetes Feld in gewisser Weise Priorität vor den anderen Feldern genießt. Es ist gleichsam
das umfassendere Feld, das die anderen Felder beherrscht. Es liegt »nicht
auf derselben Ebene wie die anderen Felder (das literarische, ökonomische, wissenschaftliche, staatsbürokratische usw. Feld), da es sie teilweise
umfaßt. Eher muss man es sich als ein »Metafeld« denken, das eine Reihe neuer, spezifischer Merkmale ausbildet« (Wacquant 1996, in Bourdieu 1996b: 38, Fußnote 31). Diese Ebene der Wirklichkeit des Sozialen ist nicht an das Bewusstsein der sozialen Akteure gebunden. »In Ab-
wandlung einer berühmten Formulierung Hegels könnte ich sagen, das
W i r k l i c h e   i s t   r e l a t i o n a l: Was in der sozialen Wirklichkeit
existiert, sind Relationen – nicht Interaktionen oder intersubjektive Beziehungen zwischen Akteuren, sondern objektive Relationen, die 'unabhängig vom Bewußtsein und Willen der Individuen' bestehen, wie Marx

gesagt hat.« (Bourdieu 1996b: 126f) In einem Feld wird der Habitus gleichsam eingespielt. Wie in einem Spiel (*jeu*) wird der praktische Sinn (*sens pratique*), die Kompetenz, in einem spezifischen sozialen Feld angemessen handeln zu können, eingeübt. Dieses Spiel funktioniert, ohne dass dafür auf der Seite der das Spiel spielenden Akteure eine subjektiv intentionale Verfügbarkeit über das Gespielte vorhanden sein müsste. Die sozialen Akteure verinnerlichen, ohne dass das Verinnerlichte die Ebene der Reflexion erreicht. Sie verinnerlichen auf einem vorreflexiven Niveau. Das Verinnerlichte wird dann wiederum unbewusst, intentionslos intentional rückentäußert.

Diese Ausführungen lassen sich indes nur verstehen, wenn man die Bourdieusche Sinntheorie mit hinzuzieht. Bourdieu differenziert zwischen einem objektiven Sinn und einem subjektiven Sinn. Auf der Ebene des objektiven Sinns führt Bourdieu den Begriff der Strategie ein. Bourdieu versucht dabei den Regelbegriff durch den Begriff der Strategie zu ersetzen (Bourdieu 1992b: 79-98). Motiviert ist dieser Wechsel Bourdieus von der Regel zur Strategie durch seine Auseinandersetzung mit dem Strukturalismus, insbesondere dem Lévi-Straussschen. »An die Stelle der Verwandtschaftsregel (Lévi-Strauss, H.J.W.) ist so bei mir der Begriff der Heiratsstrategie getreten.« (Bourdieu 1992b: 28) Weit darüber hinaus gehend und allgemein sind Bourdieu zufolge nun alle praktischen Handlungen der Subjekte strategisch geleitet. Und sie sind an Interessen geknüpft. Sie können, müssen aber nicht, etwa am ökonomischen Kalkül orientiert sein. »Jedes Feld nämlich füllt die Leerform des Interesses anders.« (Bourdieu 1996b: 49) Der objektive Sinn, der die Handlungen der Subjekte leitet, ist ein nicht bewusster strategischer Sinn. Insofern kann Bourdieu auch davon sprechen, dass es sich beim praktischen Sinn um einen objektiven Sinn ohne subjektive Absicht handelt, um eine »intentionslose Intentionalität, die im Sinne eines Prinzips von Strategien ohne strategischen Plan, ohne rationales Kalkül, ohne bewusste Zwecksetzung funktioniert« (Bourdieu 1989d: S. 397). Es wird hier schon evident, dass Bourdieu die Kategorie des objektiven Sinns nicht konstitutionslogisch aus der Kommunikation ableitet, sondern sie kurzschließt mit Strategien. Die Differenz von objektivem Sinn und subjektivem Sinn charakterisiert Bourdieu als »Paradoxon vom objektiven Sinn ohne subjektive Absicht« (Bourdieu 1981a: 170). Um die Lösung dieses Paradoxons geht es Bourdieu denn auch zentral. Wir können daher auch sagen: Eine Aufklärung der unbewusst sich vollziehenden Produktion und Reproduktion von Praxis, in die die sozialen Akteure selbst als Mittäter verstrickt sind, kann es nur geben, wenn die sinnhafte Fundierung der Dialektik von Exteriorität und Interiorität erkannt und ins Zentrum des Interesses gerückt wird. Einzig über die Kategorie des Sinns scheint eine Aufklärung der sozialen Akteure über ihr größtenteils vor- und unbewusstes Handeln möglich. Der Habitus ist erst dann gebrochen, wenn die vor- und unbewussten auf der objektiven Sinnebene lagernden Strategien bewusst gemacht worden sind. Dann hat Aufklärung nach Bourdieu ihr Ziel erreicht, und es können rationale Auseinandersetzungen um mögliche praktische Veränderungen einsetzen.

Wir haben nun die wesentlichen Grundlagen der Bourdieuschen Konzeption in komprimierter Form für unsere Zwecke zusammengefasst, so dass wir mit unserer kritischen Analyse beginnen können. Wir nehmen dazu eine materiale evolutionstheoretische Perspektive ein. Betrachten wir aus dieser den Übergang von der Natur zur Kultur, so zeigt sich, dass wir es auf der Ebene der Natur, das heißt auf der Ebene der sozialen Kooperation innerhalb subhumaner Gattungen, mit einer Instinktsteuerung bzw. einer biogrammatischen Programmierung des Verhaltens zu tun haben, die auf der Ebene von Kultur ersetzt ist durch eine Soziogrammatik, die sich zentral auszeichnet durch die Regelhaftigkeit von Handeln. Die Regeln selbst sind Voraussetzung der Verständigungssicherung innerhalb der humanen Gattung nach dem Ausfall der Biogrammatik. Insofern sind Regeln das sicherste Kriterium, Natur von Kultur zu unterscheiden. Die Regelhaftigkeit ist ein Humanspezifikum. Sie ist ein Signum dafür, dass wir uns auf der Ebene der Kultur befinden. Wir haben es mit der Absenz von Regeln in der Ordnung der reinen Natur und mit der Präsenz von Regeln in der Ordnung der Kultur zu tun. Dabei ist im Übergang von der Natur zur Kultur eine Basisstruktur anzusetzen, die man als Sozialität sui generis bezeichnen kann. Diese verweist auf die Regel der Reziprozität als einer zweckfrei sich reproduzierenden (siehe dazu: Wagner 2001 und 2003b, Lévi-Strauss 1980 sowie die einschlägigen Schriften des genetischen Strukturalismus von U. Oevermann). Diese objektive Strukturiertheit von Sozialität liegt außerhalb des Subjekts; sie muss immer schon gegeben sein, damit sich Strategien und Interessen auf der Ebene des Subjekts überhaupt konstituieren können.

Am ehesten lässt sich dieser Sachverhalt in einer ersten Annäherung verdeutlichen, wenn man den Lévi-Strausschen Begriff des zweckfreien Austauschs mit dem Marxschen Tauschbegriff vergleicht. Lévi-Strauss geht vom »Tausch a vide«, gleichsam vom leeren, zweckfreien Tausch und nicht wie Marx von der qualitativen Gebrauchswertdifferenz als Bedingung der Möglichkeit des Vollzugs einer Tauschhandlung, in der sich Tauschwert konstituiert, aus. In dem Marxschen Terminus »Gebrauchswertdifferenz« ist immer schon ein Vorgriff auf ein ökonomisch rationales, instrumentell handelndes Subjekt enthalten. Damit setzt Marx etwas voraus, über dessen Genese er uns keine Auskunft gibt, nämlich die Beantwortung der Frage: Wie konstituiert sich ein Subjekt, das zu derartigen rationalen ökonomischen Handlungen in der Lage ist? Denn damit ein Subjekt A mit einem Subjekt B einen differenten Gebrauchswert tauschen kann, muss sich Subjekt A in die Perspektive von Subjekt B versetzen und aus dessen Perspektive realisieren, dass es den entsprechenden Gebrauchswert wertmäßig gebrauchen kann. Dazu ist eine erste Voraussetzung ein naturwüchsiger, zweckfreier Austauschprozess, in dem die Individuen lernen, die Perspektive des Anderen zu übernehmen (taking the role of the other, G. H. Mead). Insofern können wir festhalten: Der Lévi-Strausssche Tauschbegriff ist konstitutionstheoretisch und fundamental angelegt, während der Marxsche Tauschbegriff sich auf eine historisch erst später ausdifferenzierte spezifische Form des Tausches, d. i. den rationalen ökonomischen, bezieht. Lévi-Strauss geht unter evolutionstheoretischer Perspektive von der Unmittelbarkeit des Austauschs aus. Diese unmittelbaren Reziprozitätsprozesse sind nicht an normative Zwänge und Sanktionen gebunden. Vielmehr verhält es sich umgekehrt: Die historisch konkreten spezifischen gesellschaftlichen Normen und Strategien setzen zu ihrer Konstitution schon immer den 'freiwilligen', sich wie selbstverständlich herstellenden zweckfreien Austausch als gegeben voraus. Nur in dessen Medium können sie entstehen. Insofern kann Lévi-Strauss dann auch davon reden, dass die Reziprozität einen »synthetischen Charakter« hat, es sich gleichsam um eine dynamische Synthese handelt, in der Selbst und Anderer sich erst ausdifferenzieren, indem sie sich gegenseitig aufeinander beziehen. In einem solchen unmittelbaren, zweckfreien und zugleich normativ zwanglosen Austauschprozess konstituiert sich erst Subjekthaftes, werden die individuellen Exemplare der Gattung Mensch erst zu Subjekten (Partnern). Durch die Übertragung des Wertgegenstandes entsteht dann eine neue Qualität, die nicht im Sinne einer Gebrauchswerthaftigkeit, sondern in dem der Realisierung von Sozialität zu verstehen ist. U. Oevermann hat in diesem Kontext – u. a. auf der Folie der Lévi-Strausssschen Analysen und eigener empirischer Untersuchungen – den Marxschen Tauschbegriff als untauglich für eine kategoriale Fundierung sozialen Handelns wie folgt kritisiert: »Er ist, wie das Modell von Tauschverhältnissen, an die Ausgangsbedingung von qualitativer Differenz des den Stoff von Tauschhandlungen bildenden Gebrauchswerts gebunden und damit von vornherein ökonomisch auf eine instrumentelle Motivierung von Tauschhandlungen verengt, ohne daß jener erweitere Begriff von Sozialität und ihrer objektiven Strukturiertheit zur Verfügung stünde, in dessen Bezugsrahmen die Konstitution der schon immer vorausgesetzten Handlungsfähigkeit von Subjekten einer Tauschhandlung allererst analysierbar wäre.« (Oevermann 1983: 238) Den erweiterten Begriff von Sozialität erläutert Oevermann vor dem Hintergrund seiner strukturalen Analyse des Austauschs von Begrüßungshandlungen, die überzeugend zeigt, dass konstitutive Regeln von Strategien und sozialen Normen unterschieden werden müssen: »Die Begrüßungshandlung reproduziert die elementare Strukturiertheit von Sozialität, ihre Reziprozität, *à vide*, zweckfrei. Sie erzeugt damit, in sich zweckfrei, jenen strukturellen Rahmen, innerhalb dessen die Setzung und Realisierung von Zwecken erst möglich ist, durch die sich ihrerseits die Individuierung von Subjekten erst vollzieht.« (Oevermann 1983: 238) Indem Bourdieu nun alle Handlungen des sozialen Akteurs als strategisch und interessegeleitet ansieht, trifft die dargestellte Kritik an Marx auch auf ihn zu. Er teilt mit Marx einen ähnlichen Kategorienfehler. Denn, bevor von Strategien und Interessen die Rede sein kann, müssen diese erst konstituiert werden. Zu ihrer Konstitution setzen sie die Grundform der Sozialität als einer zweckfrei sich reproduzierenden Reziprozität und zusätzlich den Prozess der Perspektivenübernahmefähigkeit (G. H. Mead) sowie weitere universale Regeln wie etwa die der Universalgrammatik (N. Chomsky) voraus. Ohne diese minimalen Voraussetzungen können die sozialen Akteure nicht strategisch handeln.

In diesen Argumentationszusammenhängen zeigt sich schon, dass das, was Kultur erst stiftet, nämlich die regelgeleitete Sozialität, bei Bourdieu auf Grund seiner verdinglichten Rezeption wichtiger erfahrungswissenschaftlich ausgewiesener Theorien des Geistes (u. a. Lévi-Strauss, N. Chomsky) ausgeblendet wird. Insofern ist auch der folgenden Kritik T. Allerts an der Bourdieuschen Rezeption des Lévi-Strausschen Strukturalismus zuzustimmen: »In dem Maße, in dem er (Bourdieu, H.J.W.) den Strukturbegriff eines Lévi-Strauss verdinglicht rezipiert, um dagegen mit dem Habituskonzept den generativen Aspekt abgrenzen zu können, in dem Maße entgeht ihm die kategoriale Differenz zwischen sozialitätskonstituierenden Regeln des Austauschs und den historisch spezifischen Regeln, in denen sich eine Abfolge von Herrschaft, Dominanz und Unterordnungsprozessen reproduziert.« (Allert 1999: 176)

E x k u r s : Weiterführung der Kritik an der Bourdieuschen Rezeption des Lévi-Straussschen Strukturalismus

Es bietet sich an dieser Stelle an, die Kritik an der Bourdieuschen Rezeption des Lévi-Straussschen Strukturalismus zu vertiefen. Bourdieu wendet sich gegen ein Kernstück des Lévi-Straussschen Ansatzes, nämlich gegen dessen Theorie der Kreuzkusinenheirat. Erinnern wir kurz an deren Bedeutung und das damit zusammenhängende Inzestverbot. Es ist nach Lévi-Strauss vorzugsweise das Inzesttabu (wenn auch im Verein mit anderen wichtigen Faktoren wie etwa der Sprache), in dessen Medium sich der Übergang von der Natur zur Kultur vollzieht. Die menschliche Sozialität beginnt mit dem Inzesttabu. Das Inzesttabu ist negativ, und in seiner Negativität hat es eine universale Geltungsreichweite. Die Transformation von Natur in Kultur beginnt mit einem Verbot, in philosophischer Terminologie mit einer Negation. »Der Übergang von der Natur zur Kultur beginnt mit einem klar formulierten Verbot, das sozial ist. Dieses Verbot ist das eigentlich Universale.« (Oevermann 1995/96: 99) Das Inzestverbot besagt als Verbot, dass der inzestuöse Partner nicht geheiratet werden darf. Welcher Partner inzestuös ist, wird dabei von Gruppe zu Gruppe unterschiedlich geregelt. Aus der negativen Bestimmung des Inzesttabus folgt indes zugleich eine positive. Wenn der inzestuöse Partner nicht geheiratet werden darf, so besteht das Gebot darin, den nicht-inzestuösen Partner zu heiraten. Dazu bedarf es in den archaischen Gesellschaften Regelungen. Es müssen, um überhaupt Ordnung zu schaffen und die Ich-Leistungen der Subjekte nicht hoffnungslos zu überfordern, Heiratsregeln geschaffen werden. In diesen muss positiv festgelegt werden, wer wen heiraten soll. Es zeigt sich dabei auf der Ebene des Beginns der Menschheitsgeschichte bereits die gattungskonstitutive Dialektik von Universalität und Historizität. In seiner Negativität ist das Inzesttabu universal, während es in seiner Positivität je historisch spezifische Ausformungen aufweist. Historisch und kulturspezifisch sind die positiven Regelungen des Inzesttabus. Beide, Universalität als Negativum und Historizität als Positivum, bedingen einander dialektisch. Das Inzesttabu sorgt durch das Verbot, die Frauen aus der eigenen Familie bzw. Gruppe zu heiraten, dafür, dass sie einer anderen Gruppe zur Verfügung gestellt werden. Damit schafft es Reziprozität und sorgt für ein relatives Gleichgewicht und einen sozialen Austausch zwischen den verschiedenen Gruppen. Das Inzesttabu ist gleichsam die Schleuse des Übergangs von der Natur zur Kultur. Es führt wesentlich zur Konstitution der humanspezifischen Form der Sozialität und damit zur Entstehung der human-sozialen Systeme in Form von Gemeinschaft und Gesellschaft. In diesem Kontext, in dem sich gleichsam die menschliche Gesellschaft »entzündet« (Oevermann), spielt das System der Kreuzkusinenheirat eine besondere Rolle. Die Heirat von Kreuzkusinen gilt in den archaischen Gesellschaften als nicht-inzestuös und ist durch Heiratsregeln vorgeschrieben. Die Parallelkusinenheirat gilt demgegenüber als inzestuös und fällt unter das Inzestverbot. Unter dem Aspekt der biologischen Nähe des Verwandtschaftsgrades betrachtet sind Parallelkusinen und Kreuzkusinen jedoch identisch. Warum aber werden Kreuzkusinenheirat und Parallelkusinenheirat, obwohl biologisch äquivalent, sozial als diametral in Gegensatz zueinander stehend angesehen? Was ist die Logik der Kreuzkusinenheirat? Wir können diesen komplexen Sachverhalt hier nicht explizit ausführen, sondern nur kurz andeuten: Lévi-Strauss hat in seiner Studie *Die elementaren Strukturen der Verwandtschaft* gezeigt, dass nur die Kreuzkusinenheirat Reziprozität zwischen den Gruppen sichert, gleichsam einen gerechten Austausch und Ausgleich und so Gesellschaft stiftet und einer Implosion dieser vorbeugt, während die Parallelkusinenheirat das Reziprozitätsprinzip nicht zu erfüllen im Stande ist, was letztlich Gesellschaft implodieren ließe. Erst das Reziprozitätsprinzip vermag die Universalität der Kreuzkusinenheirat zu erklären. Die Dichotomie zwischen Parallelkusinen und Kreuzkusinen ist Ausdruck des Prinzips der Sozialität als zweckfreier Reziprozität. Das System der Kreuzkusinenheirat ist unter allen Verwandtschaftsregeln in der archaischen Gesellschaft am weitesten verbreitet. Man findet es, zumindest in Teilen erkennbar, in fast allen Kulturen. Es hat den Charakter einer globalen Struktur. Die entscheidende Differenz zwischen Kreuzkusinenheirat und Parallelkusinenstatus herausgearbeitet zu haben, ist die große Leistung von Lévi-Strauss und steht im Mittelpunkt seiner Verwandtschaftsanalysen. Mit ihr beginnt der Strukturalismus im eigentlichen Sinne. Wir haben nun in komprimierter Form einige Aspekte dargestellt, die zum Verständnis des Folgenden beitragen sollen. (Zur extensiven Darstellung dieser Zusammenhänge siehe: Wagner 2003b, in Druck).

Bourdieu kritisiert die Lévi-Strausssche Theorie der Kreuzkusinenheirat vor dem Hintergrund seiner Beobachtung von Parallelkusinenheiraten in der kabylischen Gesellschaft Nordafrikas und glaubt, diese widerlegt zu haben. (Siehe dazu u. a.: Bourdieu 1976: 66-137; Bourdieu 1987b: 264-351). Näher betrachtet zeigt sich jedoch, dass Bourdieu durch das Übersehen einer einfachen Tatsache Lévi-Strauss nicht nur nicht widerlegt, sondern ihn im Gegenteil bestätigt hat. Ulrich Oevermann hat dies vor dem Hintergrund seiner mittlerweile jahrzehntelang anhaltenden extensiven strukturalen Rekonstruktion des Lévi-

Strausschen Strukturalismus gezeigt. Er argumentiert dabei wie folgt: »Bourdieu hat etwas ganz Einfaches dabei übersehen, nämlich, daß dasjenige Phänomen, das er als Einwand präsentiert, schon lange bekannt war. [...] Die Parallelkusinenheirat ist bei den Nomadenvölkern ein guter Mechanismus, um Kohäsion zu erreichen (Probleme der Nicht-Seßhaftigkeit; Probleme, die Familie und das Vieh zusammenzuhalten; Streit um Wasserstellen und Weideplätze, H.J.W.), aber es wird ein hoher Preis dafür bezahlt, nämlich der Preis der Implosion, genau das, was das Inzesttabu leisten soll [...] Es gibt in diesen Nomadengesellschaften ein Ausgleichsmechanismus, einen Mechanismus der Adoption, wenn die Gruppierung tatsächlich einen bestimmten inneren Differenzierungsgrad und auch ein bestimmtes Volumen unterschreitet, dann ist sie in diesem permanenten Kampf, der natürlich ein hohes Maß an innerer Kohärenz erforderlich macht, nur schwer überlebensfähig. Verwandte Gruppierungen, die größer sind, assimilieren dann diese nun zum Überleben zu kleine Gruppe an ihre Deszendenzlinie. Das ist dann ein Parallel- bzw. Ausgleichsmechanismus zur Parallelkusinenheirat. Dieses Modell der Parallelkusinenheirat [...] findet man eben auch in der Kabylen-Gesellschaft. Bourdieus Argumentation gegen Lévi-Strauss Theorie ist ein Fehlschluß. Sie widerlegt Lévi-Strauss überhaupt nicht; im Gegenteil, sie bestätigt ihn wegen des Ausnahmecharakters, weil nämlich von der übergeordneten Theorie der Verwandtschaftsorganisation her die Funktion dieser Parallelkusinenheirat, die Bourdieu dort beobachtet hat, durchaus erklärbar ist. Um es noch etwas drastischer zu sagen: Das ganze zeigt leider, daß Bourdieu Lévi-Strauss gar nicht richtig begriffen hat, sonst hätte er das nicht als Kritik so gelten lassen, aber das gilt ja für viele große Geister.« (Oevermann 1995/96: 99f)

* * * * * * *

Gehen wir nach diesem Exkurs auf den Bourdieuschen Sinnbegriff näher ein. Mit der Konzeptualisierung des Begriffs des praktischen Sinns (*sens pratique*) glaubt Bourdieu epistemologisch sowohl den phänomenologischen als auch den objektivistisch-strukturalistischen Erkenntnismodus der Welt des Sozialen überwunden zu haben. Beide Sinnbegriffe – der phänomenologisch subjektiv-intentional und der strukturalistisch objektiv-strukturell bestimmte – sind Bourdieu zufolge dialektisch aufzuheben in einem praktischen Sinnbegriff. Allein auch diesem Begriff des praktischen Sinns, der bezogen ist auf die Kompetenz des sozialen Akteurs, in seinem sozialen Feld angemessen handeln zu können, fehlt die konstitutionstheoretische Fundierung. Der praktische Sinn ist ein

Spiel-Sinn (*sens du jeu*), der sich weniger durch die Aneignung eines besonderen theoretischen Wissens als durch die aktive Teilnahme an den objektiv eingespielten Spielen im jeweiligen sozialen Feld konstituiert. »Als Ergebnis der Spielerfahrung, also der objektiven Strukturen des Spielraums, sorgt der Sinn für das Spiel dafür, daß dieses für die Spieler subjektiven Sinn, d. h. Bedeutung und Daseinsgrund, aber auch Richtung, Orientierung, Zukunft bekommt.« (Bourdieu 1987b: 122) Zwar kann Bourdieu innerhalb dieses Sinnbegriffs noch die wichtige strukturalistische Differenz zwischen objektivem Sinn und subjektivem Sinn aufmachen, indem er das »Paradoxon vom objektiven Sinn ohne subjektive Absicht« formuliert und dessen Lösung als zentral für seine Arbeit ausgibt (Bourdieu, 1981a: 170). Beim praktischen Sinn als einem objektiven Sinn ohne subjektive Absicht handelt es sich demnach um eine »intentionslose Intentionalität, die im Sinne von Strategien ohne strategischen Plan, ohne rationales Kalkül, ohne bewußte Zwecksetzung funktioniert« (Bourdieu 1989d: 397). Aber das Dilemma wird auch hier offensichtlich, indem auf der Ebene objektiven Sinns der Begriff der Strategie eingeführt wird; dem zufolge sind alle praktischen Handlungen strategisch geleitet. Geht man in konstitutionstheoretischer Einstellung davon aus, dass Regeln in Form eines rekursiven Algorithmus im sozialen Akt erst objektive latente Sinnstrukturen konstituieren, so zeigt sich, dass letztere auf einer anderen grundlegenderen Ebene liegen als der von Bourdieu gemeinte objektive Sinn, der mit Strategien verklammert ist. Dieser objektive Sinn und seine Strategien können immer nur Derivate und sekundäre Bildungen bezogen auf die konstitutionslogisch fundamentalen objektiven latenten Sinnstrukturen, die in einem genuinen Sinne erst die Sinnstrukturiertheit von Lebenspraxis bilden, sein. Objektive latente Sinnstrukturen haben also zunächst einmal mit dem Komplex von objektivem Sinn, Strategien und Habitusformationen im Bourdieuschen Sinne nichts zu tun. »Es wird mit diesem Begriff (der objektiven latenten Sinnstrukturen, H.J.W.) jene objektive Sinnstrukturiertheit getroffen, die zugleich auf der einen Seite für alle im Ensemble der Sozial-, Kultur- und Geisteswissenschaften relevanten Gegenstände und auf der anderen Seite für die Lebenspraxis als solche überhaupt konstitutiv ist, die epistemologisch gesehen als Bedingung der Möglichkeit jeglicher Erkenntnis zugrunde liegt und doch – im Unterschied zur klassischen transzendentallogischen Betrachtung – für jenes Ensemble von Erfahrungswissenschaften gleichzeitig zentraler empirischer Gegenstand ist. Deshalb ist dieser Begriff einerseits auf die konstitutionstheoretisch zu begründende spezifische Methodologie der Erfahrungswissenschaften von der sinnstrukturierten Welt beschränkt, ohne spezifische Gegenstände darin zu thematisieren, andererseits aber von zentraler Bedeutung, insofern er allererst die möglichen Gegenstände der Erkenntnis dieser Wissenschaften so auf analytische Distanz bringt, daß sie über eine bloße Beschreibung hinausgehend auf ihre inneren Gesetzmäßigkeiten hin erschließbar werden.« (Oevermann 2000: 6f) Und weiter: Objektive latente Sinnstrukturen beziehen sich »ausdrücklich nicht auf gegenstandstheoretische Inhalte, meinen nicht irgendwelche in Gegenstandstheorien thematischen Gebilde« (Oevermann 2000: 6). Es zeigt sich in diesen Argumentationszusammenhängen deutlich, dass das Begriffsinstrumentarium, mit dem Bourdieu versucht die Sinnkategorie in den Sozial- und Kulturwissenschaften zu fassen, zu undifferenziert ist. In einer Theoriearchitektonik der Konstitution von Sinn liegen die Bourdieuschen Begriffe von objektivem Sinn und Strategien auf der sekundären Ebene.

Gehen wir noch näher auf den Regelbegriff ein, und zwar auf die kategoriale Differenz zwischen den universalen und den historisch spezifischen Regeln. Betrachten wir zunächst den universalen Regelapparat. Theoriearchitektonisch ist dabei zunächst einmal die universale formal-abstrakte Regel der zweckfreien Reziprozität als die Regel der Regeln zu ergänzen durch die universalen Regeln der epistemischen Gattungsausstattung, zu denen vor allem die Universalgrammatik, die Kognition, die Logik und die Moral (N. Chomsky, J. Piaget u. a.) zählen. Beide liegen nicht auf einer Ebene, sondern müssen innerhalb der Universalität von Regeln auseinandergehalten werden. Die objektive Strukturiertheit von Sozialität ist basal: Sie ist konstitutionslogisch betrachtet Voraussetzung für die Herausbildung der universalen Strukturierungsgesetzlichkeiten kognitiver, logischer, universalgrammatischer, sprachlich-pragmatischer und moralischer Art. Von den Universalien sind dann analytisch all jene Regeln bzw. Strukturierungsgesetzlichkeiten zu unterscheiden, die historisch spezifisch und variabel sind. Zu diesen zählen eine ganze Reihe von Strukturen, die hierarchisch angeordnet zu denken sind. Ganz oben in der Hierarchie stehen die relativ langlebigen epochenspezifischen Strukturen und im unteren Bereich die kurzlebigen subkulturellen Strukturen. Natürlich sind diese Strukturierungsgesetzlichkeiten in den sozialen Phänomenen immer nur als Amalgam enthalten. Aber die analytische Betrachtungsweise zeigt gerade das in unserem Zusammenhang Wichtige: Bourdieu konzentriert sich völlig auf die Ebene der historisch-spezifischen Strukturen, und zwar innerhalb dieser auf den Teilbereich, in dem es um Macht, Herrschaft und Interessegeleitetheit geht. Insofern bleiben die universalen kultur- und sozialitätsstiftenden Regeln ausgeklammert. Dies kommt auch deutlich zum Ausdruck, wenn er versucht, die »Antinomie von historisch und universal ins Wanken« zu bringen (Bourdieu 1996b: 173). Damit verkennt Bourdieu die den sozialen Phänomenen inhärente gattungskonstitutive Dialektik von Universalität und Historizität und reduziert das Kulturelle und Sozialität auf historisch Spezifisches. Diese konstitutionstheoretischen Defizite führen dazu, dass Bourdieu das Spezifikum sozial-humanen Handelns nicht bestimmen kann. Dieses besteht nämlich u. a. darin, dass erstmals in der Evolutionsgeschichte auf der Ebene von Kultur für Mitglieder einer Gattung Spielräume von offenen Möglichkeiten eröffnet werden, zwischen denen eine Entscheidung getroffen werden muss, die ihrerseits die Autonomie der Lebensführung stiftet. »Zur evolutiv zurückliegenden kulturlosen Natur hin bedeutet das, daß die zuvor triviale, aus der Sicht eines schon der Kultur angehörigen beobachtenden Dritten explizierbare offene Zukunft des biologischen Lebens nunmehr im Hier und Jetzt des sich vollziehenden Lebens als subjektiv antezipierbare Realität von Möglichkeiten wirklich wird. Es ergibt sich daraus strukturell zwangsläufig eine Autonomie der Lebensführung dadurch, daß nunmehr aus diesen Möglichkeiten eine Auswahl bewußt getroffen werden muß.« (Oevermann 1999: 27f) Die Offenlegung dieses Reservoirs von Handlungsmöglichkeiten ist konstitutionslogisch Voraussetzung dafür, Sozialität und die Konstitution von Autonomie überhaupt erklären zu können. Wir können dies weiter verdeutlichen und die Bourdieuschen Kategorienfehler noch schärfer fassen, wenn wir differenzieren zwischen zwei Parametern, und zwar dem Parameter I als dem Erzeugungsparameter und dem Parameter II als dem Auswahlparameter. Zu dem Erzeugungsparameter ist die Gesamtheit aller bedeutungserzeugenden Regeln, also die universalen und die historisch-spezifischen, die gleichsam algorithmisch wohlgeformte Handlungsmöglichkeiten eröffnen, zu rechnen. Dieser Parameter bezeichnet die Ebene der immer schon gegebenen regelgeleiteten Sozialität. Der Auswahlparameter bezieht sich demgegenüber auf die Auswahlen einer Handlungsinstanz (Individuum, Gruppe, Gemeinschaft, Gesellschaft) aus der zuvor eröffneten Ebene. Dieser Parameter II bezieht alles ein, »was sich die Soziologie, Sozialpsychologie und Psychologie in der Thematisierung von Bewußtseinsstrukturen teilen. Die Soziologie handelt diesen Bereich unter dem Titel: Werte und Normen, Wertorientierungen, Erwartungen, Einstellungen, Meinungen, Ideologien und Habitusformationen ab, die Psychologie unter dem Titel Motive, Motivationsstrukturen, Bedürfnisse, Zielsetzungen, etc.« (Oevermann 1999: 12). Auf der Folie dieser Differenzierung zweier Parameter im genetisch-strukturalen Ansatz von Ulrich Oevermann wird bezüglich der Bestimmung von Habitusformationen dreierlei deutlich. Erstens: Habitusformationen gehören einer sekundären, derivativen Ebene an. Sie setzen, dem Auswahlparameter zugehörig, den Erzeugungsparameter als primäre Ebene zu ihrer Konstitution immer schon voraus. Zweitens: Sie betreffen innerhalb des Auswahlparameters eine betimmte Kategorie, neben der andere existieren. Insofern lässt sich sagen, dass in der Bourdieuschen Konzeption eine Hypostasierung der Kategorie des Habitus stattfindet. Drittens: Sie sind mit den o. g. zu dem Parameter II gehörenden Kategorien, zu denen noch die Deutungsmuster zu zählen sind, angesiedelt auf der Ebene von Bewusstseinsformationen. Es wird in diesem Kontext zugleich deutlich, dass in der Bourdieuschen Konzeption Regeln nicht als Bedingung der Möglichkeit von Subjektkonstitution, Handlungsfähigkeit und Autonomie, sondern nur unter dem Aspekt von Zumutungen und Imperativen der Macht betrachtet werden.

Ändert daran etwas das Denken in Relationen, das Bourdieu als fundamental für die Existenz der sozialen Wirklichkeit ansieht? Er sieht im relationalen Denken »das eigentliche Merkmal der modernen Wissenschaften« und verweist dazu auf wissenschaftliche Untersuchungen von Rang (u. a. Cassirer, Tynjanow, Lewin, Elias, Sapir, Jakobson, Dumézil, Lévi-Strauss), in denen es zur Anwendung gekommen ist (Bourdieu 1996b: 126). Nun zeigen allein schon die Aufzählung der Autoren und deren Projekte, dass Bourdieu wiederum nicht differenziert zwischen dem Universalen und dem Historischen. Auf der Ebene der Universalität, etwa im Bereich der Linguistik oder der Anthropologie, sind objektive Relationen in einem ganz anderen Sinne als auf der Ebene der Historizität zu verstehen. Präziser: Bourdieu setzt auch hier wieder auf der historisch spezifischen Ebene von sozialen Feldern an und bezieht die objektiven Relationen auf die Positionen der sozialen Akteure in diesen, die durch Macht bzw. Kapital definiert sind. Er gibt uns jedoch keine Auskunft darüber, wie solche bereits auf einer derivativen Ebene anzusiedelnden Relationen konstitutionstheoretisch zustande kommen. Insofern machen sie auch nicht die genuine Wirklichkeit des Sozialen aus. Objektive Relationen spielen auf der universalen Ebene eine ganz andere Rolle als auf der historisch spezifischen. Auf der universalen Ebene sind sie Konstituentien von objektiven universalen Regeln.

Mit dem Begriffspaar der objektiven Relation und des Feldes versucht Bourdieu nun zugleich, mit der Binnenperspektivität der Alltagspraxis zu brechen, um so die notwendige wissenschaftliche Distanz zu seinem Untersuchungsgegenstand zu gewinnen. »Das Denken in Feldbegriffen erfordert eine Umkehrung der gesamten Alltagssicht von sozialer Welt, die sich ausschließlich an sichtbaren Dingen festmacht: dem Individuum, ens realissimum, mit dem uns ein gewissermaßen primordiales ideologisches Interesse verbindet; der Gruppe, die nur scheinbar durch die zeitweisen oder dauerhaften, informellen oder institutionalisierten Beziehungen zwischen ihren Mitgliedern bestimmt wird; ja selbst noch den als Interaktionen, das heißt als tatsächlich vollzogenen, intersubjektiven Beziehungen verstandenen Relationen. In der Tat: Wie die Newtonsche Gravitationstheorie nur im Bruch mit dem Cartesianischen Realismus, der keinen anderen Modus physischer Aktion als den Stoß, den direkten Kontakt, anerkannte, zu entwickeln war, so setzt auch der Feld-Begriff einen Bruch mit der realistischen Vorstellung voraus, die den Effekt des Milieus auf den der direkten, in einer Interaktion sich vollziehenden Handlung reduziert.« (Bourdieu 1985: 71) So notwendig und richtig die Umkehrung der Perspektive des Alltagssubjekts auf die soziale Welt ist, um im Namen wissenschaftlicher Distanz aus der Binnenperspektivität der Lebenspraxis auszuscheren, so ist diese Umkehrung jedoch nur eine halbierte. Mit ihrer Hilfe wird zwar gesehen, was in der Konzentration auf das Individuum oder die Interaktion nicht gesehen wird. Es findet dadurch zweifellos eine Perspektivenerweiterung statt. Aber diese bewegt sich doch noch in der Sphäre des Routinisierten, da die objektiven Relationen innerhalb der je spezifischen sozialen Felder Relationen von routinisierten Akten sind. Der Bruch mit der Binnenperspektivität der Lebenspraxis muss jedoch viel radikaler sein. Er ist erst erreicht, wenn von der Krise als Normalfall und der Routine als Grenzfall ausgegangen wird. Dies wiederum wird jedoch erst einsichtig, wenn man fundamentaler als Bourdieu – und auch hier rächt sich die fehlende Konstitutionstheorie – beim Übergang von der Natur zur Kultur und der Freisetzung von Handlungsalternanten ansetzt (siehe dazu: Wagner 2001: 133-139). »Für die strukturale Soziologie [...] ist im Verlauf ihrer Entwicklung die folgende These immer deutlicher zum Kriterium der Unterscheidung von anderen theoretischen Paradigmen der Sozialwissenschaften geworden: Im Gegensatz zum Bewußtsein der Lebenspraxis ist ihr nicht die Routine, die eingespielte und bewährte Normierung rationaler Lebensführung, sondern die Krise, die ungeklärte Offenheit einer Entscheidungssituation im Hier und Jetzt, der Normalfall und entsprechend die Routine der daraus abgeleitete Grenzfall. Erst wenn unter dieser Voraussetzung die konstitutionstheoretischen Kategorien nicht mehr aus der je eingerichteten Perspektive einer ohnehin immer schon historisch konkret und kulturell spezifisch gegebenen Praxis – sei sie individuell, gemeinschaftlich partikular oder gesellschaftlich universell – konstruiert werden, sondern in Unabhängigkeit und Distanz dazu so entfaltet werden, daß die für jede Praxis, welchen Inhalts auch immer, geltenden allgemeinen Struktur- und Prozeßeigenschaften, die die Krisenbewältigung ermöglichen, auf die sich die lebenspraktische Autonomie gründet, ihren Bestimmungsgrund abgeben, wird es den Erfahrungswissenschaften von der sinnstrukturierten Welt und von der Welt der in ihr sich konstituierenden Lebenspraxis gelingen, sich vom naturwüchsigen Erfahrungswissen ihres Gegenstandes zu emanzipieren.« (Oevermann 2001: 209) Die Bourdieusche Umkehrung der Alltagssicht und sein Versuch der Emanzipation vom naturwüchsigen Erfahrungswissen der Lebenspraxis bleibt auf halber Strecke stehen.

Die Bourdieusche eingeschränkte Perspektive hat des weiteren Auswirkungen auf die Möglichkeit, genuine Orte der Konstitution von Sozialität zu bestimmen. Letztere werden zuweilen in fast subsumtionslogischer Manier mit Kategorien von Macht, Herrschaft, Interesse und Unterordnung überzogen, aber nicht in ihrer Eigenlogik bestimmt. »Wie bei anderen systematischen Entwürfen der Soziologie auch,« – so etwa die berechtigte Kritik T. Allerts – »zeigt sich die perspektivische Begrenztheit des Ansatzes deutlich in der Handhabung des Gegenstandsbereichs Liebe, Familie und Sozialisation, den Orten der Konstitution von Sozialität, deren eigenlogische Bestimmtheit und zirkuläre Verbindung mit Prozessen der leiblichen Organisation sich dem herrschafts- und interessenkonstitutionstheoretischen Zugriff entziehen.« (Allert 1999: 174)

Zusammenfassend können wir zu dem Komplex Kultur und Sozialität daher festhalten: Bourdieu hat nicht nur keine konstitutionstheoretisch fundierte Kulturtheorie entworfen; er kann auch den Begriff der Kultur, der sich nur im Gegensatz zu dem der Natur und mit Bezug auf das Humanspezifikum der Regelgeleitetheit bzw. der regelgeleiteten Sozialität fassen lässt, nicht systematisch bestimmen. Ebenso ist seine Sinntheorie undifferenziert und unzureichend. Damit fehlen auch die Grundlagen, human-soziales Handeln und dessen objektive Strukturiertheit zu erfassen. Dies hat Fehlkonstruktionen und Kategorienfehler zur Folge, die sich unter anderem darin zeigen, dass Bourdieu meint, den Begriff der Regel durch den der Strategie ersetzen zu können und führt schließlich dazu, die eigenlogische Strukturiertheit von Sozialität gar nicht in den Blick zu bekommen.

III. Subjektivität

Versuchen wir zunächst einige zentrale Bestimmungen Bourdieus zur Kategorie der Subjektivität zusammenzutragen. Bourdieu bezieht Subjektivität in ihrer ganzen Breite und Tiefe auf den Habitus. Denn, so seine Argumentation: »Wenn man vom Habitus redet, dann geht man davon aus, daß das Individuelle und selbst das Persönliche, Subjektive, etwas Gesellschaftliches ist, etwas Kollektives. Der Habitus ist die sozialisierte Subjektivität.« (Bourdieu 1996b: 159) Bourdieu versucht die Sozialisierung der Subjektivität zu erklären, indem er bei der primären Sozialisation des Kindes ansetzt. Er spricht davon, dass »der Habitus nichts anderes ist als dieses durch die primäre Sozialisation jedem Individuum eingegebene immanente Gesetz« (Bourdieu: 1976: 178). Mit diesem immanenten Gesetz sind generative Prinzipien gemeint, die, verinnerlicht, im Stande sind, eine unendliche Vielfalt der zu einem sozialen Feld passenden praktischen Handlungen aus sich zu entlassen. Das Kind verinnerlicht in der primären Sozialisation in der Familie nicht einzelne Gesten des Erziehungspersonals, sondern Serien dieser Gesten, die Strukturen aufweisen. Welche Strukturen sind das, die das Kind da interiorisiert? Nach Bourdieu entstammen diese Strukturen den objektiven Existenzbedingungen der Familie. Dazu zählen für ihn wesentlich die sozialen und ökonomischen Bedingungen, insbesondere die Klassenzugehörigkeit. Diese indes haben das Handeln, Denken, Wahrnehmen, Fühlen und den Geschmack der Eltern selbst geprägt. Das Kind seinerseits verinnerlicht nun durch aktive Teilnahme an den praktischen Interaktionen der Familie dieses Ensemble von Prinzipien. »In allen Gesellschaften zeigen Kinder für die Gesten und Posituren, die in ihren Augen den richtigen Erwachsenen ausmachen, außerordentliche Aufmerksamkeit: also für ein bestimmtes Gehen, eine spezifische Körperhaltung, ein Verziehen des Gesichts, für die jeweiligen Arten, sich zu setzen, mit Instrumenten umzugehen, dies alles in Verbindung mit einem jeweiligen Ton der Stimme, einer Redeweise und – wie könnte es anders sein? – mit einem spezifischen Bewußtseinsinhalt.« (Bourdieu 1976: 190) Verinnerlicht werden in dem primären Sozialisationsprozess selbst kleinste, unscheinbarste Details, die keineswegs nur das Denken und die Sprache, sondern auch den Körper betreffen. Dies macht u. a. die Veränderung eines in der primären Sozialisation erworbenen Habitus so schwierig; selbst bei einer gelungenen Transformation dieses Habitus im Laufe einer Lebensgeschichte zeigen sich dem geschulten Blick an Unscheinbarstem Spuren des einmal einsozialisierten Ursprungshabitus. Der Hintergrund ist u. a. dieser: Das Kind weiß gar nicht, wenn es verinnerlicht, was es da verinnerlicht. Der Prozess der Verinnerlichung von Verhaltensweisen in der primären Sozialisation läuft zum allergrößten Teil unbewusst ab. Die bewusste Form der Verinnerlichung spielt eine marginale Rolle; Bourdieu spricht in diesem Kontext von einem »sparsamen Gebrauch der intentionalen Einfühlung in den anderen« (Bourdieu 1976: 178). Intentionalität spielt bei der Konstitution des Habitus eine untergeordnete Rolle; die Eingebung des immanenten Gesetzes in der primären Sozialisation erfolgt im Wesentlichen nichtintentional, unbewusst. Das lässt sich noch daran ablesen, dass das Kind, ohne dass es das auch nur ahnt, Verhaltensweisen seiner Eltern reproduziert. Die Kinder reproduzieren das von ihren Eltern bzw. dem engeren Erziehungspersonal symbolisch Angeeignete auf einem vorreflexiven Niveau. Bezüglich der Vermittlung des Habitus im Generationenmaßstab heißt es bei Bourdieu: »Als Instrument einer Gruppe reproduziert er in den Nachfolgern das von den Vorgängern Erworbene oder, einfacher, die Vorgänger in den Nachfolgern.« (Bourdieu: 1981a: 196)

Die primäre Sozialisation spielt bezüglich des Machens von Erfahrungen bei der Konstitution des Habitus eine grundlegende Rolle. Die in der Kindheit erworbenen Erfahrungen bilden gleichsam die Folie für den Anschluss der späteren Erfahrungen in der Jugend und im Erwachsenenleben. Oder anders formuliert: Die zuerst in der primären Sozialisation interiorisierten objektiven Strukturgesetze sind die Grundlage für die Integration neuer Erfahrungen. Neue Erfahrungen sind nie ganz neu; sie schließen immer an die alten Erfahrungen in einem dialektischen Sinne an, so dass man sagen kann: Das Neue wird immer nur in dem Maße begrifflich verfügbar, in dem es eingereiht und begriffen werden kann auf der Folie des Alten. Diese strukturale Dialektik von Altem und Neuem, von alten und neuen Erfahrungen macht die eminente Bedeutung des primären Habitus deutlich. Bourdieu argumentiert dabei wie folgt: »In dem Maße, wie das ursprünglich Erworbene das später Angeeignete bedingt, indem es Kategorien zur Wahrnehmung und Bewertung aller späteren Erfahrungen ausbildet, und damit die möglichen Bestimmungsfaktoren der Praktiken, läßt sich also durchaus davon sprechen, daß das Ältere auch das am stärksten Determinierende ist – und daß sich die Möglichkeiten rapide reduzieren.« (Bourdieu 1985: 377f)

Wir können nun zur kritischen Einschätzung der Bourdieuschen Bestimmung der Kategorie der Subjektivität übergehen. Bourdieu bezieht Subjektivität in einem strikten Sinne auf den Habitus. Der Habitus eines sozialen Akteurs aber bewegt sich handlungspraktisch in der Sphäre routinehaften Handelns. Im routinehaften, gewohnheitsmäßigen Handeln jedoch schlummert der Subjektkern, in der Terminologie der pragmatistischen Sozialpsychologie und Sozialphilosophie George Herbert Meads die Spontaneitäts- und Kreativitätsinstanz des »I«. Das routinehafte Handeln ist nicht der Ort der Konstitution von Subjektivität. In ihm tritt Subjektivität nicht manifest in Erscheinung, und es lässt sich von ihm her daher auch keine fundierte Theorie der Subjektivität entwickeln. Wäre noch zu fragen nach der Genese des Habitus, dem Interiorisierungsprozess der objektiven Strukturen des sozialen Feldes, dem der soziale Akteur angehört, in der Zeit. Aber auch darüber erfahren wir nur, dass bestimmte Prinzipien interiorisiert werden, die dann im Ergebnis den Habitus als »sozialisierte Subjektivität« ausmachen. In Bourdieus Konzeption fehlt die kategoriale Differenzierung von Routine und Krise. Die Routine ist dabei unter der wissenschaftlich distanzierten Perspektive als der Grenzfall und die Krise als der Normalfall zu betrachten. Denn erst die Krise konstituiert die Praxis als Praxis. Die Routine ist eine materiale Ableitung aus der Krise und der Lösung dieser. Mit dieser radikalen Umkehrung der binnenperspektivischen Betrachtungsweise der Lebenspraxis selbst, für die die Routine der Normalfall und die Krise der Grenzfall ist und sein muss, ist erst die Voraussetzung geschaffen, das Phänomen der Subjektivität unreduziert bestimmen zu können. Die nähere Betrachtung der sozialen Handlung (social act) zeigt nämlich, dass nicht bei einem glatten, routinisierten und gewohnheitsmäßigen Handlungsablauf, sondern erst angesichts einer Krise in diesem Subjektivität manifest in Erscheinung tritt. Das heißt: Jeder Konzeptualisierungsversuch von Subjektivität muss von der Krise im Handeln ausgehen. Denn nur in dieser tritt Subjektivität als Subjektivität, als Nicht-Identisches, Besonderes und Einzigartiges manifest auf. Und zudem erweist es sich als unabdingbar, die Einheit des krisenhaften Handlungsaktes in Phasen zu differenzieren. Erst diese Differenzierung gestattet es uns, einen positiven und ungeschmälerten Begriff von Subjektivität zu gewinnen. Zu diesem gehört die Bestimmung von deren Unreduzierbarkeit, Eigenständigkeit, Unmittelbarkeit und Gegenwärtigkeit. Wichtig ist dabei u. a. die analytische Unterscheidung der Phase der Unmittelbarkeit von der Phase, in der sprachliche Prädizierungen stattfinden. Zu diesen Unmittelbarkeitserfahrungen gehören die Erfahrung des Problems selbst, die kreativ-spontane Produktion von Neuem und der praktische Handlungsvollzug (siehe dazu: Wagner 2001: 133-208). Es ist leicht erkennbar, dass in der Bourdieuschen Theorie die Ebene der Krise in dem hier gemeinten Sinne überhaupt nicht thematisch ist. Insofern bleibt die Bourdieusche Betrachtungsweise der Subjektivität doch mehr oder weniger der Binnenperspektivität der Lebenspraxis verhaftet.

Folgerichtig erfahren wir auch nichts über den Kern von Subjektivität. Wo von Subjektivität die Rede ist, bleiben die Begriffe entweder konstitutionstheoretisch unterbestimmt (Spontaneität, Autonomie), oder es werden bloß Eigenschaften von Subjektivität genannt, und dies in Relation auf den Habitus. Insofern wird Subjektivität hier wieder einmal wie bereits im Paradigma der deutschen Bewusstseinsphilosophie und in der akademischen Psychologie residual mit Bezug auf ein außerhalb von ihr liegendes Objektives bestimmt.

Zusammenfassend können wir sagen, dass im Bourdieuschen Werk kein positiver Begriff von Subjektivität und keine konstitutionstheoretisch begründete und grundlegende Theorie der Subjektivität zu finden ist. Die Ansätze der Bestimmung von Subjektivität bleiben residual und führen nicht wirklich weiter, wenn es um die Dechiffrierung der Eigenlogik von Subjektivität geht.

IV. Habitus – Lebensstile – Methode – Professionalisierungstheorie

In diesem Abschnitt soll einigen Fragen bezüglich des Verhältnisses von Habitus und Lebensstilen, der Angemessenheit der Methode und des Habitus der Professionen nachgegangen werden. Hat Bourdieu zumindest partiell in seinen Analysen nicht Habitusformationen, sondern Lebensstile getroffen? Liegt hier eine Verwechslung vor, und welche Bedeutung hat diese? Finden wir in Bourdieus Werk eine immanente Werkanalyse und nicht bloß Ideologiekritik? Wie steht es mit der Bourdieuschen Methode? Hat er eine strukturerschließende Methode? Was ist eigentlich mit dem Habitus der Professionen? Die aus der Erörterung dieser Fragen sich ergebende Kritik erfolgt wie schon die vorhergehende wesentlich im Anschluss an den genetischen Strukturalismus von Ulrich Oevermann. Insofern werden hier auch am Rande Differenzen zwischen den beiden aktuell wohl bedeutendsten Versionen des Paradigmas des genetischen Strukturalismus in den Sozial- und Kulturwissenschaften deutlich.[1]

---

[1] Bourdieu selbst wies übrigens in einem Gespräch mit dem Autor nachdrücklich auf Analogien seines Ansatzes mit dem genetischen Strukturalismus Ulrich Oevermanns als einer neuen Linie der Frankfurter Schule hin. Auf die Gemeinsamkeiten und Differenzen der beiden Versionen des genetischen Strukturalismus von Ulrich Oevermann und Pierre Bourdieu wäre in einer eigenen Arbeit einzugehen. Dabei müssten insbesondere bezüglich der Oevermannschen

Differenzieren wir zunächst aus unserer Perspektive zwischen den Kategorien Habitus und Lebensstil. Während Habitusformationen als nicht frei wählbare, lebensgeschichtlich tief verwurzelte, weitgehend unbewusste, auf einer tiefenstrukturellen Ebene zu verortende Muster der Weltsicht und des praktischen Handelns anzusehen sind, stellen Lebensstile Muster der Selbstdarstellung und Lebensführung dar, die man sich kauft und unter die man sich in gleichsam kulturindustrieller Manier subsumiert. Habitusformationen müssen also von Lebensstilen unterschieden werden. Beide stehen sich dichotomisch getrennt gegenüber. In Bourdieus Kultursoziologie finden wir jedoch partiell eine Verwechselung von Habitusformationen mit Lebensstilen. Oevermann hat diesen Sachverhalt wie folgt beschrieben: »An Max Webers Habitusbegriff der Sache nach angelehnt, ist er zwar instruktiv und schlüssig exemplifiziert anhand der Panofskyschen Rekonstruktion der Gestalt des Abbé Suger und ihrer Entsprechung in der gotischen Architektur (als Entsprechung von modus operandi und opus operatum), aber über die Analyse von Panofsky kommt diese Illustration doch nicht hinaus. Und in seinem bekanntesten, auf Habitusrekonstruktionen abzielenden Werk *La distinction* (*Die feinen Unterschiede*) werden, allein schon bedingt durch die Methode der standardisierten Befragung, nicht Habitusformationen als Grundlegungen ›kultureller Codes‹ getroffen, sondern Lebensstile. Lebensstile haben aber mit Habitusformationen nichts gemein, sie stehen ihnen sogar gegenüber: Während Habitusformationen als kaum bewußtseinsfähige, tief verankerte Muster der Weltsicht und der Praxis somit auch der Krisenbewältigung anzusetzen sind und als Verkörperungen einer ›schicksalshaften‹, jedenfalls nur bedingt selbstgewählten und kontrollierbaren Milieuzugehörigkeit gelten müssen, stellen Lebensstile unter der Voraussetzung der milieuabgelösten Wahlfreiheit prinzi-

---

Version dessen extensive Rekonstruktion von Lévi-Strauss' Strukturalismus und eine ganze Reihe neuerer Entwicklungen berücksichtigt werden. Zu Letzteren gehört der Entwurf einer Krisentheorie und damit zusammenhängend eine Theorie der Entstehung des Neuen und eine Zeittheorie. Ebenso wären die immer wichtiger werdende Integration von Resultaten der modernen Neurowissenschaften in das Paradigma sowie die Weiterentwicklung der Erkenntnistheorie, Methodologie, Ästhetiktheorie, Religionssoziologie und Mythenanalyse miteinzubeziehen. Ein solcher Vergleich müsste von vornherein aus der informierten genetisch-strukturalen Perspektive und nicht bloß oberflächlich beschreibend vergleichend erfolgen. Erst dann bestünde die Chance, dass neue Perspektiven gewonnen werden und das Paradigma des genetischen Strukturalismus weiter eine Ausdifferenzierung und Stärkung erfährt. Eine solche Arbeit steht bisher aus.

piell >kaufbare< konventionalisierte Selbstdarstellungs-Verklei-dungen
dar, die immer schon deren kulturindustrielle Produktion voraussetzen
(einen Grönland-Eskimo oder einen mittelalterlichen Mönch zu fragen,
welchen Lebensstil er habe, liefe auf einen Anachronismus hinaus).«
(Oevermann 1998: 9f)

Ein weiterer Aspekt der Kritik in diesem Zusammenhang ergibt sich,
wenn wir die Analyse von Werken bei Bourdieu betrachten. Bourdieu
schließt nicht das Primäre und Eigenlogische der von ihm analysierten
Werke auf und achtet nicht auf deren Autonomie. Er nähert sich ihnen
ausschließlich ideologiekritisch. Denn: »Nirgendwo finden wir in ihr die
Entfaltung einer Methodik der Werkanalyse oder ein Beispiel für eine
konsequente Werkanalyse. Statt dessen wird die Inanspruchnahme einer
Autonomie des Werkes und einer daraus folgenden Notwendigkeit einer
immanenten Strukturanalyse dieses autonomen Gebildes von vornherein
unter den ideologiekritischen Soupcon der Normierung eines mit dem
Werk gegebenen kulturellen Kodes gestellt. Im Mittelpunkt der Kulturtheorie steht dann die Analyse der kulturellen Kodes des Umgangs
und der Entzifferung von Werken, womit sich der Kategorienfehler verbindet, es sei möglich, diese Kodes, die ja immer nur sekundäre Bildungen sein können, ohne die von ihrer Analyse unabhängige strukturtheo-
retische Bestimmung ihres Gegenstandes, eben des Primats des jeweiligen Werkes in seiner nicht-reduzierbaren Eigenart nicht-zirkulär zu
bestimmen. Bourdieu bemerkt natürlich die Gefahr dieses Zirkels, aber
er kann ihm nicht wirklich entgehen, sondern gerät statt dessen in einen
infiniten Regreß der Überbietung der ideologiekritischen Entlarvung
von kulturellen Kodes und Mechanismen der Reproduktion des kulturellen Kapitals, das wesentlich aus ihrer Beherrschung besteht. Denn jede soziologische Bestimmung solcher Kodes, die nicht ihre Zirkularität
dadurch aufgebrochen hat, daß sie deren Operationsweise an der unabhängigen, immanent gültigen Struktur des Werks selbst aufgewiesen hat,
ist natürlich selbst nichts anderes als solch ein Kode und damit ein Kan-
didat für ideologiekritische Entlarvung, der er nur durch eine kompen-
sierende Bewegung der Überbietung an Durchblickertum zu entgehen
hoffen kann.« (Oevermann 1997: 22)

Als Beispiel einer solchen ideologiekritischen Herangehensweise an je
konkrete Werke verweist Oevermann auf die Analysen in *Die feinen
Unterschiede*. »In ihr wird – zudem noch mit Hilfe standardisierter Befragungsmethoden – die Kultur als eine Weise des standardisierten, stereotypen, lebensstil-artigen Umgangs mit Gegenständen der Kultur untersucht, also nur deren Peripherie und nicht deren Kern. Nicht einmal
werden dadurch, wie eigentlich intendiert, die tiefsitzenden, habitus-

formationellen, eine Milieuzugehörigkeit je authentisch verkörpernden, selbst zur Kultur wesentlich gehörigen produktiven Umgangsweisen mit kulturellen Objektivationen getroffen, sondern nur die an der Oberfläche liegenden, jederzeit auswechselbaren Selbst-Subsumtionen unter Lebensstile und Geschmackskonventionen. Erst recht werden die Werke selbst an keiner Stelle getroffen. Wie mit Ravels 'Bolero' umgegangen wird, wie massenhaft er rezipiert wird, welche Verwendungen er in der Werbung findet, wofür er den Befragten gilt, usf., all das sagt über den 'Bolero' als autonomes Werk so gut wie gar nichts aus, sondern nur etwas über die kulturelle Standardisierung seiner Verwertung.« (Oevermann 1997: 22f)

Diese Defizite evozieren zugleich die Frage nach der Bourdieuschen Methode. Darauf wäre in einer gesonderten Untersuchung und unter Rekurs auf das konkrete methodischen Vorgehen einzugehen. Doch stellen sich folgende Fragen: Hat Bourdieu eine Methode der Sinnexegese, die dazu geeignet ist, die den sozialen Phänomenen innewohnenden objektiven Strukturierungsgesetzlichkeiten als eigenlogische zu erschließen? Wie sieht das operative Vorgehen dieser Methode aus, und wo wird sie extensiv angewendet? Genügt sie den Anforderungen, die an ein strukturerschließendes Verfahren nach neueren Erkenntnissen zu stellen ist? Die bloße Anwendung standardisierter Befragungsmethoden, etwa in den *Feinen Unterschieden*, steht unter dem Verdacht einer subsumtionslogischen Behandlung der Untersuchungsgegenstände.

Gehen wir noch auf die Frage nach dem Habitus der Professionen ein. Bourdieus Erkenntnisinteresse richtet sich auf den klassenspezifischen Habitus, auf die Positionen der sozialen Akteure in der gesellschaftlichen Hierarchie bzw. im System sozialer Ungleichheiten. Ein anderer wichtiger Aspekt des Habitus wird jedoch nicht behandelt. Es ist dies der Habitus, den die Professionen (Ärzte, Rechtsanwälte, Lehrer, Psychotherapeuten, Sozialpädagogen, Erwachsenenbildner, u. a.) erst in Stand setzt, Theorie und Praxis miteinander zu vermitteln. Diese Habitusformen müssen sich die Professionsaspiranten erst in ihrer Ausbildung aneignen. Insofern haben wir in diesen Bereichen eine unabdingbare, positive Form der Habitusvermittlung vor uns (Wagner 1998).

V. Kritische Gesamteinschätzung

Bourdieu hat mit seiner Version des genetischen Strukturalismus verschiedene defizitäre Epistemologien der Welt des Sozialen, die entweder subjektivistisch auf den subjektiven Sinn sozialen Handelns und dessen bloß nachvollziehendes Verstehen vereidigt sind oder die andererseits strikt undialektisch objektivistisch-deterministisch verfahren, überwunden. Er hat demgegenüber eine struktural-dialektische Denkweise stark gemacht im Kontext seiner Konzeptualisierung von Habitus, Feld und objektiven Relationen. Eine ganze Reihe von Aspekten wie etwa die Differenzierung zwischen objektivem und subjektivem Sinn, die begriffliche Fassung einer intentionslosen Intentionalität und des Latenten bzw. Unbewussten sozialen Handelns und das Denken in objektiven Relationen sind Elemente eines genetischen Strukturalismus. Seine spezfische Leistung vor diesem Hintergrund besteht darin, latente Formen der symbolischen Gewalt, die qua Habitusformationen zu Macht-, Herrschafts-, Abhängigkeits- und Ungleichheitsstrukturen in der modernen Gesellschaft führen, empirisch aufgezeigt zu haben. Damit hat er ein wichtiges Stück Aufklärung geleistet und bereits den Status eines Klassikers in der Soziologie im engeren und in den Sozial- und Kulturwissenschaften im weiteren Sinne erlangt.

Zugleich erweist sich der Bourdieusche Ansatz jedoch als begrenzt, und er weist erhebliche konstitutionstheoretische Defizite auf. Konfrontieren wir – einem Diktum der immanenten Kritik Th. W. Adornos folgend – den Bourdieuschen Ansatz mit seinem eigenen Anspruch. Der amerikanische Bourdieu-Schüler Wacquant hat letzteren wie folgt formuliert: »Die Soziologie hat laut Pierre Bourdieu die Aufgabe, die verborgenen Strukturen der sozialen Welt aufzudecken, aus denen das soziale Universum besteht, sowie Strukturen der Mechanismen, die auf die Reproduktion oder Transformation dieser Welten hinarbeiten (Bourdieu 1989a).« (Wacquant: 1996, in Bourdieu 1996b: 24) Gehen wir davon aus, dass auch Bourdieu nur einen Beitrag zu dieser Aufgabe leisten konnte, so spiegelt sich doch in dem von Bourdieu Intendierten etwas von diesem Anspruch wider. Um diesem gerecht zu werden, hätte gerade die Basis der Welt der verborgenen Strukturen nicht ausgeblendet werden dürfen und auch der Teilbereich des Untersuchten ist relativ begrenzt. Er beschränkt sich auf die Ebene des historisch-gesellschaftlich Spezifischen und der Bewusstseinsformationen und innerhalb letzterer auf die Kategorie des Habitus. Insofern selbst die Ebene der Bewusstseinsformationen auch noch andere Begriffe, die nicht mit Habitusformationen zusammenfallen (z. B. Deutungsmuster), beinhaltet, erfolgt eine Hypostasierung des Habitusbegriffs. Bezüglich der Bourdieuschen Denkungsart läßt sich kritisch sagen: Er denkt perspektivisch verkürzt mit Konzentration auf spezifische historisch-gesellschaftliche Erscheinungen und nicht in Kategorien einer evolutiven Kontinuität. Damit umgeht er eine materiale evolutionstheoretische Perspektive, die erst die Fundamente von Kultur und humanspezifischer Sozialität zu dechiffrieren vermag. Dazu gehört auch, dass er die auf einer erfahrungswissenschaftlichen Basis beruhenden Theorien des Geistes (u. a. C. Lévi-Strauss oder N. Chomsky) verdinglicht rezipiert und sie nicht einzubinden vermag in die gattungskonstitutive Dialektik von Universalität und Historizität. Dies führt dann u. a. dazu, dass er die Konstitutionslogik seiner eigenen Begrifflichkeiten wie etwa Sinn und Strategie nicht hinreichend aufklären kann. Ebenso wird die notwendige Umkehrung der Binnenperspektivität der Lebenspraxis durch Einführung des relationalen Denkens nur halb und daher nicht in der erforderlichen Radikalität vollzogen. Eine zufrieden stellende Umkehrung wäre erst vollzogen, wenn Bourdieu bei der Krise und nicht bei der Routine ansetzen würde. Da sich auch erst in der Krise das Subjekt als Subjekt, Subjektivität als Subjektivität konstituiert, bleibt das, was uns Bourdieu als Subjektivität präsentiert, an der Oberfläche und dringt nicht zum Kern von Subjektivität vor. Wir finden also bei Bourdieu auch keine grundlegende Theorie der Subjektivität. Ebenso werden wir bei der Suche nach einer Sozialisationstheorie weitgehend enttäuscht. Geht man davon aus, dass sich die soziale Konstitution des Subjekts in der humanen Ontogenese durch die Abfolge von Krisenlösungen und das Machen neuer Erfahrungen, die ihrerseits Strukturtransformationen nach sich ziehen, konstituiert, so erfahren wir davon von Bourdieu wenig oder nichts. Auch ergeben sich bezüglich des Verwechselns von Habitus und Lebensstilen, der angemessenen Methode und des professionellen Habitus kritische Einwände bzw. Nachfragen.

Fassen wir kurz zusammen: Kultur, Sozialität und Subjektivität werden in der Bourdieuschen Version des genetischen Strukturalismus und in seiner materialistischen Anthropologie nicht in ihren Grundlagen und nicht systematisch erfasst. Ihre Bestimmung ist defizitär. Gleichwohl sind die gewonnenen positiven Potenziale und Einsichten bezüglich des Habitus unverzichtbar, wenn es zukünftig darum geht, aus einer übergeordneten Perspektive ein umfassendes Paradigma des genetischen Strukturalismus zu entwerfen. In letzterem geht es zunächst darum, rekonstruktiv das Dritte in Form der objektiven Strukturiertheit von Sozialität zu dechiffrieren, das konstitutionstheoretisch den zweiseitigen Reduktionismus, und zwar einerseits die psychologistische und idealistische Reduktion auf mentale Repräsentanzen, Bewusstseinsstrukturen und Konstitutionsleistungen des Subjekts und andererseits die Reduktion auf die Welt vorsozialer faktischer biologischer Substrate andererseits, überwindet und das erst die Selbsterzeugung von Strukturen und damit menschliche Geschichte, Kultur und Lebenspraxis ermöglicht (Wagner 2003b).

Literatur

Allert, Tillmann, 1999: Sartre mit Chi-Quadrat. Mehr von Bourdieu. In: Soziologische Revue 22/1999, S. 171-180.

Lévi-Strauss, Claude, 1980: Die elementaren Strukturen der Verwandtschaft (1949). Frankfurt/Main.

Oevermann, Ulrich (1983): Zur Sache. Die Bedeutung von Adornos methodologischem Selbstverständnis für die Begründung einer materialen soziologischen Strukturanalyse. In: L.v. Friedeburg/ J. Habermas (Hrsg.), Adorno-Konferenz 1983. Frankfurt/Main, S. 234-289.

Oevermann, Ulrich, 1991: Genetischer Strukturalismus und das sozialwissenschaftliche Problem der Erklärung der Entstehung des Neuen. In: S. Müller-Doohm (Hrsg.), Jenseits der Utopie. Theoriekritik der Gegenwart. Frankfurt/Main, S. 267-336.

Oevermann, Ulrich, 1996: Vorlesungen zur Einführung in die soziologische Sozialisationstheorie. Vorlesungen vom Sommersemester 1995 und Wintersemester 1995/96 am Fachbereich Gesellschaftswissenschaften der Johann Wolfgang Goethe-Universität Frankfurt am Main. Aufgezeichnet, verschriftet und bearbeitet von R. Burkholz. Unveröffentlichtes Manuskript. Frankfurt/Main. 208 S.

Oevermann, Ulrich, 1997: Thesen zur Methodik der werkimmanenten Interpretation vom Standpunkt der objektiven Hermeneutik. – Vorgelegt zur 4. Arbeitstagung der Arbeitsgemeinschaft objektive Hermeneutik e.V. »Immanenz oder Kontextabhängigkeit? Zur Methodik der Analyse von Werken und ästhetischen Ereignissen« am 26./27. April 1997 in Frankfurt am Main. Frankfurt/Main. 32 S.

Oevermann, Ulrich, 1998: Konzept für ein Projekt II »Bewährungsdynamik und die Entstehung von Habitusformationen und Deutungsmustern des Rationalisierungsprozesses«. Unveröffentlichtes Manuskript. Frankfurt/Main. 13 S.

Oevermann, Ulrich, 1999a: Zur Klärung der Begriffe Regel, Norm und Normalität in der Analyse von Bewußtseinsformationen. Vortrag am 13.2.1999 in Dortmund. Unveröffentlichtes Manuskript. Frankfurt/Main, 29 S.

Oevermann, Ulrich, 1999b: Der professionalisierungstheoretische Ansatz des Teilprojekts »Struktur und Genese professionalisierter Praxis als Ortes der stellvertretenden Krisenbewältigung«, seine Stellung im Rahmenthema des Forschungskollegs und sein Verhältnis zur historischen Forschung über die Entstehung der Professionen im 19. und 20. Jahrhundert (Teilprojekt C3 im SFB/FK 435 »Wissenskultur und gesellschaftlicher Wandel« der Johann Wolfgang Goethe-

Universität Frankfurt am Main). Unveröffentlichtes Manuskript. Frankfurt/Main. 102 S.

Oevermann, Ulrich, 2000: Die Struktur sozialer Deutungsmuster. Versuch einer Aktualisierung. Unveröffentlichtes Manuskript. Frankfurt/Main. 44 S. (Jetzt in: Sozialer Sinn 2, 2001)

Oevermann, Ulrich, 2001: Die Philosophie von Charles Sanders Peirce als Philosophie der Krise. In: H-J. Wagner (Hrsg.), Objektive Hermeneutik und Bildung des Subjekts. Weilerswist, S. 209-246.

Wagner, Hans-Josef, 1993: Sinn als Grundbegriff in den Konzeptionen von George Herbert Mead und Pierre Bourdieu. Ein kritischer Vergleich. In: G. Gebauer/ C. Wulf (Hrsg.), Praxis und Ästhetik. Neue Perspektiven im Denken Pierre Bourdieus. Frankfurt/Main 1993, S. 317-340.

Wagner, Hans-Josef, 1998: Eine Theorie pädagogischer Professionalität. Weinheim 1998

Wagner, Hans-Josef, 2001: Objektive Hermeneutik und Bildung des Subjekts. Mit einem Text von Ulrich Oevermann: Die Philosophie von Charles Sanders Peirce als Philosophie der Krise. Weilerswist.

Wagner, Hans-Josef, 2003a: Thesen zu einer zukünftigen Sozialisationstheorie. In: D. Geulen/ H. Veith (Hrsg.), Sozialisationstheorie interdisziplinär – Perspektiven für das nächste Jahrzehnt. (im Druck)

Wagner, Hans-Josef, 2003b: Strukturale Sozialisationstheorie. Bd. 1. Sozialität - Reziprozität – Grundbegriffe. (im Druck)

Wacquant, Loïc (1998): Entre Sociologie et Philosophie: Les Racines de Bourdieu. In: Sosiologisk tidssckrift (Oslo) 6/1998, S. 37-44. In diesem Band, S. 59ff.

Steffani Engler

Habitus, Feld und sozialer Raum

Zur Nutzung der Konzepte Pierre Bourdieus in der Frauen- und Geschlechterforschung[1]

Pierre Bourdieu hat den Sozialwissenschaften eine aus Denkwerkzeugen bestehende Theorie von der sozialen Welt hinterlassen, die er in forschungspraktischen Arbeiten entwickelt und modifiziert hat. Diesen Denkwerkzeugen liegt allerdings nicht der übliche Denkstil zu Grunde. Der damit verbundene Zugang zur sozialen Welt beinhaltet einen Paradigmenwechsel im sozialwissenschaftlichen Denken. So liefert Bourdieu Erkenntniswerkzeuge, um die soziale Praxis von Akteuren und Akteurinnen mit einem reflexiven Blick zu analysieren, der weder implizit noch explizit durch Normativität gekennzeichnet ist, sondern durch eine relationale Betrachtungsweise. Diese ermöglicht es, das Wirken und die Funktionsweise von Macht- und Herrschaftsverhältnissen in der sozialen Praxis offen zu legen. Beim Habitus-Konzept und dem Konzept der symbolischen Gewalt, der heuristischen Konstruktion des sozialen Raumes und der Vorstellung von sozialen Feldern handelt es sich um zentrale Erkenntniswerkzeuge, die von Pierre Bourdieu im Laufe seiner Forschungsarbeiten entwickelt wurden. Da diese Erkenntnisinstrumente – bildlich gesprochen – nicht am Schreibtisch konzipiert wurden, handelt es sich auch nicht um eine ausgearbeitete theoretische Konzeption oder um eine große Theorie, mittels derer die Realität überprüft wird. Das heißt, die von Bourdieu entwickelten Erkenntniswerkzeuge folgen keiner theoretischen Logik, die abstrakte, von der sozialen Praxis losgelöste, mit dem Anspruch auf Allgemeingültigkeit versehene Begriffe hervorbringt, die, wenn sie auf die soziale Praxis appliziert werden, mit einiger Regelmäßigkeit zur Feststellung führen, dass die soziale Praxis nicht zur Theorie passt bzw. sich die Akteure nicht so verhalten, wie die Theorie es für wünschenswert ansieht.

---

[1] Eine kürzere Fassung dieses Textes erscheint in: R. Becker/ B. Kortendiek (Hrsg.), *Handbuch Frauen- und Geschlechterforschung*. Leverkusen 2004.

Die von Bourdieu entwickelten Denkwerkzeuge dienen dazu, die soziale Praxis mit ihrer eigenen, praktischen Logik und ihrem praktischen Sinn zu verstehen. Damit ist eine Abkehr von der Vorstellung verbunden, dass soziales Handeln als durchgängig rationales zu fassen ist. Die Kohärenz der Theorie der sozialen Welt erschließt sich hierbei durch das soziologische Denken Bourdieus, das allerdings hierzulande immer noch wenig vertraut ist. So werden die Arbeiten Bourdieus wahrgenommen und bewertet mit jenem sozialwissenschaftlichen Denken, gegen das Bourdieu seine Konzepte entwickelt hat. Das heißt, auf die Arbeiten und Konzepte wird ein Denkstil angewendet, den Bourdieu mit seinen Konzepten aufzubrechen sucht. Darin liegt ein Kardinalfehler in der Rezeption der Arbeiten Bourdieus. Das erschwert den Gebrauch und die Nutzung seiner Konzepte in den Sozialwissenschaften, auch in der Frauen- und Geschlechterforschung.

In der deutschsprachigen Frauen- und Geschlechterforschung werden von einigen Autorinnen seit Mitte der 80er Jahre in unterschiedlichen Arbeiten Versuche unternommen, Konzepte von Bourdieu zur Analyse des Geschlechterverhältnisses einzuführen, vorzustellen oder zu nutzen (Schlüter 1986; Janshen/ Rudolph 1987; Engler 1988; Bock-Rosenthal 1990; Engler/ Friebertshäuser 1992). In den 90er Jahren setzt sich das fort (Dölling 1993; Engler 1993; Frerichs/ Steinrücke 1993; Krais 1993; Hasenjürgen 1996; Dölling/ Krais 1997; Frerichs 1997; Rohleder 1997; Zimmermann 1997, Haas 1999, Schlüter 1999), ebenso wie am Anfang des 21. Jahrhunderts (Frerichs 2000; Krais 2001; Zimmermann 2000; Vester/ Gardemin 2001; Engler 2002; Rademacher 2002; Beaufaÿs 2003). Dennoch spielt im Mainstream der Frauen- und Geschlechterforschung die Theorie der sozialen Welt eine marginale Rolle. Allenfalls werden hier einzelne Begriffe wie Habitus oder Kapital herausgegriffen, um auf Bourdieu zu verweisen oder um »kritisch« festzustellen, dass einer seiner Begriffe zu statisch ist bzw. zu kurz greift. Diese Umgangsweise teilt die Frauen- und Geschlechterforschung mit dem Mainstream in den Sozialwissenschaften. Dabei bieten sich die Denkwerkzeuge Bourdieus an, um sie zur Analyse von Dominanz- und Herrschaftsverhältnissen zu nutzen, die die Geschlechterordnung in moderner Gesellschaften durchziehen. Darüber hinaus ist Bourdieu einer der wenigen Soziologen, der sich mit dem Beitrag *Die männliche Herrschaft* (1990b; dt. 1997d) in die Geschlechterdiskussion eingeschaltet hat. Zudem kann man seinen Arbeiten grundsätzlich keine Geschlechtsblindheit vorwerfen (auch wenn man einigen Interpretationen Bourdieus im Hinblick auf Frauen und Männer nicht folgt). Um die Konzepte zu gebrauchen und auch um sie fruchtbar weiterzuentwickeln, müssen sie allerdings auf den jeweils zu untersuchenden Gegenstand zugeschnitten werden. Doch dazu ist es vorab notwendig, die Denkweise zu verstehen und die Konzepte zur Kenntnis zu nehmen. Dabei kann es allerdings nicht darum gehen, hier einen definitorischen Zugriff vorzunehmen, um Begriffe zu bestimmen; denn genau einer solchen Herangehensweise entzieht sich das sozialwissenschaftliche Denken Bourdieus. Es geht also hier in erster Linie darum, zentrale Konzepte der Theorie der sozialen Welt Bourdieus vorzustellen und das zu erläutern, was sie zu begreifen suchen. Im Folgenden wird zunächst in den Denkstil Bourdieus eingeführt, dann das Habitus-Konzept und die Theorie der sozialen Felder sowie die heuristische Konstruktion des sozialen Raumes vorgestellt und darauf hingewiesen, wie diese Konzepte bisher in der Frauen- und Geschlechterforschung genutzt werden.

I. Wissenschaftliche Reflexivität als Kennzeichen des Denkstils Bourdieus

Wer an die Arbeiten Bourdieus herangeht und nach eindeutigen Definitionen von Begriffen sucht, nach schematischen, formalen Festlegungen, der wird enttäuscht. Eine solche Suche ist vergeblich. Das hängt damit zusammen, dass Bourdieu die soziale Praxis von Akteurinnen und Akteuren zum Gegenstand macht und die AkteurInnen als Konstrukteure ihrer Realität in unterschiedlichen sozialen Feldern ins Zentrum rückt. Und diese AkteurInnen sind in ihrem jeweiligen sozialen Gefüge kreativ und erfinderisch, so dass man der Logik ihres Handelns mit vorgeformten Klassifikationsrastern nicht beikommen kann. Klassifikationsraster sind aber ebenso Selbstverständlichkeiten des alltäglichen wie des wissenschaftlichen Denkens. Und damit ist ein Denken in Dualismen und Substanzen verbunden. In dieser klassifikatorischen Denkweise verbleibend »gibt« es Subjekt und Objekt, Individuum und Gesellschaft, Mikro- und Makrotheorien, und es »gibt« Frauen und Männer, denen man Eigenschaften zu- und absprechen kann. Erstes Kennzeichen der wissenschaftlichen Reflexivität, die die Arbeiten Bourdieus durchzieht und seine Denkweise kennzeichnet, ist ein Bruch mit einem Denken in solchen Dualismen, das mit einem Substanzdenken verbunden ist und voraussetzt, dass es soziale Dinge »gibt«. Dieses Denken muss man aufbrechen, um Sozialwissenschaft zu betreiben. In der Frauen- und Geschlechterforschung hat die Diskussion um »doing gender« thematisiert, dass Geschlecht nicht etwas ist, was man hat, sondern was man tut. So wird der Sachverhalt, dass es Frauen und Männer gibt, als sozial produzierter Unterschied gefasst. Das Aufbrechen von dualistischem Denken geht bei Bourdieu über die Kategorie Geschlecht hinaus. Bourdieu schlägt vor, »substanzielle Realitäten« (Bourdieu 1998c: 7) wie Individuen, Gruppen usw. wie soziale Tatbestände zu behandeln. So tritt an die Stelle des üblichen Substanzdenkens und eines Denkens in binären Oppositionen ein relationales Denken. »Das Reale ist relational« (Bourdieu 1998c: 15). Im Verständnis von Bourdieu bilden daher nicht Frauen und Männer als Einzelwesen den Ausgangspunkt von Untersuchungen, sondern »Relationen« als »Realisierungen des historischen Handelns« (Bourdieu 1996b: 160). Und dieses relationale Denken kommt, und das ist das zweite Kennzeichen, ohne einen Rückbezug auf soziale Felder, auf einen Gegenstand nicht aus. Hier gibt es kein von der sozialen Praxis von Akteurinnen und Akteuren losgelöstes Konstruieren und Dekonstruieren von Geschlecht. Aber es gibt auch keine abstrakten und allgemeingültigen Wahrnehmungs- und Bewertungsschemata, die losgelöst von der sozialen Praxis universell und allgemeingültig sind. Womit ein drittes Merkmal der wissenschaftlichen Reflexivität angesprochen ist, die den Denkstil Bourdieus kennzeichnet: Das Soziale im wissenschaftlichen Denken. Bourdieu reflektiert – wie kein anderer Wissenschaftler – die mit dem eigenen Standpunkt als Wissenschaftler verbundenen Wahrnehmungs- und Bewertungsschemata (Bourdieu 1996b), von denen selbstverständlich ausgegangen wird, dass sie allgemeingültig sind. Und mit dieser *illusio*, mit dem Glauben, dass es allgemeingültige Schemata gibt und WissenschaftlerInnen darüber verfügen, bricht Bourdieu ebenso wie mit dem Denken in Dualismen und Substanzen. Es sind diese drei Besonderheiten des sozialwissenschaftlichen Denkens, die den analytischen Blick Bourdieus kennzeichnen und für seine Arbeiten grundlegend sind (vgl. ausführlich dazu Bourdieu 1995b, 1996b; Engler/ Zimmermann 2002). Dabei merkt man insbesondere den frühen Arbeiten Bourdieus an, wie schwer es ihm gefallen ist, die eingefahrenen Gedankenbahnen zu verlassen und diese neue Denkweise zu entwickeln. Erschwert wird der Zugang zu diesem relationalen Denken hierzulande durch so manche deutsche Übersetzung. So wird beispielsweise *Le sens pratique* übersetzt mit *Der soziale Sinn* (1987b), und in diesem Buch wird durchgängig das Wort »*corps*« – also Körper – mit »Leib« übersetzt und somit der Text mit philosophischen Vorannahmen aufgeladen und belastet, mit denen Bourdieu bricht. Es ist der kurz skizzierte Denkstil, der den »eigentlichen Kern« (Bourdieu 1998c: 7) des analytischen Blicks Bourdieus ausmacht. Er liegt den in vielfältigen Forschungsarbeiten entwickelten und modifizierten Konzepten zugrunde. Und diese Konzepte sind nicht isoliert zu verstehen, sondern sie bilden aufeinander bezogene Denkwerkzeuge. Das Habitus-Konzept kann dabei als ein Kern-stück der Theorie der sozialen Welt gesehen werden.

II. Das Konzept des Habitus

Der Habitus-Begriff findet sich bei unterschiedlichen Wissenschaftlern wie Émile Durkheim, Marcel Mauss, Norbert Elias und Erwin Panofs-ky. Doch Bourdieu verwendet den Habitus als soziologisches Interpre-tationskonstrukt bzw. als ein Analysekonzept. Dieses Habitus-Konzept setzt den oben genannten Bruch mit dem dualistischen Denken voraus. Leider wird das Konzept jedoch im dualistischen Substanzdenken ver-bleibend rezipiert, nämlich so, als sei damit der Anspruch verbunden, zwischen Handeln und Struktur, Objektivismus und Subjektivismus, Individuum und Gesellschaft zu vermitteln, eine Brücke zu schlagen etc. Das Individuum wird als Entgegensetzung zur Gesellschaft verstanden, und dazwischen wird der Habitus positioniert. Das Habitus-Konzept operiert aber nicht mit dieser »wissenschaftlich absurden Gegenüber-stellung von Individuum und Gesellschaft« (Bourdieu 1986: 160; vgl. auch Bourdieu 1987b: 49), daher ist der Habitus auch nicht als ver-knüpfende Schnittstelle zwischen Individuum und sozialen Strukturen zu verstehen. Hierbei können Gegenüberstellungen sehr unterschiedli-che Formen annehmen, sie müssen sich nicht auf Individuum und Ge-sellschaft beziehen, sondern können auch anders ausgerichtet sein. Ein Beispiel dafür ist die sozialpsychologisch orientierte Gegenüberstellung von »Habituskonsistenz« (als berufliches Selbstbild bei Männern) und »Habitusambivalenz« insbesondere von Ingenieurinnen (Janshen/ Ru-dolph 1987: 28 ff). Bourdieu bricht mit dem Habitus-Konzept solche Dichotomien auf (vgl. Bourdieu 2001f: 177). Dabei stellt es sich in der Rückschau so dar, als habe Bourdieu das Habitus-Konzept eingeführt, um genau diesen Dichotomien und allen sich daran anschließenden wis-senschaftlichen Problemen zu entkommen. Das Habitus-Konzept wurde allerdings im Forschungsprozess entwickelt, um forschungspraktische Probleme zu lösen (vgl. Bourdieu 2000c; Schultheis 2000). Doch stellt sich die Frage, wie der Habitus jenseits vertrauter dualistischer Gegen-überstellungen zu verstehen ist; denn dies ist auch die Grundlage, um zu verstehen, wie Bourdieu »die eigentümliche Wirkungsweise des verge-schlechtlichten und vergeschlechtlichenden Habitus« (Bourdieu 1997d: 167) fasst. Bourdieu erläutert dies so:

Die menschliche Existenz, der Habitus als das Körper gewordene Soziale, ist jene Sache der Welt, für die es eine Welt gibt; Pascal hat das so ausgedrückt: Le monde me comprend, mais je le comprends – also etwa: Ich bin in der Welt enthalten, aber die Welt ist auch in mir enthalten. Die soziale Realität existiert sozusagen zweimal, in den Sachen und in den Köpfen, in den Feldern und in den Habitus, innerhalb und außerhalb der Akteure. [...] Ich könnte, um mich verständlich zu machen, Pascals Ausspruch so fortführen: Ich bin in der Welt enthalten, aber sie ist auch in mir enthalten, weil ich in ihr enthalten bin; weil sie mich produziert hat und weil sie die Kategorien produziert hat, die ich auf sie anwende, scheint sie mir selbstverständlich, evident. Im Verhältnis zwischen Habitus und Feld geht die Geschichte ein Verhältnis mit sich selbst ein: Der Akteur [...] und die soziale Welt [...] sind [...] in einem regelrechten ontologischen Einverständnis vereint. Dieses Verhältnis der praktischen Erkenntnis entsteht nicht zwischen einem Subjekt und einem als solchem konstituierten und ihm als Problem aufgegebenen Objekt. (Bourdieu 1996b: 161)

Der Habitus als das Körper gewordene Soziale enthält diese doppelte soziale Realität. Der sozialisierte Körper (das, was man Individuum nennt) ist nicht das Gegenteil von Gesellschaft, sondern eine ihrer Existenzformen (Bourdieu 1987b). Auf dieser doppelten Realität oder »doppelsinnigen Relation« (Bourdieu 1998c: 7) beruht die gesamte Theorie der sozialen Welt. Auch das kulturelle Kapital existiert in inkorporierter und objektivierter Form. Um das Neue und völlig andere Verständnis des Verhältnisses von Individuum und Gesellschaft zu verstehen, bietet sich ein Blick in Sozialisationstheorien an. Für Theorien der Sozialisation ist nicht diese doppelte Realität kennzeichnend, sondern vielmehr eine Gegenüberstellung von Individuum und Gesellschaft grundlegend, in der das Individuum mit Subjektivität (und Freiheit) ausgestattet wird und der Gesellschaft als Negativum, als diese Subjektivität in Zwänge verweisend und einbindend, gegenüber gestellt wird. Das Hineinentwickeln eines Individuums in die Gesellschaft wird dann verstanden als ein mehr oder minder gelungenes Hineintragen von eigener Subjektivität, als eine Verwirklichung von Subjektivität, der äußere Grenzen gesetzt werden. Mit dem Habitus-Konzept gibt es keine vorsoziale Subjektivität. Individuen sind durch ihre körperliche Existenz, durch ihre Bewegungen, Blicke und Gesten, immer schon Mitglieder der Gesellschaft – wenn auch als Kleinkind mit einem niedrigen Entwicklungsstand. Individuen und Welt stellen sich in der sozialen Praxis gegenseitig her. Das bedeutet allerdings auch, dass die Macht- und Herrschaftsverhältnisse den Akteuren (den »Herrschenden« wie den »Beherrschten«) nicht äußerlich sind, sondern die symbolische Ordnung der sozialen Welt ist in Form von Klassifikationssystemen in den Sachen und in den Köpfen präsent. Auch das Klassifikationsschema, das weiblich und männlich als bipolaren Gegensatz konstruiert, ist in unsere Sicht der Welt eingelagert. D. h. aber auch, die Herstellung von Geschlecht in der sozialen Praxis, das »doing gender«, ist nicht voraussetzungslos, es ist nicht beliebig, sondern immer zugleich vorstrukturierte soziale Praxis. Diese doppelte soziale Realität beschreibt Bourdieu in seinen Formulierungen des Habitus. Der Habitus wird gefasst als *opus operatum* und zugleich als *modus operandi* (Bourdieu 1982c: 281). Als ein »System dauerhafter und übertragbarer Dispositionen« ist der Habitus strukturierte Struktur, die wie geschaffen ist, als strukturierende Struktur zu fungieren, als Erzeugungs- und Ordnungsgrundlage für Praktiken und Vorstellungen. (Bourdieu 1987b: 98; Bourdieu 1979: 165; Bourdieu 2001f: 177). In den Habitus gehen die Wahrnehmungs- und Bewertungsschemata ein, die Prinzipien des Denkens, Fühlens und Handelns, die in einer Gesellschaft wirken. Mit anderen Worten, wir bringen unsere je eigene und besondere Sichtweise der sozialen Welt hervor, aber wir tun dies mit Schemata, die wir nicht selbst erfunden haben, mit Schemata, die in uns und »*in der Welt enthalten*« sind.

»Als ein Produkt der Geschichte ist er [der Habitus, d.V.] ein offenes Dispositionssystem, das ständig mit neuen Erfahrungen konfrontiert und damit unentwegt von ihnen beeinflusst wird« (Bourdieu 1996b: 167). Dabei ist der Habitus nicht einfach gesellschaftlich bedingt, sondern er ist durch »Mitspielen« erworben und wird in sozialen Spielen auch verändert und umgebildet. So ist der Habitus zu verstehen als verinnerlichte, auch in den Körper eingeschriebene, inkorporierte Geschichte und als ein Operator, der kreative und erfinderische Praktiken hervorbringt. Der Habitus, verstanden als ein Dispositionssystem, das vielfältige Praktiken hervorbringt, ist ein Konzept, das es dem Wissenschaftler oder der Wissenschaftlerin ermöglicht zu zeigen, dass es einen Zusammenhang zwischen »*höchst disparaten Dingen*« gibt: »*wie einer spricht, tanzt, lacht, liest, was er liest, was er mag,* [...] *All das ist eng miteinander verknüpft*« (Bourdieu 1989c: 25). Doch diese Verknüpfung, die soziale Logik der Praktiken, kommt ohne einen Rückbezug auf ein soziales Feld oder einen sozialen Kosmos nicht aus. Wird der Habitus als isoliertes, aus der Theorie der sozialen Welt herausgerissenes Konzept eingesetzt, verliert er einen Großteil seiner analytischen Kraft, auch deshalb, weil die sozialen Voraussetzungen, die Macht- und Herrschaftsverhältnisse dann nicht expliziert werden, die in den Habitus eingehen. Das Habitus-Konzept zur Analyse in differenzierten Gesellschaften zu benutzen, macht nur Sinn, wenn es auf ein soziales Feld oder auf einen sozialen Kosmos bezogen wird; denn nur so ist es möglich, die soziale Logik von der Praxis an die Oberfläche zu bringen.

III. Habitus und Geschlecht – Die männliche Herrschaft

Die Bezugnahme auf das Habitus-Konzept mit dem expliziten Anspruch, dieses in die Frauen- und Geschlechterforschung einzuführen oder zur Analyse zu nutzen, ist unterschiedlich. Zunächst wurde es von Schlüter (1986), später Bock-Rosenthal (1990) aufgegriffen, um es bekannt zu machen. Eine differenzierte Einführung wurde von Krais vorgenommen (Krais 1993, 2002) und es wurde genutzt, um im Kontext theoriegeleiteter empirischer Forschung Geschlechterverhältnisse zu analysieren (Engler/ Friebertshäuser 1992; Dölling 1993). Hierbei wird der Habitus gefasst als »weiblicher Habitus«, »geschlechtsspezifischer Habitus«, »Geschlechterhabitus« und als »habitualisierte Geschlechtlichkeit«. Bourdieu verwendet den Habitus wiederum in der oben genannten doppelsinnigen Realität, als einen Operator, in den die zweigeschlechtliche Weltsicht eingeht und der zur zweigeschlechtlichen Ein- und Aufteilung der sozialen Welt führt. Er bezeichnet ihn daher auch als »vergeschlechtlichten und vergeschlechtlichenden Habitus« (Bourdieu 1997e: 167). Bei alledem geht Bourdieu auf die Frage, an welchem Punkt männliche Herrschaft einsetzt, oder ob er es für aussichtslos hält, einen solchen Ausgangspunkt überhaupt zu bestimmen, nicht ein. Er thematisiert das Geschlechterverhältnis als ein hierarchisches Verhältnis, als ein Herrschaftsverhältnis.

In seiner Arbeit *Die männliche Herrschaft*, die zunächst als Artikel (1990b, dt. 1997d), dann überarbeitet als Buch (1998b) erschienen ist, analysiert Bourdieu die männliche Herrschaft als eine besondere Form von Herrschaft. Er fragt sich, wieso die etablierte Ordnung mit ihren Herrschaftsverhältnissen so reibungslos funktioniert (von ein paar Zwischenfällen abgesehen) und immer wieder reproduziert wird (Bourdieu 1998b). Außer diesem Beharrungsvermögen interessiert ihn, wieso diese Herrschaftsverhältnisse zudem als naturgegeben und natürlich erscheinen. Bourdieu argumentiert, dass in unserer Sicht der Welt die männliche Herrschaft so selbstverständlich präsent ist, dass wir bei einer Analyse dieser Herrschaft immer Gefahr laufen, Schemata zur Analyse anzuwenden, die selbst Produkt von Jahrtausenden männlicher Herrschaft sind, und zum Analysegegenstand gemacht werden müssten. Deshalb bedient er sich seines »methodischen Kunstgriffs« zur Aufdeckung der in unseren Habitus eingehenden vergeschlechtlichten Strukturen (Bourdieu 1997b: 90). Er führt eine anthropologische Analyse an Hand eines besonderen historischen Falles durch: der kabylischen Gesellschaft. Die gesamte Ordnung dieser Gesellschaft ist ausgerichtet an einer grundlegenden Ein- und Aufteilung aller Praktiken und Gegenstände, nämlich entlang des Gegensatzes von weiblich und männlich. Das Klassifikationsschema basiert auf der Arbeitsteilung zwischen den Geschlechtern. Bourdieu macht hier deutlich, wie die männliche Herrschaft als alltägliche Sicht der Welt funktioniert, eine Herrschaft, die selbstverständlich in unsere Schemata des Habitus eingelagert ist als vergeschlechtlichte Sicht der Welt. Das Klassifikationsschema, in dem männlich und weiblich als binäre Opposition konstruiert ist, geht als grundlegendes in den Habitus ein und wird angewendet, um unsere Sicht der Welt hervorzubringen. Als Oppositionsschema ist es in ein unerschöpfliches System homologer Oppositionen verstrickt, die »einander wechselseitig verstärken«. Um dies zu verifizieren, schlägt Bourdieu ein kleines Experiment vor: »Bitten Sie einen Kellner im Restaurant, Ihnen Käse und Desserts zu bringen. Sie werden beobachten, dass er in fast allen Fällen spontan die salzigen Speisen den Männern und die süßen den Frauen serviert« (Bourdieu 1997b: 92). Man kann aber auch die Unterscheidung von harten und weichen Studienfächern heranziehen, die genutzt wird, um die jeweiligen Arbeitsanforderungen im Studium zu beschreiben. Hierbei versteht es sich wie von selbst, dass es sich bei den »harten« Fächern wie Elektrotechnik um solche handelt, die von Studenten dominiert werden, und bei »weichen« Fächern, wie der Erziehungswissenschaft, um solche handelt, die von Studentinnen dominiert werden. Neben dem Sachverhalt, dass so unterschiedliche soziale Klassifikationsschemata verknüpft auftreten, zeigt sich auch hier, dass es die dualistische Sichtweise ist (hart/ weich), die man aufbrechen muss, um die mit den Klassifikationsschemata verbundenen Herrschaftsverhältnisse zu analysieren. Darüber hinaus ist wesentlich, dass Geschlecht hier nicht verstanden wird ein Bereich des sozialen Lebens, dem man sich isoliert und gesondert widmen kann. Geschlecht wird nicht als Strukturkategorie behandelt, die man mit anderen soziologischen Kategorien kombinieren kann. Vielmehr wird Geschlecht hier verstanden als eine Dimension des Sozialen, als eine Dimension der Hervorbringung sozialer Wirklichkeit durch die Ein- und Aufteilung der sozialen Welt, wie sie von Akteuren und Akteurinnen vorgenommen wird (vgl. Krais 2001). Als vergeschlechtlichte, in den Habitus eingelagerte Sicht der Welt ist Geschlecht nicht zu konzeptualisieren als isoliertes, herausgelöstes oder zu reintegriertes Geschlecht in einen Kontext (was sowohl Geschlecht als isoliert existierend als auch den Kontext getrennt von Geschlecht existierend voraussetzen würde). Als Dimension des Sozialen ist das Klassifikationsschema Geschlecht Bestandteil der sozialen Ordnung und der von uns verwendeten Ordnungsschemata.

In den Habitus als Klassifikationsschema eingelagert, »*als das Körper gewordene Soziale*«, ebenso »*in den Sachen und in den Köpfen*«, realisiert sich die Herrschaftsausübung in der symbolischen Gewalt. Als in den Habitus eingelagertes Klassifikationsschema, das als solches von den Akteuren nicht erkannt wird, geht die symbolische Gewalt in die alltäglichen Beziehungen ganz selbstverständlich ein. Die männliche Herrschaft setzt voraus, dass die praktischen Ordnungsschemata im Habitus der Beherrschten (Frauen) und Herrschenden (Männer) verankert sind. Die Ausübung symbolischer Gewalt setzt »ein gewisses Einverständnis voraus« (Bourdieu 1990a: 27) bei denen, die sie ausüben, ebenso wie bei denen, die sie erleiden, bei Beherrschten wie bei den Herrschenden. Sie »[kann] nur auf Menschen wirken, die (von ihrem Habitus her) für sie empfänglich sind, während andere sie gar nicht bemerken« (Bourdieu 1990a: 28). Dabei nimmt »der Beherrschte den Herrschenden mittels Kategorien wahr, die von der Herrschaftsbeziehung hervorgebracht wurden und von daher im Interesse des Herrschenden liegen« (Bourdieu 1998e: 197). Mit dem Konzept der symbolischen Gewalt wird das Problem der Anerkennung symbolischer Ordnung durch die Akteure und Akteurinnen aufgegriffen, so dass ihr »Einverständnis« mit der jeweils herrschenden Ordnung analysiert werden kann. Das »Einverständnis« ist dabei nicht zu verstehen als ein rationales Einverständnis, sondern vielmehr als ein praktisches Einverständnis, das eingelassen ist in alltägliche Selbstverständlichkeiten von Akteurinnen und Akteuren und an Hand dieser auch analysiert werden kann (vgl. Engler 2003).

Man kann die Ausführungen zur »männlichen Herrschaft« auch als eine Demonstration lesen, in der Bourdieu vorführt, wie das Habitus-Konzept und das Konzept der symbolischen Gewalt zur Analyse von Herrschaftsverhältnissen fruchtbar gemacht werden können; denn es handelt sich um offene Konzepte, die jeweils auf einen bestimmten Gegenstand bezogen und angewendet und zugeschnitten werden müssen. Das Habitus-Konzept wird in der Frauen- und Geschlechterforschung nicht als isoliertes Konzept für theoriegeleitete empirische Forschung genutzt, sondern vielmehr im Zusammenhang mit dem Feld-Konzept.

IV. Das soziale Feld – Theorie der sozialen Felder

Auch beim Begriff des sozialen Feldes handelt es sich um ein offenes Konzept, das ausgehend von systematischen empirischen Anwendungen und für solche entwickelt wurde (vgl. Bourdieu 1996b, Bourdieu 1998e), um zeitlich und räumlich bestimmbare Realitäten zu erforschen. Nach einer eindeutigen, geschlossenen Bestimmung des Feld-Begriffs zu suchen, würde die Absicht dieses Konzeptes verfehlen, nämlich offen zu sein für empirische Forschung. Bourdieu verwendet das Konzept des sozialen Feldes in konkreten Forschungszusammenhängen zur Beschreibung des Analysegegenstandes. »Der Begriff des Feldes ist dazu da, daran zu erinnern, dass das eigentliche Objekt einer Sozialwissenschaft nicht das Individuum [...] ist, auch wenn man ein Feld nur von den Individuen aus konstruieren kann. Das Feld muss im Mittelpunkt der Forschungsoperation stehen« (Bourdieu 1996b: 139). Ein soziales Feld ist zu verstehen »als ein Netz oder eine Konfiguration von objektiven Relationen zwischen Positionen« (Bourdieu 1996b: 127), die von Akteuren eingenommen werden. Die von den AkteurInnen in einem sozialen Feld eingenommenen Positionen sind verschieden; diese Heterogenität ist Bestandteil dieses Konzepts. Es wird nicht von einer impliziten Gleichheit aller Subjekte ausgegangen, sondern von der sozialen Praxis, in der die Akteure und Akteurinnen unterschiedliche soziale Positionen einnehmen, anhand deren sie auch mit Bezug auf ihre Kapitalressourcen (kulturelles, ökonomisches und soziales Kapital) und das heißt relational zueinander und unter Bezugnahme auf den sozialen Raum beschrieben werden können. Dabei werden soziale Felder als Kräftefelder vorgestellt, deren Dynamik in den Beziehungen der AkteurInnen zueinander liegt.

Die Theorie der sozialen Felder bezieht sich auf Forschungsarbeiten zum künstlerischen und literarischen Feld (Bourdieu 1999), zum wissenschaftlichen und religiösen Feld, zum Feld des Rechts und der Bürokratie (vgl. Bourdieu 1996b: 124). Dieser Sichtweise von sozialen Feldern liegt zu Grunde, dass es sich bei der modernen Gesellschaft um eine differenzierte handelt. Grundlegend ist die Vorstellung, dass die arbeitsteilige Organisation in sozialen Feldern nach je spezifischen Prinzipien funktioniert, deren soziale Logik sich nicht auf ein einheitliches, universelles Grundprinzip reduzieren lässt. Das, was im wissenschaftlichen Feld zählt und im sozialen Handeln der AkteurInnen zu entdecken ist, ist nicht identisch mit dem, was im wirtschaftlichen Feld die AkteurInnen umtreibt und miteinander konkurrieren lässt. In den sozialen Feldern sind unterschiedliche Dinge relevant, die wiederum bestimmte Praktiken und praktische Wahrnehmungs- und Bewertungsschemata erzeugen und somit eine spezifische Logik bewirken, welche das Besondere des Funktionierens eines Feldes jeweils ausmacht. Für die Analyse von männlicher Herrschaft bedeutet dies, dass Geschlecht als Dimension des Sozialen durch die Vermittlung der Felder zum Tragen kommt und dass die Mechanismen, die in unterschiedlichen sozialen Feldern wirken und Geschlechtseffekte produzieren, je spezifisch sind.

In der Frauen- und Geschlechterforschung wird das Feld-Konzept von einigen Autorinnen als theoretischer Zugang für empirische Forschung genutzt. Hierbei wurde wiederholt die Hochschule als relativ autonomes Feld gefasst, und es wurden Akteurinnen und Akteure, die unterschiedliche Positionen einnehmen, ins Zentrum gerückt. Wurden zunächst Studentinnen und Studenten unterschiedlicher Fächer im Feld der Hochschule untersucht, um herauszufinden, wie sich in ganz alltäglichen Dingen soziale Ungleichheiten zwischen den Geschlechtern äußern (Engler 1988; 1993), rückten dann NachwuchswissenschaftlerInnen ins Blickfeld, mit dem Anspruch, die »Spielfähigkeit« von promovierenden Frauen und Männern auszuloten und zu analysieren, welche Bedeutung dabei dem Geschlecht und der sozialen Herkunft zukommen (Hasenjürgen 1996). Dabei lotet Hasenjürgen die »Spielfähigkeit« in Anlehnung an Bourdieus Kapitalbegriffe im Sinne von Ressourcen aus. Schlüter (1999) wiederum nutzt die Konzepte Bourdieus als Folie, um studierende, promovierende und habilitierte Arbeitertöchter und Söhne und deren Bildungswege bzw. deren soziale Bedingungen des Aufstiegs zu untersuchen.

Kernfrage bei den neueren Untersuchungen ist, wie es gelingt, Frauen aus der Wissenschaft herauszuhalten bzw. hinauszudrängen. Hierbei geht es um die Mechanismen und Funktionsweisen des wissenschaftlichen Feldes, das als vergeschlechtlichtes gefasst wird, und darum, wie Konstruktionen von Leistung und Begabung in Prozessen von Zuschreibungen und Anerkennung dazu führen, dass Frauen aus der Wissenschaft hinausgedrängt werden. Zimmermann (2000) rückt das soziale Geschehen von Berufungsverhandlungen im Feld der Wissenschaft ins Zentrum. Sie lenkt die Aufmerksamkeit auf das komplexe Geflecht von universitären Aushandlungs- und Entscheidungsprozessen, deren Ergebnis wir in dem Sachverhalt vorfinden, dass es immer noch wesentlich weniger Professorinnen als Professoren gibt. Engler (2001) rückt das wissenschaftliche Feld als ein vergeschlechtlichtes zu einem gegebenen Zeitpunkt ins Zentrum und analysiert die Konstruktion der wissenschaftlichen Persönlichkeit, wie sie von Professorinnen und Professoren vorgenommen wird, und zeigt, wie über Anerkennungs- und Zuschreibungsprozesse große und kleine wissenschaftliche Persönlichkeiten zustande kommen. Beaufaÿs wiederum untersucht mit dem Feld-Konzept, wie wissenschaftlicher Nachwuchs rekrutiert wird und bezieht sowohl NachwuchswissenschaftlerInnen als auch ProfessorInnen in ihre Untersuchung ein. Dabei wird insbesondere in den jüngeren Arbeiten deutlich, dass nicht der oder die Einzelnen den Ausgangspunkt der Untersuchung bilden, sondern dass das wissenschaftliche Feld konstruiert wird als eines, in dem Akteurinnen und Akteure unterschiedliche Positionen einnehmen. Und es wird deutlich, dass man die Konzepte Bourdieus nutzen kann, ohne dass man den von Bourdieu vorgegebenen Interpretationen folgt: So situiert Bourdieu Frauen ganz allgemein außerhalb der sozialen Spiele in Feldern, in denen es um Macht und Einfluss geht. Er bestimmt eine Geschlechtsdifferenzierung in der Sozialisation, »die Männer dazu bestimmt, die Machtspiele zu lieben, und die Frauen dazu, die Männer, die sie spielen, zu lieben« (Bourdieu 1997e: 201). Dieser männliche Blick, der an Resultaten nicht an Prozessen orientiert ist, schließt nicht nur Frauen allgemein von den Männerspielen aus; sondern blendet auch jene Frauen aus, die nicht die Männer lieben, die Machtspiele lieben und selbst Positionen des Erfolgs anstreben. Dennoch schließt dieser männliche Blick die produktive Nutzung der Konzepte nicht aus, wie die oben genannten Arbeiten zeigen. Hier zeigt sich vielmehr, dass die Konzepte auf den jeweils zu untersuchenden Gegenstand zugeschnitten werden müssen bzw. dass es sich nicht um vorgeformte fertige Konzepte handelt, die man auf die Praxis applizieren kann, sondern um offene Konzepte, die in Auseinandersetzung mit der Konstruktion des Gegenstandes zuzuschneiden und weiter zu entwickeln sind. Das relationale Denken hat hier den Vorzug, dass Geschlecht nicht als ein Merkmal oder Eigenschaft von Personen konzipiert wird, d. h. aber auch, dass nicht vorausgesetzt werden kann, was zu untersuchen ist, nämlich welche besonderen sozialen Praktiken in einem Feld zu Geschlechtseffekten führen, deren Resultat wir vorzugsweise im Ausschluss von Frauen aus Spitzenpositionen kennen.

Da in der Theorie der sozialen Felder Akteurinnen und Akteure konzeptualisiert werden als Personen, die in einem spezifischen Feld um Ansehen, Macht und Einfluss konkurrieren, wird deutlich, dass hierbei bestimmte Sozialfiguren und bestimmte Aspekte des sozialen Handelns ins Blickfeld geraten und andere nicht. Es werden Dimensionen sozialen Handelns beleuchtet, die sich auf Konkurrenz und Wettkampf beziehen. So rücken im Feld der Wissenschaft ProfessorInnen und NachwuchswissenschaftlerInnen in den Blick, um die *illusio* herauszuarbeiten, das, woran alle glauben, die in diesem Spiel um Macht und Einfluss befangen sind. Aber was ist mit den Hausmeistern und Sekretärinnen, die auch zum wissenschaftlichen Feld als Mikrokosmos gehören, aber nicht in den Kämpfen um Annerkennung und Einfluss gefangen sind. Wo sind diese Sozialfiguren zu positionieren? Hier kommt noch ein anderer Punkt hinzu, der sich vorzugsweise nicht unter den Aspekten von Wettkampf und Konkurrenz einfangen lässt. Es handelt sich um das, was um die Thematik Familie kreist. Zwar kann man Bourdieu nicht vorwerfen, er habe die Familie nicht berücksichtigt, dennoch rückt diese bisher lediglich als Ort des Austauschs und der Weitergabe von Ressourcen und Besitz ins Blickfeld (Bourdieu 1996b). Aspekte wie Liebe und Sexualität, Emotionen wie Zuneigung, aber auch Verzweiflung etc. bleiben unterbelichtet. Ich denke hier an Dimensionen des sozialen Lebens, wie sie von Arlie Russell Hochschild (1990; 2002) eingefangen werden. Zukünftige Arbeiten müssen zeigen, ob und wie die Theorie der sozialen Felder und das Habitus-Konzept zur Analyse dieser Dimensionen des sozialen Handelns, die in unserer sozialen Welt ausgesprochen wichtig sind, um die Reproduktion und Transformation von Geschlechterverhältnissen zu fassen, nutzbar gemacht werden können.

VI. Die heuristische Konstruktion des sozialen Raums

Bourdieu hat in seiner Arbeit *La Distinction* ein Modell des sozialen Raums vorgelegt (Bourdieu 1982c: 212–213), in dem an Hand von Berufspositionen Verhältnisse und Beziehungen in einer Gesellschaft relational dargestellt werden. Die übliche Trennung von sozialen Strukturen einer Gesellschaft und sozialem Handeln von Akteuren wird aufgebrochen und das Soziale in seiner doppelten Existenzweise abgebildet: als Raum der sozialen Positionen und als Raum der Lebensstile. So wird die doppelsinnige Relation zwischen den objektiven Strukturen und den inkorporierten Strukturen (denen des Habitus) dargestellt (Bourdieu 1998c: 7). Zugleich ermöglicht es dieses heuristische Modell, soziale Felder als Kräftefelder darin zu verorten und diese »herausgezoomten« als soziale Felder zu analysieren oder als Mikrokosmen zu beschreiben. So kann die jeweilige soziale Welt aus der Nähe betrachtet werden, ohne dass die dort wirkenden Mechanismen losgelöst vom Makrokosmos analysiert werden (vgl. Bourdieu 1997b).

In *La Distinction* wird Geschmack als etwas Soziales, nicht Natürliches analysiert. Die unterschiedlichen kulturellen Praktiken und Vorlieben werden rückgebunden in soziale Bezüge bzw. an eine soziale Position im Raum. Dabei werden soziale Unterschiede relational angezeigt als soziale Distanzen. Hierbei hat Bourdieu eine Kapitaltheorie entwickelt, entlang deren er das dynamische Gefüge von unterschiedlichen Positionen in diesem Modell relational beschreibt. Neben dem ökonomischen Kapital, das nur ungenügend geeignet war, die vielfältigen analysierten Geschmacksdifferenzen und damit verbundenen symbolischen Auseinandersetzungen einzufangen, führt Bourdieu das kulturelle (gemessen u. a. an Hand von Bildungstiteln) und soziale Kapital (das sich in Beziehungen und Netzwerken realisiert) ein, um die Konstruktion des sozialen Raums zu entwickeln (vgl. Bourdieu 1983). Der Habitus als inkorporierte Sozialstruktur bezeichnet hier die Körper gewordenen sozialen Unterschiede, die sich im Geschmack zu einem gegebenen Zeitpunkt zeigen.

In diesem Modell des sozialen Raums werden Akteure vermittelt über (männliche) Berufsgruppen konzeptualisiert bzw. soziale Klassen konstruiert. Dennoch spielt die Kategorie Geschlecht hierbei eine wichtige Rolle: »Die geschlechtsspezifischen Merkmale sind ebenso wenig von den klassenspezifischen zu isolieren wie das Gelbe der Zitrone von ihrem sauren Geschmack: eine Klasse definiert sich wesentlich durch Stellung und Wert, welche sie den beiden Geschlechtern ... einräumt. Darin liegt begründet, warum es ebenso viele Spielarten der Verwirklichung von Weiblichkeit gibt wie Klassen und Klassenfraktionen, und warum die Arbeitsteilung zwischen den Geschlechtern auf der Ebene der Praxis wie der Vorstellungen innerhalb der verschiedenen Gesellschaftsklassen höchst unterschiedliche Ausprägungen annimmt« (Bourdieu 1982c: 185). Doch wie sind Frauen in diesem sozialen Raum, der entlang von Berufspositionen aufgespannt ist, zu positionieren? Zur Konstruktion des sozialen Raums wurden Variablen herangezogen, die dazu führen, dass es sich »um einen öffentlichen Raum, d. h. männlichen Raum handelt. Man weiß dann nicht, wo man die Frauen sozial platzieren soll, die im Haus arbeiten. Nach allgemeiner Konvention werden Frauen den sozialen Positionen zugeordnet, die ihre Ehemänner einnehmen« (Bourdieu im Gespräch 1997: 222). Frerichs und Steinrücke greifen dieses Problem immer wieder im Zusammenhang mit der Bestimmung des Verhältnisses von Klasse und Geschlecht auf (Frerichs/ Steinrücke 1993; Frerichs 1997; 2000).

Anknüpfend an die Diskussion, wie »Klasse« und »Geschlecht« bzw. die mit diesen Kategorien verbundenen Ungleichheiten miteinander verschränkt sind, wurde von Frerichs/ Steinrücke eine Klassengeschlechtshypothese und eine Geschlechtsklassenhypothese (Frerichs/ Steinrücke 1993: 241) entwickelt und dieses Problem empirisch gewendet. Dabei wurde zunächst ein vergeschlechtlichter Raum der Erwerbsarbeit modelliert, in welchem die Verschränkung von Klasse und Geschlecht abgebildet wurde. In einem Forschungsprojekt wurden »die Lebenschancen, Lebenszusammenhänge und Habitusformen von Männern und Frauen aus verschiedenen Klassen im Vergleich zum Gegenstand« gemacht, um zu analysieren, welche der beiden Hypothesen zutreffend ist (Frerichs/ Steinrücke 1997: 232; Frerichs 1997; 2000). Auch Vester/ Gardemin (2001) knüpfen an den sozialen Raum und die von Frerichs/ Steinrücke entwickelte »Klassengeschlechtshypothese« an und rücken ein ausgewähltes soziales Milieu, das leistungsorientierte Arbeitnehmermilieu, ins Zentrum, um zu klären, »wie ökonomische Ungleichheit von Frauen und Männern mit ihrer gesellschaftspolitischen Einstellung zusammenhängt« (Vester/ Gardemin 2001: 454). Und diese Untersuchung lässt erahnen, wie fruchtbar es ist, den sozialen Raum für heuristische Zwecke zu nutzen, um z. B. die im Zuge der Bildungsexpansion gestiegenen Bildungsbeteiligungen von Frauen und damit verbundenen Erwartungen bezogen auf Berufspositionen im Zusammenhang mit sozialem Wandel bzw. Verschiebungen im sozialen Raum zu analysieren.

Diese wenigen Untersuchungen zeigen, wie die Vorstellung des sozialen Raums zur Generierung von Fragen genutzt werden kann, die empirisch zu beantworten sind (vgl. auch Burkart/ Koppetsch 1999). Allerdings zeigen sie auch, dass es mühsam ist, der Frage nachzugehen, ob Geschlecht oder Klasse als dominantes Ungleichheitsmerkmal anzusehen ist. Als Klassifikationssysteme, die als Dimensionen des Sozialen in den Habitus eingehen, sind sie allerdings verschieden: Geschlecht ist bipolar konstruiert, mit einem körperlichen Bezugspunkt und erscheint als natürliche Ordnung. Soziale Klassenunterschiede werden angezeigt durch Klassifikationssysteme und Unterscheidungsprinzipien, das nicht bipolar konstruiert sind, sondern vielfältige Fassetten und Abstufungen kennen, die in die Hervorbringung sozialer Wirklichkeit eingeht. Als Dimensionen des Sozialen, die vermittelt über den Habitus in die Hervorbringung der Sicht der Welt und in das Handeln eingehen, deutet sich in Untersuchungen an, dass »Klasse« und »Geschlecht« in unterschiedlichen Zusammenhängen von unterschiedlicher Relevanz sein können (Engler 1997; auch Vester/ Gardemin 2001) bzw. als Modi der Generierung von sozialen Unterschieden mal in den Vordergrund und mal in den Hintergrund treten können.

Was folgt aus der Erkenntnis, dass einem Merkmal je nach sozialem Gefüge und Zeitpunkt unterschiedliche Relevanz zukommen und zugewiesen werden kann? Dass Geschlecht in verschiedenen sozialen Feldern mit unterschiedlichen Relevanzstrukturen versehen werden kann, macht es notwendig, die Mechanismen und Funktionsweisen von Ordnungssystemen in den jeweiligen Feldern aufzuzeigen. Bourdieu stellt die Mittel bereit, nicht nur von dieser Verschiedenheit der Bedeutung von Geschlecht und damit verbundene Ungleichheiten festzustellen, sondern die Funktionsweise von Mechanismen in den jeweils unterschiedlichen sozialen Gefügen aufzuzeigen und somit zu analysieren, wie diese Unterschiede zustande kommen. Hierzu dient die heuristische Konstruktion des sozialen Raums als Hintergrund der Generierung von Fragestellungen. Die relationale Betrachtungsweise führt hier allerdings dazu, dass nicht Frauen oder Männer zum Ausgangspunkt der Untersuchung gemacht werden, sondern das soziale Gefüge, in dem Frauen und Männer agieren.

VII. Ausblick: »Prinzipien des Komponierens«

Mit der von Bourdieu entwickelten soziologischen Sicht der Welt verlässt man das Alltagsdenken und die damit verbundenen Gewissheiten, die besagen, dass es soziale Dinge gibt, aber auch die Gewissheit, dass es Schemata gibt, die in der sozialen Praxis eine universelle und allgemeingültige Wirkung entfalten und denen eine allgemeingültige Bedeutung zukommt. So ist das Ordnungsschema Geschlecht zwar in unsere Köpfe und Körper ebenso wie in unsere Handlungen eingelassen, entfaltet seine Herrschaft in den sozialen Feldern und Mikrokosmen jedoch auf vielfältige und immer wieder neue Art und Weise. Die Akteurinnen und Akteure in den sozialen Feldern handeln allerdings nicht beliebig, doch sie sind kreativ und erfinderisch in der Hervorbringung von sozialen Praktiken. Dieser sozialen Praxis kann man nicht mit großen Theorien beikommen, die zwar in sich theoretisch logisch sind, aber die praktische Logik vielfach verfehlen. Die von Bourdieu entwickelten Konzepte zur Analyse der sozialen Welt setzen an der sozialen Praxis an. Doch handelt es sich bei den vorgestellten Konzepten weder um Patentideen noch um Rezeptbücher, sondern vielmehr um Erkenntniswerkzeuge, denen ein soziologisches Denken zugrunde liegt, das einen Umbau des weit verbreiteten Denkens in Dualismen und Substanzen voraussetzt und daher eine Herausforderung für Sozialwissenschaftlerinnen und Sozialwissenschaftler darstellt. Bourdieu wählt eine Analogie zur Musik, um zu veranschaulichen, wie er mit wissenschaftlichen Werken umgegangen ist, aber auch um darzulegen, wie die von ihm entwickelten Erkenntniswerkzeuge zu gebrauchen sind. Die mit seiner soziologischen Denkweise verbundenen Erkenntnisinstrumente gleichen »einer Musik, die nicht für mehr oder minder passives Hören oder selbst Spielen geschaffen würde, sondern dafür, Prinzipien des Komponierens zu liefern«. Die Erkenntniswerkzeuge bzw. Konzepte zu verstehen, heißt, »dass man von der Denkweise, die in ihnen zum Ausdruck kommt, an einem anderen Gegenstand praktischen Gebrauch macht, sie in einem neuen Produktionsakt reaktiviert, der ebenso inventiv und originär ist wie der ursprüngliche [...] « (Bourdieu 1997c: 65). Dabei »ist die aktive Aneignung einer wissenschaftlichen Denkweise [...] ebenso schwierig und selten [...] wie ihre ursprüngliche Ausarbeitung« (Bourdieu 1997c: 66).

Bourdieu erspart jenen Wissenschaftlerinnen und Wissenschaftlern, die sich auf die von ihm entwickelte Denkweise und damit verbundenen Denkwerkzeuge beziehen, um männliche Herrschaft zu analysieren, eine Auseinandersetzung mit diesen Konzepten ebenso wenig wie eine Auseinandersetzung mit dem zu analysierenden Gegenstand. Doch wer mit den »Prinzipien des Komponierens« selbst komponieren will, kann diese Konzepte zur Analyse von männlicher Herrschaft ebenso verwenden wie zur Analyse anderer Dimensionen des Sozialen, die in der sozialen Welt wirken. Das Aufzeigen der männlichen Herrschaft ist dabei mit der Absicht verbunden, die Mechanismen und Funktionsweisen ihres Wirkens aufzuzeigen. Denn was in der Sozialwelt hervorgebracht wurde, kann auch in der sozialen Welt verändert werden.

Literatur

Beaufaÿs, Sandra, 2003: Wie werden Wissenschaftler gemacht? Der Glaube und das Geschlecht des Feldes Wissenschaft. Dissertation: TU-Darmstadt.

Bock-Rosenthal, Erika, 1990: Strukturelle Diskriminierung – nur ein statistisches Phänomen? In: dies. (Hrsg.): Frauenförderung in der Praxis. Frauenbeauftragte berichten. Frankfurt/ New York, S. 11-54.

Dölling, Irene, 1993: Weibliche Wendeerfahrungen »oben« und »unten«. In: Petra Frerichs/ Margareta Steinrücke (Hrsg.): Soziale Ungleichheit und Geschlechterverhältnisse. Opladen, S. 101-116.

Dölling, Irene/ Beate Krais (Hrsg.), 1997: Ein alltägliches Spiel. Geschlechterkonstruktion in der sozialen Praxis. Frankfurt/Main.

Engler, Steffani, 1988: Die Reproduktionstheorie Pierre Bourdieus. Der Raum studentischer Fachkulturen und Beziehungsschwierigkeiten: »Männliche« Reproduktionstheorie und feministische Wissenschaft. Publikationsreihe »Studium und Biographie«, Nr. 2. Universität-Gesamthochschule Siegen.

Engler, Steffani, 1993: Fachkultur, Geschlecht und soziale Reproduktion. Eine Untersuchung über Studentinnen und Studenten der Erziehungswissenschaft, Rechtswissenschaft, Elcktrotechnik und des Maschinenbaus. Weinheim.

Engler, Steffani, 1997: Studentische Lebensstile und Geschlecht. In: Dölling/ Krais (Hrsg.): Ein alltägliches Spiel. Geschlechterkonstruktion in der sozialen Praxis. Frankfurt/Main, S. 309-329.

Engler, Steffani, 2001: »In Einsamkeit und Freiheit«? Zur Konstruktion der wissenschaftlichen Persönlichkeit auf dem Weg zur Professur. Konstanz.

Engler, Steffani, 2003: Aufsteigen oder Aussteigen? Soziale Bedingungen von Karrieren in der Wissenschaft. In: Ronald Hitzler/ Michaela Pfadenhauer (Hrsg): Karrierepolitik. Opladen. (im Druck).

Engler, Steffani/ Barbara Friebertshäuser, 1992: Die Macht des Dominanten. In: Angelika Wetterer (Hrsg.): Profession und Geschlecht. Über die Marginalität von Frauen in hochqualifizierten Berufen. Frankfurt/ New York, S. 101-120.

Engler, Steffani/ Karin Zimmermann, 2002: Das soziologische Denken Pierre Bourdieus – Reflexivität in kritischer Absicht. In: Uwe H. Bittlingmayer, Uwe H./Jens Kastner/ Claudia Rademacher (Hrsg.): Theorie als Kampf? Zur Politischen Soziologie Pierre Bourdieus. Opladen, S. 35-47.

Frerichs, Petra, 2000: Klasse und Geschlecht als Kategorien sozialer Ungleichheit. In: Kölner Zeitschrift für Soziologie und Sozialpsychologie, 52/2000, S. 36-59.

Frerichs, Petra, 1997: Klasse und Geschlecht 1. Arbeit. Macht. Anerkennung. Interessen. Opladen.

Frerichs, Petra/ Margareta Steinrücke (Hrsg.) 1993: Soziale Ungleichheit und Geschlechterverhältnisse. Opladen.

Frerichs, Petra/ Margareta Steinrücke, 1993: Frauen im sozialen Raum. Offene Forschungsprobleme bei der Bestimmung ihrer Klassenposition. In: Dies. Soziale Ungleichheit und Geschlechterverhältnisse. Opladen, S. 191-205.

Frerichs, Petra/ Margareta Steinrücke, 1997: Kochen – ein männliches Spiel? Die Küche als geschlechts- und klassenstrukturierter Raum. In: Dölling/ Krais (Hrsg.): Ein alltägliches Spiel. Geschlechterkonstruktion in der sozialen Praxis. Frankfurt/Main, S. 231-255.

Haas, Erika, 1999: Arbeiterkinder und Akademikerkinder an der Universität. Eine geschlechtsspezifische und sichtspezifische Analyse. Frankfurt/Main.

Hasenjürgen, Brigitte, 1996: Soziale Macht im Wissenschaftsspiel. SozialwissenschaftlerInnen und Frauenforscherinnen an der Hochschule. Münster.

Hochschild, Arlie Russell, 1990: Das gekaufte Herz. Zur Kommerzialisierung der Gefühle. Frankfurt/Main.

Hochschild, Arlie Russell, 2002: Work-Life-Balance. Keine Zeit. Wenn die Arbeit zum Zuhause wird und zu Hause nur Arbeit wartet. Opladen.

Janshen, Doris/ Hedwig Rudolph et al, 1987: Ingenieurinnen. Frauen für die Zukunft. Berlin/ New York.

Koppetsch, Cornelia/ Günter Burkart, 1999: Die Illusion der Emanzipation. Zur Wirksamkeit latenter Geschlechtsnormen im Milieuvergleich. Konstanz.

Krais, Beate, 2001: Die feministische Debatte und die Soziologie Pierre Bourdieus: Eine Wahlverwandtschaft. In: Gudrun-Axeli Knapp/ Angelika Wetterer (Hrsg.): Gesellschaftstheorie und feministische Kritik. Münster, S. 317-338.

Krais, Beate, 2000: Das soziale Feld Wissenschaft und die Geschlechterverhältnisse. In: dies. (Hrsg.): Wissenschaftskultur und Geschlechterordnung. Über die verborgenen Mechanismen männlicher Dominanz in der akademischen Welt. Frankfurt/Main, S. 31-54.

Krais, Beate, 2000 (Hrsg.): Wissenschaftskultur und Geschlechterordnung. Über die verborgenen Mechanismen männlicher Dominanz in der akademischen Welt. Frankfurt/Main.

Krais, Beate, 1993: Geschlechterverhältnis und symbolische Gewalt. In: Gunter Gebauer/ Christoph Wulf (Hrsg.): Praxis und Ästhetik: neue Perspektiven im Denken Pierre Bourdieus. Frankfurt/Main, S. 208-250.

Rademacher, Claudia, 2002: Jenseits männlicher Herrschaft. Pierre Bourdieus Konzept einer Geschlechterpolitik. In: Jörg Ebrecht/ Frank Hillebrandt (Hrsg.): Bourdieus Theorie der Praxis. Wiesbaden, S. 127-138.

Rohleder, Christiane, 1997: Zwischen Integration und Heimatlosigkeit. Arbeitertöchter in Lehramt und Arztberuf. Münster.

Schlüter, Anne, 1999: Bildungserfolge. Eine Analyse der Wahrnehmungs- und Deutungsmuster und der Mechanismen für Mobilität in Bildungsbiographien. Opladen.

Schlüter, Anne, 1986: »Wenn zwei das Gleiche tun, ist das noch lange nicht dasselbe« - Diskriminierungen von Frauen in der Wissenschaft. In: Anne Schlüter/ Annette Kuhn (Hrsg): Lila Schwarzbuch. Zur Diskriminierung von Frauen in der Wissenschaft, S. 10-33.

Schultheis, Franz, 2000: Initiation und Initiative. Entstehungskontext und Entstehungsmotive der bourdieuschen Theorie der sozialen Welt. In: Bourdieu, Die zwei Gesichter der Arbeit. Konstanz, S. 165-184.

Vester, Michael/ Daniel Gardemin, 2001: Milieu, Klasse und Geschlecht. Das Feld der Geschlechterungleichheit und die »protestantische Alltagsethik«. In: Bettina Heintz (Hrsg.), Geschlechtersoziologie. Sonderheft 41/2001 der Kölner Zeitschrift für Soziologie und Sozialpsychologie, S. 454-486.

Zimmermann, Karin, 1997: Wissenschaftliche Netzwerke im deutsch-deutschen Wissenschaftstransfer. In: Sabine Lange/ Birgit Sauer (Hrsg.), Wissenschaft als Arbeit – Arbeit als Wissenschaftlerin. Frankfurt/Main, S. 247-262.

Zimmermann, Karin, 2000: Spiele mit der Macht in der Wissenschaft. Passfähigkeit und Geschlecht als Kriterium für Berufungen. Berlin.

Zimmermann, Karin, 2002: Berufungsspiele des wissenschaftlichen Feldes im Lichte des Konzepts symbolische Gewalt. In: Jörg Ebrecht/ Frank Hillebrandt (Hrsg.), Bourdieus Theorie der Praxis. Wiesbaden, S. 139-151.

Rolf-Dieter Hepp

Prekarisierung und epistemologische Wachsamkeit

Die soziologische Arbeit von Pierre Bourdieu war bis in ihre tiefsten und feinsten Verästelungen von einem starken Misstrauen gegenüber Begrifflichkeiten und Theorien gekennzeichnet. Vielleicht hängt es auch mit seinen persönlichen Erfahrungen zusammen, dass ihm die wissenschaftlichen Begriffe auf Grund seiner sozialen Herkunft nicht selbstverständlich waren, sondern er im Arbeitsprozess diese und ihre analytische Reichweite immer wieder hinterfragte (Bourdieu 2002b). Das führte bei ihm allerdings nicht zu einer 'Theoriefeindlichkeit', sondern zu einer epistemologischen Reflexivität, die die Reichweite und Präzision der analytischen Begrifflichkeiten thematisierte. Dabei interessierte ihn nicht, von welcher Theorie man ausging, sondern wie man den Problemhorizont soziologischer Fragestellungen einkreiste, um zu einer adäquaten Anordnung des Gegenstandes oder Objekts zu gelangen.

Die Frage, auf welche Theorie des Sozialen – die von Marx, Weber oder Durkheim zum Beispiel – eine soziologische Untersuchung sich stützt, ist allemal zweitrangig gegenüber der Frage der Zugehörigkeit dieser Untersuchung zur Wissenschaft der Soziologie: Diese vereint daher Autoren, die auf dem Boden der Theorien des sozialen Systems unüberbrückbar geschieden sind. (Bourdieu 1991a: 5f)

Damit spricht sich Pierre Bourdieu für eine forschungspragmatische Perspektive aus, die ihre methodischen Überlegungen den Felderfordernissen unterwerfen und anpassen muss. Für ihn ist Soziologie keine Standpunktfrage oder positionelle Orientierung, sondern eine des praxeologischen Umsetzens kritischer Reflexion, die auf die sozialen Gegenstände und Tatbestände ausgerichtet ist. Praktische Probleme standen dabei für ihn immer im Vordergrund der Fragestellung. »Meine originellsten theoretischen Gedanken – wenn ich überhaupt welche habe – sind mir in der Praxis gekommen, beim Codieren eines Fragebogens etwa.« (Bourdieu 1992c: 44)

Forschung bedeutete für Bourdieu eine systematische Infragestellung der eigenen sozialen Position des Wissenschaftlers, die sich über das verobjektivierte Verhältnis zum Untersuchungsgegenstand ergibt. Dessen

Bedeutungshöfe werden zu dem systematisierten Wissen in Beziehung gesetzt, und diese Differenz wird im Forschungsprozess aufrecht erhalten. Nicht nur, dass der Wissenschaftler über eine eigene Praxis verfügt, die nicht mit den Deutungsmustern und Handlungskriterien des Untersuchten übereinstimmt, sondern das Aufrechterhalten dieser Differenz und die Entlastung von Handlungszwängen kennzeichnen dieses Verhältnis. Derartige Differenzen aufzuspüren, um Irrtumswahrscheinlichkeiten abzubauen, ist ein wichtiges Element des Erkenntnisprozesses, da in ihm das (Erkenntnis-)Objekt konstruiert wird. Bourdieu vergleicht dabei das traditionelle sozialwissenschaftliche Verfahren mit den »Generalsideen« (Virginia Woolf). Im Gegensatz dazu intendierte er eine doppelte Reflexion, die er in einer Metapher an Hand der Verbindung des Blicks des Generals und des in das unmittelbare Schlachtgeschehen eingebundenen einfachen Soldaten herauszustellen versucht. »Natürlich ist die Sicht des Generals nützlich: ideal wäre es, könnte man beides verbinden: den Überblick des Generals und die einzelne Wahrnehmung des gemeinen Soldaten im Getümmel. Theorie und Empirie ist nichts anderes.« (Bourdieu 1992c: 44)

Die Herstellung dieser Verbindung im Spiel der Signifikanten zwischen den unterschiedlichen Ebenen und Sichtweisen kennzeichnet das bourdieusche Verfahren insofern, als es versucht, diese nicht als falsch oder »ideologisch« zurückzuweisen, sondern als Elemente einer sozialen Praxis zu dechiffrieren, in die diese jeweils eingebunden sind. Dabei sind diese sozialen Variablen in ihrer Verobjektivierung die Elemente, in denen Positionen aufeinander bezogen werden. Die besondere Note der Praxeologie ist nämlich die, dass hier nicht eine Praxisrelevanz, eine Volkstümlichkeit oder eine Form des Utilitarismus zur Disposition steht, sondern eine »Logik der Praxis«, die sich über eine Einbindung in die verobjektivierten Elemente des Feldgeschehens legitimiert. Dies wird für ihn an Hand des praktischen Verhältnisses der Individuen/ Untersuchungsobjekte als in soziale Handlungen eingebundene »Akteure« thematisiert. Eine Schwierigkeit beim Verfassen eines Fragebogens beruht zum Beispiel darauf, dass der Forscher aufgefordert ist, sich noch einmal zu fragen, was diejenigen, die befragt werden unter den Fragen, auf die sie antworten sollen, überhaupt verstehen. Es stellt sich die Frage, ob Worte überhaupt mit dem gleichen Sinn belegt werden oder ob dieser nicht sozial variiert. So bleibt unter Umständen bei der Frage nach einer Politik innerhalb eines Fragebogens oftmals nur noch der Name des Ministers übrig. Da der Name mit unterschiedlichen Konnotationen aufgeladen ist, beinhaltet dies eine außerordentliche Abstraktionsleistung, die eine Variationsbreite in die zu formalisierenden Auswertungen und Aussagen integriert. Aus diesem Grund wird die Kodierung eines Fragebogens bzw. der Aufbau einer Untersuchung noch einmal spezifischen epistemologischen Fragestellungen unterworfen, wie der, was zum Beispiel unter einer Frage überhaupt verstanden und wie diese interpretiert wird. D. h. verstehen die Menschen aus verschiedenen sozialen Gruppen überhaupt dasselbe unter einem Begriff, bzw. wie wird der »Bedeutungsherd« von Begriffen überhaupt erfasst, und welche sozialen Konstellationen sorgen für ein Fremdverständnis oder spezifisches Verständnis der jeweiligen sozialen Gruppen. So hat Sabine Kergel in ihren Forschungsergebnissen herausgestrichen, dass der Begriff der »Mutti« im Westen und im Osten zumindest noch Ende der 90 Jahre jeweils andere Prämissen beinhaltet (Kergel 1999b). Während im Westen eine »Mutti« jemand ist, der sich in der Regel nur aufopferungsvoll um seine Kinder kümmert, bezeichnete der Begriff in den neuen Bundesländern die unabhängige für sich selbst sorgende Mutter, die nicht unbedingt auf einen Mann als »Ernährer« angewiesen war, stellte also die Unabhängigkeit der Frauen in der ehemaligen DDR heraus. Wann, ob und wie sich beide Deutungen des Begriffs wieder annähern, muss der Zukunft überlassen bleiben.

Die bourdieuschen Theoreme können uns bei der Durchführung eines Forschungsprojekts derart unterstützen, dass sie einen lehren, die Struktur der zu verobjektivierenden Sachzusammenhänge und die mit diesen einhergehenden Begrifflichkeiten zu hinterfragen. Die epistemologische Selbstreflexivität auf die Eigendimensionen und sozialen Konstruktionen, in die das Untersuchungsobjekt eingebunden ist, sowie die Relation, in die der Wissenschaftler in dieses Objekt qua wissenschaftliches Feld involviert ist, liefern eine soziologische Problematik der feldinternen Differenzierung, die Forschungsprojekte intentional begleitet. Hierbei ist nicht der »Ethos« bei der »Bildung des wissenschaftlichen Geistes« im Bachelardschen Sinne gemeint, den Serres als moralische Anspruchshaltung an den Wissenschaftler kennzeichnet, sondern die systematische sozioanalytische Reflexion auf den Stand der Wissenschaft unter Berücksichtigung des sozialen Ortes des Wissenschaftlers.

Hier (scholastic view R.H.) wäre die Analyse noch zu erweitern und allen *wissenschaftlichen* Irrtümern nachzugehen, die sich aus dem ergeben, was man die *scholastic fallacy* nennen könnte, wie z. B., dass man von den Untersuchungspersonen verlangt – da man versäumt hat, den Fragebogen, oder besser: die Situation des Fragenden zu befragen, der über die Zeit und das Privileg verfügt, sich den Evidenzen der Doxa zu entziehen, um sich Fragen zu stellen –, ihre eigenen Soziologen zu sein (mit all den Fragen vom Typus: Wieviel gesellschaftliche Klassen gibt es ihrer Meinung nach?);

oder schlimmer noch, dass man den Untersuchungspersonen Fragen stellt, auf die sie immer nur mit Ja oder Nein antworten können, die sie sich aber selbst gar nicht stellen und die sie sich nur stellen (d. h. wirklich als solche nur hervorbringen) können, wenn sie durch ihre Existenzbedingungen disponiert und vorbereitet wären, »eine scholastische Ansicht« der sozialen Welt einzunehmen […] Es wären zudem alle unbemerkten theoretischen Wirkungen offenzulegen, zu denen die einfache Anwendung von Denkinstrumenten führt, die »aus einer scholastischen Situation« heraus produziert worden sind und in ihren Funktionen die in den gesellschaftlichen Bedingungen ihrer Konstruktion eingeschriebenen Voraussetzungen reproduzieren, wie die Einklammerung der Zeit, der zeitlichen Dringlichkeit oder die Philosophie der Zweckfreiheit, der Neutralisierung praktischer Zwecke. (Bourdieu 1993c: 347f)

Im Anschluss an die Erinnerung in Bezug auf diese selbstreflexiven Formen sozioanalytischer Eingebundenheit des Wissenschaftlers in das gesellschaftliche Universum ergibt sich die Voraussetzung, die sozialen, normativen und wertgebundenen Vorstellungshorizonte, die zwischen dem sozialen Ort des Untersuchers und des Untersuchten bestehen, in den Forschungsprozess epistemologisch zu integrieren. Dabei begleiten unter anderem folgende Fragestellungen den konkreten Untersuchungsprozess: Welche Formen von Differenz sind bei der Untersuchung eines sozialen Gegenstandes gegeben und wie lassen sich gesellschaftliche Bezugspunkte, symbolische Mechanismen und Aufladungen und denen inhärente Deutungsmuster, die in der Gesellschaft einen Geltungscharakter gewonnen haben, reflektieren? Was drücken die Einschätzungen unter dem Einfluss medialer wissenschaftlicher, politischer und individueller Stellungnahmen – als *illusio* – überhaupt aus, und in welchem Zusammenhang stehen sie miteinander, und wie lassen sie sich in dieser Differenz in die Fragestellungen integrieren? Welche Normen und Werte hat der Wissenschaftler auf Grund seiner Einbindung in das Feld der Wissenschaft, und wie überträgt er diese auf die zu untersuchenden Einheiten? Die Formen epistemologischer Wachsamkeit sind dabei auch gerade auf eine Berücksichtigung der Sinn- und Symbolzusammenhänge ausgerichtet, in denen die Worte über ihre soziale Zurichtung besetzt werden. Welche Wertungen, sozialen Voraussetzungen und Einschätzungen gehen dabei in die benutzten Begriffe ein, oder deutlicher: Was sind Begriffe, wie werden sie besetzt, benennen sie überhaupt das, was der Untersucher ihnen unterstellt? Um mit diesen Prämissen gegenstandsadäquat reflexiv umzugehen, muss herausgearbeitet werden, welche Normen und Werte für die soziale Praxis der untersuchten Gruppen gelten, und welcher feldspezifischen Logik sich diese verdanken. Hierbei ist es relevant, bei den Untersuchungsgruppen zu berücksichtigen, welche Abstände und Distanzen diese zum wissenschaftlichen Feld haben, um systematische Verzerrungen im Rahmen eines selbstreflexiven Verfahrens adäquat berücksichtigen zu können.

Dies ist von uns am Beispiel von Projekten über Arbeitslosigkeit herausgestellt und in den Untersuchungsansatz integriert worden. Bei den Begriffen ist zu fragen, was für Bedeutungszusammenhänge werden von ihnen erfasst, werden dieselben Worte überhaupt identisch begriffen oder sind sie mit jeweils anderen Inhalten besetzt und was bedeuten sie für den Einzelnen bzw. in welche praktischen Konsequenzen sind sie eingebunden. Die Taxonomien, die sich dabei anlegen lassen, produzieren jeweils unterschiedliche Schwerpunkte und Unterteilungen: Alte/ Junge, Qualifizierte/ Unqualifizierte, West-/ Osterfahrungen, bei denen jeweils andere Erfahrungshorizonte und Schwerpunkte gesetzt werden, die mit den Erfahrungshorizonten korrespondieren.

Selbst Zuordnungen wie das Alter verflüssigen sich bei entsprechenden Zuständen des Arbeitsmarkts. Einer 45jährigen warf 1997 ihr dreißig Jahre älterer Vater vor, dass er die Arbeitslosigkeit 1967 im selben Alter wie sie schnell überwunden hätte, weil er eine Arbeitsstelle gesucht und gefunden hätte, während sie dazu anscheinend nicht in der Lage sei. Auch Generationsprobleme können dabei entsprechend ausgewiesen werden, wenn sie unter Abstraktion von einzelnen Variablen zugespitzt werden. Sobald Komponenten, die zu bestimmten sozialen Situationen gehören, ausgeblendet werden, spiegeln sich in ihnen soziale Deutungsmuster, die sich dieser Abstraktionsleistung verdanken. So ist es in unserem Beispiel die Insuffizienz des Individuums, in dem sich spezifische Oppositionspaare kreuzen Vater/ Tochter, lebenstüchtig/ lebensuntüchtig, die homolog besetzt werden. Über die Hegemonien und dominierende Sichtweisen innerhalb familiärer Machtstrategien werden diese Sichtweisen dann diskursiv besetzt und durchgesetzt. Dabei wird von der Differenz des Zustandes des Arbeitsmarktes 1967 und 1997 notwendigerweise abstrahiert, da diese Abstraktionsleistung erst die von den Akteuren genannten Prämissen – vor allem die der Definitionsmacht des Vaters – zulässt.

»In Form der Herausstellung der Interdependenzen, die zwischen verschiedenen sozialen Räumen herausgearbeitet werden können, lassen sich Beziehungskonfigurationen detailliert aufzeigen, in denen Bezüge, Distanzen und Differenzen zwischen verschiedenen sozialen Räumen als integraler Faktor zu einer immanenten Analyse spezifischer sozialer Felder beitragen.« (Hepp 1998: 346) Aus winzigen Differenzen lassen sich unterschiedliche Lebenswelten konstruieren, die sich voneinander abgrenzen, aufeinander beziehen und dabei Unterscheidungen, Abstände,

Abgrenzungen und Bezüge herstellen, innerhalb deren sich soziale Machtverhältnisse und Beziehungskontexte manifestieren. Dabei sind die jeweiligen konkreten Besetzungen der Begrifflichkeiten in ihren relationalen Anordnungen und Verkettungen relevant, da über sie die entsprechenden sozialen Kontexte und Problemhorizonte erst in ihren sozialem »So und nicht anders Gewordensein« (Weber) bestimmt werden. Durch Teilungen und Trennungen werden Unterteilungen, Hierarchien, Zuordnungen und Abgrenzungen hergestellt, durch die Ordnungen geschaffen werden und die dazu beitragen, die Welt in *winner and loser,* oben und unten zu unterteilen und dies in den Köpfen als notwendige Zuordnungen zu zementieren. Dadurch stellt sich die Frage, inwieweit dabei die vorgefassten Meinungen über die Welt korrespondieren, welche Facetten in unterschiedlichen Unterteilungen aus welchen Interessen und Blickwinkeln erfasst werden – in Bezug sowohl auf die Akteure wie auch die wissenschaftlichen Klassifikationen (Freizeit-, Klassengesellschaft, Schichtenmodell) – und wie sich diese Teilungen in der sozialen Welt situieren.

Durch derartige Fragestellungen wird vermittels der empirischen Forschung ein Entfernen von der sozialen Praxis vereitelt. Hierin scheint mir kein Praxisfetischismus oder eine Höherbeurteilung des Empirischen angelegt zu sein, sondern der Rekurs auf die Logik der Praxis wird implizit in den empirischen Verfahren potenziell oder konnotativ mitthematisiert, so dass in ihnen methodisch Verunsicherungen angelegt sind, die an Hand verobjektivierter Beobachtungsverfahren – seien sie nun qualitativer oder quantitativer Art – überprüft werden, so dass in ihnen, worauf ich in dem Eingangszitat von Bourdieu hingewiesen habe, empirische Fragestellungen theoretisiert werden, da im Empirischen die theoretischen Probleme angelegt sind, da die Daten und die soziale Welt dies erfordern. Ein derartig selbstreflexives sozioanalytisches Verfahren intendiert Begrifflichkeiten und Messinstrumente einer permanenten Überprüfung zu unterwerfen, so dass es einen Abbau von Irrtumswahrscheinlichkeiten vorantreibt und damit Bausteine für eine soziologische Praxis bildet. Mittels des sozioanalytischen Verfahrens gelingt es, Elemente und Erklärungshinweise in Bezug zu den sozialen und feldspezifischen Konstellationen zu bringen und sie über Verobjektivierungsprozesse in Relation zu setzen. So können unter analytischen Gewichtungen Verbindungselemente herausgearbeitet werden, die ansonsten leicht verloren gehen können.

Der Begriff der »Prekarität« ist in der deutschsprachigen Forschung zwar von Theodor Geiger schon in der Zwischenkriegszeit mit vergleichbarer Bedeutung eingeführt worden, insgesamt aber eher ungebräuchlich geblieben. Unsere Verwendung des Begriffs will einen bewussten Bruch mit Konzepten der sozialen Ausschließung vollziehen, um die damit einhergehende Vorstellung einer aus Insidern und Outsidern bestehenden dualistischen Gesellschaft, wie sie sich ansatzweise bis in die politischen Programme der EU niedergeschlagen hat, zu Gunsten einer dynamischen Perspektive, also einer Untersuchung der darin eventuell einmündenden Prozesse der Fragilisierung von Berufs-, Erwerbs- und Lebensverläufen hervorzuheben, um derartigen Tendenzen entgegenwirken zu können. Die Betonung des Begriffs Prekarität bzw. der Prekarisierung soll unter anderem auch den Blick darauf lenken, dass Phänomene sozialer Destabilisierung nicht mehr nur auf den »unteren Rand« der Gesellschaft beschränkt bleiben, sondern zunehmend in die Mittelschichten übergreifen. Durch den noch wenig definierten Gehalt des Begriffs bleibt zudem eine gewisse Offenheit gegenüber Phänomenen wie Delinquenz, Drogenkonsum, Suizidgefährdung, gesundheitliche Benachteiligung, soziale Neuverteilungen, räumliche Ausschließung etc. bestehen, die durch die zu enge Fixierung der gängigen Forschung auf die administrativ vorgegebenen Lagen der Arbeitslosigkeit bzw. der potenziellen Dimension einer sozial definierten Form der Armut von vornherein aus dem Blick der Untersuchung ausgeklammert werden.

Während einerseits auf Grundlage der Individualisierungsprozesse (Beck 1986) ein Zerfall traditioneller Zuordnungen registriert wird, und diese über die Formen der Einarbeitung hedonistischer Lebensstile (Sinusstudien 1992a, 1992b) und der Erlebnisgesellschaft (Schulze 1992) idealtypisch überzeichnet werden, weist Vester (2001) darauf hin, dass sich soziale Ungleichheiten seit Mitte der achtziger Jahre in der bundesrepublikanischen Gesellschaft forciert verstärken. Das Modell der nivellierten Mittelstandsgesellschaft (Schelsky 1963, 1965), an dem sich auch die politischen Auseinandersetzungen im Kampf um die neue Mitte orientieren, benennt eine Konstellation, die die Gesellschaft Anfang der achtziger Jahre skizzieren mag, aber inzwischen an Hand neuer Konfrontationslinien überholt zu sein scheint. Berger (2000) stellt heraus, dass alle neueren Ansätze zur Erklärung der Sozialstruktur einzelne Facetten hervorheben, aber in ihren Erklärungshorizonten die Entwicklungsdynamik sozialer Ungleichheitsprozesse unterschätzen. Schultheis (1996) macht in einer komparatistischen Studie darauf aufmerksam, dass sich die Erfassung der Sozialstruktur durch das Statistische Bundesamt immer noch in der Erhebung an einem Datensatz orientiert, der seit den zwanziger Jahren unverändert geblieben ist, während in Frankreich die INSEE in ihren Konzepten der Gewinnung ihres Datensatzes in den fünfziger, siebziger und achtziger Jahren einem Rekonstruktionsverfahren unterworfen wurde, das sich an den neueren Entwicklungen der Formen sozialer Ungleichheit orientiert. Dadurch lässt sich laut Schultheis verstehen, warum bei Bourdieu (1982c) ein Ineinanderdenken von objektiven sozialen Zuschreibungen und subjektiven Verarbeitungsmustern gelungen ist – also klassen- und sozialstrukturelle Komponenten mit Distinktions- und Stilisierungsformen der unterschiedlichen sozialen Gruppen kontrastiert und in ihrem Zusammenspiel herausgestellt werden –, während in der deutschen Diskussion ein Auseinanderdriften von objektiven Zuordnungen und subjektiven Lebensstilen zu registrieren ist. Castel (2000) versucht im Anschluss an Durkheim (1992) herauszustellen, dass die Teilnahme an der Soziabilität der Gesellschaft eine Form der Integration beinhaltet, die durch die Formen einer Prekarisierung potenziell in Frage gestellt wird. Ein Grund dafür ist, dass die Desintegrationstendenzen, wie Bourdieu (1998d) anmerkt, nicht nur diejenigen treffen, die unmittelbar ausgegliedert werden, sondern über die entsprechenden Zwischenstufen von der Peripherie in das Zentrum gesellschaftlicher Konfrontationslinien und Auseinandersetzungen Einzug halten.

Denn letzte Grundlage dieser ganzen wirtschaftlichen Ordnung, die sich auf die Freiheit des Einzelnen beruft, ist tatsächlich die *strukturale Gewalt* der Arbeitslosigkeit, der Verunsicherung, der Angst vor Entlassung; die Bedingungen des »harmonischen« Funktionierens des individualistischen Modells der Mikroökonomie und die individuelle »Motivation« zur Arbeit beruhen ganz auf einem Massenphänomen, der Existenz einer Reservearmee von Arbeitslosen. Einer Armee, die keine ist, weil Arbeitslosigkeit isoliert, atomisiert, individualisiert, demobilisiert und entsolidarisiert. (Bourdieu 1998d: 112f)

Über die entsprechenden Transmissionen werden unsichere Beschäftigungsverhältnisse und Lebensperspektiven in die Gesellschaft integriert. Dadurch werden nicht nur Arbeitslose, allein erziehende Mütter, Sozialhilfeempfänger, Immigranten etc. von diesen sozialen Umstrukturierungen erfasst, sondern sie setzen sich regional und überregional jenseits nationalstaatlicher Grenzen im gesamteuropäischen Kontext durch. In den entsprechenden Bezirken der Großstädte konzentriert sich dann sozial und räumlich das entsprechende Konfliktpotenzial, wenn durch gehäuften Zuzug von Menschen in sozialen Konfliktsituationen bzw. erhöhten Weggang besser gestellter Mieter sich signifikante Veränderungen in den Mobilitätsprozessen ergeben (Häußermann/ Kapphan 1999). Somit werden tendenziell Formen der Ghettoisierung geschaffen, die sich in Häusern, Straßenzügen nunmehr über ganze Stadtteile ausbreiten und soziales Konfliktpotenzial zwischen den Bewohnern schaffen und Konfliktlinien zwischen Jungen und Alten, Frauen und Männern, Arbeitenden und Arbeitslosen, Deutschen und Nichtdeutschen einschreiben und streuen.

In der neuen begrifflichen Fassung der »Prekarisierung« spiegeln sich derartig struktural verankerte Tendenzen einer sozialen Verunsicherung. Der Begriff der Prekarisierung ist darauf ausgerichtet, gerade die qualitativ neuen Modi der Wandlungsprozesse gesellschaftlicher Strukturierungsmechanismen analytisch zu erfassen, da die sozialen Lageveränderungen, denen die Individuen ausgesetzt sind, sich aus den vielfältigen Veränderungen der sozialen Positionsbestimmungen speisen. Die Loslösung von tradierten Sozialvorstellungen und sozialen Lagebestimmungen zwingt die Individuen in eine Flexibilität herein, die einerseits unter subjektzentrierten Prämissen innerhalb der deutschen Diskussion eher positiv gewürdigt werden, während sie in der amerikanischen (Sennett 1998) und französischen Diskussion (Castel 2000, Bourdieu 1998d, 2001g, Zimmermann 2000) eher unter den Prämissen eines Zerfalls der sozialen Bindungselemente akzentverschoben thematisiert werden. Aus diesen Verschiebungen resultieren nunmehr Fragestellungen, an Hand deren sich dezidiert die neuen Verstärkungen der Formen sozialer Ungleichheit explizieren lassen, um somit aufzeigen zu können, wie sich intern derartige Exklusionstendenzen sozialstrukturell in der Gesellschaft festsetzen und manifestieren.

»Flexibilisierung und Irregularisierung verschlechtern die Optionen jener, die nicht einmal davon träumen können, am Wettrennen um die Spitzenpositionen teilzunehmen. Sie finden sich als Leiharbeiter und als Teilzeitbeschäftigte wieder, und als Springer, die bei Bedarf aufgenommen werden und immer wieder entlassen werden. Die Zunahme dieser marginal Beschäftigten ist auf eine Reihe von ökonomischen Entwicklungen zurückzuführen, die ihrerseits durch den verschärften Wettbewerb bedingt sind.« (Zilian et al. 1999: 17).

Prekarisierung als Prozess wird, so sie an einzelne Gruppen wie Arbeitslose, Alleinerziehende und Immigranten gekoppelt wird, diesen besonderen 'problematischen' Gruppen des Arbeitsmarkts als Eigenschaften zugeschrieben, die sich an den Individuen festmachen lassen und diese kennzeichnen. Dass die Strukturierungsformen, die mit diesen Prozessen einhergehen, die Bedeutungszusammenhänge verschieben, scheint ein äußerst wichtiges Element dieses gesellschaftlichen Formwandels zu kennzeichnen. Castel (2000) betont, dass die Prekarisierung inzwischen im Zentrum des Gesellschaftszusammenhangs angekommen

ist, denn sie richtet an Hand von internen und externen Flexibilisie-
rungs- und Entlassungswellen die Produktionsstruktur aus und generiert
neue Gruppen von Ausgegrenzten, indem diese auf Grund spezifischer
Variablen als zu alt, zu jung, zu unqualifiziert etc. gekennzeichnet werden.

Neue Formen sozialer Ungleichheit, wie sie in den letzten 20 Jahren
in der Gesellschaft durch Verschiebungen auf dem Arbeitsmarkt hervorgerufen worden sind, intendieren Flexibilisierungswellen auch gerade für
die Beschäftigten, da auf sie, auf Grund des Arbeitslosenheeres, der
Druck verstärkt wird. Innere Flexiblisierung, Ausgrenzung von Gruppen
schafft kein Jenseits der Gesellschaft, sondern Differenzierungsprozesse,
die Rückwirkungen auf die Sozialzusammenhänge innerhalb der Betrie-
be haben und diese verschieben. Des Weiteren macht Robert Castel darauf aufmerksam, dass »die Arbeitslosigkeit nur die sichtbarste Manife-
station eines grundlegenden Wandels der Beschäftigungssituation«
(2000: 349) ist. Damit einher geht eine Veränderung der Arbeitsverträ-
ge, da die »atypischen Beschäftigungsverhältnisse« sich in der Gesellschaft festsetzen. Dies skizziert Castel an Hand der französischen Situation folgendermaßen:

In absoluten Zahlen betrachtet stellen die unbefristeten Verträge noch das Gros dar.
Erfasst man jedoch die Zugänge zu Erwerbstätigkeit, dann kehren sich die Propor-
tionen um. Mehr als zwei Drittel der jährlichen Neueinstellungen vollziehen sich in
diesen »atypischen« Formen. Junge Menschen sind am häufigsten davon betroffen,
Frauen mehr als Männer. [...] Nicht nur die große Mehrheit der Neueinstellungen
vollzieht sich in diesen Formen, auch der Bestand an unbefristeten Verträgen geht
zurück (mehr als 1 Million abgebaute unbefristete Stellen zwischen 1982 und 1990).
Scheinbar nimmt auch die Geschwindigkeit dieses Prozesses zu. Am 2. März 1993
veröffentlichte *La tribune-Desfossés* eine Prognose für die nächsten zehn Jahre, die
eine völlige Umkehrung des Verhältnisses von unbefristeten Stellen zu Gunsten anderer Beschäftigungsformen feststellt. (2000: 349f)

Castel zieht aus diesen Verschiebungen innerhalb der Beschäftigungs-
struktur die entsprechenden Konsequenzen und hebt die daraus resultierenden Auswirkungen und Effekte hervor: »Die Verschiedenheit und
Diskontinuität der Beschäftigungsformen sind dabei, das Paradigma der
einheitlichen und stabilen Beschäftigungsformen zu ersetzen.« (2000:
350) Die innere Struktur des Lohnarbeitsverhältnisses ist von diesen
Prozessen betroffen und entfaltet innerhalb des sozialen Alltags ihre
Konsequenzen. Effekte, die sich aus der Planungsunsicherheit ergeben,
bilden gleichzeitig ein wichtiges Kriterium des Einfindens in die ent-

sprechenden sozialen Positionen. Von uns befragte Arbeitslose suchen sich billigere und kleinere Wohnungen und schränken sich selbst entsprechend ein, indem sie den Status Quo damit potenziell fixieren und festschreiben. Akteure mit Zeitarbeitsverträgen beziehen die sozialen Unsicherheiten in all ihre Entscheidungen mit ein, die so dazu tendieren können, habituelle Qualitäten zu entfalten und sich in den Akteuren festzuschreiben. Das Schicksal einer Auflösung der Verträge ist bei allen kleineren und größeren Entscheidungen von der Wohnungssuche bis zum Kühlschrankkauf präsent, so dass eine Veralltäglichung der sozialen Verunsicherungsformen stattfindet, die gleichzeitig Konsumeinschränkungen beinhaltet und sich somit volkswirtschaftlich auf die Binnenkonjunktur auswirkt.

Dabei sind verschiedene soziale Erfahrungshorizonte von einander zu unterscheiden, in denen sich unterschiedliche Stufen sozialer Prekarisierung differierend manifestieren, da zu den Prekarisierten nicht nur diejenigen zählen, die unter Armutsfolgen und Ausgrenzungsmodi leiden, wie z. B. Sozialhilfeempfänger und Arbeitslose, sondern ebenso diejenigen, die unter ungesicherten Arbeitsverhältnissen, kurzfristigen Arbeitsverträgen und allgemein unsicheren Lebenslagen existieren. In Anschluss an Bourdieu (1998d) lassen sich ebenfalls Verbindungselemente und Austauschbeziehungen zwischen den konträren Lebenswelten der Festbeschäftigten, der Aushilfsbeschäftigten, der Schwarzarbeiter (Alheit 1991) und der Ausgegrenzten festhalten (Hepp 1997, 2003, Kergel 1996, 1999a, 1999b, 2001). Dadurch dringen prekarisierte Lebenslagen von den Peripherien schrittweise und sukzessive in das Zentrum gesellschaftlicher Sozialzusammenhänge ein, und es besteht die Gefahr, dass sie die individuellen Kontexte und Schicksale entscheidend mit ausrichten und gesellschaftliche Strukturierungsmechanismen einschneidend beeinflussen, zumal wenn das Problem der Arbeitsplatzsicherheit mitthematisiert wird. Hier wäre unter anderem auch die Frage nach dem Zusammenhang zwischen Ausländerfeindlichkeit und Prekarisierung legitim, nämlich inwieweit durch prekarisierte Lebenslagen Vorbehalte gegenüber Fremden (Simmel 1968, zuerst 1908) verstärkt werden.

Sie (die Deklassierung durch dauerhafte Armut oder Arbeitslosigkeit <RD H.>) hat bisher eher eine insulare Struktur von verarmten und sozialmoralisch ausgegrenzten Einzelnen, die sich allerdings in bestimmten Wohnvierteln der Großstädte, den sog. »sozialen Brennpunkten«, und in Formen der Anomie und der Jugendgewalt gegen Fremde, aber auch der politischen Apathie oder des Rechtspopulismus verdichten. In den großen Städten haben diese, gesamtgesellschaftlich gesehen »insularen« Ghettos inzwischen eine kritische Größe und, weil sie das innerethische Zusammenleben in der *ganzen* Gesellschaft auf die Probe stellen, eine alarmierende Bedeutung erlangt. (Vester et al. 2001: 87)

So stellen Oischmansky und Schmid (2000) heraus, dass die Normalarbeitsverhältnisse bezogen auf die erwerbstätige Bevölkerung in Berlin zwischen 1991 und 1997 von 63,9% auf 53,3% gesunken sind, während sie im übrigen Bundesgebiet von 1985 bis 1998 nur von 59,3% auf 57,8% zurückgegangen sind. Wenn man diesen Sachverhalt nicht nur auf die erwerbstätige Bevölkerung zentriert, sondern die breite Erwerbsquote heranzieht, also auch die Arbeitslosen mit in die Statistik einbezieht, haben sich die Normalarbeitsverhältnisse im Bundesgebiet von 37,0% auf 37,3% sogar erhöht, während sie sich in Berlin von 44,7% auf 32,3% verringert haben. In den USA waren im Vergleich 1997 68,8% in regulärer Vollzeit beschäftigt. Die Flexibilisierung der Arbeitsverhältnisse scheint also in Deutschland und insbesondere in Berlin weiter fortgeschritten zu sein als in Amerika. »In Berlin zeigt sich eine weit dynamischere Entwicklung. Das Normalarbeitsverhältnis hat hier in einem weit größeren Umfang als im Bundesgebiet an Bedeutung eingebüßt: Innerhalb von nur sieben Jahren ist der Anteil des Normalarbeitsverhältnisses an allen Erwerbsformen um über zehn Prozentpunkte zurückgegangen.« (Oschmiansky/ Schmid 2000: 16)

Als eine elementare Tendenz des Prekarisierungsprozesses lässt sich feststellen, dass sich gerade in Ballungsgebieten soziale Problemlagen bündeln und sich somit in bestimmten Regionen/ Bezirken verstärkt soziales Konfliktpotenzial konzentriert. Nimmt man Berlin als Untersuchungsgebiet, so müssen gerade die spezifischen Besonderheiten der Lage der Hauptstadt berücksichtigt werden, da sich in ihr als Regierungssitz auf Grund der besonderen Geschichte Berlins vielfältige sozial stark auseinanderstrebende Lebens- und Erfahrungszusammenhänge kreuzen. Ebenso wie bürgerliche und aufstrebende Teilbereiche vorhanden sind, ist die Stadt aber auch von prägnanten Konfliktpotenzialen geprägt, die sich unter anderem in einem übergroßem Anteil von Arbeitslosen, Alleinerziehenden und Immigranten ihren Niederschlag finden. Gleichzeitig wird die soziale Situation im Stadtgebiet immer noch über die West-Ost-Achse bestimmt und symbolisch aufgeladen. Relevant ist es hierbei, die signifikanten Verhaltensmuster und psychischen Dispositionen herauszustellen, innerhalb deren sich charakteristische Insuffizienztendenzen paradigmatisch und gruppenspezifisch herausbilden. Die spezifischen sozialen Kontexte und Problemhorizonte sind dabei durch die beschleunigte Entwicklung des deutschen Vereinigungsprozesses geprägt worden, die sich in den Veränderungen der Arbeits- und Sozialzusammenhänge Ausdruck verleihen und die soziale Situation besonders im Westteil verschärfen.

Die sozialen Konfigurationen, innerhalb derer die Akteure agieren, können jedoch erst über den epistemologischen Bruch mit der Realität und dem alltäglichen Wissen gewonnen werden, da die spezifischen Charakteristika dieser Begrifflichkeiten erst über den Bruch mit den unmittelbaren Erfahrungsebenen erreicht werden können. Indem das Handeln von Inidividuen in sozialen Räumen und auf sozialen Ebenen angelegt ist, die selbst unabhängig von den Zugriffen und handlungsleitenden Intentionen existieren und in die die Individuen ihre »rationale« Aneignung sozialer Welt im Rahmen von Handlungskompetenz einbringen, stoßen sie auf Kriterien, die ihre eigene Logik in gesellschaftliche Auseinandersetzungsformen hineintragen. Subjektiv intendierter Sinn und objektive Gegebenheiten bilden im Zusammenhang des sozialen Gefüges keine harmonische Einheit, sondern stoßen innerhalb alltäglicher Erfahrungshorizonte konfliktiös aufeinander. (Hepp 2000: 87f)

In diesem Auseinanderdriften von einer Einbindung in die sozialen Klassifikationsmodi und deren Anwendungen innerhalb eines sozialen Feldes manifestieren sich Orientierungsmodi, die unter einer doppelten Frontstellung leiden: Erstens äußern sich diese im Spannungsverhältnis des eigenen sozialen Raums in Relation zu den anderen sozialen Räumen und dem Gesamtzusammenhang. Zweitens manifestiert sich soziales Handeln in einem zeitlichen Modus, innerhalb dessen schon soziale Veränderungen implizit angelegt sind, da die Bedingungen, unter denen etwas – ein Habitus – erlernt wird, und denen, unter denen dieses erlernte verinnerlichte Wissen angewendet wird, auf Grund des zeitlichen Abstands voneinander differieren. Die veränderten sozialen Bedingungen enthalten spezifische Muster, innerhalb deren die Betroffenen agieren und die eine eigene, den sozialen Anforderungsprofilen entsprechende 'rationale', an den sozialen Strukturierungen ausgerichtete Verarbeitung zu Grunde liegt.

Um Bourdieus Ansatz zu verstehen, müssen wir uns verdeutlichen, dass er nicht von der Statik von *Strukturen* und *Interessen*, sondern von der Dynamik von *Strategien* und *Feldern* ausgeht. Akteure werden nicht auf aristotelische Weise, als vorab existierende Substanzen mit unverrückbaren Eigenschaften, aus denen alles andere abgeleitet werden kann, verstanden, sondern relational, als Handelnde, deren Eigenschaften sich in ihren praktischen Beziehungen, in einem von den Akteuren nach bestimmten »Spielregeln« strukturierten Feld entwickeln. Nicht wenige Interpretationen des Bourdieuschen Ansatzes sind das Resultat von systematischen Missverständnissen. So etwa die Annahme, bei Bourdieus Analyse des sozialen Raums handele es sich um eine konventionelle Schichtungsanalyse, der lediglich eine horizontale Achse hinzugefügt worden sei. (Schultheis/ Vester 2002: 48)

Somit kann bei einer adäquaten Berücksichtigung des relationalen Beziehungsgefüges analytisch auch berücksichtigt werden, inwieweit spezifische Ängste Einstellungsmuster produzieren, die dazu führen, dass Ausgrenzungsmechanismen verstärkt werden. In den Abgrenzungsstrategien der unterschiedlichen sozialen Zuordnungen setzen sich auch im Bereich der Prekarisierung differierende individuelle Verarbeitungsstrategien auf Grund der unterschiedlichen soziostrukturellen, historischen und ökonomischen Bedingungen durch. Ein Grund mag sein, dass die Formen der Armut und Ausgrenzung innerhalb der jeweiligen individuellen Bewältigungsstrategien weiterhin in unterschiedliche Wahrnehmungs- und Bewertungsmuster eingebunden sind, bei denen sich die Frage nach den Verbindungslinien zu sozialstrukturellen Komponenten stellt. Um ein Beispiel als Indiz für diese Hypothese aus der Berliner Situation anzuführen, wären das unterschiedliche Wahlverhalten und die abweichenden Einschätzungen innerhalb der westlichen und östlichen Bezirke Berlins im Oktober 1999 und bei den Bundestagswahlen 2002 zu benennen.

Durch den schnellen Prozess der Angleichung des Sozial- und Wirtschaftssystems in der Ex-DDR an die Vorgaben der alten Bundesrepublik wurden die sozialstrukturellen Gegebenheiten gerade auch in und für Berlin radikal umgestülpt. Diese totale Veränderung der Lebensverhältnisse musste notgedrungen zu einer Entwertung eingeübter sozialer Strategien und Dispositionen führen, die für den Bereich der neuen Bundesländer untersucht und gewürdigt wurde (vgl. z. B. Maaz 1990, Meuschel 1991, Adler 1991). Die Arbeitslosigkeit setzte sich nicht nur in den neuen Bundesländern mit einer geradezu rasanten gesellschaftlichen Geschwindigkeit durch, sondern eine mit der veränderten Situation einhergehende Erhöhung der Arbeitslosenrate in den Westteilen Berlins von 1989 bis 1992 um 50% hatte auch starke Rückwirkungen auf die Verarbeitungskriterien des Wandlungsprozesses in Westberlin. So wurden Formen der Verarmung, Ausgrenzung und Prekarisierung forciert, zumal ein großer Teil der neugeschaffenen Arbeitsplätze bei vergleichsweise niedrigerer Bezahlung im Ostteil der Stadt angesiedelt wurde. Der Druck und die Angst vor Formen eines sozialen Abgleitens verstärkten sich, so dass sie nunmehr auch die Formen der Prekarisierung im Westteil der Stadt massiv ausrichten. Ergebnis sind eine relativ starke Verunsicherung und soziale Ängste, die sowohl im Ost- als auch im Westteil die Lebenszusammenhänge von einem nicht unerheblichen

Anteil der Bevölkerung begleiten, die sich nicht nur auf Arbeitslose beziehen und auswirken, sondern die Befindlichkeiten, Lebenskonstellationen und Problemlösungshorizonte zumindest bei allen von Armut und Überschuldung betroffenen bzw. bedrohten Bevölkerungskreisen beeinflussen. Dabei sind von der sozialen Verunsicherung nicht nur diejenigen betroffen, die arbeitslos oder unmittelbar von Arbeitslosigkeit bedroht sind; die Sorge um die Entwicklung der sozialen Sicherheit begleitet/ beeinflusst das soziale Klima bei großen Teilen der Bevölkerung.

Orientierungsprobleme und Anpassungsdruck sind als ein Resultat dieses tiefgreifenden Wandlungsprozesses zu konstatieren. Eine Verstärkung dieser problematischen Situation wurde durch die ungeheure Verbreitung der Arbeitslosigkeit in diesen Wandlungsprozess implantiert (s. Kretzschmar, in Kieselbach/ Voigt 1992). Die asymmetrischen Ausgangsbedingungen, die 1990 zwischen alten und neuen Bundesländern bestanden, wurden durch diese Hypotheken zusätzlich belastet, die einen nicht unerheblichen Anteil an der momentanen politischen und finanziellen Krisensituation beinhalten. Sie beeinträchtigen auch den Vereinigungsprozess innerhalb der Stadt, da im Zuge des Vereinigungsprozesses unterschiedliche Lebensbedingungen weiterhin verstärkt akzentuiert wurden (Hepp 2001).

Durch die schleichende Umgestaltung der objektiven Lebensbedingungen, wie auch der individuellen Dispositionen und Verarbeitungsmechanismen, gerade bei sozialen Gruppen, die an die Peripherie der sozialen Zusammenhänge gedrängt bzw. in ihren individuellen Lebensbedingungen durch den Prozess einer sukzessiv sich ausbreitenden Desintegration negativ beeinträchtigt werden, ändern sich in dem relationalen Gefüge soziostruktureller Zuschreibungen deren Positionen und Zuschreibungen. Selbst in den unterschiedlichen gesellschaftlichen Systemen in Ost und West galten an der Arbeitsgesellschaft und der protestantischen Ethik sich orientierende gesellschaftliche Normen und Werte. Als Richtschnur dienten derartige Wertorientierungen, die als selbstverständliche Vorgaben in das soziale Erfahrungsfeld der Menschen eingelagert waren. In sozialen Krisensituationen werden diese als Bindungsmittel eliminiert, so dass Neuorientierungen notwendig werden, die sich nicht mehr an den Prämissen einer 'Normalbiographie' orientieren können. Daraus resultieren individuelle Orientierungsprobleme, die in den Strategien gesellschaftlicher Eingliederungsmechanismen und ihnen inhärenter Ausgrenzungsprozesse verankert sind. Somit kennzeichnen sie die Entwicklung der sozialstrukturellen Gegebenheiten und formen ebenfalls die Verarbeitungsstrategien der Individuen.

Die Normalbiographie der Industriegesellschaft macht *diskontinuierlichen und ent-standardisierten Mustern des Lebenslaufs bzw. des Erwerbslebens* immer mehr Platz. Phasen der Ausbildung, des vollen oder prekären Erwerbs und der Erwerbslosigkeit wechseln einander ab. [...] Dies führt nicht nur zu einem *neuen Typus von Umstellungen: der Abwertungskarriere.* Sie trifft neben den Unterprivilegierten zunehmend die »respektable« Mitte der Facharbeiter und Fachangestellten, wie auch die neuen und alten Bildungsschichten. Längsschnittuntersuchungen bestätigen, dass die statistischen Durchschnittswerte über die Erfahrungen der Diskontinuität sozialer Lagen täuschen. So lag bereits 1977 bis 1988 die Arbeitslosigkeit zwar »nur« um zwei Millionen. Aber in der gleichen Zeit machten 13 Millionen Menschen, annähernd jede zweite Erwerbsperson, die Erfahrung einer vorübergehenden Arbeitslosigkeit. Wegen ihrer guten Grundqualifikation finden sie zwar meist bald wieder Beschäftigung. Jedoch wird diese relative Sicherheit inzwischen immer häufiger mit geringerem Einkommen und erhöhten Belastungen an Pendlerwegen, Mehrarbeit und Abwesenheit von der Familie bezahlt. (Vester et al. 2001: 85)

Bourdieu, der die differenziellen Unterschiede in den Mittelpunkt seiner sozialstrukturellen Analyse stellt, liefert ein heuristisches Konzept, mittels dessen sich die verschiedenen Elemente sozialer Strukturierungsformen und -mechanismen in Relation setzen lassen. Erst wenn diese Feindifferenzierungen erfasst werden können – und somit grundlegende Unterschiede in den Positionen der Akteure nicht mehr analytisch verschwimmen (Bourdieu 1992c, 1982c) –, lässt sich ein sozioanalytisches Korpus entfalten, das auf einem engmaschigen Netz relationaler Verweisungen basiert. Somit können in Anschluss an diese Analyseraster die Eigendispositionen dieser relationalen Zuschreibungen in ihren konkreten Auswirkungen adäquat aufbereitet und beschrieben werden.

Von den Effekten einer strukturellen Gewalt sind die Arbeitslosen besonders stark betroffen, da sie mit der Arbeit auch gleichzeitig aus den sozialen Beziehungszusammenhängen herausfallen, die für die Arbeitenden selbstverständlich sind und durch die ein geregelter gesellschaftlich anerkannter sozialer Alltag gewährleistet wird. Das Arbeitsleben beinhaltet ein soziales Beziehungsfeld, das spezifische soziale Interaktionen und Auseinandersetzungsformen bietet. Durch die Erwerbsarbeit werden soziale Referenzpunkte geschaffen, die mit dem Faktor der Erwerbsarbeit als konnotative, quasi parasitäre Bezugsmechanismen Strukturierungsformen innerhalb des sozialen Alltags schaffen. Somit schafft die Erwerbsarbeit gleichzeitig eine sekundäre soziale Ebene, die nicht *raison d'être* des Arbeitslebens, aber gleichwohl in die Arbeitssphäre eingelagert ist. Diese Möglichkeiten der Aufrechterhaltung sozialer Bezugs- und Knotenpunkte werden dem einzelnen durch die Arbeitslosigkeit entzogen, so dass er sein Alltagsleben jenseits dieser sozialen Orientierungspunkte strukturieren muss.

»Ebenso wie es die Norm ist, Arbeit zu haben, bringt der Verlust eines Jobs den Verlust des existentiellen Gleichgewichts mit sich [...,] gehört Arbeitslosigkeit zu der Existenz der Arbeiter, seitdem es sie gibt, die berufliche und Klassenidentität verschafft. Die Arbeitslosen sind Arbeiter ohne einen Job und Arbeitslosigkeit wird eine Deklassierung in einer bestimmten sozialen Position.« (Pugliese 1986: 260f) Die sozial vermittelten Elemente der Selbststilisierung, Selbst- und Fremdeinschätzung und der sozialen Teilungen und Trennungen werden mit der Arbeit mitgeliefert bzw. kreisen konzentrisch um das Thema der um die sozialen Positionen, Einschätzungen, Wertungen und Identitätsbestimmungen angesiedelten sozialen Einbindungen, die in der Erwerbsgesellschaft soziale Anerkennungs- und Bewertungsmuster innerhalb gesellschaftlicher Trennungen charakterisieren, liefern und festschreiben. Insofern ist mit dem Faktor Erwerbsarbeit gleichursprünglich ein miteinander vernetztes Bündel von Eingliederungs-, Absetzungs-, Trennungs- und Differenzierungsmuster gegeben, deren quasi letztes die Trennung des Oppositionspaares Arbeit/Arbeitslosigkeit bildet, um absolute Grenzziehungen zu fundamentieren. Diese Exklusionstendenzen benennen Barrieren, Grenzziehungen, denen sich gerade die Betroffenen schwer entziehen können, da gerade die den Entzug der Erwerbsarbeit begleitenden Mechanismen der Isolation und sozialen Atomisierung zu einer Form negativer Individualisierung beitragen. Den Individuen wird nämlich gerade bei einer längeren Arbeitslosigkeit unterstellt, dass sie nicht eine den Allokationsprinzipien des Marktes adäquate Flexibilität und Mobilität aufbringen, was sich subjektiv in Demobilisierungs-, Rückzugsstrategien und Vereinsamungstendenzen äußert.

In Form einer Transposition« in andere soziale Räume manifestieren sich die entsprechenden Effekte, in die die Arbeitslosigkeit eingebunden ist. Für das Individuum entfaltet sie nachhaltig ihre Auswirkungen, breitet sich strahlenförmig aus und setzt sich in unzähligen einzelnen sozialen Äußerungen fest, vernetzt diese miteinander, um somit die gesamte Existenz tendenziell auszurichten. Der Verlust kollektiver Erfahrungswerte und das Hineinschleudern in eine negativ besetzte Individuierung sind Produkte der Erwerbslosigkeit, obwohl diese Formen der Exklusion auch gerade in dieser Ausrichtung sozial bestimmt sind, da sie Resultate der Erosion von Arbeitsgesellschaft sind.

In diesem Rahmen erfasst die Arbeitslosigkeit auch die einzelnen privaten und öffentlichen Facetten, in die die Akteure eingebunden sind, so dass Arbeitslosigkeit den gesamten Alltag der Betroffenen restrukturiert. Deshalb ist es auch trotz des Desinteresses oder Minimalinteresses gesellschaftlich relevanter Gruppen wie Gewerkschaften, Parteien, Verbände an der Arbeitslosigkeit wichtig, nicht nur aufzuzeigen, dass Arbeitslosigkeit existiert; sondern es müssen auch die jeweiligen spezifischen Formen der Fragmentarisierung und Vereinzelung differenziert in Einzelstudien aufgezeigt werden, um die gesellschaftlichen Dimensionen einer Neustrukturierung der Erwerbsgesellschaft und der Arbeitslosigkeit unter qualitativ anderen gesellschaftlichen Bedingungen dezidiert akzentuieren zu können. Denn ein besonders hervorstechendes soziales Merkmal des gegenwärtigen gesellschaftlichen Wandlungs- und Transformationsprozesses besteht darin, gesellschaftliche Ausgrenzungs- und Ausgliederungsprozesse zu befördern, die zur wachsenden Marginalisierung großer Teile der Bevölkerung beitragen und damit gesellschaftliche Trennungs- und Teilungsmechanismen sozialstrukturell neu anordnen und kombinieren, so dass die Gesellschaft sich in einem qualitativ neuen Problemhorizont befindet, dessen Umgruppierungen und Effekte sich langsam und schleichend in der Gesellschaft festsetzen, ohne dass sich bestimmen ließe, wie tiefgreifend dieser Angriff auf die sozialen Kriterien einer Erwerbsgesellschaft deren Erfahrungshorizonte lenkt.

Entscheidend ist, dass die Arbeit nicht mehr die Funktion des »großen Integrators« erfüllt. Es handelt sich um einen Prozess des Abhängens, der Destabilisierung des Stabilen, der Aushöhlung gesicherter Positionen. Die soziale Frage reduziert sich nicht auf die Frage des »Ausschlusses«, sondern Ausgliederung oder Ausstoßung sind Effekte einer allgemeinen Erschütterung, deren Ursachen in der Arbeit und ihrer gegenwärtigen Organisationsweise liegen. (Castel 1996: 775)

Wenn die Arbeit aber nicht mehr diese soziale Integrationsfunktion erfüllen kann, stellt sich die Frage, wie weit gesellschaftliche Ungleichheit auseinanderdriften kann, ohne den Zusammenhalt der Gesellschaft in ihrem innersten Gefüge nachhaltig zu beeinflussen und welche Effekte dies für den Charakter des Sozialstaates und seine sozialen Errungenschaften impliziert, ohne dabei entscheiden zu können, welche Handlungsprämissen sich unter welchen Vorzeichen gesellschaftlich konkret herausbilden und vor welchen Entscheidungshorizonten sich dabei gesellschaftliches Konfliktpotenzial artikuliert und welche Formen materieller und symbolischer Gewalt sich dabei durchsetzen.

Literatur

Adler, Frank, 1991: Soziale Umbrüche. In: Rolf Reißig/ Gerd J. Glaeßner (Hrsg.): Das Ende eines Experiments. Berlin.

Alheit, Peter, 1991: Zivile Kultur. Plädoyers für eine kulturelle Neomoderne. Frankfurt/Main.

Beck, Ulrich, 1986: Risikogesellschaft. Auf dem Weg in eine andere Moderne. Frankfurt/Main.

Berger, Johannes, 2000: Anmerkungen zum Stand der »Sozialstruktur- und Ungleichheitsforschung«. Offene Fragen und Forschungsbedarf. Rostock. Unveröffentlichtes Manuskript.

Castel, Robert, 1996: Nicht Exklusion, sondern Desaffiliation. Ein Gespräch mit François Ewald. In: Das Argument 38.

Castel, Robert, 2000: Die Metamorphosen der sozialen Frage. Eine Chronik der Lohnarbeit. Konstanz.

Durkheim, Émile, 1992: Über soziale Arbeitsteilung. Studien über die Organisation höherer Gesellschaften. Frankfurt/Main.

Häußermann, Hartmut/ Andres Kapphan, 1999: Berlin: Bilden sich neue Räume sozialer Benachteiligung. In: Sebastian Herkommer (Hrsg.): Soziale Ausgrenzungen: Gesichter des neuen Kapitalismus. Hamburg.

Hepp, Rolf-Dieter, 1997: Symbolische Transformationen in Krisensituationen. Anriß zur Rekonstruktion von Klassen, Schichten, Milieus und Individualisierungsschüben in Krisensituationen. In: S- European Journal for Semiotic Studies 9.

Hepp, Rolf-Dieter, 1998: Pierre Bourdieu et. al.: *Das Elend der Welt*. Überlegungen zum methodischen Rahmen von *La misére du monde*. In: S – European Journal for Semiotic Studies 10.

Hepp, Rolf-Dieter, 2000: Bourdieu, Sozioanalyse, Soziosemiotik. Wien.

Hepp, Rolf-Dieter, 2003: Das Normative und das Gegebene. In: Frank Ettrich (Hrsg.): Wider das Geläufige. Analysen zum deutsch- deutschen Vereinigungsprozess. Opladen. (im Druck)

Kergel, Rita Sabine, 1996: Strukturale Textinterpretationen zwischen subjektiven Deutungsmustern und Feld. Arbeitslose Frauen mit Kindern und das Feld des Arbeitsamts. In: S- European Journal for Semiotic Studies 8.

Kergel, Rita Sabine, 1999a: Struktur und Differenz- zur Konfiguration sozialer Räume und Lebensbedingungen arbeitsloser Frauen zwischen Veränderung und Beharrung. In: S- European Journal for Semiotic Studies 11.

Kergel, Rita Sabine, 1999b: Verarbeitungsstrategien der Erwerbslosigkeit bei Frauen mit Kindern. In: Kultursoziologie 8.

Kergel, Rita Sabine, 2001: Prekarisierte Lebenslagen. Arbeitslosigkeit im vereinten Deutschland. In: Siegfried Jäger/ Jobst Paul (Hrsg.): Diese Rechte ist immer noch Bestandteil unserer Welt. Duisburg.

Kretzschmar, Albrecht, 1992: Arbeitslosigkeit- Resultat und Ferment sozialen Wandels in Ostdeutschland. In: Thomas Kieselbach, Thomas/ Peter Voigt (Hrsg.): Systemumbruch, Arbeitslosigkeit und individuelle Bewältigung in der Ex-DDR. Weinheim.

Maaz, Hans-Joachim, 1990: Der Gefühlsstau. Ein Psychogramm der DDR. Berlin.

Meuschel, Sigrid, 1991: Legitimation und Parteiherrschaft in der DDR. Frankfurt/Main.

Oischmansky, Heide/ Günther Schmid, 2000: Wandel der Erwerbsformen. Berlin und die Bundesrepublik im Vergleich. Berlin.

Pugliese, Enrico, 1986: Arbeitslosigkeit. Übel der Armen. In: Leviathan Sonderheft 7.

Schelsky, Helmut, 1953: Wandlungen der deutschen Familie in der Gegenwart. Dortmund.

Schelsky, Helmut, 1965: Die Bedeutung des Schichtbegriffs für die Analyse der gegenwärtigen deutschen Gesellschaft. In: Ders.: Auf der Suche nach der Wirklichkeit. Düsseldorf/ Köln.

Schultheis, Franz, et. al., 1996: Repräsentationen des sozialen Raums im interkulturellen Vergleich. Zur Kritik der soziologischen Urteilskraft. In: Berliner Journal für Soziologie 6.

Schultheis, Franz/ Michael Vester, 2002: Soziologie als Beruf. Hommage an Pierre Bourdieu. In: Mittelweg 36, Beilage 5/2002.

Schulze, Gerhard, 1992: Die Erlebnisgesellschaft. Kultursoziologie der Gegenwart. Frankfurt/Main.

Sennett, Richard, 1998: Der flexible Mensch. Die Kultur des neuen Kapitalismus. Berlin.

Simmel Georg, 1968 (zuerst 1908): Der Fremde. In: Simmel, Das individuelle Gesetz. Philosophische Exkurse. Frankfurt/Main.

Sinus- Lebensweltforschung, 1992a: Das neue Arbeitnehmermilieu in Westdeutschland. Heidelberg.

Sinus- Lebensweltforschung, 1992b: Lebensweltforschung und soziale Milieus in West- und Ostdeutschland. Heidelberg.

Vester, Michael, et. al., 2001: Soziale Milieus im gesellschaftlichen Strukturwandel. Zwischen Integration und Ausgrenzung. Frankfurt/Main.

Zilian, Hans Georg/ Lorenz Lassnigg/ Angela Wroblewski: Arbeitslosenschulung in der flexibilisierten Wirtschaft. München

Zimmermann, Bénédicte, 2000: Negociated Flexibilities. The Case of France and Germany. In: B. Strath (Hrsg.): After Full Employment. European Discourses on Work and Flexibility, Brüssel.

Kristina Schulz

»Das Elend der Welt«

Gesellschaftliches Leiden in der Bundesrepublik Deutschland

Im Jahre 1993 erschien in Frankreich die Untersuchung *La misère du monde*. Sie befasst sich mit den großen und kleinen Nöten, mit dem alltäglichen Leiden von Menschen an der Gesellschaft (»le monde« bezeichnet im Französischen sowohl »Leute« als auch »Welt«). Den Kern des Buches stellen rund 60 (von insgesamt über 200 im Rahmen der Untersuchung geführten) Interviews dar, die von einer von Pierre Bourdieu geleiteten Forschungsgruppe im Verlauf mehrerer Jahre mit Angehörigen unterschiedlichster sozialer Gruppen der französischen Gesellschaft geführt wurden. Zu Wort kommen hier Leute, die »Zeugnis ablegen« (Krais 1994: 7) über ihre Lebensbedingungen, Hoffnungen, Ängste und Nöte. Die Stellungnahmen werden durch kurze erklärende und zugleich deutende Texte eingeleitet und sind nach übergreifenden Themenkomplexen, von denen im folgenden noch die Rede sein wird, angeordnet.

Die Tatsache, dass den Stimmen der Leidtragenden in der Präsentation der Forschungsergebnisse ein so großer Stellenwert eingeräumt wurde, interpretierten manche Kritiker bei Erscheinen des Buches als ein Zeichen dafür, dass Bourdieu sich mehr und mehr von einem distanzierenden wissenschaftlichen Standpunkt entfernt und einem gesellschaftspolitischen Engagement zugewandt habe. Das Buch strebe keine »soziologische Objektivierung« an, sondern nehme offen und in politischer Absicht Stellung zu aktuellen gesellschaftlichen Problemen. Dagegen wird im vorliegenden Beitrag die These vertreten, dass die Studie *La misère du monde*, wenn sie auch zum Ziel hat, die »Wortlosen zu Wort« (Jurt 2002: 247) kommen zu lassen, keine Aneinanderreihung von zufällig ausgewählten Interviews ist, sie, im Gegenteil, von Bourdieus Theorie der Sozialwelt geleitet wird und nur vor diesem Hintergrund realisiert werden konnte. Die Konstruktionsarbeit, die der Untersuchung zu Grunde liegt, wird besonders deutlich, wenn man versucht, die Fragestellung auf einen anderen gesellschaftlichen Kontext zu übertragen. Dieses Unterfangen, das sich eine Forschungsequipe unter der Leitung von Franz Schultheis für die Bundesrepublik vorgenommen hat, zwingt dazu, Bourdieus Thesen zu gesellschaftlichen Teilbereichen im Lichte seiner Theorie der Sozialwelt herauszuarbeiten, um vor diesem Hintergrund die gesellschaftlichen Verhältnisse in Deutschland zu betrachten.

Im Folgenden soll in drei Schritten ein Einblick in das laufende Forschungsprojekt gegeben werden. Zunächst werden die theoretischen Prämissen der Referenzstudie *La misère du monde* entfaltet und die wichtigsten Ergebnisse zusammenfassend dargestellt. In einem zweiten Schritt geht es darum, die Annahmen für den deutschen Kontext zu reformulieren. Der dritte Teil stellt eine Art Werkstattbericht dar und leitet über in einige abschließenden Reflexionen zu den Schwierigkeiten, eine Fragestellung und einen Forschungsansatz auf einen anderen Kontext zu übertragen.

I. Die Referenzstudie *La misère du monde*. Erkenntnisinteresse und Forschungsansatz

Der Untersuchung *La misère du monde* liegt die Annahme zu Grunde, dass gesellschaftliches Elend auch unter den Bedingungen eines hohen Niveaus an Wohlstand und materieller Sicherheit fort besteht. Gesellschaftliches Elend ist, so die These, in den grundlegenden Struktur- und Funktionszusammenhängen unserer Gegenwartsgesellschaften verankert (vgl. Schultheis 1997: 828). Wie schlagen sich Krisenerfahrungen und -stimmungen in den Alltagserfahrungen der Menschen nieder? Erkenntnisinteresse und Forschungsansatz verknüpfen die forschungsethische Dimension, den gesellschaftskritischen Anspruch und die mit beidem einhergehenden methodischen Implikationen von Bourdieus Werk.

Die Aufgabe der Sozialwissenschaften ist es, so Bourdieu in *La misère du monde*, die »Mechanismen, die das Leben leidvoll und oft unerträglich machen« (Bourdieu 1997b: 823), aufzudecken. Bourdieu vergleicht die Funktion des Sozialwissenschaftlers mit der des Arztes, der die vom Körper des Patienten ausgesendeten diffusen Signale auf eine zu Grunde liegende Krankheit zurückführen muss. Durch »vernünftiges Schlussfolgern« soll der Gesellschaftsdiagnostiker »jene strukturellen Ursachen aufdecken«, »die sich auf der Ebene der Aussagen und der sichtbaren

Zeichen« nur »in Gestalt von Verschleiherungen enthüllen« (Bourdieu 1997b: 826). Doch zeichnet den Beobachter des Sozialen nicht nur wissenschaftliche Neugierde aus. Es geht Bourdieu darum, denjenigen das Wort zu erteilen und das erworbene Wissen zur Verfügung zu stellen, die nicht über dieses Privileg verfügen. Ziel von *La misère du monde* ist es, Menschen, die leiden, einen Weg zu eröffnen, ihr Elend »auf gesellschaftliche Ursachen zurückzuführen und sich [...] vom Gefühl eigenen Verschuldens zu befreien« (Bourdieu 1997b: 826).[1] Darin äußert sich ein Selbstverständnis sozialwissenschaftlicher Forschung als intervenierende Gesellschaftskritik im Sinne des engagierten Intellektuellen. Soziologie soll gerade nicht auf die Bedürfnisse gesellschaftlicher »Wortführer«[2] antworten, sondern gesellschaftskritisch wirksam sein. Dabei steht die Kritik der »neo-liberalen Invasion« (Bourdieu 1998d), die Bourdieus öffentlichen Interventionen in den 1990er Jahren wie einen roten Faden durchzogen hat, im Zentrum.

Die ethische Grundhaltung von *La misère du monde* kommt in Spinozas Credo »Nicht bemitleiden, nicht auslachen, nicht verabscheuen, sondern verstehen«[3] zum Ausdruck. Den Sozialwissenschaften komme es zu, ein methodisches Instrumentarium zu entwickeln, um ein solches Verstehen zu ermöglichen. Im Forschungsprozess von *La misère du monde* wurde eine spezifische Form des »verstehenden Interviews« entwickelt und erprobt.[4] Ihm liegt die theoretische Annahme zu Grunde, dass die Sicht des Interviewten durch seine Position im sozialen Raum bestimmt wird und seine Wahrnehmung der Welt auf einer zwar subjektiven und individuellen, aber sozial vorstrukturierten Erfahrung beruht. Es geht darum, nachzuvollziehen und für andere nachvollziehbar zu machen, warum Menschen sagen, was sie sagen, denken, was sie denken, sich in einer bestimmten Weise verhalten und nicht in einer anderen.

Dieses Erkenntnisinteresse durchzieht die verschiedenen Stadien des Forschungsprozesses. In der Gesprächssituation selbst gilt es, sich in einer Art »geistigen Übung«, die auf einer provisorischen »Konversion des Blicks« (Bourdieu 1997b: 788) beruht, für eine gewisse Zeit in den anderen hinein zu versetzen und die inneren Widersprüche und Inkohä-

---

[1] Vgl. dazu auch P. Bourdieu, »Störenfried Soziologie«, in: *Die Zeit*, 26.6.1996.

[2] P. Bourdieu, »Die Aufgaben der Soziologie in schwieriger Zeit«, in: *Neue Rundschau*, 3 (1995), S. 17-23.

[3] »Memorandum à l'intention des troupes qui veulent jouer *La misère du monde*«. Unveröffentliches und undatiertes Manuskript, Paris.

[4] In diese Richtung geht auch Kaufmann 1996.

renzen der Erzählung des Gegenüber wahrzunehmen und zuzulassen, um später behutsam darauf zurück zu kommen mit dem Ziel, ihr Zustandekommen zu verstehen.

Die dem Interview folgende Analyse dient der Objektivierung des Gesagten. Sie wird von folgenden Fragen geleitet: Warum antwortet der Interviewte so, wie er es tut und nicht anders? Wie versteht er den Gegenstand des Gesprächs? Wo sind die Grenzen seines Verständnisses? Was an seinem Verhalten ist sozial bedingt, also durch Habitus und Position im sozialen Raum? Aufgabe der Analyse ist es, die Logik des Interviewten zu verstehen, indem die Antworten im Universum aller möglichen Antworten platziert werden. Es gilt ferner, von den Momentaufnahmen individuell wahrgenommenen Leids auf die strukturellen Reproduktionsmechanismen sozialer Ungleichheit zu schließen, auf die Logik des sozialen Feldes, in dem der Interviewte platziert ist. Dazu gehört es einerseits, die objektiv-materialen Bedingungen – soziale, ökonomische und politische Strukturen – zu bestimmen, die die Antwort ermöglicht haben. Angestrebt wird, über eine einfache Bestätigung und Aufzeichnung des Gesagten hinaus das zu entdecken, was auf Anhieb nicht fassbar ist, das Nicht-Explizite der Erzählung. Andererseits sind jene objektiven Bedingungen zu ermitteln, die das Interview ermöglicht haben. Mit dem Verstehen des Anderen geht auch immer ein Verständnis der Möglichkeitsbedingungen der Interviewsituation und damit eine Objektivierung des Forschenden einher.[5]

Um die Quellen des Leidens sichtbar und für die Leserschaft nachvollziehbar zu machen, haben die Autoren von *La misère du monde* das Interviewmaterial in einer besondere Weise zusammengestellt. Die in den Einzelfallstudien zum Ausdruck kommenden Weltsichten und Standpunkte werden analog zu ihrer realen »Aufeinander-Bezogenheit« in der sozialen Welt angeordnet. Das Werk ist daher mit Bedacht als Mosaik komponiert. Standpunkte, die in der Sozialwelt aufeinanderprallen, werden auch im Buch nebeneinander gestellt, um Reibungspunkte für die Leserschaft sichtbar zu machen. Ausgewählt nach thematischen Schwerpunkten, auf die im folgenden noch näher einzugehen sein wird, sollen dergestalt die Lebensgeschichten und Lebenszeugnisse im Zusammenhang der Interaktionszusammenhänge, wie sie für die befragten Personen typisch sind, dargestellt werden.

---

[5] Bourdieu nennt dies »les impératifs de connaissance du sujet connaissant« (Bourdieu 2000f). Zum Programm einer reflexiven Soziologie vgl. auch: Bourdieu 2001b.

Forschungsprodukt: Das Ergebnis und seine Präsentationsform

Das »Elend der Welt« wird von Alltagsmenschen als diffuses Unbehagen und Desorientierung in einer Alltagswelt wahrgenommen, deren Plausibilitätsstrukturen brüchig oder gar hinfällig geworden sind. Die Zeugnisse alltäglichen Leidens legen offen, dass Nöte, Miseren und Leiden nicht nur aus materiellen Bedingungen und den durch sie gesetzten Bedingungen der Lebensgestaltung resultieren, sondern auch durch Differenz- und Distanzierungserfahrungen hervorgerufen werden. *La misère du monde* illustriert eindrucksvoll, aus welchen Erfahrungen substanzieller Entbehrungen Leiden entspringen kann. So berichtet beispielsweise ein Angestellter in der Eisen- und Stahlindustrie von Lohnkürzungen, der Gefahr, entlassen zu werden, dem zunehmenden Druck am Arbeitsplatz. Zugleich identifiziert die Studie eine zusätzliche Quelle gesellschaftlichen Leidens, für die nicht die Lebensbedingungen als solche, sondern die wahrgenommenen Unterschiede in den Lebensbedingungen zentral sind. Benachteiligung wird, wie viele Interviews zeigen, als relative Benachteiligung (gegenüber anderen in vergleichbarer Lage oder gegenüber dem, was man auf Grund der biographischen Laufbahn als angemessen ansieht) erlebt. Diese unterschiedlichen Formen gesellschaftlichen Leidens werden als »lagespezifisches« Elend einerseits und »positionsspezifisches« Elend, d. h. die »mit der konkreten Stellung eines Individuums im Sozialraum verbundenen [...] Erfahrungen gesellschaftlicher Macht- und Herrschaftsbeziehungen« (Schultheis 1997: 830), andererseits konzeptuell gefasst.

Materielles »Output« der Forschungsarbeit ist nicht nur ein knapp 1000seitiges Buch mit über 60 Texten, zum größten Teil Interviews, sondern auch eine Reihe von szenischen Darstellungen der Interviews, die vom Théâtre de la Cartoucherie in Paris aufgeführt wurden.

Produktionsbedingungen der Studie

Trotz der weiten Themenauswahl und der heterogenen Zusammensetzung des Forschungsteams, dem knapp 20 auf unterschiedlichen Gebieten spezialisierte Forscherinnen und Forscher angehörten, liegt die Überzeugungskraft der Studie nicht in erster Linie in der hohen Qualität der Einzelbeiträge, sondern in ihrer »einheitlichen Textur« (Schultheis 1997: 836). Sie konnte auf der Grundlage eines Forschungsparadigmas erzielt werden, dem sich alle Mitarbeiterinnen und Mitarbeiter verpflichtet fühlten, und war das Resultat einer mehrjährigen, engen

Zusammenarbeit. Im Zentrum des finanziell durch die Caisse des De-
pots ermöglichten Forschungsprozesses stand die emblematische und
charismatische Persönlichkeit Bourdieus als Garant für die Einheitlich-
keit des Forschungssprozesses und die Kohärenz des Resultats. Auch das
symbolische Kapital Bourdieus und seiner Forschungsgruppe hat zum
Erfolg der Studie beigetragen. Zu den Produktionsbedingungen gehörte
schließlich auch die hohe Akzeptanz, die die Soziologie und die Sozialforschung in Frankreich insgesamt genießt (dazu Schultheis 1996).

II. Von »La misère du monde« zum »Elend der Welt«

La misère du monde *in der Bundesrepublik Deutschland: Rezeption und
Übersetzung*

In Frankreich wurde die Studie nicht nur positiv aufgenommen, sondern gab, im Gegenteil, vielfach Anlass für eine kontroverse Debatte, in
der Kritiker Bourdieus der Studie Theorielosigkeit vorwarfen und sie als
Beleg für die Inkongruenz seines Werks heranzogen. Dass eben dies
nicht der Fall ist, zeigen die vorliegenden Ausführungen über die theoretischen Annahmen der Studie. Die Interviews illustrieren gerade eine
der zentralen Annahmen der Bourdieu'schen Theorie der Sozialwelt: die
Vermittlung von subjektiver Wahrnehmung und objektiven Strukturen.

Diesseits des Rheins wurde das Buch überwiegend von Sozialforsche-
rinnen und -forschern zur Kenntnis genommen, die dem Bourdieu'schen Denken nahe stehen (Barlösius 1995, Krais 1994, Schimank
2000). Besondere Aufmerksamkeit erregte das Buch im Umkreis des
Zentrums für Europäische Gesellschaftsforschung (ZEG), dessen Mitarbeiter und Mitarbeiterinnen schließlich beschlossen, es zu übersetzen.
Schon die Übersetzungsarbeit machte klar, dass es sich dabei nicht um
eine »einfache« Übertragung in eine andere Sprache handelte. Es ging
darum, der deutschen Leserschaft Sachverhalte deutlich zu machen, die
in den deutschen gesellschaftlichen Verhältnissen keine Entsprechung
haben und dafür Worte zu finden, die in der deutschen Sprache semantisch anders gefüllt sind oder aber gar nicht existieren. Schließlich wurde
ein Glossar entwickelt, in dem Vokabeln, die französische Eigenheiten

widergeben, erklärt wurden, wie z. B. »cadre«[6] oder RMI.[7] Mitarbeiter und Mitarbeiterinnen des ZEG haben schließlich auch den Antrag zur Förderung einer an *La misère du monde* orientierten Untersuchung der aktuellen deutschen Gesellschaft ausgearbeitet, der von der Deutschen Forschungsgemeinschaft mit Wirkung zum ersten Januar 2002 bewilligt wurde.

Von der Übersetzung der französischen Studie zur Umsetzung der deutschen Studie

Im Folgenden geht es darum, die den einzelnen Schwerpunktthemen von *La misère du monde* zugrundeliegenden Thesen herauszuarbeiten und anzudeuten, inwieweit sie auf die deutschen Verhältnisse anwendbar sind. Dieser Transfer stellt wohl eine der anspruchsvollsten Herausforderungen für eine Radiographie der bundesdeutschen Gesellschaft dar. Diese permanente work in progress besteht darin, vom französischen Fall ausgehend Fragen für eine Sozioanalyse der deutschen Gesellschaft zu entwickeln und diese Fragen, mit einer gesteigerten Sensibilität für die Unterschiede, zugleich zu modifizieren.

Ziel des ersten der insgesamt sechs Kapitel in *La misère du monde* ist es, Weltsichten zu konfrontieren und die »schwierigen Orte« zu charakterisieren, in denen unvereinbare Sachverhalte (Interessen/ Lebensstile/ Dispositionen) kompromisslos aufeinanderprallen. Die These dieses »Position und Perspektive« betitelten Teils lautet: Die soziale Ordnung der aktuellen französischen Gesellschaft hat zwar die große Not weitgehend zurückgedrängt, im Zuge ihrer Ausdifferenzierung aber auch vermehrt soziale Räume geschaffen, die eine Entwicklung aller Formen kleiner Nöte begünstigt haben. Exemplarisch werden hier u. a. ein Hausmeister in einer Sozialwohnungssiedlung und ein französisches Ehepaar, Madame und Monsieur Leblond, in einer überwiegend von Immigranten bewohnten Vorstadtsiedlung vorgestellt.

Im deutschen Kontext gehen wir zunächst von der gleichen theoretischen Prämisse aus. Interessen und Lebensstile verschiedener Art treffen auch hier aufeinander. Dennoch verlagert sich die Problematik. 1. In der

---

[6] Offizielle Kategorie der amtlichen Statistik, die leitende Angestellte der Privatwirtschaft mit homologen Funktionsträgern im öffentlichen Dienst und den verstaatlichten Wirtschaftssektoren umfasst.

[7] Revenue minimum d'insertion – Mindesteinkommen zur beruflichen und gesellschaftlichen Eingliederung.

BRD sind Vorstädte nicht im gleichen Maße Krisenherde wie in Frankreich (dazu s. u.). Die Situation des geschilderten Paares Leblond war zumindest für deutsche Verhältnisse lange Zeit eher untypisch, da Immigranten sich nicht in einer mit Frankreich vergleichbaren Weise dauerhaft und auf einen Raum konzentriert einrichteten. 2. Ressentiments entwickeln sich aber auch in »sozialen Brennpunkten« diesseits des Rheins, wenn die überkommene Anspruchshaltung Alteingesessener mit neuen Verhältnissen konfrontiert werden, beispielsweise, wenn aus einer ehemaligen Grundschule ein Übergangswohnheim für Asylbewerber gemacht oder ein Container für Flüchtlinge neben dem städtischen Kinderspielplatz aufgebaut wird. 3. Es bleibt die Frage der Mentalitätsunterschiede zwischen »Ossis« und »Wessis«. Wie und wo verstehen sich ehemalige DDR-Bürger und -Bürgerinnen und Westdeutsche und wo prallen unterschiedliche Haltungen, Meinungen und Lebensweisen aufeinander, führen zu dauerhafter Unzufriedenheit?

Das zweite Kapitel, »Ortseffekte«, befasst sich mit dem Zusammenhang von geographischem Raum und Sozialraum. Ihm liegt die theoretische Annahme zugrunde, dass die Strukturen des Sozialraums in Gestalt räumlicher Oppositionen zum Ausdruck kommen. Konkret heisst das, dass die räumliche Verteilung von Gütern und Dienstleistungen mit der sozialen Positionierung der Akteure korrespondiert. Plakativ formuliert: Je ärmer jemand ist, desto eher wird er in einer infrastrukturell benachteiligten Gegend leben. Der Wohnort, so die Annahme, »weiht« oder »degradiert« seine Bewohner. Umgekehrt tragen die Bewohner zum symbolischen Wert, Image, ihres Stadtviertels bei und damit zu dem Maß der Beachtung, welche dieses Viertel erfährt. Davon hängt ab, inwieweit es mit Infrastruktur (Güter/Dienstleistung) versorgt wird. Wohnungs- und Infrastrukturpolitik sind damit bedeutende Mittel staatlicher Intervention. In die Problematik der Banlieues einführend, betonen die Autoren ausdrücklich, dass die französischen Verhältnisse mit dem amerikanischen Phänomen der Ghettoisierung nicht vergleichbar sind, weisen aber zugleich auf tendenzielle Übereinstimmungen hin.

Für die Bundesrepublik muss diese Prämisse modifiziert werden. Ist Frankreich im Vergleich zu den USA von der Ghetto-Problematik weniger betroffen, reichen die deutschen Verhältnisse in noch geringerem Maße an die amerikanischen Zustände heran. Weder Ghetto noch Banlieue sind treffende Begriffe für die Beschreibung der deutschen Sozialgeographie der Misere. Konzentrieren die deutschen städtischen Randgebiete weniger als in Frankreich eine von Armut und Misere gekennzeichnete Bevölkerung, so kann man andererseits auch nicht eine vergleichbare Etablierung reicher, »bourgeoiser« oder wohlhabender

Stadtteile (quartiers aisés) feststellen. Die Jahrhunderte alte, gewachsene Struktur des Pariser Stadtbildes hat in der BRD historisch bedingt in kaum einer Stadt eine Entsprechung. Dennoch werden, vor allem auch im Zuge der deutsch-deutschen Vereinigung, Kämpfe um attraktive Wohn- und Geschäftsstandorte geführt. Sie gilt es zu erfassen und zu charakterisieren.

Die Idee des öffentlichen Dienstes wird, das veranschaulicht das dritte Kapitel »Abdankung des Staates«, zunehmend zerstört. Jene, die beauftragt sind, »soziale Funktionen« zu erfüllen, werden, wie Bourdieu auch anderweitig immer wieder akzentuiert (Bourdieu: 1998d), im Stich gelassen. Für Frankreich lässt sich, so die These, ein Wandel der staatlichen Politik feststellen, die nicht mehr auf Verteilungsstrukturen als solche wirkt, sondern zum Ziel hat, die Auswirkungen ungleicher Ressourcenverteilung zu korrigieren. Diese Beobachtung wurde von den Autoren mit Verbitterung zur Kenntnis genommen, hatte man doch bei Regierungsantritt der sozialistischen Regierung Anfang der 1980er Jahre andere Hoffnungen gehegt. Erwartungshaltung und Erfüllung fielen hier gänzlich auseinander. Für die Bundesrepublik gilt es zu überprüfen, ob die sozialen Berufe tatsächlich unter einem Rückzug des Staates leiden. Dabei gilt es zu bedenken, dass in der BRD u. a. den Kirchen eine größere karitative Funktion zukommt als in Frankreich. Auch die Rolle des Zivildienstes ist miteinzubeziehen.

Der Teil »Abstieg und Niedergang« gruppiert Beiträge von jenen, die unter ökonomischem Wandel wie dem Niedergang bestimmter Industrien, dem Wandel des Betriebsklimas, der Restrukturierung des Systems sozialer Beziehungen und der veränderten Rolle der Gewerkschaftsvertreter leiden. Mit besonderer Tragweite in Ostdeutschland, aber auch im Bereich des IT, greift diese Thematik auch für die BRD.

Im fünften Themenschwerpunkt, »Die intern Ausgegrenzten«, werden Thesen zum Bildungswesen zusammengetragen. Die »Demokratisierung« der Schule in den 60er und 70er Jahren erfüllte nicht die Erwartung, dass damit auch automatisch die Gesellschaft demokratisiert werde. Der Zugang zu Posten und Funktionen für alle habe sich nicht bewahrheitet. Allerdings funktioniere Ausschluss in den 1990er Jahren anders als vor den Bildungsreformen der 1960er und 1970er Jahre. Unter dem Stichwort »Demokratisierung der Schule« wurde das Bildungssystem durchlässiger gestaltet. Die Selektion finde nun dadurch statt, dass jene, die für die Bildungskarriere nicht vorgesehen sind, mit entwertetem Bildungskapital ausgestattet werden. Auch die deutsche Schule und Universität zementiert eher soziale Ungleichheit, als sie aufzuheben. Nach den vorläufigen Ergebnissen einer Studie von Andrea Lange-

Vester et al. ist auch das deutsche Bildungs- und Ausbildungssystem und insbesondere der Bereich der Gesellschafts- und Humanwissenschaften durch eine Logik der Segregation charakterisiert.[8]

Zwar lässt sich heute eine Pluralität von Studierendenmilieus feststellen. Studierende gehören nach Alter, Geschlecht und Ethnie differenzierten Herkunftsmilieus an. Zu den alten Bildungsmilieus (akademisch gebildete Oberschicht) kommen neue Bildungsmilieus, die zum Teil auch aus bildungsfernen Herkunftsmilieus stammen. Zugleich lassen sich aber Mechanismen der relativen Privilegierung und der relativen Exklusion annehmen. Zum Beispiel: Die Kinder aus unteren sozialen Schichten sind überproportional häufig in Studienfächern wie Soziologie, Sozialwissenschaft oder Sozialpädagogik anzutreffen, die – verglichen mit Rechts- und Wirtschaftswissenschaften – in geringem Maße Karrierechancen eröffnen.[9] Vieles spricht dafür, dass die Universität auch heute noch nur einen Teil dessen vermittelt, was sie verlangt, und tendenziell nur jene sie erfolgreich verlassen, die bestimmte Fähigkeiten schon von zu Hause mitbringen. Obgleich die Untersuchungen zum deutschen Bildungswesen Bourdieus Ergebnisse zu Frankreich zu bestätigen scheinen, sind die abweichenden Strukturen der Bildungsinstitutionen in beiden Ländern in Rechnung zu stellen. Die Thesen von Bourdieu et al. wurden in Bezug auf ein durch das meritokratische Prinzip geprägte Eliteschulwesen Frankreichs aufgestellt[10] und sind für die Zustände in der BRD zu modifizieren. Von denen, die »leiden«, stehen unter anderem die Angehörigen der von der Novellierung des Hochschulrahmengesetzes betroffenen »lost generation« im Zentrum der Aufmerksamkeit.

Nach den »Widersprüchen des Erbes« fragt der letzte Themenschwerpunkt der Studie. Welche Last stellt die auf einem stillen gesellschaftlichen Einverständnis beruhende Erwartung dar, die junge Generation habe das Erbe der Eltern anzutreten und den von den Eltern anvisierten Weg des gesellschaftlichen Aufstiegs weiter zu verfolgen? Welche Folgen hat die Weigerung der »Jungen«, die aktuelle gesellschaftliche Position der Familie zu perpetuieren? Mehr als früher entscheiden nicht

---

[8] Studierendenmilieus in den Sozialwissenschaften. Eine Untersuchung am Bereich Politische Soziologie und Sozialstrukturanalyse in Forschung und Lehre am Institut für Politische Wissenschaft der Universität Hannover unter der Leitung von Michael Vester und Andrea Lange-Vester.

[9] Ob und welche Differenzierungen sich für den Bereich der »harten Wissenschaften« ergeben, steht noch zur Untersuchung an.

[10] Erstmals bereits Bourdieu 1964b, 1964c, vgl. auch Bourdieu 1988c.

mehr nur die familiären Startbedingungen sondern auch Schule und
Ausbildung über die gesellschaftliche Stellung bzw. Aufstiegschancen.
Ein Dilemma liegt darin, dass von der Familie der auf außerfamiliäre
Faktoren beruhende Erfolg als Scheitern bzw. Transgression empfunden
wird, die Nicht-Erfüllung der elterlichen Erwartungen als Verrat. Exemplarisch kann der Bauernsohn angeführt werden, der nach dem Ab-
itur ein Universitätsstudium absolviert und Lehrer wird, anstatt den Hof
der Eltern zu übernehmen. Bourdieu et al. verteidigen die Annahme,
dass in scheinbar subjektiven Spannungen grundlegende Strukturen der
sozialen Welt zum Ausdruck kommen. »Viele Menschen leiden *auf
Dauer* unter der Kluft zwischen dem, was sie erreichen, und den Erwartungen ihrer Eltern, die sie nicht erfüllen, denen sie aber auch nicht
abschwören können« (Bourdieu 1997b: 653).

Es stellt sich die Frage, ob Aufstiegskarrieren und der Ausbruch aus
familiären Traditionen in der BRD nicht auf größeres Verständnis stoßen. Die Hypothese könnte lauten: Angehörige der Generation der
heute 60jährigen (Geburtsjahrgang etwa 1940) haben kriegsbedingt
Brüche mit ihrer Familientradition vollzogen. Sie sind daher auch offener für die Karrierewünsche ihrer Kinder (Jahrgänge 1960–1970). Zu
fragen ist, welche Ansprüche an die Kinder dieser Generation, die heute
am Beginn ihrer professionellen Karriere stehen (Jahrgänge 1980), gerichtet werden.

Die Schwerpunktbereiche der deutschen Studie

Wenn man Bourdieus Perspektive übernimmt und fragt, wie Akteure
dazu beitragen, die Strukturen zu reproduzieren, unter denen sie leiden,
gilt es, die spezifischen Bedingungen in Rechnung zu stellen, unter denen die Akteure handeln. In kritischer Auseinandersetzung mit den Annahmen und Ergebnissen der Vorläuferstudie haben wir für die Analyse
der bundesdeutschen Gesellschaft sieben Bereiche definiert, die im folgenden kurz vorgestellt werden sollen. Die Schwerpunktbereiche stellen
noch nicht zwangsläufig die Struktur des entstehenden Buches dar. Diese Strukturierungsarbeit ist Aufgabe eines späteren Stadiums der Arbeit
und kann erst auf der Grundlage der durchgeführten Interviews geleistet
werden. In die Definition der Schwerpunktbereiche gingen dagegen die
von den Mitarbeitern bei einem der ersten Arbeitstreffen in kurzen Por-
träts vorgestellten Interviewvorschläge der Mitarbeiter und Mitarbeiterinnen des Projekts ein.

Der Schwerpunkt »Pforten, Drehtüren und Zugbrücken: Migration, Flucht, Asyl« soll diejenigen Interviews verbinden, die Aufschluss über durch Flucht/Migration/Fremdarbeit/Fremdenhass verursachtes Leiden geben. Substanzielle Ängste und Nöte, die durch Abschiebung, Gewalterfahrung u. ä. entstehen, kommen hier ebenso zur Sprache wie Formen positionsspezifischen Leidens, das durch Differenz- und Distanzierungserfahrungen, zum Beispiel die Nichtanerkennung von in Herkunftsland erworbenen Qualifikationen, hervorgerufen wird.

Der Gegensatz zwischen Ost- und Westdeutschland prägt so entscheidend die Verhältnisse, aber auch die Wahrnehmungsstrukturen der Zeitgenossen, dass der »Achterbahn des Umbruchs« ein eigener Schwerpunkt gewidmet sein soll, selbst wenn die Ost-Westproblematik jeden anderen Schwerpunkt in gleicher Weise mit durchzieht. Als zentrale Aspekte und Dimensionen des gesellschaftlichen Umbruchs in Ostdeutschland werden die Brüchigkeit der neuen Arbeitswelt, generationsspezifische Besonderheiten der Misere in Ostdeutschland sowie die Realität und der illusorische Diskurs der »Institutionengleichheit« angesprochen.

Einen dritten Schwerpunkt stellt die »Entzauberung« der Engagierten dar. Die neuen sozialen Bewegungen haben die Gesellschaft der BRD mehr geprägt als die anderer Industriestaaten westlicher Prägung. Die 1970er und 1980er Jahre waren auf dem Sektor der nicht-staatlichen Organisationen durch eine Dynamik geprägt (Frauen-, Friedens-, Ökologiebewegung), die inzwischen stark nachgelassen hat. Auch die Kirche, die mit den Kirchentagen u. ä. in den 1980er Jahren sehr aktiv war und sozial Engagierten einen Raum und ein (Glaubens-)System verschaffte, hat in den letzten Jahren an Anziehungskraft verloren. Utopieverlust, Ohnmachtsgefühle und Resignation sind die Stichworte, mit denen die Gefühlslage einer »Protestgeneration« beschrieben werden kann: jener Castor-Gegner, an denen die Atommülltransporte gegen allen Widerstand vorüber rollen, jener, die in Gewerkschaften und Betrieben gegen die Folgen der ökonomischen Umstrukturierungen kämpfen oder die sich parteipolitisch engagieren.

Ein vierter Schwerpunkt befasst sich mit dem »Rückzug des Staates aus Fürsorgepflicht«. Unter dem Rückzug des Staates aus vielen Bereichen leiden sowohl die Fürsorgebedürftigen (Kranke, ältere und/ oder behinderte Mitbürger, Jugendliche, Kinder, Eltern) als auch die »Fürsorger« (Lehrer, Schuldirektoren, Krankenschwestern, Vorstehende sozialer Institutionen).

Viele Arbeitnehmerinnen und Arbeitnehmer befinden sich heute zwischen den Mahlsteinen eines ökonomischen Wandels, der Arbeits- und

Beschäftigungsverhältnisse grundlegend verändert. Als genereller Trend sind der zunehmende Anspruch an die Qualifikation der Arbeitnehmenden sowie eine Vervielfältigung, Entnormalisierung und ein Anstieg bislang marginaler Arbeitsverhältnisse zu beobachten. Nicht nur Arbeitslosigkeit und finanzielle Aspekte können, so die Annahme, das Leben schwer erträglich machen, sondern auch die zeitliche oder physische Belastung durch die Arbeit. Die Entwicklungen haben Folgekosten, die mit dem Begriff der Prekarisierung gefasst werden können. Er erlaubt, die Auswirkungen auf *alle* Gesellschaftsschichten zu beschreiben. Gerade die Tatsache, dass ehemals marginale Arbeitsbeziehungen nun nahezu in allen Bereichen und Einkommensklassen zu finden sind, dass nicht mehr zwischen *insiders* und *outsiders* unterschieden werden kann, ist kennzeichnend für den aktuellen Status quo (zur Debatte vgl. Kronauer 2002: 27-73).

Der Begriff des »Ortseffektes«, der einen weiteren Themenschwerpunkt zusammenfasst, trifft, wie es auch in der Referenzstudie der Fall ist, den Zusammenhang von physischem (geographischem) und sozialem Raum. Leiden kann heißen, im richtigen Moment am »falschen« Ort zu sein, an der Peripherie ohne Möglichkeit, abzuwandern; aber auch, auf einmal im Zentrum zu sein: im Mittelpunkt einer Umweltkatastrophe mit weitreichenden Folgen (Bitterfeld oder die Elbe/Oder-Überschwemmungen beispielsweise); schließlich im Zentrum alltäglicher Bedrohung einer Großstadt (Wohnungslosigkeit, Gewalt/ Vergewaltigung u. ä.) zu stehen.

Der Begriff der »Reproduktionskrise« überschreibt den letzten Themenschwerpunkt der Untersuchung. Eine Reproduktionskrise kann überall dort ausgemacht werden, wo nicht mehr gewährleistet scheint, dass eine Generation einer bestimmten Population (im eigentlichen Wortsinn, aber auch im übertragenen, z. B. Bildungspopulation) das ihr »versprochene« Niveau erreicht, also mindestens den Standard der vorhergehenden Generation. Zu denken ist an Gespräche mit Eltern, Kindern, Akademikern. Der Schwerpunkt regruppiert insbesondere Zeugnisse von jenen, die unter der Transformation und Entwertung kulturellen Kapitals leiden.

III. Gedanken zu praktischen und theoretischen Konsequenzen

Eine Forschungsproblematik auf einen anderen Kontext zu übertragen, setzt Modifikationen auf mehreren Ebenen voraus. Zunächst gehen wir auf der organisatorischen Ebene von gänzlich anderen Voraussetzungen aus. Das deutsche Forschungsprojekt besteht aus einem Team von 26 in der ganzen Bundesrepublik verteilten Interviewern und Interviewerinnen und zwei Koordinationspersonen. Die Forscherinnen und Forscher sind in fünf Regionalgruppen organisiert, die in einem späteren Projektstadium zu inhaltlichen Schwerpunktgruppen umstrukturiert werden sollen. Der permanente Austausch und die den gesamten Forschungsprozess der französischen Gruppe begleitenden Diskussionen werden durch punktuelle, auf unterschiedlichen Niveaus (Regionalgruppen, Diskussion mit dem Leitungsteam, Plenum der gesamten Equipe, anvisiert: Internetforum) stattfindende Debatten ersetzt.

Die Studie Bourdieus und seiner Mitarbeiter wäre ohne die Gesellschaftsanalysen, die ihr voraus gingen, nicht denkbar. *La misère du monde* lag eine von Bourdieu bereits in »Die feinen Unterschiede« entfaltete und seither ständig verfeinerte Vorstellung des sozialen Raums der französischen Gesellschaft zugrunde (Bourdieu 1982c). Eine Forschungsgruppe um Michael Vester hat Anfang der 1990er Jahre den Versuch unternommen, angelehnt an das Bourdieu'sche Modell, den Raum der sozialen Positionen und Lagen der Milieus in der Bundesrepublik zu beschreiben und die Skizze Ende der neunziger Jahre aktualisiert sowie um die Analyse der Verhältnisse in Ostdeutschland ergänzt (Vester et al. 2001). Die Ergebnisse dieser auf Milieudaten des Sinusinstituts und eigenen Befragungen der Hannoveraner Forschungsgruppe basierenden Untersuchung bilden den Unterbau des deutschen Projekts »Das Elend der Welt«.

Die Studie »Das Elend der Welt« wird, ob ihre Bearbeiter und Bearbeiterinnen es wollen oder nicht, immer auch einen interkulturellen Vergeich des sozialen Raums und seiner Repräsentationsformen implizieren, mit allen Schwierigkeiten, die sich daraus ergeben. Bourdieu, der u. a. das *Centre de sociologie européenne* geleitet hat, hat immer wieder die Bedeutung und auch die Schwierigkeiten einer interkulturell vergleichenden Forschung unterstrichen. Er trat ein für ein Programm, das nicht nur die von Land zu Land abweichenden rechtlichen Kodifizierungen, statistischen Kategorien, an religiöse Traditionen oder historische historischen Traumatismen gebundenen kollektiven Repräsentationen und Verhaltensdispositionen untersuchen, sondern die auch die historische Genese der Vergleichskategorien selbst zum Gegenstand der Reflexion machen soll. »Dès qu'on fait de la vraie comparaison, la nation est dans les instruments même que l'on emploie pour étudier la nation, les catégories sont nationales et elles sont souvent liées à des histoires de la nation« (Bourdieu 2000f). Folgt man dem, sind auch bei unserer Untersuchung die sozialwissenschaftlichen Befragungskategorien im Lichte des deutschen Forschungskontextes zu reflektieren. Daher kann »Das Elend der Welt« nicht eine bloße Replikation von *La misère du monde* sein. Es gilt, das von den Befragten individuell wahrgenommene Elend auf die spezifischen gesellschaftlichen Bedingungen in der Bundesrepublik zurückzuführen.

Literatur

Barlösius, Eva, 1995: »Das Elend der Welt«. Bourdieus Modell für die »Pluralität der Perspektiven« und seine Gegenwartsdiagnose über die »neoliberale Invasion«. In: Bios 8, S. 3-27

Jurt, Joseph, 2002: »Un immense héritage…« Erinnerung an Pierre Bourdieu. In: Romanistische Zeitschrift für Literaturgeschichte 26, Heft 1/2, S. 233-250.

Kaufmann, Jean-Claude, 1996: L'entretien compréhensif. Paris.

Krais, Beate, 1994: La misère du monde und die moderne Gesellschaft, oder: Können Armut, Elend und Not Gegenstand der Soziologie sein? In: Lendemains 75/96, S. 7-13.

Kronauer, Martin, 2002: Exklusion. Die Gefährdung des Sozialen im hochentwickkelten Kapitalismus. Frankfurt/Main.

Schimank, Uwe, 2000: Die »neoliberale Heimsuchung« des Wohlfahrtsstaats: Pierre Bourdieus Analyse gesellschaftlicher Exklusionstendenzen. In: ders. (Hrsg.), Soziologische Gegenwartsanalysen, Bd. 1: Eine Bestandsaufnahme. Opladen.

Schultheis, Franz et al., 1996: Zur Kritik der soziologischen Urteilskraft. In: Berliner Journal für Soziologie 1, S. 97-119.

Schultheis, Franz, 1997: Deutsche Zustände im Spiegel französischer Verhältnisse. In: Bourdieu 1997b, S. 827-838.

Vester, Michael et al., 2001: Soziale Milieus im gesellschaftlichen Strukturwandel. Zwischen Integration und Ausgrenzung. Frankfurt/Main.

Hermann Schwengel

Epilog: Der Eingriff des Intellektuellen

Einen bedeutenden Intellektuellen ehren, sagt eine alte Weisheit, heißt, über ihn hinausgehen und seine Motive – wenn das alte Hegelsche Wort seinen Sinn behalten soll – »aufheben« (Alois Hahn). Wie kaum ein anderer hat Pierre Bourdieu nach dem Ende des ideologischen Zeitalters begonnen, Ideenpolitik zu betreiben. Die Politik der Ideen kann von den Ideen wie von der Politik regiert werden, und es muss unentschieden bleiben, wer am Ende obsiegt. Es ist hier nicht der Ort und nicht die Zeit, politische Biographien zu schreiben oder alte Feindschaften zu pflegen. Für die Intellektuellen, deren Eingriffschancen Bourdieu formatiert hat, liegen mit Globalisierung, Informationsgesellschaft und terroristisch-bellizistischer Herausforderung genügend Aufgaben bereit, um ihre Energie, ihren Mut und ihre Eitelkeit in kreative Bahnen zu lenken.

Die klassische ideologische Debatte, nämlich die zwischen sozialistischen und liberalen Intellektuellen, hat bereits vor längerer Zeit begonnen zu verblassen. Kapitalismus und Staat, gesellschaftliche Modernisierung und kulturelle Identität geraten zwar nach wie vor über Kreuz, aber neue Problemlagen haben sich über diese mächtigen ideenpolitischen Blöcke geschoben. Nach der *great transformation* von Ökonomie und Staat, die den Einbruch in die Tiefenstruktur traditionalen sozialen Lebens bezeichnet, und der *permanent transformation*, wie wir die nie abgeschlossene Arbeit der gesellschaftlichen und kulturellen Modernisierung charakterisieren können, steht nun die *global transformation* an, deren Formate nach wie vor unklar sind. Pierre Bourdieu argumentiert an den Schnitt- und Sollbruchstellen der Interaktion von sozialen Systemen, kulturanthropologischen Räumen und Feldern und der Praxis empirischer Akteure, denen Intellektuelle mit Sprache und Kraft beizustehen suchen. Interessant ist heute der innere Zusammenhang zwischen seiner Theorie der Praxis, seinem Blick auf Luxus und Notwendigkeit der gesellschaftlichen Arbeit und seine Kritik von Wahrnehmungs-, Variations- und Zugehörigkeitsbereitschaft sozialer Schichten und Klassen, die mit der Globalisierung an Gewicht gewinnt. Bourdieu gehört noch zur Debatte zwischen sozialistischen und liberalen Intellektuellen – deshalb wird seine Kritik des Neoliberalismus von einer orthodoxen Linken auch gern wiederholt – und schon zur Figuration des *global intellectual*, die im Konflikt um die Gestaltung der Globalisierung zu wachsen beginnt.

Jede neue Figuration der Intellektuellen wird sich aber der älteren intellektuellen Kritik zu stellen haben, dem Vorwurf einer falschen Objektivität, die nur versuche, sich die Hände nicht schmutzig zu machen, dem Vorwurf einer gefährlichen Hybris, wenn sich Intellektuelle tatsächlich in die politische Arena begeben und einer nun einmal nicht perfekten Welt ihre abstrakten Ideale aufzunötigen versuchen. Es bleibt auch die Kritik an der Anmaßung der Intellektuellen, die den *ordinary people* sagen wollen, wie sie etwa mit der Globalisierung umzugehen hätten, um ein Wort von Paul Johnson in den Kontext der Globalisierungsdebatte zu verpflanzen. Der Hinweis, dass der europäische Totalitarismus nicht zuletzt von der Avantgarde der Intellektuellen gelebt habe, läßt sich so heute auch auf die Advokaten blanker Globalisierung anwenden. Aber nicht nur die Intellektuellenkritik, sondern auch die Intellektuellenerfahrung wirkt weiter. Die leitende Idee liberaler wie sozialistischer Intellektueller, traditionale Gesellschaften in – wie auch immer definierte – progressive Gesellschaften zu überführen, bewahrt etwas auf, das die *global intellectuals* zu interessieren hat. Liberale Intellektuelle haben eine moralische und pädagogische Mission, die die Idee der Freiheit auch in Zusammenhängen zu realisieren suchen, in denen die Bedingungen und Chancen ungleich verteilt sind. Von den Salons und Debattierklubs führt der Weg in eine Sphäre, die die Verbindung von Wirtschaft und Politik, Kultur und Kunst, Lebensführung und Lebenschancen als Gegenstand einer *allgemeinen Klasse* versteht und den liberalen Intellektuellen zumutet, bei jeder Reform zu überlegen, warum und wie sie den am meisten benachteiligten Individuen und Gruppen der Gesellschaft zum Vorteil gereicht – eine Anforderung, die John Rawls erst viel später auf den Punkt gebracht hat. Sozialistische Intellektuelle sollten keine Bohemiens sein, sondern in der politischen Erfahrung des Bürgertums gebildete Eliten sein, die auch noch ihre Klassenherkunft in eine Organisations- und Führungsleistung für die Arbeiterklasse und deren geschichtlicher Rolle einzusetzen bereit waren. Wenn die Intellektuellengeschichte auf die Dreyfus-Affaire zurückgeführt wird und zu Schriftstellern von Zola bis Sartre, wird diese Verflechtung von liberaler und sozialistischer Intellektualität deutlich, für deren ambivalentes Erbe beide Seiten Verantwortung tragen. Ob im Namen der Gerechtigkeit oder im Namen der Freiheit Opfer hingenommen werden, macht für die Verantwortung keinen Unterschied. Fortschritt bedeutete für beide, die aufstiegswilligen und aufstiegsbereiten Individuen durch gesteigerte Teilhabe in einen sozialen Prozess einzubeziehen, der Freiheit, Gerechtigkeit und Wohlstand für alle ermöglichte. Jedenfalls kann man nicht so tun, als ob liberale Intellektualität den Weg in die *global transformation* gehen könne, ohne sich im Kern zu verändern. Noch unter den okzidentalen Bedingungen der *permanent transformation* war eine *dritte Generation* von Intellektuellen entstanden, die stark von ihrer medialen Präsenz, der Fähigkeit zur Darstellung und zur Einbindung in ein Netz von Journalismus, Denkfabriken und ästhetischer Praxis bestimmt waren und Distanz zur Universität hielten. Häufig scheint diese Generation mit den liberalen Intellektuellen zu verschmelzen, aber so einfach geht es nicht.

Die Normalisierung des liberalen wie marxistischen Intellektuellen war zugeich ein Zähmungsprozess. Als Jean Paul Sartre 1968 im Rahmen der Mai-Unruhen in Paris festgenommen werden sollte, hat der französische Präsident Charles de Gaulle bemerkt, dass man Voltaire nicht verhafte und somit ein letztes Mal den liberal-marxistischen Konsensus zum Ausdruck gebracht. Tatsächlich gab es ein mehr oder weniger geheimes Einverständnis zwischen dem republikanisch-demokratischen Staat, der der intellektuellen Grundierung bedurfte, weil er gegenüber dem *ancien régime* sich noch unsicher fühlte, und den Intellektuellen als Priester, Lehrer und geistigen Platzanweiser benötigte, der eine unbestimmte hierarchische Ordnung im Konflikt bestätigt. Die einen hatten die Illusion, als Philosophenkönige wirkliche Macht auszuüben, die anderen, sich eine Legitimation zu verschaffen, die über Besitz und Kontrolle hinauswies. Damit scheint es zu Ende: der historische Kompromiss zwischen sozialistischen und liberalen Intellektuellen trägt ebenso wenig wie der wohlfahrtsstaatliche Kompromiss der Nachkriegsjahrzehnte. Wenn die wohlfahrtsstaatlichen Eliten ihre Sprache verlieren, weil sie die Rationalität und Legitimität ihres wohlfahrtsstaatlichen Regimes nicht mehr auf den Punkt zu bringen vermögen, verlieren auch die liberalen Intellektuellen – wenn sie im vertrauten Spiel von Markt und Staat verbleiben – die Fähigkeit, Rationalität und Legitimität der Bürgergesellschaft zu definieren. Wer die Kosten der Freiheit nicht einzutreiben vermag, sieht genauso schlecht aus wie jemand, der die Komplexität von Gerechtigkeitsansprüchen nicht mehr reduzieren kann.

Antonio Gramsci konnte mit dem organischen Intellektuellen noch die historische Rolle des Intellektuellen im sozialen Klassenkonflikt kulturell variieren. Michel Foucault hatte den spezifischen *operativen Intellektuellen* im Blick, der Biologie gegen Biologie, Rechts- gegen Rechtswissenschaft, Widerstand gegen Kontrolle zu mobilisieren vermochte, für den aber bereits keine große Erzählung mehr die Lebenden und die Toten des Konfliktes verband. Wenn heute von globalen Intellektuellen die Rede ist, so haben diese scheinbar keinen Boden mehr unter den Füßen: Verhalten sie sich wie die liberalen und marxistischen Intellektuellen im Banne von Markt und Staat, simulieren sie einen globalen Klassenkampf, der nicht in den geltenden Institutionen und Milieus der Massen verankert ist. Internalisieren sie die postmoderne Lektion und vervielfachen sie die Konflikt- und Identifikationschancen, so sind sie Multiplikatoren diffuser Gewaltbereitschaft wie Gewaltkritik, deren demokratische Legitimation eher ab- als zunimmt. Die Privatisierung globaler Gewalt, die neben die illegitime Gewalt von *failing states* und die fundamentalistische Gewaltbereitschaft, die Machtwillen und religiöse Rituale unmittelbar zu koppeln sucht, tritt, läßt den *global intellectual* scheinbar nur noch herumirren. Die historische Rolle der Intellektuellen zu beschwören hilft wenig, wohl aber ein Stück weit mit Pierre Bourdieu über Bourdieu hinauszudenken.

Drei komplementäre Motive

Das, was wir Globalisierung nennen, kann auch als ein praktischer Prozess verstanden werden, in dem Akteure die Zusammensetzung ihres Kapitals nutzen, um globales Kapital zu erzeugen. Für Bourdieu sind Akteure weder rationale Berechner noch bloße Spielzeuge der Notwendigkeit, wie er in einem Interview sagt: »Ich gehe davon aus, dass die sozialen Akteure gewitzt, subtil und schlau sind, mindestens ebenso sehr in den beherrschten Klassen wie in den herrschenden. Ich glaube, um einen kabylischen Bauern oder einen Bauer aus dem Béarn zu verstehen, ist es besser, nicht im 7. Arrondissement von Paris geboren zu sein. Denn die sozialen Beziehungen in diesen Welten sind sehr verwickelt. Die Akteure haben ein enormes Kapital von Kenntnis: Kenntnis der Anderen, von Strategien, von jeweils angebrachten Verhaltensweisen usw. Die Intuition, dass die so genannten primitiven oder einfachen Leute sehr raffinierte, weltkluge Leute sind, hat mich in meiner Arbeit immer geleitet.« Zugleich aber warnt Bourdieu vor dem Populismus, weil man sich auch »keine übertriebenen Vorstellungen vom Volk machen (sollte), wie das in verschiedenen Milieus immer wieder geschieht: denn durch Entfremden der sozialen und wirschaftlichen Bedingungen werden Menschen verändert. Man darf von ihnen keine intellektuellen Großtaten erwarten. Was nicht heißt, dass sie nicht raffiniert sind, wenn es um soziale Beziehungen geht. Aber viele Verhaltensweisen, Wirtshausscherze, Unterhaltungen usw. muss man so nehmen, wie sie sind, ohne Beschönigung. Es geht darum, zu verstehen. Der typische Populismus ist dagegen oft eine Umkehrung der arrogance von biens élèves.« Bourdieus Theorie der dynamischen Kapitalzusammensetzung ist damit noch nicht ausgeschöpft. Er spricht im Zusammenhang mit den früheren realsozialistischen Gesellschaften auch von bürokratischem oder politischem Kapital, das zu der gewöhnlichen okzidentalen Kapitalzusammensetzung hinzutritt. Dieser Begriff des politischen Kapitals eröffnet den Zugang zur Diskussion öffentlicher Güter, die der normalen Rivalität der privaten Güterproduktion entzogen sind und im Prinzip jedem zugänglich. Die Debatte um die Rolle öffentlicher Güter ist wesentlich für das Verständnis der Globalisierung, weil öffentliche Güter auf jeder lokalen, regionalen, nationalen und kontinentalen Ebene erbracht werden müssen, wenn die private Güterproduktion und ihr Austausch im Prinzip alle Grenzen zu überwinden in der Lage sein sollen. Globale öffentliche Güter mögen Sicherheit, nachhaltige Entwicklung und Bildung sein, regionale europäische öffentliche Güter mögen enger geführt sein als dynamische Verteilungsgerechtigkeit, kulturelle Nachhaltigkeit und egalitäre Intelligenz des Konsums, lokale öffentliche Güter mögen die Begegnungschancen unterschiedlicher Klassen und Individuen vor Ort, die Großzügigkeit im Umgang von Lebensentwürfen miteinander und den Zugang zu allen Kommunikationsmitteln enthalten: Auf jeder lokalen, regionalen, nationalen und globalen Ebene müssen Akteure ihr Kapital zusammensetzen, im Konflikt mit anderen Zusammensetzungen behaupten und der Welt privater Güter- eine Welt öffentlicher Güterproduktion komplementär entgegensetzen, wie immer diese von Staat oder Markt erbracht werden. Bourdieu ist hier mit Keynes und Schumpeter in einer Reihe zu betrachten, um die Aggregation der Nachfrage als ökonomischen, sozialen und kulturellen Prozess zu verstehen. Auch die früher häufig geäußerte Kritik, Bourdieus Theorie sei zu französisch, um europäisch oder gar global verallgemeinert zu werden, läßt sich so überwinden: Bourdieu selbst spricht von der französischen Tradition zwar als einem irreduziblen Element, aber auch von einem »historischen Rest«, einer nationalen Tradition, die sich (zwar) nicht vollständig erklären lasse, die aber in die Theorie der Kapitalzusammensetzung eingefügt ist und nicht umgekehrt.

Ein zweites Motiv – neben dem der Kapitalzusammensetzung –, das sich für die differenzierte Auseinandersetzung mit Globalisierungsprozessen vorzüglich eignet, ist Bourdieus strukturelle Hervorhebung des Bildungssektors als distributiver Instanz *sans phrase*. Weltweit gilt, sagt

Bourdieu, dass das kulturelle Kapital in Bezug auf die soziale Reproduktion, den Machterhalt, die Privilegien usw. den Platz des ökonomischen einnimmt. Immer mehr ist es dasjenige Kapital, das man braucht, um in der Gesellschaft zu reüssieren. Es ist der neue Reichtum. Das bedeutet nicht, dass das ökonomische Kapital keine Rolle mehr spielt, aber es ist in seiner Bedeutung relativiert. Selbst der Besitzer eines großen ökonmischen Kapitals kann sich nicht mehr vollständig reproduzieren, also seine Stellung weitergeben, ohne die Sanktion des Schulsystems. »Zweifellos entsteht so etwas wie ein globaler Erziehungs- und Bildungssektor, auf dem Wirtschaftsberatungsunternehmen höheren Einfluss als Kultusministerien nehmen und dessen Konkurrenz- und Aufstiegsstruktur für die globale Klassenbildung von entscheidender Bedeutung ist.« Bourdieus Analyse hat fast die Ergebnisse der PISA-Studie vorweggenommen: »Der Mai 68 hat eigentlich nirgends viel bewirkt. Die Bewegung war symbolisch sehr wichtig, sie hat die Gehirne verändert, also die Denkweisen und Wahrnehmungen etwa von Hierarchien, Autorität, dem Verhältnis zwischen den Geschlechtern – aber in der Wirklichkeit, und besonders im Schulsystem, hat sie nicht viel erreicht.« Das Feld von Arbeit, Wissen, Lebensführung und Hierarchie wird im Prozess der Globalisierung neu vermessen und Bourdieus Kritik der ökonomistischen Sprache der Flexibilisierung, der Produktivität und der Wettbewerbsfähigkeit trifft in das Herz dieses Wahrnehmungs-, Deutungs- und Entscheidungsprozesses. Immanuel Todd hat darauf hingewiesen, wie sehr durch Bildung stratifizierte Gesellschaften dazu neigen, wieder stärker oligarchische Führungs- und Machtstrukturen herauszubilden. Die PISA-Studie hat dem deutschen Bildungsreformismus der 70er Jahre seinen Misserfolg vorgerechnet – wie auch den Advokaten bürgerlicher Selektions- und Leistungsideologien – hat aber noch nicht den Sinn für die neuen Risiken der Oligarchie geschärft.

Last but not least, ist es der böse Blick auf die Eliten, der Bourdieu für die Globalisierungsdebatte interessant macht, obwohl oder vielleicht gerade weil Bourdieu im hierarchischen Spiel hoch angesiedelt war, diese Position auch nie geleugnet, sondern sie genutzt hat, um intellektuelle Gegenwelten aufzubauen. Aus den Arbeiten Michael Hartmanns wissen wir, wie sehr die ökonomischen Eliten in Großbritannien und Frankreich, den Vereinigten Staaten und Deutschland sich reproduzieren, wie in Großbritannien und Frankreich die Hierarchisierung des Universitätssystems und in Deutschland informelles, kulturelles Kapital für die Verteidigung erworbener Status-Positionen entscheidend ist – mit den Vereinigten Staaten irgendwo in der Mitte. Bourdieus frühes mit Passeron geschriebenes Werk, wörtlich übersetzt: *Die Erben*, könnte heute neu aufgelegt werden, ohne sehr viel an Aktualität zu verlieren. Interessanter noch ist Bourdieus Analyse der dynamischen Positionsverteidigung, wie sie in der Theorie der feinen Unterschiede bereits angelegt ist und verallgemeinert werden könnte. Bourdieu verteidigt seine komplizierte Methode gegenüber den telekratischen Anforderungen an Simplizität, die gerade die Elitentheorie wie die Elitenkritik scheinbar zu befriedigen hat. Wahrscheinlich ist es die tiefe Erfahrung mitten in der Elite zu sein, die Bourdieu vor der Verführung geschützt hat, einfach nur anti-elitistisch zu sein. Er sagt an einer Stelle, dass die Methode von *Elend der Welt* keineswegs einfacher sei als die der *Feinen Unterschiede*, obwohl Medien und Theater die Kritik des Ghettos natürlich mehr lieben als die Kritik der Regisseure, Schauspieler und Professoren. Es ist diese Aufrichtigkeit, die gerade in Bourdieus Interviews durchscheint und den Leser einnimmt.

An den Grenzen der Bourdieuschen Gesellschaftskritik

Schatten wird immer dort geworfen, wo Licht scheint. Bourdieu hat sich nie wirklich für die internationalen Beziehungen interessiert, für die Differenzierung zwischen den lokalen, regionalen, nationalen und kontinentalen Entscheidungsniveaus. Deshalb bleibt sein Begriff des globalen Kapitals unscharf, erlaubt zum Beispiel nicht die Unterscheidung zwischen einem globalen Finanz- und regionalen Dienstleistungskapital, obwohl – wie schon angemerkt – die Theorie der Kapitalzusammensetzung die Instrumente dafür in die Hand gibt. Das führt dazu, dass die europäische Dimension, obwohl sie politisch immer wieder angeführt wird, keine klare Gestalt gewinnt, sondern immer so aussieht, als ob man die national- und wohlfahrtsstaatliche Klassendifferenz gewissermaßen nur eine Etage höher fahren müsse. Das hat sich in der mangelnden Präzision der Bourdieuschen Europäisierungsdebatte bereits gerächt. Diese Unschärfe verbindet ihn mit vielen Intellektuellen wie Günter Grass, mit dem Pierre Bourdieu wie Gerhard Schröder auf anrührende Weise öffentlich aufgetreten sind, was aber zur Klärung der Sache nicht immer beigetragen hat.

Gerade weil Bourdieu einen Sinn für den entstehenden globalen Erziehungs- und Bildungsmarkt hat, weil er die Stellung der Bildung im Quadrat von Arbeit, Wissen, Lebensführung und Hierarchie genau versteht, zögert er vor dem Eintritt in eine echte politisch-ökonomische

Debatte. Er bleibt in der überkommenen Arbeitsteilung von Ökonomen und Soziologen befangen. Bourdieu spürt sehr genau, dass sich in der künstlerischen und kulturellen Praxis eine Aggregation von Arbeit, Dienen und Tauschen abzeichnet, die einen anderen Begriff von politischer Ökonomie und gesellschaftlicher Kultur verlangt, als ihn der alte Kapitalismus provoziert hat. Auch für ihn ist es bereits das kulturelle Kapital, das den gewöhnlichen Ton von Angebot und Nachfrage auf den Weltmärkten angibt, wie immer und wo immer auch Industrialisierung nachgeholt werden muss. Weil aber das künstlerische Feld für ihn doch immer noch der Ort bleibt, an dem die außergewöhnlichsten Dinge der Menschheit produziert werden, nimmt er die Normalisierung, die mit der globalisierten tertiären Produktions- und Dienstleistungsweise verbunden ist, nicht mit der Genauigkeit wahr, die seine Methode ansonsten auszeichnet. So bleiben Kritik des Elends der Welt und Kritik der Verfeinerung des Kapitalismus – Kritik der Information, könnte man mit Scott Lash sagen – getrennt und finden nicht wirklich zusammen. Bourdieu weiß sehr wohl, dass seine Untersuchung der feinen Unterschiede in Marketingschulen gelesen wird, aber seine Auseinandersetzung damit bleibt begrenzt.

Vor allem ist seine Vorstellung der Elitenkritik, der Provokation zu Elitenkonflikt und progressiven Verfassung von Elitenkonsensus zu alteuropäisch. Eine intellektuelle Gruppe, die das europäische Parlament berät, eine Buchreihe herausgibt oder »ein Beobachtungsgremium, das kritisch die Schaffung europäischer Institutionen begleitet... eine europäische Universität, damit wir einen kritischen europäischen Rahmen schaffen können«, das ist am Ende so wirkungsvoll wie der Aufruf der Industriegewerkschaft Metall zur Unterstützung der *attac*. Erfolgreich sind diese klassischen Mittel vielleicht noch bei der Abwehr von Angriffen auf Wohlfahrtsansprüche – die bereits leicht in eine bloße Bewahrung des öffentlichen Dienstes umschlägt –, aber für die Auseinandersetzung um die Gestaltung der Globalisierung reichen diese Kommunikationsmittel nicht, zumal die *global transformation* nicht allein von Europa und Amerika aus definiert werden wird. Vermutlich wissen wir nicht, was wir besser machen können, aber wir ahnen, dass mit Pierre Bourdieu mehr als ein Leben zu Ende gegangen ist.

Liste der zitierten Werke Bourdieus

1958: Sociologie de l'Algérie, Paris

1963: Travail et Travailleurs en Algérie (mit Alain Darbel, Jean-Paul Rivet, Claude Seibel), Paris/ Den Haag

1964a: Le déracinement. La crise de l'agriculture traditionnelle en Algérie (mit Abdelmalek Sayad), Paris

1964b: Les étudiants et leurs études (mit Jean-Claude Passeron & Michel Eliard), Paris/ Den Haag

1964c: Les héritiers. Les étudiants et la culture (mit Jean-Claude Passeron), Paris (deutsch in 1971)

1965a: Un art moyen. Essais sur les usages sociaux de la photographie (mit Luc Boltanski u. a.), Paris (deutsch = 1981b)

1965b: Rapport pédagogique et communication (mit Jean-Claude Passeron u.a.), Paris/ Den Haag

1966: L'amour de l'art. Les musées d'art et leur public (mit Alain Darbel, Dominique Schnapper), Paris

1966a: Klassenstellung und Klassenlage (in 1970b)

1967a: Der Habitus als Vermittlung zwischen Struktur und Praxis (in 1970b)

1967b: Soziologie und Philosophie in Frankreich seit 1945: Tod und Wiederauferstehen einer Philosophie ohne Subjekt. In: Wolf Lepenies (Hrsg.): Geschichte der Soziologie. Studien zur kognitiven, sozialen und historischen Identität einer Disziplin, Bd. 3, Frankfurt/Main 1981, S. 496-551

1968: Le métier de sociologue. Préalables épistémologiques (mit Jean-Claude Chamboredon und Jean-Claude Passeron), Paris (= 1991a)

1970a: La reproduction. Eléments pour une théorie du système d'enseignement (mit Jean-Claude Passeron), Paris (teilw. in 1973)

1970b: Zur Soziologie der symbolischen Formen, Frankfurt/Main.

1971: Die Illusion der Chancengleichheit (mit Jean-Claude Passeron), Stuttgart

1972: Esquisse d'une théorie de la pratique, précédé de trois études d'ethnologie kabyle, Genf (= 1976)

1973: Grundlagen einer Theorie der symbolischen Gewalt. Kulturelle Reproduktion und soziale Reproduktion, Frankfurt/Main

1975: The specifity of the scientific field and the social conditions of the progress of reason. In: Social Science Information 14 (6), S. 19-47

1976: Entwurf einer Theorie der Praxis auf der ethnologischen Grundlage der kabylischen Gesellschaft, Frankfurt/Main.

1977: Algérie soixante. Structures économiques et structures temporelles, Paris (= 2000c)

1979: La distinction. Critique sociale du jugement, Paris (= 1982c)

1980a: Le sens pratique, Paris (= 1987b)

1980b: Questions de sociologie, Paris (= 1993b)

1981a: Titel und Stelle. Über die Reproduktion sozialer Macht (mit Luc Boltanski, Monique de Saint Martin, Pascale Maldidier) Frankfurt/Main

1981b: Eine illegitime Kunst. Die sozialen Gebrauchsweisen der Photographie, Frankfurt/Main

1982a: Ce que parler veut dire, Paris (= 1990)

1982b: Leçon sur la leçon, Paris (= 1985)

1982c: Die feinen Unterschiede. Kritik der gesellschaftlichen Urteilskraft, Frankfurt/Main

1982d: Les Rites comme actes d'institution. In: Actes de la recherche en sciences sociales, Nr. 43, S. 58-63.

1983a: Ökonomisches Kapital, kulturelles Kapital, soziales Kapital. In: Reinhard Kreckel (Hrsg.): Soziale Ungleichheiten (Soziale Welt, Sonderbd. 2), Göttingen, S. 183-198.

1983b: The Philosophical Establishment. In: Alan Montefiore (Hrsg.): Philosophy in France Today, Cambridge, S. 1-9.

1983c: Vernunft ist eine historische Errungenschaft wie die Sozialversicherung. Bernd Schwibs im Gespräch mit Bourdieu. In: Neue Sammlung 25/1983, S. 272-78.

1984: Homo academicus, Paris (= 1988c)

1985: Sozialer Raum und »Klassen«. Leçon sur la leçon. Zwei Vorlesungen, Frankfurt/Main

1985a: Zur Genese der Begriffe Habitus und Feld (in 1997c, S. 59-78)

1986: Der Kampf um die symbolische Ordnung. Pierre Bourdieu im Gespräch mit Axel Honneth, Hermann Kocyba und Bernd Schwibs. In: Ästhetik und Kommunkation, Nr. 61/62, 16/1986, S. 142-165. (als »Fieldwork in Philosophy« in 1987a/ 1992b, S. 15-49)

1986a: Historische und soziale Voraussetzungen des modernen Sports. In: G. Hortleder/ G. Gebauer (Hrsg.): Sport – Eros – Tod. Frankfurt/Main, S. 91-112.

1987a: Choses dites, Paris (= 1992b)

1987b: Sozialer Sinn. Kritik der theoretischen Vernunft, Frankfurt/Main

1987c: Wie eine soziale Klasse entsteht (in 1997c, S. 102-29)

1988a: L'ontologie politique de Martin Heidegger, Paris

1988b: Die politische Ontologie Martin Heideggers, Frankfurt/Main

1988c: Homo academicus, Frankfurt/Main

1989a: La Noblesse d'état. Grandes écoles et esprit de corps, Paris (= 1991b)

1989b: Préface zu: Langues en Béarn, Toulouse/Pau

1989c: Satz und Gegensatz. Über die Verantwortung des Intellektuellen, Berlin

1989d: Antworten auf einige Einwände. In: Klaus Eder (Hrsg.): Klassenlage, Lebensstil und kulturelle Praxis. Frankfurt/Main, S. 395-410.

1990a: Was heißt sprechen?, Wien

1990b: La domination masculine. In: Actes de la recherche en sciences sociales, Nr. 84, S. 2-31.

1991a: Soziologie als Beruf (mit Jean-Claude Chamboredon und Jean-Claude Passeron), Berlin

1991b: Die Intellektuellen und die Macht, Hamburg

1991c: Physischer, sozialer und angeeigneter physischer Raum. In: Martin Wentz (Hrsg.): Stadt-Räume, Frankfurt/Main, S. 25-34.

1991d: The Peculiar History of Scientific Reason. Sociological Forum 6 (1), S. 3-26

1991e: On the Possibility of a Field of World Sociology, in: P. Bourdieu/ J. S. Coleman (Hrsg.): Social Theory for a Changing Society, Boulder (USA), S. 373-387

1992a: Les règles de l'art, Paris (= 1999)

1992b: Rede und Antwort, Frankfurt/Main

1992c: Die verborgenen Mechanismen der Macht. Schriften zu Politik & Kultur 1, Hamburg

1993a: La misère du monde, Paris (= 1997b)

1993b: Soziologische Fragen, Frankfurt/Main

1993c: Über die »scholastische Ansicht«. In: Gunter Gebauer/ Christoph Wulf (Hrsg.): Praxis und Ästhetik. Neue Perspektiven im Denken Pierre Bourdieus, Frankfurt/Main, S. 341-356

1994a: Raisons pratiques, Paris (= 1998c)

1994b: Libre-Échange (mit Hans Haacke), Paris

1995a: Freier Austausch. Für die Unabhängigkeit der Phantasie und des Denkens (mit Hans Haacke), Frankfurt/Main

1995b: Narzißtische Reflexivität und wissenschaftliche Reflexivität. In: Eberhard Berg/ Martin Fuchs (Hrsg.): Kultur, soziale Praxis, Text. Frankfurt/Main, S. 365-374

1996a: Sur la télévision; suivi de l'emprise du journalisme, Paris/ Dijon (= 1998f)

1996b: Reflexive Anthropologie, Frankfurt/Main

1996c: On the Family as a Realized Category. In: Theory, Culture and Society, Nr. 13, 3/1996, S. 19-26

1996d: Über die Beziehungen zwischen Geschichte und Soziologie in Frankreich (Gespräch mit Lutz Raphael). In: Geschichte und Gesellschaft 22/1996, S. 62-89

1997a: Méditations pascaliennes. Éléments pur une philosophie négative, Paris (= 2001f)

1997b: Das Elend der Welt, Konstanz

1997c: Der Tote packt den Lebenden. Schriften zu Politik & Kultur 2, Hamburg

1997d: Die männliche Herrschaft. In: Irene Dölling/ Beate Krais (Hrsg.): Ein alltägliches Spiel. Geschlechterkonstruktion in der sozialen Praxis, Frankfurt/Main, S. 153-217

1997e. Männliche Herrschaft revisited. In: Feministische Studien, Heft 2, S. 88-99

1998a: Contre-feux. Propos pour servir à la résistance contre l'invasion néo-libérale, Paris

1998b: La domination masculine, Paris

1998c: Praktische Vernunft. Zur Theorie des Handelns, Frankfurt/Main

1998d: Gegenfeuer. Wortmeldungen im Dienste des Widerstands gegen die neo-liberale Invasion, Konstanz

1998e: Vom Gebrauch der Wissenschaft. Für eine klinische Soziologie des wissenschaftlichen Feldes, Konstanz

1998f: Über das Fernsehen, Frankfurt/Main

1998g: L'etat, l'économie et sport. In: Football and Societies. Sociétés & Représentations, Nr. 7, Dezember 1998, S. 13-19

1999: Die Regeln der Kunst. Genese und Struktur des literarischen Feldes, Frankfurt/Main

2000a: Les structures sociales de l'économie, Paris

2000b: Propos sur le champ politique, Lyon (= 2001c)

2000c: Die zwei Gesichter der Arbeit, Konstanz

2000d: Das religiöse Feld. Texte zur Ökonomie des Heilsgeschehens, Konstanz

2000e: Der Einzige und sein Eigenheim. Schriften zu Politik & Kultur 3, Hamburg

2000f: Séminaire de l'EHESS, 1er février 2000 (nicht publiziert, ohne Paginierung)

2001a: Contre-Feux 2. Pour un mouvement social européen, Paris

2001b: Science de la science et réflexivité: Cours du Collège de France 2000-2001, Paris

2001c: Das politische Feld. Zur Kritik der politischen Vernunft, Konstanz

2001d: Wie die Kultur zum Bauern kommt. Über Bildung, Klassen und Erziehung. Schriften zu Politik & Kultur 4, Hamburg

2001e: Die Regeln der Kunst. Genese und Struktur des literarischen Feldes, Frankfurt/Main

2001f: Meditationen. Zur Kritik der scholastischen Vernunft, Frankfurt/Main

2001g: Gegenfeuer 2. Für eine europäische soziale Bewegung, Konstanz

2001h: Teilen und herrschen. Zur symbolischen Ökonomie des Geschlechterverhälnisses. In: Claudia Rademacher/ Peter Wiechens (Hrsg.): Geschlecht – Ethnizität – Klasse. Zur sozialen Konstruktion von Hierarchie und Differenz, Opladen, S. 11-30.

2002a: Le Bal des célibataires: Crise de la société paysanne en Béarn, Paris

2002b: Ein soziologischer Selbstversuch, Frankfurt/Main

2002c: Interventions, 1961-2001. Science sociale et action politique, Marseille

2003: Interventionen 1961-2001. Sozialwissenschaft und politisches Handeln, Bd. 1: 1961-1980, Hamburg

Autorinnen und Autoren

Steffani Engler, geb. 1960, vertritt derzeit eine Professur an der Universität Gießen. Studium von Erziehungswissenschaft, Soziologie und Psychologie in Marburg und Siegen. Promotion 1992, Habilitation 2000. *Forschungsschwerpunkte:* Soziologie der Geschlechterverhältnisse, Soziologische Theorie (insbes. Bourdieu), Hochschul- und Wissensforschung, Jugendforschung, sozialwissenschaftliche Hermeneutik.
Ausgewählte Publikationen: Fachkultur, Geschlecht und soziale Reproduktuion. Weinheim 1993; »*In Einsamkeit und Freiheit«? Zur Konstruktion der wissenschaftlichen Persönlichkeit auf dem Weg zur Professur.* Konstanz 2001.
Email: engler@uni-muenster.de

Gerhard Fröhlich, geb. 1953, Assistenzprofessor am Institut für Philosophie und Wissenschaftstheorie der Universität Linz. Studium der Soziologie, Philosophie, Politikwissenschaft in Wien, Hannover und Bielefeld. Promotion 1981. *Forschungsschwerpunkte:* Wissenschaftsforschung (Kritik Szientometrie, Peer Review, Fälschung), Kultur- und Medientheorie.
Ausgewählte Publikationen: Das symbolische Kapital der Lebensssstile. Zur Kultursoziologie der Moderne nach Pierre Bourdieu. Frankfurt/Main und New York 1994 (Hrsg., mit Ingo Mörth); *Symbolische Anthropologie der Moderne? Zur Kulturanalyse nach Clifford Geertz.* Frankfurt/Main und New York 1998 (Hrsg., mit Ingo Mörth). Datenbanken gem. mit Ingo Mörth: HyperBourdieu 1999ff., HyperGeertzWorldCatalogue 2001ff., HyperEliasWorldCatalogue. Schriftenliste und Links: <www.iwp.uni-linz.ac.at/iwp/facts/LLGFwww.html#gf>.
Email: gerhard.froehlich@jku.at

Gunter Gebauer, geb. 1944, Professor am Institut für Philosophie der Freien Universität Berlin. Studium von Philosophie, Linguistik und Sport, sowie Allgemeiner und Vergleichender Literaturwissenschaften in Kiel, Mainz und Berlin. Promotion 1969, Habilitation 1975. *Forschungsschwerpunkte:* Historische Anthropologie, Sprachtheorie, Sozialphilosophie.
Ausgewählte Publikationen: Der Einzelne und sein gesellschaftliches Wissen. Untersuchungen zum symbolischen Wissen. Berlin 1981; *Historische*

Anthropologie. Reinbek 1989; *Spiel – Ritual – Geste. Das Mimetische in der sozialen Welt.* Reinbek 1998 (mit C. Wulf); *Sport in der Gesellschaft des Spektakels.* St. Augustin 2002.
Email: ggebauer@zedat.fu-berlin.de

Rolf-Dieter Hepp, geb. 1958, Privatdozent am Institut für Soziologie der FU Berlin und Lehrbeauftragter an der Arbeitsstelle für Semiotik der TU Berlin. Studium der Soziologie in Berlin. Promotion 1987, Habilitation 1999. *Forschungsschwerpunkte*: Soziale Ungleichheit, Probleme der symbolischen Gewalt, Verhältnis von Soziologie und Semiotik.
Ausgewählte Publikationen: Bourdieu. Sozioanalyse, Soziosemiotik. Wien 2000. *Transpositionen: Von Marx zu Bourdieu — von Bourdieu zu Marx.* In: Jeff Bernard (Hrsg.): Money, Meaning and Mind, Wien 2001.
Email: kerghepp@gmx.de

Joseph Jurt, geb. 1940, Professor für Romanistik an der Universität Freiburg. Studium von Romanistik, Geschichte und Literatursoziologie in Fribourg und Paris. Promotion 1966, Habilitation 1978. *Forschungsschwerpunkte*: Ästhetische Theorie, Rezeptionsforschung, Literatursoziologie.
Ausgewählte Publikationen: Das literarische Feld. Das Konzept Pierre Bourdieus in Theorie und Praxis. Darmstadt 1995; *Zeitgenössische französische Denker: Eine Bilanz.* Freiburg 1998 (Hrsg.); *Le champ littéraire* (Sondernummer von *Regards sociologiques*) 1999 (Hrsg.); *Von Michel Serres bis Julia Kristeva.* Freiburg 1999 (Hrsg.); *Le texte et le contexte. Analyses du champ littéraire français.* Paris, Berlin 2002 (Hrsg., m. M. Einfalt).
Email: joseph.jurt@romanistik.uni-freiburg.de

Hubert Knoblauch, geb. 1959, Professor für Allgemeine Soziologie an der Technischen Universität Berlin. Studium von Soziologie, Philosophie und Geschichte in Konstanz und Brighton. Promotion 1989, Habilitation 1994. *Forschungsschwerpunkte*: Wissenssoziologie, Kommunikation, Qualitative Methoden, Religionssoziologie.
Ausgewählte Publikationen: Religionssoziologie. Berlin 1999; *Todesnähe. Interdisziplinäre Beiträge zu einem außergewöhnlichen Phänomen.* Konstanz 1999 (Hrsg., m. H. G. Soeffner); *Berichte aus dem Jenseits. Mythos und Realität der Nahtoderfahrung.* Freiburg 1999; *Verbal Art Across Cultures. The Aesthetic and Proto-Aesthetic Forms of Communication.* Tübingen 2001 (Hrsg., m. H. Kotthoff).
Email: hubert.knoblauch@tu-berlin.de

Boike Rehbein, geb. 1965, derzeit Habilitationsstipendiat der DFG. Studium der Philosophie, Soziologie und Geschichte in Freiburg, Paris, Göttingen, Frankfurt und Berlin. Promotion 1996. *Forschungsschwerpunkte*: Südostasien, Globalisierung, Gesellschaftstheorie, Verstehen. *Ausgewählte Publikationen*: *Was heißt es, einen anderen Menschen zu verstehen?* Stuttgart 1997; *Gesellschaft und Theorie. Zum Einfluß der Sozialstruktur auf die Begriffsbildung Bacons und Galileis*. Emmendingen 1999 (2. Auflage 2003); *Laotische Grammatik*. Hamburg 2003 (mit Sisouk Sayaseng).
Email: brehbein@gmx.de

Gernot Saalmann, geb. 1963, derzeit Lehrbeauftragter für Soziologie in Freiburg. Studium von Ethnologie, Geographie, Soziologie und Politikwissenschaft in Freiburg. Promotion 2001. *Forschungsschwerpunkte*: Wissenschaftstheorie, Wissenssoziologie, Religionssoziologie, Kultursoziologie.
Ausgewählte Publikationen: *Der Stellenwert von Kultur in den großen soziologischen Theorieentwürfen*. In: S. Fröhlich (Hrsg.), Kultur – ein interdisziplinäres Kolloquium zur Begrifflichkeit. Halle 2000, S. 165-77; *Solidarity in a Society of Strangers*. (8 S.) Publiziert 2002 unter www.freidok.uni-freiburg.de/volltexte/567; *Fremdes Verstehen. Das Problem des Fremdverstehens vom Standpunkt einer ›metadisziplinären‹ Kulturanthropologie*. Münster 2003 (im Druck); *Die Religionen vor der Herausforderung der Globalisierung*. In: I-J. Werkner/ N. Leonhard (Hrsg.), Aufschwung oder Niedergang? Religion und Glauben in Militär und Gesellschaft zu Beginn des 21. Jahrhunderts. Frankfurt 2003, S. 177-88.
Email: gernotsaalmann@yahoo.de

Franz Schultheis, geb. 1953, Professor für Soziologie an der Universität Genf. Studium von Soziologie, Psychologie und Politikwissenschaft in Nancy, Freiburg und Konstanz. Promotion 1986, Habilitation 1993. *Forschungsschwerpunkte*: Interkultureller Vergleich von Sozialstruktur, Wohlfahrtsstaat und alltäglichen Lebensverhältnissen.
Ausgewählte Publikationen: *Familien und Politik: Formen wohlfahrtsstaatlicher Regulierung im deutsch-französischen Gesellschaftsvergleich*. Konstanz 1999; *Un inconscient académique fait homme: le Privatdozent*. In: Actes de la Recherche en Sciences Sociales Nr. 135, 2000, S. 58-62.
Email: franz.schultheis@socio.unige.ch

Kristina Schulz, geb. 1971, Wissenschaftliche Assistentin am Dép. de Sociologie der Universität Genf. Studium von Geschichte, Germanistik

und Romanistik in Straßburg, Freiburg, Bielefeld und Paris. Promotion 2001. *Forschungsschwerpunkte*: Soziologie und Geschichte sozialer Bewegungen, Zeitgeschichte, vergleichende Geschichte (Schwerpunkt Deutschland/ Frankreich), Ungleichheitsforschung, Geschlechterforschung.
Ausgewählte Publikationen: Der lange Atem der Provokation. Die Frauenbewegung in Frankreich und der Bundesrepublik, 1968 – 1976. Frankfurt 2002; *»1968« – eine sexuelle Revolution?* In: K. Teppe/ J. Paulus (Hrsg.), Die Sechziger Jahre. Paderborn 2002 (im Druck); *Vom Buch zur »Bibel« der Frauenbewegung. »Das andere Geschlecht« in der Bundesrepublik.* In: Frankreichjahrbuch 12/1999, Opladen, S. 179-94.
Email: kristina.schulz@gmx.de

Herman Schwengel, geb. 1949, Professor für Soziologie, Direktor des Instituts für Soziologie der Universität Freiburg. Studium der Philosophie und Sozialwissenschaften in Konstanz, Marburg und Zürich. Promotion 1978, Habilitation 1987. *Forschungsschwerpunkte*: Globalisierung, Kulturtheorie, Soziologie der Politik.
Ausgewählte Publikationen: Der kleine Leviathan. Politische Zivilisation um 1900 und die amerikanische Dialektik von Modernisierung und Moderne. Frankfurt/Main 1988; *Globalisierung mit europäischem Gesicht. Der Kampf um die politische Form der Zukunft.* Berlin 1999.
Email: hermann.schwengel@soziologie.uni-freiburg.de

Wolfgang Settekorn, geb. 1945, Professor für Linguistik des Französischen/ Medien- und Kommunikationswissenschaft am Fachbereich 7 der Universität Hamburg. Studium der Germanistik und Romanistik in Heidelberg, Fribourg und Mannheim. Promotion 1973. *Forschungsschwerpunkte*: Sprachwissenschaft, Textlinguistik, linguistische Pragmatik, Soziolinguistik, Fachgeschichte der Sprachwissenschaft, Medien- und Ökolinguistik.
Ausgewählte Publikationen: Sprachnorm und Sprachnormierung. Deskription – Praxis – Theorie. Wilbersfeld 1990, 2. Aufl. 2001 (Hrsg.); *Weltbilder der Wetterberichte.* Frankfurt/Main (Hrsg.); *Sprachgeschichte und Geschichte der Sprecher.* In: A. Gil/ C. Schmitt (Hrsg.), Aufgaben und Perspektiven der romanischen Sprachgeschichte im dritten Jahrtausend. Bonn 2003, S. 147-72;
Email: fs3a590@rzaixrv2.rrz.uni-hamburg.de

Henning Teschke, geb. 1965, zur Zeit Lehrbeauftrager an der Universität Osnabrück. Studium von Philosophie, Romanistik und Germanistik in Wien, Freiburg, Frankfurt, Berlin und Paris. Promotion 1996. *Forschungsschwerpunkte*: Philosophie und Ästhetik der Moderne, italienische Literatur des 20. Jahrhunderts, Littérature mineure, Philosophie der Differenz.

Ausgewählte Publikationen: Französische Literatur des 20. Jahrhunderts. Stuttgart 1998; *Proust und Benjamin: Unwillkürliche Erinnerung und dialektisches Bild.* Würzburg 2000.

Email: teschke69@aol.com

Loïc Wacquant, geb. 1960, Professor für Soziologie der Universität von Kalifornien in Berkeley und Researcher am Centre de Sociologie Européenne des Collège de France. Studium in Montpellier, Paris und Chicago. Promotion 1994. *Forschungsschwerpunkte*: Ungleichheitsforschung, Ethnorassische Herrschaft, Politik der Strafjustiz, Körper und Gewalt.

Ausgewählte Publikationen: Reflexive Anthropologie (1992, mit Pierre Bourdieu). Frankfurt 1998; *Elend hinter Gittern* (1999). Konstanz 2000; *Leben für den Ring: Ethnographische Aufzeichnungen eines Box-Schülers* (2000). Konstanz 2003 (im Druck); *Deadly Symbiosis: Race and the Neoliberal Penalty.* Cambridge 2003 (im Druck); *Die Verdammten der Stadt.* Opladen 2003 (im Druck).

Email: loic@uclink4.berkeley.edu

Hans-Josef Wagner, geb. 1951, derzeit Vertretungsprofessur für Soziologie und Sozialpsychologie am Fachbereich Gesellschaftswissenschaft der Universität Frankfurt. Studium von Erziehungswissenschaft, Soziologie, Psychologie und Philosophie. Promotion 1982, Habilitation 1987. *Forschungsschwerpunkte*: Soziologische Theorie, Bildungstheorie, Professionalisierungstheorie, rekonstruktive Sozialforschung (Objektive Hermeneutik).

Ausgewählte Publikationen: Strukturen des Subjekts. Eine Studie im Anschluss an George Herbert Mead. Opladen 1993; *Thesen zu einer zukünftigen Sozialisationstheorie.* In: D. Geulen/ H. Veith (Hrsg.), Sozialisationstheorie interdisziplinär – Perspektiven für das nächste Jahrzehnt. (2003, im Druck); *Sozialität und Reziprozität. Strukturale Sozialisationstheorie, Bd. 1* (im Druck).

Email: hans.me.wagner@t-online.de

Christoph Wulf, geb. 1944, Professor für Allgemeine und Vergleichende Erziehungswissenschaft an der Freien Universität Berlin. Promotion 1973, Habilitation 1975. *Forschungsschwerpunkte*: Historischpädagogische Anthropologie, soziale Mimesis, ästhetische und interkulturelle Erziehung, Performitäts- und Ritualforschung.

Ausgewählte Publikationen: Vom Verstehen des Nichtverstehens: Ethnosoziologie interkultureller Begegnungen (1998). Frankfurt 1999 (Hrsg., m. P. Dibie); *Einführung in die Anthropologie der Erziehung.* Basel 2001; C. Wulf et al., *Das Soziale als Ritual: Zur performativen Bildung von Gemeinschaften.* Opladen 2001; *Grundlagen des Performativen: eine Einführung in die Zusammenhänge von Sprache, Macht und Handeln.* Weinheim 2001 (Hrsg., m. M. Göhlich); *Logik und Leidenschaft. Erträge Historischer Anthropologie.* Berlin 2002 (Hrsg., m. D. Kamper).
Email: chr.wulf@zedat.fu-berlin.de

Abbildungsnachweise

S. 3: Pierre Bourdieu – Foto von Jean-François Tefnin; wir danken dem Frankreich Zentrum Freiburg.

S. 28, 31, 34, 38: Fotos von Pierre Bourdieu in Algerien; Camera Austria, Graz; mit freundlicher Genehmigung von Franz Schultheis.

S. 82, 92, 94: Fotos von Boike Rehbein.

»Die Beschäftigung mit dem Leid ist in gewisser Hinsicht parallel zu seiner Kritik am intellektuellen Feld zu sehen. Und sie führte ihn, seit den neunziger Jahren, weiter zu politischen Handlungen und persönlich gefärbten Texten, auf die er sich noch einige Jahre zuvor nicht eingelassen hätte. Eine wesentliche Erfahrung war dabei das Interview, das er für »Das Elend der Welt« im Februar 1992 mit Lydia D., einer 35jährigen Arbeitslosen, im lothringischen Longwy führte. Dort waren kurz zuvor die Usinor-Stahlwerke geschlossen worden. Viele andere hätten hier eine übliche Fallstudie zum Thema sterbende Industrieregionen gemacht. Aber in Bourdieus Interview dominiert die subjektive Seite, das ganz persönliche Schicksal einer gewöhnlichen Frau, in dem sich alles so tragisch gefügt hat: Schulden, soziale Isolation, Krankheiten und Behinderungen der Geschwister, Ärger mit den Behörden, die Schulsorgen des Sohns und vieles mehr. Bourdieu hört sich das an, gibt manchmal zaghafte Hinweise, wie man die Lage verbessern kann, und beschränkt sich bald vor allem aufs Zuhören. Im Vorspann zu dem Interview heißt es dazu: »Alles an ihrem Auftreten und ihrem Blick drückt den Wunsch aus, verstanden zu werden, endlich einmal angehört zu werden, und umgekehrt bewirkt dieser Wunsch bei uns eine so starke Sympathie, daß diese Stück für Stück die Oberhand gewinnt und Fragen oder Vorschläge vorbringt, die in erster Linie der Hoffnung entspringen, ein wenig Ermunterung und Trost spenden zu können.« In kleinem Kreis hat er später, etwas verschämt, eingestanden, daß er hier zum ersten Mal in seinem Forscherleben einfach den Geldbeutel geöffnet und ihr all sein Bargeld dagelassen hat, bis auf das, was er für die Rückfahrkarte brauchte.«

Frankfurter Allgemeine Sonntagszeitung

Die zwei Gesichter der Arbeit
Interdependenzen von Zeit- und Wirtschaftsstrukturen am Beispiel einer Ethnologie der algerischen Übergangsgesellschaft
2000, 184 Seiten, broschiert
ISBN 3-89669-920-2

Das Elend der Welt
Zeugnisse und Diagnosen alltäglichen Leidens an der Gesellschaft
1998, 848 Seiten, broschiert
ISBN 3-89669-867-2

Vom Gebrauch der Wissenschaft
Für eine klinische Soziologie des wissenschaftlichen Feldes
1998, 88 Seiten, broschiert
ISBN 3-89669-889-3

Das politische Feld
Zur Kritik der politischen Vernunft
2001, 140 Seiten, broschiert
ISBN 3-89669-984-9

Gegenfeuer
Wortmeldungen im Dienste des Widerstands gegen die neoliberale Invasion
1998, 120 Seiten, broschiert
ISBN 3-89669-903-2

Gegenfeuer 2
Für eine europäische soziale Bewegung
2001, 127 Seiten, broschiert
ISBN 3-89669-997-0

Das religiöse Feld
Texte zur Ökonomie des Heilsgeschehens
2000, 176 Seiten, broschiert
ISBN 3-89669-872-9

Robert Castel
Die Metamorphosen der sozialen Frage
Eine Chronik der Lohnarbeit
2000, 416 Seiten, broschiert
ISBN 3-89669-874-5

»Diese Untersuchung sollte, wenn alles mit rechten Dingen zugeht, zu einer Magna Charta all der Debatten werden, die heute über den Strukturwandel der Erwerbsarbeit geführt werden müssen.
Er habe sich, so sagt Castel, die Aufgabe gestellt, ›unsere Erinnerung für das Verständnis der Gegenwart‹ zu mobilisieren, um im Moment ihrer »Erschütterung« die Summe der möglichen Verluste zu vergegenwärtigen. Nüchtern ist dann der Ton, in dem die Tendenzen der jüngsten Vergangenheit aufgezählt werden, die als erste Symptome des Untergangs einer ganzen Epoche gelten können: Es steigt durch technologische Neuerungen nicht nur die Zahl der dauerhaft Erwerbslosen unaufhörlich, es wächst durch Dequalifizierungsprozesse nicht nur rapide die Masse der Überflüssigen und Nicht-Beschäftigten, vielmehr entstehen durch Deregulierung und Flexibilisierung auch die neuen Arbeitsformen der Leih- und Teilzeitarbeit, die insgesamt die Institution des betrieblich dauerhaft Beschäftigten auszuhöhlen drohen.
Allerdings wären das alles nur Indikatoren einer sozioökonomischen Transformation, nicht aber Symptome einer sozialen Gefährdung, würde Castel nicht eine normative Voraussetzung machen, die das Herzstück seiner gesamten Untersuchung bildet: Mit Emile Durkheim unterstellt er, dass sich die soziale Einbeziehung der Individuen und damit ihre Anerkennung als vollwertige Bürger in der modernen Gesellschaft im wesentlichen durch die rechtlich gesicherte und geregelte Erwerbsarbeit vollzieht.«
Axel Honneth in Literaturen

Luc Boltanski,
Ève Chiapello
Der neue Geist des Kapitalismus
2003, 736 Seiten, gebunden
ISBN 3-89669-991-1

Luc Boltanski und Ève Chiapello beschreiben den Kapitalismus als ein normatives System, dem es unter sich wandelnden Bedingungen immer wieder gelingt, Menschen zu gewinnen und davon zu überzeugen, sich am Prozess der kapitalistischen Akkumulation zu beteiligen. Den Autoren zufolge verdankt der Geist des Kapitalismus sein Anpassungsvermögen der gegen ihn gerichteten Kritik und seiner Fähigkeit, diese Kritik konstruktiv zu verarbeiten. In seiner jüngsten Ausprägung wurzelt er im Mai 1968, als sich Künstler und Intellektuelle gegen sämtliche durch den Kapitalismus bedingten Prozesse der Entfremdung auflehnten.

Luc Boltanski ist Forschungsdirektor an der Ecole des hautes études en sciences sociales, Paris. Ève Chiapello ist wissenschaftliche Mitarbeiterin an der Ècole des hautes études commerciales, Paris.